전방위 리더십
회중을 변화시키는 리더십 설교

마이클 퀵 지음 | 이 승 진 옮김

기독교문서선교회

기독교문서선교회(Christian Literature Crusade: 약칭 CLC)는
1941년 영국 콜체스터에서 켄 아담스에 의해 시작되었으며
국제 본부는 영국의 쉐필드에 있습니다.
현재 약 650여명의 선교사들이 59개 나라에서 180개의 본부를 두고,
이동도서차량 40대를 이용하여 문서 보급에 힘쓰고 있으며
이메일 주문을 통해 130여국으로 책을 공급하고 있습니다.
CLC는 청교도적 복음주의 신학과 신앙을 선포하는
국제적, 초교파적, 비영리 문서선교기관으로서, 하나님의 뜻에 합당한 책을 만들고
이 책을 통해 단 한 영혼이라도 구원되길 소망하며
이를 위해 주님이 오시는 그날까지 최선을 다할 것입니다.

360-degree leadership
preaching to transform congregation

by
Michael J. Quicke

translated by
Seung-Jin Lee

Copyright © 2006 by Michael J. Quicke

Originally published in the U.S.A. under the title
as *360-degree leadership published* by Baker Books a division of Baker Publishing Group.

Translated by permission of Baker Publishing Group,
P.O. Box 6287, Grand Rapids, MI 49516-6287

All rights reserved

Korean Edition
Copyright © 2009 by Christian Literature Crusade
Seoul, Korea

추천사

마이크 보넴, 짐 헤링턴, 제임스 푸르
『회중을 변화시키는 리더십』의 공저자

    신학교에서 건강한 회중 변화라는 주제로 가르치다보면, 이 변화의 과정에서 목회자의 역할은 나름대로 중요하지만, 결코 독립적인 것은 아니라는 말을 종종 하게 된다. 그렇다면 매일 매순간 요청되는 교회의 리더십에서 목회자의 독특한 역할은 무엇일까?
    목회자의 독특한 역할이란, 신자들이 모여 한 몸을 이룬 신앙 공동체를 교육하고 세우며 인도하는 데에 성경적인 역할 모델을 감당하는 것이다. 또 하나님께서 목회자를 불러 이러한 역할을 감당하도록 하셨으므로, 이 소명은 결코 가볍게 여겨서도 안 된다. 또 목회자는 교회의 영적인 활력과 전략적인 변화를 결정하는 데에 있어서 그 누구와 비교할 수 없을 정도로 훨씬 많은 권한과 기회를 갖고 있다. 매주일 온 몸을 희생하고, 전체 회중의 변화를 위하여 중요한 결정을 내리는 과정에서 목회자만큼 적극적으로 관여하는 사람이 또 누가 있겠는가?

목회자가 지도자의 입장에서 감당해야 할 역할에 대해서 다루는 책이 많이 출간되었고, 효과적인 설교의 실제를 소개하는 책도 많이 있다. 하지만 "목회자와 교사"의 직임에 대한 신학적 이해에 기초하여 목회 리더십의 실천적 측면을 심화시키고 있는 책은 아주 드물다. 마이클 퀵은 이 책에서 리더로서의 목회자와 효과적인 설교자 사이에 놓여 있는 깊은 간격을 탁월하게 연결시킨다. 저자는 설교를 통한 리더십의 성취의 의미와 난해함을 그 누구 못지않게 잘 이해하고 있고, 이 분야의 현장 전문가이며, 동시에 교수로 활동하고 있다. 그는 리더십과 설교를 분리하는 입장을 단호히 배격하며, 오늘날 상당수의 교회와 목회자들이 이렇게 설교와 리더십을 별개로 생각하고 있음을 예리하게 비판한다.

그는 또 오늘날 상당수의 목회자가 강단에서 전하고 있는 "무력한 설교"의 약점을 직시하며, 경고의 소리를 내고 있다. 무력한 설교의 약점이란, 회중이 설교를 듣고 난 다음에 겉으로는 웃을는지 모르지만, 개인의 차원에서든 공동체의 차원에서든 성경에 담긴 변혁적인 능력을 간과한다. 이런 위험을 직시하고 있는 저자는, 성경적 기초와 성령의 인도가 없는 목회 리더십 하나만으로 결국 교회는 또 다른 사교클럽으로 변질될 수밖에 없음도 잘 이해하고 있다.

목회 리더십과 설교를 통합시키는 작업이 매우 어려울 것이라고 생각하는 사람들에게는, 우리는 물론 이 작업이 결코 쉽지는 않다는 점을 인정한다. 하지만 이 작업은 모험과 분명한 목적의식, 그리고 기쁨이 뒤따른다고 대답해 주고 싶다. 또 리더십과 설교를 통합시키는 작업이 위험한 일이라고 염려하는 사람들에게는, 복음의 복된 소식을 전하는 사역자가 되는 것은 아무런 위험이 전혀 없는 안전한 길을 따라 걷는 여행과 같았던 적이 지금까지 단 한 번도 없었다고 말해 주고 싶다.

우리는 "하나님이 우리를 통하여 신자들에게 권면하시는 그리스도의 사신으로"(고후 5:20), "진리의 말씀을 옳게 분변하여 부끄러울 것이 없는 일군으로 인정된 자"로(딤후 2:15) 부름을 받았다. 이 임무는 분명히 탁월한 설교와 리더십을 요구한다.

이 책의 페이지를 펼쳐가면서 독자 여러분의 마음도 활짝 열기 바란다. 그리고 설교를 통한 리더십이 여러분의 목회 사역과 교회를 어떻게 변화시킬 수 있는지에 대하여 마이클 퀵으로부터 많은 도전과 통찰을 얻을 수 있기를 바란다.

데릭 티드볼
런던신학대학원의 학장

　이 책의 관점은 매우 독특하다. 마이클 퀵이 옳다. 교회에서 지나치게 리더십만을 생각하는 것은 세속적인 사고방식에 불과하다. 이는 하나님의 원동력과 하나님의 전략을 간과하는 것이다. 이 책에서 마이클은 우리의 세속적인 관점에 도전할 뿐만 아니라 그 대안을 제시하고 있으며, 그에 대한 원리와 열정, 그리고 실제들을 적절하게 조화시키고 있다. 이 책을 통해서 목회자들은 강단에 대한 확신을 회복할 수 있을 뿐만 아니라 목회를 좀 더 통합적인 관점으로 이해할 수 있을 것이다.

케빈 밀러
국제크리스천투데이 부회장

　나는 이 책을 오랫동안 기다려왔다. 지혜와 열정을 겸비한 저자는 이 책에서 설교와 리더십을 어떻게 함께 결합할 수 있는지를 잘 보여주고 있다.

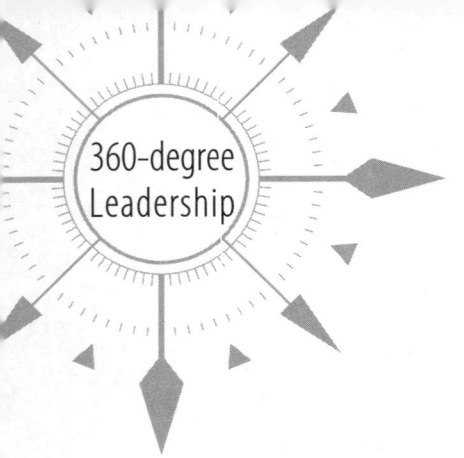

감사의 말

　이 책은 본인이 설교를 통한 리더십 분야에 오랫동안 관여해 온 결과물이다. 지난 과거의 목회 사역에서, 그리고 다른 이들과 함께 여러 책을 읽고 토론하면서 습득했던 다양한 경험들을 통하여 오늘의 내 모습이 빚어지고 만들어졌다.
　설교를 통한 리더십에 대해 깊이 숙고하면서 학생과 목회자로부터 여러 가지 귀중한 의견과 통찰을 들을 수 있었던, 학문의 현장에 대해서 정말 감사드린다. 특히 2004년의 심슨강좌(Simpson Lectures)를 계기로 이 책에 담긴 중요한 통찰이 태동할 수 있도록 도와준, 노바스코샤(Nova Scotia)에 소재한 아카디아 신학대학(Acadia Divinity College)의 학장과 교수진에게 감사의 말씀을 드린다. 강좌를 들었던 몇몇 목회자는 "가려운 곳을 긁어준 강의"였다고 격려하였고, 그 중에 어떤 목회자는 이렇게 말했다. "교수님의 강의 내용이 우리의 상황에 얼마나 적절한 것인지 정말 잘 모르실 것입니다. 사실 우리는 그동안 여러 리더십 기술에 대해서 귀에 딱지가 앉을 만큼 들어왔습니다. 그런데 교수님께서는 목회 리더십에서의 설교 역할을 정확하게 자리매김해 주셔서 정말 감사합니다." 또 다른 목회자는 "교수님은 우리의 아픈 곳을 정확하게 집어 주셨습니다"라고 했다.
　그 이후로도 2005년에 앨라배마(Alabama)의 버밍햄(Birmingham)에 위치한 비슨 신학대학원(Beeson Divinity School)에서 진행한 윌리엄 콩가 강좌

(William Conger Lectures)와 온타리오(Ontario)의 해밀턴(Hamilton)에 위치한 맥매스터 신학대학원(McMaster Divinity School)의 글래드스톤 페스티발 강좌(Gladstone Festival Lectures)를 포함하여 여러 강좌를 계속하면서, 이 주제에 대한 본인의 이해도 더욱 심화시킬 수 있었다. 또 최근 2년 동안에도 설교와 리더십이란 주제로 진행된 몇 개의 컨퍼런스에서 여러 목회자와 의견을 교환하거나, 이 주제로 목회학 박사 과정을 지도하면서 이 분야에 대한 이해의 지평을 계속 확장할 수 있었다. 또 몇몇 설교자/지도자를 만나서 깊이 있는 대화를 나누고 이 주제에 대한 다양한 견해와 시각들을 접할 수 있었다. 그 중에는 에드 브라운(Ed Brown)과 린 체니(Lynn Cheyney), 빅 고든(Vic Gordon), 짐 니코뎀(Jim Nicodem), 그리고 존 스테나드(Jon Stannard)에게 특별히 감사드린다.

그리고 노엘 보스(Noel Vose)와 존 암스트롱(John Armstrong), 로리 케럴(Lori Carrell), 그리고 짐 스템모리스(Jim Stamoolis)는 시간을 내서 이 책의 초고를 읽고서 귀중한 의견을 제시해 주었다. 물론 이 책에서 본인이 제시하는 확신과 결론적 요점이 독자에게 거슬린다는 이유로 이들을 비난할 수도 없고 또 그래서도 안 되지만, 이 책이 완성되는 데 귀중한 조언을 제공한 이들의 통찰과 도움에 대해서 특히 감사의 말씀을 드린다. 또 이 책을 출간함에 있어서 로버트 호섹(Robert N. Hosack)의 지원과 아울러 까다로운 편집 작업에 정성을 쏟아준 폴 브링커호프(Paul Brinkerhoff)에게도 감사의 뜻을 전한다.

이 책을 저술하면서 몇 권의 중요한 저서를 참고하였지만, 특별히 중요한 저서로서 짐 헤링턴과 마이크 보넴, 그리고 제임스 푸르가 함께 저술한 『회중을 변화시키는 리더십』(*Leading Congregational Change*)을 지목하려고 한다. 이 책은, 100여개의 지역 교회를 대상으로 진행한 실제적인 현장 연구의 결과물이다. 본인은 2부에서 이들의 책을 기본 자료로 참고하였으며, 이 책의 현실성과 풍부한 통찰에 큰 빚을 지고 있다. 또 이들이 제시하는 모델을 본인도 참고할 수 있도록 격려해준 이들의 배려와 아울러 본인의 책을 위한 추천사에 대해서도 심심한 감사의 말씀을 드린다. 또 이 책의 자료를 인용할 수 있도록 허락해 준 조시 베스(Jossey-Bass) 출판사에게도 감사드린다.

역자서문

　목회자는 하나님의 백성들에게 하나님의 말씀을 선포함으로 하나님의 공동체 안에 하나님의 뜻과 의지가 실현되도록 하는 일에 부름 받은 자이다. 말하자면 목회자는 필연적으로 설교자이며 설교 없는 목회자, 또는 설교하지 않는 목회자는 생각하기 어렵다. 목회자는 필연적으로 설교자일 수밖에 없으며 또 그래야만 한다는 목회와 설교의 필연적인 상호관계에서 우리가 주의할 점은 목회 사역에서 설교가 차지하는 설교의 중요성이 아니다. 목회에서 설교가 중요하다는 점은 이미 잘 알고 있다. 하지만 목회와 설교의 상호 관계에서 주의할 점은, 바로 목회가 없는 설교, 또는 목회자가 회중의 영적 리더로서 회중을 인도하는 사역이 누락된 설교의 가능성이다.

　오늘날 교회에 수많은 설교가 넘쳐나고 있다. 하지만 그렇게 많은 설교 사역의 속내를 들여다보면, 강단에서 메시지는 쏟아지지만 과연 그 메시지가 회중의 영적 지도자의 입장에서 회중을 하나님이 원하시는 목적지로 끌고 가려는 리더의 입장에서 선포되고 있는지, 아니면 일종의 교사의 입장에서 회중에게 필요하다 싶은 영적 지식이나 정보들을 일방적으로 열거하듯이 제시하거나 주입한 후 나머지 실행 문제는 회중에게 내맡기는 식의 설교를 하고 있는지를 가만히 살펴 볼 필요가 있다. 마땅히 전자여야 할 것 같은데

의외로 후자인 경우가 많다. 그 이유는 설교자가 영적 리더의 입장에서, 회중을 위한 영적 지도자의 입장에서 설교하지 않기 때문이다.

설교자가 이렇게 회중을 위한 영적 지도자의 입장에서 설교하지 않는 이유 중 하나는 그동안 설교학이 어떻게 하면 재미난 이야기와 내러티브 기법으로 청중 개개인을 설득하고 감동시킬 것인가 하는 문제에 매달려 왔기 때문이다. 청중 감동에 집중하다보니 정작 설교가 추구해야 할 공동체 전체의 영적 변화를 위하여 설교자가 영적 리더의 입장에서 지속적으로 회중을 설득하고 본을 보이며 이들과 함께 영적 변화의 물결을 어떻게 조성해 갈 것인지에 대한 논의는 설교학 책에서 모두 배제되기에 이르렀다. 교회와 신앙 공동체 내에서의 회중의 변화를 위한 목회 리더십이라고 하는 좀 더 거시적인 틀 속에서 설교를 논의하지 못하고 있다는 것이다. 설교에 대한 논의에서 이러한 목회적인 관점이 배제된 채로 단지 설교자가 메시지로 어떻게 청중을 감동시킬 것인가에 대해서만 다루어 온 것이다. 그러다보니 자연히 그런 제한된 이론으로 무장한 설교자들이 실제 목회 현장에서는 목회 리더십과 무관한 설교 사역에 매진하게 되고, 그 결과 설교를 통한 회중의 영적 변화는 전혀 일어나지 않고 있지 않은지 반성이 필요한 시점이다.

회중의 변화는 설교 말씀을 들은 회중이 하나님 앞에서 개인적인 결단으로부터 시작되지만, 회중의 영적 변화와 거룩한 공동체의 세움은 그러한 개인적인 결단 하나만으로 완성되지 않고 그 완성 과정에 공동체의 개입이 반드시 요구된다. 회중의 영적 변화 과정에 공동체의 개입이 없다면 말씀을 통한 개인적인 결단의 파급 효과는 얼마 되지 못하여 다 사라져버리고 회중은 또 다시 영적인 갈증에 사로잡힐 것이다.

이러한 고질적인 문제를 해결할 수 있는 한 가지 방법이 바로 설교와 목회 리더십을 하나로 결합하는 것이다. 본서의 저자 마이클 퀵은 최근 설교학이 재미있는 이야기나 내러티브 기법으로 청중을 감동시키는 방법론의 한계에 봉착하여 새로운 돌파구를 찾는 과정에서 설교와 목회 리더십의 결합을 시도하고 있다. 재미있는 이야기나 내러티브 기법으로 청중을 감동시켜 놓았지만 회중 가운데 더 이상의 아무런 영적 변화가 이어지지 않아서 낙심하는 설교자들이 있다면 이 책으로부터 회중의 변화에 관한 목회 리더십의 통찰을 설교에 결합하여 목회 리더십과 설교가 하나로 발휘되는 사역자로 우뚝 설 수 있기를 기대한다.

2009년 3월 1일
이 승 진

목 차
Contents

추천사 _ 5
감사의 말 _ 8
역자서문 _ 10

서론 _ 14

제1부 설교와 리더십의 긴밀한 관계

제1장 심각한 분열 _ 26
제2장 성경적 근거 _ 64
제3장 설교와 리더십의 상호 의존성 _ 89

제2부 설교자/지도자 만들기

제4장 소명을 실현하기 _ 112
제5장 모델 계발하기 _ 134
제6장 리더십 기술 익히기 _ 152
제7장 성숙한 인격 _ 188
제8장 변화의 과정 _ 223

부록A : 사례 설교문 – 리더십 101 _ 268
부록B : 리더십에 대한 다양한 정의들 _ 281
부록C : 리더로서의 설교자에 대한 나의 신조 _ 289

도표

1. 복음과 문화 간의 삼각형 모델 _ 57
2. 전방위 설교/리더십의 모델 _ 75
3. 설교자/지도자의 성향과 리더십의 수준 _ 119
4. 회중의 변화 모델 _ 138
5. 미국 복음주의 교회의 모델 _ 169
6. 영적 및 관계적 활력의 요소들 _ 192
7. 설교의 유영과 리더십 _ 254

미주 _ 292

서 론

> 우리가 그를 전파하여 각 사람을 권하고 모든 지혜로 각 사람을 가르침은 각 사람을 그리스도 안에서 완전한 자로 세우려 함이니 이를 위하여 나도 내 속에서 능력으로 역사하시는 이의 역사를 따라 힘을 다하여 수고하노라
>
> (골 1:28-29)

1. 경고

'설교를 통한 리더십'에 관한 책을 저술하려고 하자, 주변의 몇몇 친구들은 이 책 때문에 앞으로 내가 당할지 모르는 위험에 대해서 걱정하였다. 어떤 친구는 이렇게 말했다. "몇몇 설교자들이 네 책을 대충 훑어보고는, 네가 지도자로서 자신들의 입지를 더욱 부추긴다고 생각할까 걱정돼. 그렇게 되면 그들의 자만심만 더욱 치켜세우는 셈이 되지 않을까? 오늘날 교회에게 필요한 것은 자만심이 강하고 거만한 설교자가 결코 아니잖아?" 물론 그렇다. 독자 여

러분은 본인이 설교자의 자만심을 더욱 부추기려는 의도가 전혀 없음을 잘 알 것이다. 이 책의 의도는 거만한 설교자의 자존감을 더욱 부추기려는 의도와는 거리가 전혀 멀다. 물론 이 세상에는 설교자가 하나님의 이름을 빌어 독단적인 권한을 임의로 행사하면서도, 대중들로부터는 존경과 동경의 대상으로 찬사를 받는 경우도 있다. 예를 들어 본인의 제자 중에 아프리카계 미국인 학생이 "큰 개 증후군"(big dog syndrome)이라고 부르는 목회자들은 교회에서 독재자 같은 권력을 행사하기도 한다. 하지만 만일 오해 때문에라도 본인이 이 책에서 그런 목회자들을 더욱 지지하는 것으로 비춰진다면 이는 참으로 서글픈 일이 아닐 수 없다.

또 다른 친구들은 이 책에서 내가 설교를 리더십과 밀접하게 연결시키면서, 혹시 설교자들로 하여금 하나님의 말씀을 선포하며 그 분의 영광을 추구하는 설교의 일차적인 목표를 소홀히 여기지 않을지에 대해서도 걱정하였다. 얼핏 생각하기에 '리더십'은 하나님의 영광보다는 인간 리더의 역할을 부각시키는 실용적인 기법들을 강조할 것처럼 보인다. 그러다보면 하나님의 영원한 진리에 관한 성경적인 강해로서의 설교 역시 실용주의적인 기술로 전락될 것 같다. 사실 하나님의 영광을 지향하는 사역 속에는 항상 인간의 영광에 대한 야망이 숨어 있는 법이다.

하지만 어떤 설교자가 나에게 찾아와서 "나는 그저 하나님의 영광을 위하여 오직 그의 말씀만을 설교합니다"라고 하면서 설교와 리더십을 연결시키려는 내 입장을 반박하자 나는 이렇게 대답하였다. 설교자가 청중에게 하나님의 능력 있는 말씀을 선포하기만 하면, 그 하나님의 진리가 교회 현장에서 저절로 적용되는 것은 결코 아니라는 것이다. 본인은 성경적인 설교는 그 설교 메시지를 듣는 개인과 공동체를 변화시키는 변혁적인 능력을 통해서 하나님께 영광을 돌린다고 확신한다. 이는 다시 말해서 교회와 설교 현장에서 리더십을 매우 신중하게 고려해야 하며, 그 리더십이 인간의 영광에 초점을 두지 않는다는 점을 분명히 해야 한다는 뜻이다.

또 어떤 목회자는 내가 저술하는 책이 목회자로서의 전통적인 역할과 충돌되지 않는지에 대해서도 걱정하였다. 그는 이렇게 말했다. "나는 내 스스로를 교인들을 목양하는 목자로 여기고 있습니다. 나의 일차적인 임무는 교인들에게 하나님의 말씀을 먹이며 그들을 돌보는 것이지, 결코 그들의 CEO 역할을 하는 것이 아닙니다." 물론 기독교 리더십은 목회자가 신앙공동체 내에서 CEO가 되어야 한다고 주장하지 않는다. 그보다는 신앙 공동체 내에서 신자 개개인의 다양한 필요들을 포괄적으로 다룰 수 있는 탁월한 목회 능력이 중요하다. 성경도 목자에게 리더십의 역할을 부여하고 있다. "나는 선한 목자"라고 선언하신(요 10:11) 예수의 말씀 속에도 인류를 향한 모든 사역의 목표가 집약되어 있으며, 예수는 이 세상에서 가장 위대한 리더로서의 역할을 올바로 감당하셨다.

주변의 또 다른 사람들은 이 책에서 리더를 중요시하는 논리를 펼치기 위하여 내가 평범한 목회자 대신에 "성공적인 목회자"에게만 관심을 가질 것이라 추측하기도 하였다. "이 책에서 교수님은 윌로우크릭 교회의 빌 하이벨스(Bill Hybels) 목사나 새들백 교회의 릭 워렌(Rick Warren) 목사를 소개하실 것이죠? 평범한 목회자를 모델로 소개하기가 부적합하다고 생각하시는 것이죠?" 슬픈 현실이지만 대형 교회를 통해서 쉽게 달성한 것처럼 보이는 거창한 업적과 자신의 초라해 보이는 사역을 비교하다보면 절망할 수밖에 없는 평범한 목회자가 적지 않으며, 이들에게는 그러한 유명 인사들의 이름은 늘 부담스러울 수밖에 없다. 사실 본인도 이 책에서 하이벨스와 워렌을 잠깐 언급하겠지만, 이 책에서 소개하는 대부분의 사례는 독자 여러분도 잘 모르는 평범한 목회자에 관한 것이다. 나는 평범한 목회자를 향한 하나님의 소명과 섭리에 대한 뜨거운 열정과 확신을 갖고 있다. 우리 같은 목회자 대부분은 평범한 목회자이기 때문에, 이들에게 정말로 필요한 것은 대형 교회 목회자들의 사례가 아니라 현재의 작은 교회 모습 그대로 사역하는 현장을 향한 하나님의 역동적인 가능성에 관한 격려의 메시지이다. 또 이 책에서 소개하려는 내 생각의 대부분도 작은 교회에서 내가 직접 경험했던 내용이다. 지난 경험을 통해서 나는 설교자로 부르셨음을 확신하는 자들에게 하나님께서 약속하신 것들을 구체적으로 어떻게 성취해 가시는지를 배울 수 있었다. 독자 여러분은 이 책의 뒷부분에서 내 이야기를 좀 더 자세히 들을 것이다. 하나님은 당연히 큰 교회뿐만 아니라 작은 교회에서도 역사하신다. 본인은 하나님께서 사랑하시는, 대다수의 작은 교회에서 사역하는 평범한 목회자를 위하여 이 책을 저술하였다.

2. 희망

앞에서 언급한 친구들은 내가 설교와 리더십을 서로 통합하는 작업에 대해서 걱정했지만, 다른 대부분의 사람은 오히려 박수를 보내 주었다. 어떤 사람은 이런 편지를 보내왔다. "그동안 저는 신학교들이 설교자를 훈련시켜 사역지로 내보낼 때, 이들은 회중의 변화와 성장의 중심부로 들어가 사역할 것이라는 점을 분명히 주지시켜 주기를 얼마나 원했는지 모릅니다. 우리의 소명은 설교를 통해서 신자와 교회를 변화시키는 것임에도 불구하고, 그저 성경을 설교하고 가르치는 것만이 전부라고 생각해 왔습니다." 또 다른 사람은 이렇게 말했다. "교수님은 제가 수년 동안 고민했던 것을 정확하게 지적해 주셨습니다. 교수님께서 무력한 설교(thin-blooded preaching, 또는 빈혈성 설교)라고 표현하셨던 설교가 오늘날 교회를 무너뜨리고 있습니다. 교수님이 말씀하신 활력 있는 설교(full-blooded preaching)야말로 정말 제가 바라는 설교입니다!"

이 책 전반에서 본인이 강조하려는 것은 오늘날 설교자가 '설교를 통한' 리더십의 중요성을 재발견해야 한다는 것이다. 1부에서는 설교와 리더십이 어떻게 서로 다른 영역에서 작용하는지에 대해서 다룰 것이다. 이를 위해서 리더십에 관한 다양한 도서를 광범위하게 살펴보되, 필요한 부분에 대해서 비평도 할 것이다. 1장은 설교와 리더십이 서로 분리된 현상을 분석하고, 2장에서는 설교와 리더십의 통합에 대해서 성경은 어떤 입장을 가지고 있는지를 살펴볼 것이다. 이어서 3장은 이 두 분야가 계속 분리될 경우에 야기될 위험에 대해서 지적하고자 한다.

나는 설교자가, 설교에는 하나님께서 부여하신 리더십의 차원이 들어 있음을 직시해야 한다고 확신한다. 하나님께서 부르시고 사용하시는 설교자는 필연적으로 신앙 공동체를 위하여 하나님께서 사용하시는 지도자인 까닭에 기독교 리더십과 기독교 설교는 반드시 관련을 맺을 수 밖에 없다. 물론 교회 안에서 오직 설교자들만이 리더십을 발휘하는 것은 결코 아니다. 교회 안팎에서 설교자 이외에 다른 여러 사람들도 기독교적인 리더십을 발휘하도록 하나님의 부르심을 받았다. 하지만 교회 안팎에서 다른 사람의 지도적 역할을 간과하지 않으면서도, 설교자/지도자(preacher/leader)의 고유한 역할과 책임을 분명히 정립하는 것이 꼭 필요하다. 설교자의 역할은 설교로만 결정되어서는 안 되고 목양하고 인도하는 리더의 역할과 결합되어야 한다는 점을 강조하기 위하여 나는 이 책에서 설교자/지도자(preacher/leader)라는 복합명사를 사용할 것이다. 나중에 다시 살펴보겠지만 설교자가 하나님으로부터 받은 소명에는 설교와 지도(leading, 또는 통솔이나 리더십)의 사역이 결합되어 있기 때문에 설교자는 결국 필연적으로 지도자(leader, 리더)일 수밖에 없다. 이들은 성령의 능력을 따라서 하나님의 말씀을 설교하여 하나님의 백성이 그 분의 뜻에 따라 살아가도록 동기를 부여하고, 비전을 제시하고 격려하며, 때로는 잘못들과 대항하고, 교정하고, 억압으로부터 자유를 얻을 수 있도록 인도하며 리더십을 행사해야 한다.

최근에 나는 설교를 통한 리더십의 발휘에 관한 신념을 다음과 같이 정리해 보았다(좀 더 정리된 내용은 부록C를 참고하라).

> 나는, 하나님께서 설교에 영적인 능력을 공급해 주시기 때문에, 설교는 개인과 공동체를 변화시키기 위하여 하나님께서 사용하시는 가장 결정적인 방법이라고 믿는다.
>
> 나는, 기독교의 이야기 속에 나타나는 모든 결정적인 변화의 단계에서 설교자는 항상 리더의 역할을 감당해왔다고 믿는다.
>
> 나는, 리더로서의 설교자는 하나님의 소명과 은사를 따라 세워진다고 믿는다.
>
> 나는, 오늘날의 설교는 본래의 예언자적인 목소리를 다시 회복해야 한다고 믿는다.
>
> 나는, 설교가 모든 교회를 하나님 앞으로 인도하여 교회로 하여금 자신

들을 향한 하나님의 비전을 올바로 직시하며 교회가 감당해야 할 사명에 대한 하나님의 준엄한 말씀을 청종할 수 있도록 해야 한다고 믿는다.

나는, 모든 설교자들은 기도와 겸손, 열정, 그리고 협력의 자세로 설교/지도의 임무에 매진해야 한다고 믿는다.[1]

설교자/지도자로 부름받은 우리는 설교/지도에 관한 위의 확신들을 그저 나열해 보는 것만으로도 하나님의 소명에 대한 헌신을 새롭게 되새길 수 있다. 그렇다면 본인은 무슨 근거로 이렇게 주장하는 것일까? 지난 35년간 계속 하나님의 말씀을 설교해왔으며 이제는 설교학 교수와 순회 설교자로 사역을 계속하다 보니, 설교직에 대한 이기적인 생각 때문에 그러는 것일까? 설교에 대한 이해관계에 얽매이다 보니, 오늘날 사역의 현장에서 설교가 얼마나 지루하고 무관한 메시지로 들려지고 있는지 전혀 깨닫지도 못하고 그저 설교의 이상만을 되뇌고 있지는 않은가? 물론 나 역시 오늘날 설교의 부정적인 현실을 모르는 바 아니다. 하지만 나는 설교를 사용하시는 하나님은 설교가 이렇게 지루하고 무관한 메시지로 전락되는 것을 결코 원하지 않으실 것으로 믿는다. 그래서 이미 나는 다른 책에서 오늘날 설교가 이렇게 천시되고 있는 현실을 도전하였다. 『전방위 설교』(360-Degree Preaching)에서 나는 참된 설교는 설교자와 청중의 삶 속에서 역사하고 계시는 성부와 성자, 그리고 성령 하나님께서 능력을 공급하신다는 점을 강조하였다. 또 성경적 설교는 예언적이고 변혁적이며 성육신적이어야 한다는 점도 강조하였다. "기독교의 설교는 하나님께서 그리스도를 구현하는 자기 백성과 공동체를 세울 수 있도록 친히 능력을 공급하시는 성경적인 선포/청취/목격/행동의 사건(a biblical speaking/listening/seeing/doing event)이다."[2] 이런 메시지를 올바로 선포하고 청취하는 데 실패한 설교만이 지루하고 삶과 관련 없는 설교로 무시 받을 뿐이다.

나의 간절한 열망은 하나님의 말씀을 선포할 뿐만 아니라, 몽유병환자 같은 설교자를 뒤흔들어 깨워 승리의 나팔소리를 울리라는 하나님의 고귀한 소명을 계속 새롭게 하는 것이다.

하나님께서 사람들을 일깨워 세우고 변화시킴에 있어서, 설교자/지도자들에게 자신과 하나님의 백성들을 위한 하나님의 음성을 들려주시고 성령의 능력을 따라 이를 선포하며 삶에 적용시키도록 하는 것보다 더 효과적인 방법은 없다. 하나님은 지금도 설교로 선포된 말씀을 통해서 자기 백성을 계속 인도하고 계시다. 그래서 하나님의 음성을 설교보다 더 분명하게 들을 수 있는 기회가 없으며, 설교를 통한 리더십만큼 중요한 수단도 없다.

이번 장의 초두에서 인용한 골로새서 1:28-29은 이러한 놀라운 임무를 잘 요약하고 있다. 설교는 훈계와 교육을 통해서 그리스도를 선포하는 것이다. 설교는 '포괄적인' 차원에서 모든 이를 대상으로 선포되기 때문에, 이를 통해서 누구나 그 지혜가 자랄 수 있으며 누구든 그리스도 안에서 꾸준히 성장할 수 있다. 또 설교는 모든 신앙 공동체 구성원이 성숙할 수 있도록 돕기 때문에 변혁적이어야(transformational) 한다. "그리스도 안에"(en Christō, 28절)라는 표현은 바울서신에서 매우 중요한 의미를 담고 있다. 이 구절은 공동체를 의미하는 복수단어 "너희"(골 1:2)를 그리스도와의 긴밀한 유대관계 속으로 결합시키는 표현으로 사용된다. '안에'(en)라는 단어는 그리스도와 신자의 연합이 실현되는 특정 "장소"를 구체화한다. 즉 예수 그리스도는, 신자가 내주하며 하나님의 구원이 실현되는 구체적인 "장소"이다. 신자들은 건물로서(엡 2:21), 성전으로서(고전 3:16; 고후 6:16), 그리고 하나님과 혼인한 신부로서(고후 11:2) 모두가 서로에게 속해있다. 하지만 신자와 그리스도의 하나됨에 대한 가장 심원한 표현은 그리스도의 몸(골 1:18, 24)이다. 그리스도의 몸된 교회의 공동체적인 측면은, 설교의 임무와 관련하여 매우 중요한 의미를 담고 있으며 이 점에 대해서는 나중에 좀 더 자세히 살펴볼 것이다. 모든 신자는 "각 사람을 그리스도 안에서 완전한 자로 세우는" 목표를 향하여 그리스도와 함께 순례의 여정 중에 있으며, 하나님의 은혜로 말미암아 이런 결실을 거둠에 있어서 설교는 가장 결정적 수단이다.

설교는 모든 이를 대상으로 하는 포괄적 사역이며 변혁적 사역인 동시에 '실제적'(realistic) 사역이다. 설교 사역을 묘사할 때 흔히 "수고"(toil)와 "고투"(struggle)라는 단어가 동원되곤 한다. 올바른 설교 사역은 엄청난 노력과 연단, 그리고 불굴의 인내력이 요구한다. 제임스 블랙(James Black)이 설교에 대하여 이렇게 말했다. "성실한 노력이야말로 설교의 가장 중요한 비결이다."³⁾ 왜냐하면 설교자로 하여금 불굴의 헌신과 노력으로 이끄는 것은 "내 안에서 강력하게 감화 감동하시는" 성령의 능력이기 때문이다. 설교 사역 속에 내포된 이 위대한 역설, 즉 하나님의 놀라운 역사와 인간의 모든 헌신과 노력이 동시에 요구된다는 점 때문에, 설교자는 전력을 기울이면서도 동시에 겸손하게 하나님만을 의지해야 한다.

나는 이 책을 저술하는 동안에 목회자들이 처한 여러 상황을 계속 떠올려 보았다. 그 중에 특별히 두 가지 사례가 내 마음을 강하게 사로잡았다. 최근에 새 교회로 부임한 어떤 목회자 부부가 나를 찾아왔다. 나는 그들이 새로운 사역지로 부임해 오면서 마음에 품었을 어떤 기대감을 들을 수 있기를 기대하면서 새로운 사역지를 향한 하나님의 소명에 관하여 물어보았다. 그런데 그 부부가 들려준 것은 이러한 기대감이나 소명이 아니라 새로운 교회에서 어떤 교인과 인간관계를 맺는 과정에서 겪게 된 고통이었다. 새로 부임한 그 목회자는 본격적으로 사역을 시작하기 전에 먼저 이 사람과의 인간관계의 문제가 말끔히 해결되기를 원했다. 그는 이렇게 말했다. "이 교인은 교회 안에서 중요한 리더십을 발휘하고 있고 또 오랫동안 이 교회에 출석해오고 있지만, 교회 내의 여러 신자들이 보기에 이 사람의 성격은 매우 까다로운 편이라 여기고 있습니다. 그런데도 그동안 그 누구도 나서서 이 문제를 해결하지 못했습니다." 이 목회자는 새로운 임지에서 본격적으로 사역을 시작하기 전에 이 문제를 어떻게 대처할 것인지에 대해서 고민하느라 계속 잠을 이루지 못했다고 한다. 피곤한 기색으로 그 목회자는 이렇게 한탄했다. "제 생각으로는 이것이 바로 리더십의 문제인 것 같습니다. 그런데 문제가 없는 리더십도 없겠지요?" 사실 그렇다. 목회자는 교회 안에서 다양한 갈등과 직면할 수 밖에 없으며, 더더구나 이런 갈등들을 긍정적으로 해결해야만 한다. 이 점에 대해서는 이 책의 뒷부분에서 좀 더 자세히 다룰 것이다. 하지만 이 단계에서 단언할 것은, 기독교 리더십의 핵심은, 목회 현장에서 피할 수 없는 난제들과, 신자와의 갈등과 불화의 문제, 그리고 지독한 실망의 문제를 "내 속에서 능력으로 역사하시는" 하나님의 능력 안으로 끌고 와서 그 능력 안에서 해결하는 것이다. 리더십이란 변화를 의미하고 그 변화는 필연적으로 저항을 초래하기 때문에 교회에서 리더십이 발휘되는 과정에서 갈등은 피할 수 없다. 만일 여러분이 갈등이 전혀 없는 삶을 원한다면 여러분은 리더나 설교자가 되고 싶은 마음이 전혀 없는 것은 아닌지 스스로에게 물어보라. 하나님께서 여러분을 말씀을 선포하는 설교자와 신자를 인도하는 리더로 부르셨다면, 그 사역을 감당하는 과정에서 고통을 피할 수 없지만, 하나님께서는 이를 감당할 능력을 약속하셨음을 기억하라. 필요한 능력을 공급하시겠다는 약속은 내 경험을 돌이켜 보아도 분명 진리이며 하나님께서는 지금도 목회 현장에서 전방위 리더십을 발휘할 수 있도록 계속 나를 격려해 주신다.

또 다른 목회자와 나누었던 대화도 생각난다. 그는 자신을 향한 하나님의 소명을 더 이상 이해할 수 없다고 나에게 솔직히 말했다. 그는 지난 20년 이상 교회에서 헌신적으로 사역해 왔고 이제 40대 후반의 나이가 되었다. 그런데 지금까지 효과적인 방법이라 믿고서 교인들을 가르치고 목회해왔던 것이 더 이상 효력을 발휘하지 못하는 고립무원 속에 자신이 홀로 갇혀 있다는 사실을 뒤늦게 깨달았다는 것이다. 그는 이렇게 말했다. "교회 내의 평신도 지도자들은 제가 TV나 책에 소개되는 유명한 기독교 영웅들처럼 그렇게 점점 더 거룩한 존재로 성숙해 갈 것이라고 기대합니다. 강력한 비전을 품은 거룩한 영웅들처럼 말입니다. 하지만 솔직히 말해서 저는 어떻게 해야 그런 존재가 될 수 있는지 모르겠습니다. 저는 하나님께서 설교하는 목회자로 나를 부르셨다고 생각했습니다. 하지만 이제는 설교만 가지고는 충분치 않은 것 같습니다." 하지만 이 책은 목회자가 어떻게 설교를 통해서 리더십을 발휘할 수 있는지를 깨닫는다면 그것만으로 충분하다는 확신에 따라서 저술되었다. 그렇다! 최근 발전하는 리더십 연구들을 기독교 신학의 관점에서 조심스럽게 비평해야 하겠지만, 말씀을 설교하라는 하나님의 소명은 기독교 리더십이 효과적으로 논의될 수 있는 틀을 제공한다. 즉 설교와 리더십이 함께 결합된, '설교를 통한 리더십의 성취'가 중요한 관건이다.

마지막 한 가지 더 주의할 것이 있다. 이 책을 저술하는 과정에서 리더십에 관한 여러 자료들을 참고 했던 것은, 마치 폭포수처럼 쏟아져 나오는 소화전에서 물 한 모금을 들이키려고 했던 것처럼 어려웠다. 설교/지도(preaching/leading)의 분야를 다루는 수많은 책 속에서 설교에 관한 가르침을 뽑아내는 것도 쉬운 작업이 아니었으며, 리더십에 대해서 다루고 있는 방대한 자료를 모두 다 살펴보고 기독교 신학의 관점에서 이를 모두 평가하는 것도 쉬운 일이 아니었다. 그러다보니 독서와 연구의 한계로 인하여 설교와 리더십의 세부 분야를 지나치게 간단하게 다루거나, 또는 심층적으로 자세히 다루지 못하는 경우도 있었다. 하지만 다음 장부터 엄청나게 넓은 캔버스를 가로지르는 본인의 커다란 붓놀림 속에서 독자는 '설교를 통한 리더십의 성취'를 새롭게 발견해 가는 본인의 순례 여정에 동참하도록 안내하기에 충분한 그림과 장면들 좀 더 자세히 접할 수 있기를 기대한다. 그리고 이 책 이상의 더 많은 독서와 성찰, 그리고 참여 활동이 계속 필요할 것이다. 그리고 이 책에서 소개되는 이야기 이외에 아마도 독자 여러분의 이야기를 포함하여 더 많은 이야기도 계속해서 들려져야 할 것이다. 하지만 21세기에 설교자/지도자를 위한 하나님의 아름다운 그림의 빈자리를 채워 가는데 우리의 헌신이 귀하게 사용되며, 그 그림이 완성되는데 최소한 이 책이 출발점을 제공할 수 있기를 기대한다.

제 1 부
설교와 리더십의 긴밀한 관계

제 1 장
심각한 분열

> 오늘날 설교자들은 말씀 선포를 통한 리더십 성취의 중요성을 잃어버렸다. 설교 현장에서 용기는 찾아보기 어렵고 안전한 예상만 남아 있고, 그리스도의 능력으로 죄악과 과감하게 대결하는 일도 거의 없으며, 이미 청중이 확신하는 것으로 이들을 다시 달래주는 정도에 불과하다. 또 설교를 통해서 교회의 부흥과 갱신이 일어날 수 있다고 기대하는 사람도 점점 적어지고 있다.
>
> 마이클 퀵, 『전방위 설교』(360-Degree Preaching)[1]

본인의 이런 주장들은 너무 심한 것처럼 들릴 수 있다. 하지만 나는 오늘날 설교의 현실이 여전히 이러하다고 확신한다. 그래서 내 마음이 더욱 무겁다. 특히 괴로운 것은, 설교와 리더십이라는 두 개의 추진력이 함께 결합하여 더 좋은 결과를 이뤄낼 수 있음에도 불구하고, 교회 현장에서는 이 둘이 서로 나뉘어 있다는 것이다. 설교와 리더십이 지금처럼 분리되지 않고 서로 결합하여 강력한 동반자 관계를 맺도록 하는 것이 이 책의 중요한 관심사이다.

(구약성경의 잠언 8장에서 지혜를 의인화시켜서 묘사하고 있는 좋은 선례를 따라서) 나는 설교와 리더십을 두 명의 유능한 인격체로 다루고자 한다. 남성으로 묘사하든 여성으로 묘사하든 설교와 리더십은 서로 분리되어서 각자 자신만의 독자적인 영향권 속에서 안주하고 있다. 가끔 서로 우연히 만나서 힐끗 눈길을 주고받을 때도 있지만 대부분은 자기 임무에 몰두하느라 서로 동반자 관계를 맺고 협력할 생각은 전혀 없다. 설교와 리더십은 성격도 다르다. 설교는 신학적으로도 오랫동안 명성을 떨쳐 온 영적인 혈통을 자랑하면서, 매주 반복되는 교회의 삶 속에서 확고부동한 지위를 누린다. 그래서 설교는 혹시 교회 생활 속에 다른 이가 나타나서 사람들의 시선을 빼앗아 가는 것에 대해서 약간 신경질적인 반응을 보인다. 한편 리더십은 오늘날 자신이 얼마나 유능하고 효과적인지를 과시하는 새로운 관점과 용어로 무장하여 설교에 대한 강력한 경쟁자로 등장한다. 약간의 조급함과 거만한 모습은 여기에서도 가끔 나타난다.

오늘날 리더십은 인기투표에서 상위를 차지한다. 반면에 매 주일 설교는 지루하고 아무런 매력도 없는데도 불구하고 차마 없애지 못하는 천덕꾸러기 신세이다. 데이비드 머로우(David Murrow)가 지은 『왜 남자들은 교회를 싫어하는가?』(Why Men Hate Going to Church?)라는 도발적인 책에 다소 놀란 사람이라도 오늘날 상당수의 남자가 (그리고 아마도 여자들도 마찬가지로) 교회에 싫증을 낸다는 저자의 주장에는 대체로 동의할 것이다.[2] 하지만 리더십은 정반대로 환영받고 있다. 예를 들어 기독교 지도자에 대한 조지 바나(George Barna)의 다음과 같은 정의를 살펴보자. "기독교 지도자란 어떤 단체가 공동으로 채택한 하나님의 비전을 달성하기 위하여 [사람들에게] 효과적으로 동기를 부여하며 활용 가능한 자원을 동원하여 사람들을 비전으로 인도하도록 하나님으로부터 소명을 받았으며 훌륭한 인품을 겸비한 자"이다.[3] 설교와 비교해 본다면, 리더십에 대한 이러한 정의는 참으로 매력적이고 역동적이다. 오늘날 리더십은 이렇게 열성적인 팬들로부터 열렬한 찬사를 받고 있다. 최근에 빌 하이벨스(Bill Hybels)는 이렇게 말했다. "나는 지역 교회는 세상의 희망이며 교회의 미래는 그 교회 지도자에게 달려 있다고 믿는다."[4] 역동적인 리더십이 찬사를 받는 것과는 대조적으로 설교는 정반대로 냉대를 받고 있다.

서로 다른 영향권에서 나름대로 영향력을 행사하고 있는 설교와 리더십의 대조적인 모습은, 현대사에서 아주 유명했던 정치적 대립 관계를 떠올린다. 동서 간에 냉전체제가 지배하던 1984년 당시 영국의 마가렛 대처(Margret Thatcher) 수상과 미하일 고르바초프(Mikhail Gorbachev) 소련 공산당 서기장 두 사람은, 상대방을 매우 의심쩍은 눈초리로 바라보았다. 하지만 여러 차이점에도 불구하고 두 사람은 서로 만나서 대화를 시작하였고 이를 계기로 양국 간에 매우 중요한 긴장완화의 계기가 마련되었다. 고르바초프를 만난 마가렛 대처 수상은 "모처럼 말이 통하는 크렘린 지도자를 만났다"는 유명한 말을 남겼는데, 이는 동서간의 관계 개선에 결정적인 전환점을 제공하였다.

이번 장에서 계속 지적한 바와 같이, 설교와 리더십 사이에 어떤 긍정적인 관계를 찾아보기가 쉽지 않다. 하지만 이러한 부정적인 상황을 하루빨리 개선해야 한다. 이 책의 1부에서는 설교와 리더십이 서로간의 동반자적인 관계를 발전시켜야 할 필요성에 대해서 살펴보고, 이어서 2부에서는 설교와 리더십이 함께 "동역할" 수 있는 작업 관계(working relationship)를 위한 적합한 모델을 제시하고자 한다. 내가 확신하는 바는 설교와 리더십이 함께 동역할 때 설교/리더십을 통한 지역 교회의 변혁은 더욱 가속화될 것이다.

그동안 설교와 리더십이 서로 적절한 동반자 관계를 맺지 않았기 때문에, 지역 교회는 상당한 어려움을 겪을 수 밖에 없었다. 하나님은 지역 교회를 통하여 자신의 나라가 확장되기를 원하신다. 하지만 교회 안에는 나처럼 경건치 못한 사람들로 가득 차 있는 까닭에 하나님의 의도에 못 미치는 경우가 많다. 크리스토퍼 아이들(Christopher Idle)에 의하면, 오늘날의 여러 기독교 교단은 '곰돌이 푸'(Winnie the Pooh)에 등장하는 인물들과 비슷하다고 한다.[5] 호랑이 티거는 오순절교단과 비슷하고, 곰돌이 푸는 감독파 교회와 비슷하며, 토끼는 어떤 "해결책"을 위하여 다른 이들과 힘을 합치는 모습에서나 특히 여러 인물과 서로 연락하여 문제를 해결하는 모습에서 분명 침례교와 닮았다는 것이다. 그런데 미국에만도 대략 47개의 침례교파가 존재하지만, 사실 침례교단 안에서의 교류는 그리 활발하지 못하다. 하지만 이런 현실에도 불구하고 지역 교회끼리는 공동체 안에서 서로를 용납하고 함께 예배하는 가운데 하나님의 은혜로 말미암은 새로운 변화의 가능성을 보여주고 있다. 하나님의 모든 신앙 공동체들이 빛과 소금의 역할을 감당하며(마 5:13-16) 세상을 향하여 선교사를 파송할 수 있는 것도 오직 지역 교회 안에서 가능하다. 그래서 교회는 하나님의 우주적인 구원을 위한 청사진이고(골 1:18), 교회를 제외하고는 다른 대안을 생각할 수 없다.

1. 개인적인 경험

나는 지난 30년 이상을 침례교 목회자로 사역하는 동안에 겪었던 다음의 세 가지 다양한 경험을 통해서 설교와 리더십이라는 목회적인 추진력을 터득하게 되었다. 그 첫째는 처음 목회를 시작하는 초기의 경험이었고, 둘째는 케임브리지에서의 목회 경험과, 마지막은 런던에 소재한 스펄전 목회자 대학의 교장으로 봉직했을 때이다.

1972년에 목사로 안수를 받고나서 랭커셔주(Lancashire)의 블랙번(Blackburn)에 위치한 침례교회에 부임을 기다리는 동안, 나는 교회 건물의 지붕과 벽을 지탱하는 목재 대부분이 곰팡이에 의해서 썩어서 건물이 붕괴할 위험이 있다는 암담한 연락을 받게 되었다. 교회운영위원회의 대표는 나에게 편지를 써서 교회의 형편 때문에 날더러 부임을 철회하는 것이 어떻겠느냐고 정중하게 제안하였다. 그의 말인즉슨 교회 건물에 문제가 심각하고 재정 상태도 열악한 상태에서 누군들 목회를 시작하고 싶겠느냐는 것이었다.

하지만 하나님께서는 나를 초라한 건물에서든 튼튼한 건물에서든 선한 자를 위해서나 악한 자를 위해서나 부자나 가난한 자들을 섬기도록 부르셨다고 믿었기에, 그대로 교회에 부임하였다. 부임한 첫 주의 설교에서 나는 "태초에 하나님이"(창 1장)라는 제목으로 이렇게 설교하였다. "태초에 말씀이 계셨으며"(요 1:1), "예수께서는 여러분을 그의 나라로 부르셨습니다"(막 1:14). 당시 나는 모든 것은 하나님께 달렸다고 확신하였다. 이후로 7년간 나는 계속해서 건물 붕괴의 위기를 극복하고 이웃과 세상을 향한 선교를 위해 신앙과 비전이 계속 자라가야 한다는 메시지를 선포하였다. 그 무렵에는 오늘날과 같은 리더십에 대한 연구가 별로 활성화되지 못했다. 만일 당시에 비전 선언문이나 사명 선언문 같은 것들을 작성하고 선포하는 것이 하나의 관례로 정착되었더라면, 정작 리더십의 중요성이나 그 가치를 전혀 체험하지 못했을 것이다. 물론 당시에도 침례교 안에는 교회의 비전을 세우고 리더십을 발휘하는 제직위원회나 공동위원회가 조직되어 있었다. 하지만 솔직히 말하자면 당시의 목회에서 예배 중의 설교, 그리고 예배로서의 설교가 모든 사역 중에서 가장 중요한 비중을 차지하였고, 그렇게 설교가 결정적 역할을 담당하는 과정에서 나와 회중은, 리더십과 설교가 신비롭게 결합하면서 그 역동성으로 말미암아 교회가 성장해가는 것을 함께 경험하였다.

존 킬링거(John Killinger)가 1969년에 저술한 『목회에서 설교의 중심성』(The Centrality of Preaching in the Total Task of Ministry)이라는 책은, 당시 내 목회에서 무엇이 가장 중요한지를 잘 보여주는 것 같다.[6] 당시 나는 활력 있는 설교(또는 순결한 설교, full-blooded preaching, 이 책에서 저자는 리더십이 효과적으로 결합된 설교를 표현하기 위하여 full-blooded preaching이라는 용어를 반복적으로 사용하며 역자는 '활력 있는 설교' 또는 '리더십이 발휘되는 활력 있는 설교'로 번역한다. 또 저자는 반대로 리더십을 무시한 설교를 가리켜서 thin-blooded preaching이란 용어를 사용하는데 역자는 이를 '무력한 설교' 또는 '리더십이 배제된 무력한 설교'로 번역한다.-역주)가 어떤 것인지를 맛볼 수 있었다. '활력 있는 설교'라는 표현은 복음의 진리를 선포하는 그리스도의 전권대사가 감당해야 할 중요하고도 활기 넘치는 임무가 무엇인지를 잘 보여주기 때문에, 나는 이 표현을 좋아한다. "누구든지 그리스도 안에 있으면 새로운 피조물이라… 보라 새것이 되었도다"(고후 5:17). 월터 부르거만(Walter Brueggemann)이 잘 설명하는 것처럼, 오늘날의 문화와 완전히 대조적인 입장에서 "하나님과 세상, 이웃, 그리고 우리 자신에 관한 대조적인 이야기를 전하고 있는" 성경의 세계는 매우 대조적인 실체의 세계로 독자들을 초청하고 있다.[7] 그래서 성경의 메시지는, 역동적인 대안의 이야기를 전혀 제시하지 못하는, 활기 없고 창백한 설교와는 아주 대조적인 설교를 극적으로 선포하고 있다. 하나님의 은혜 가운데 나는 랭커셔주의 블랙번에서-부르거만이 언급한-대안적인 실체의 세상에서 살아갈 수 있는 하나님의 새로운 길이 설교를 통해서 선포되고 있다는 확신을 갖게 되었다.

　두번째 목회 경험은 비록 불안하게 시작되긴 했지만 이 역시 내가 설교자/지도자로서 성장해 가는데 결정적 영향을 미쳤다. 1980년에 케임브리지에 있는 성앤드류침례교회(St. Andrew's Street Baptist Church)로부터 청빙 제의를 처음 받았을 때, 나는 이 교회에 부임하는 것을 주저하였다. 부분적인 이유로는 이미 블랙번 교회에서 목회가 성공적이었기 때문이기도 하였다. 하지만 이 교회에 부임을 주저했던 더 큰 이유는, 이 교회가 장기간의 침체 속에 빠져 있는 것 같았기 때문이다. 1721년에 세워진 이 교회는 그동안 유명한 신자들과 설교자들을 배출한 전통과 역사를 자랑하며 교회 건물도 1천 명 정도를 수용할 정도로 충분했다. 하지만 문제는 당시 교회에 남아 있는 교인의 숫자가 주일 오전 예배에는 70명 정도와 저녁 예배에는 20명 정도였고, 그나마 나이든 교인이 대부분이어서 교회의 미래가 전혀 밝아 보이지 않았다. 그나마 예배시간에 대부분은 회중석 뒤쪽에 앉는 바람에 펜스지역(Fens, 또는 Fenland라고도 부르며 영국 잉글랜드 동부에 있는 개간된 소택지의 자연지역을 가리킴-역주)의 안개가 교회 안으로 밀려들어 올 때면, 강단에서는 뒤쪽에 앉아 있는 교인들의 얼굴마저 잘 보이지 않을 뿐더러, 더욱 안타까운 점은 그들 역시 강단 위에 있는 나를 잘 보지 못했다.

　이전의 7년간의 목회 사역을 통해서는 이러한 암담한 상황을 전혀 예상치도 못했고 이런 위기를 극복할 방법도 전혀 배우지 못했다. 이전 블랙번에서의 목회는 대부분의 신자가 걸어서 교회에 출석할 수 있는 가까운 거리에 거주하는 역동적인 가족 공동체였다. 하지만 새로 부임한 도회지 교회는 지역 선교를 위한 토대가 전혀 마련되지 않았다. 얼마 되지 않은 신자들마저도 교회에서 먼 거리에서 살면서 주일이면 차를 타고 교회로 왔다. 심지어 일부 신자들은 자신이 거주하지도 않는 곳에 있는 이 교회가 과연 선교적인 사명을 얼마나 제대로 감당할 수 있을지 매우 회의적이었다. 또 어떤 신자는 내가 노인들 교회에서 장례식이나 잘 집례하도록 부름을 받았을 것이라고 푸념하기도 하였다. "무엇보다도 케임브리지에는 우리 교회가 아니더라도 선교 사역을 감당할 교회가 많이 있습니다. 그래서 어떤 교회에서는 신자의 장례식이라도 잘 인도하는 것이 중요하겠지요." 전에 이 교회로부터 청빙 제의를 받았던 어떤 목회자도 선교적 비전이 보이지 않는다는 이유로 청빙 제의를 거절했던 일도 있었다. 제 3자가 보더라도 교회의 부흥을 위한 노력이 과연 효과가 있을지 의심스러웠다. 그리고 나 역시 무슨 격려나 노력이 과연 효과가 있을지 장담할 수 없었다. 나로서는 도저히 힘에 겨웠고, 내가 가진 빈약한 자원으로나 이전의 목회 경험으로는 이곳에서 좋은 결과를 전혀 기대하기 어려웠다.

당시의 상황을 이렇게 표현하면 일부 독자들은 당시 나의 무능력을 너무 과장한다고 생각할 것이다. 하지만 당시 무기력한 나로서는 참으로 절망적이었다. 우리는 앞으로 어떻게 될까? 이렇게 하는 것은 과연 효과적일까? 와 같은 질문이 끊임없이 내 마음을 괴롭혔다. 그런데 그 다음에 일어난 일련의 몇 가지 일은 나중에 생각해 볼 때, 내 평생 목회 사역 중에 참으로 놀랄만한 사건들이었다. 이 작은 교회, 게다가 나이든 신자로 이뤄진 이 교회에서 나는 하나님께 기도하며 그 분을 신뢰한다는 것이 무슨 뜻인지를 차근차근 배울 수 있었다. 참으로 놀랍게도 하나님은 당시 우리를 통해서 케임브리지의 번화가에서 이 세상과 전혀 대조적인 자신의 구원을 이뤄가기 시작하셨다. 즉 1980년부터 1993년까지 회중의 변화에 관한 하나님의 놀라운 이야기가 이 교회를 통해서 펼쳐진 것이다. 전혀 가망 없어 보이는 상황이었지만 꾸준한 기도와 믿음 속에서 하나님의 인도를 따르는 일련의 원칙을 그대로 실행하다보니, 결국 학자들이 제안한 리더십 모델의 원리와 결론을 그대로 따라 실행했었음을 나중에 깨닫게 되었다.

이에 대한 좀 더 자세한 내용들은 이 책의 2부에서 다시 소개할 것이고, 성앤드류침례교회(St. Andrew's Street Baptist Church)에서 일어난 세부 사항들에 대해서도 이 책의 뒷부분에서 좀 더 자세히 소개할 것이다. 하지만 독자들은 내가 그 교회에서 성도들과 함께 경험하였던 놀라운 모험담의 일부를 미리 이해할 수 있기를 바란다. 그 교회에서의 경험을 계기로 나의 목회 사역은 완전히 달라졌고, 설교자/지도자가 된다는 것이 무슨 뜻인지를 새롭게 이해하였다. 그 교회를 잘 아는 어떤 사람은 교회가 새롭게 변한 것을 알고서 나에게 말했다. "그 교회에서 이런 변화가 가능하다면, 다른 어느 곳에서도 가능할 것입니다!" 나는 설교자가 먼저 리더 역할을 올바로 감당한다면, 더 많은 회중이 그런 변화를 경험할 수 있다고 확신한다.

1990년대 중반에 성앤드류침례교회를 떠나 스펄전 대학(Spurgeon's College)의 학장으로 부임하면서 내 목회 사역은 한 단계 더 변화하였다. 비즈니스 리더십 분야에 관한 책을 처음 소개받게 된 곳도 바로 이곳이었다. 대학 직원 한 분이 나에게 짐 콜린스(Jim Collins)와 제리 포라스(Jerry Porras)가 저술한 『성공하는 기업들의 8가지 습관』(*Built to Last*)이란 책을 나에게 건네면서 한 번 읽어볼 것을 권했다.

비즈니스 분야의 고전적인 이 책은 전 세계의 가장 성공적인 18개의 기업체를 이보다 덜 성공한 경쟁업체와 비교 분석하면서 그 기업체의 성공 비결을 소개하고 있다. 책을 건네받은 나는 자세히 읽어보았다. 이 책에서 두 저자는 그동안의 왜곡된 성공적인 리더십의 신화를 무너뜨리며, "이것이냐 저것이냐"의 권위적인 선택에서 벗어나서 '이것과 저것'을 함께 아우르는 발상의 전환을 강조한다. 이 입장을 따른다면 '설교냐 리더십이냐'의 양극단 중의 하나를 선택하는 것이 아니라, 설교와 리더십을 함께 아우르는 "발상의 전환"이 중요하다는 뜻이다. 또 성공적인 조직을 위해서는 BHAG("big hairy audacious goal", 크고 위험하고 대담한 목표)가 필요하다고 한다. 물론 이 책은 하나님에 대해서 전혀 언급하지 않지만, 책을 읽어본 나는 이 책에 언급된 여러 원리를 기독교의 리더십과 서로 연결시킬 수 있었다. 예를 들자면 주님의 '대위임명령'(마 28:19-20)이야말로 가장 크고 "위험하고" 대담한 목표가 아닌가? 나는 이 책에서 이외의 여러 유익한 통찰을 얻을 수 있었다.

그 이후로 나는 기독교 리더십에 관한 여러 책들을 읽어보았으며, 이 분야의 컨퍼런스에도 여러 번 참석했다. 아마도 대부분의 목회자도 그러할 것이다. 2003년에 미국의 목회자를 대상으로 실시된 통계조사에 의하면, 조사 대상자의 94% 목회자가 리더십 훈련 과정에 참여하거나 관련 자료를 목회에 활용하는 것으로 나타났다.[8] 서구 교회에서는 지난 30년 동안 리더십에 대한 관심이 폭발적으로 증가했다.

앞으로 계속 살펴보겠지만 리더십에 대한 폭발적 관심 때문에 여러 긍정적 결과도 나타났다. 하지만 이러한 긍정적 결과에 동반된 한 가지 비극적 결과가 있다면 그것은 바로 설교자/지도자의 소멸이다. 예전에 지역 교회에서 필요했던 전통적 목회자의 역할은, 설교와 성만찬 중심의 주일 예배에 함께 모인 신자의 조직체 내에서 사역하는 설교자/지도자였다. 말씀과 성만찬은, 예배만 아니라 교육이나 찬양, 봉사, 그리고 선교와 같은 다른 여러 교회 사역과 신앙 공동체의 삶에서도 매우 중요한 위치를 차지한다. 하지만 세속적인 비즈니스의 원리를 따라 조직한 일반 기업체는 교회처럼 영적인 리더로서의 설교자가 필요하지 않다. 또 교회에서도 설교자는 여전히 전통적 교사의 역할을 그대로 감당하면서도 리더의 역할은 크게 기대하지 않는다. 그 결과 오늘날 설교는 리더십이 빠진 창백한 빈혈성 설교로 변질했고, 신자를 부활하신 그리스도의 대사로 세우는데 꼭 필요한 영적 자양분을 전혀 공급해 주지 못하게 되었다.

2. 설교자를 배제한 기독교 리더십

오늘날 기독교 리더십을 소개하는 책이 수 없이 쏟아져 나오고 있지만, 설교에 리더십의 역할이 들어 있음을 직시하고 있는 책은 거의 없다. 리더십을 논하는 일부 저자 중에는 설교에 대해서 심지어 적대적이기까지 하다. 토마스 반디(Thomas Bandy)는 전통적인 설교가 지나치게 말이 많고 자기중심적이며 새롭게 등장하는 기술문명을 배척한다고 비판한다. 사실 이러한 설교는 마치 주주들 앞에서 거들먹거리는 CEO처럼 또는 부교역자들 앞에서 독단적인 담임 목회자처럼 행동하면서 결국 목회자와 신자 사이마저 갈라놓는다. 그래서 토마스 반디는 독단적 설교와는 달리 스승과 제자를 서로 맺어주며, 구도자와 영적인 순례자를 서로 친구처럼 한 팀으로 묶어주는 좋은 코칭의 리더십 모델을 자랑한다. 반디는 미래 교회를 위한 대안으로서 팀을 세우는 모델에 필요한 활기와 시너지(협력 작용), 그리고 열정의 비결에 대해서 열심히 설명하

지만, 설교에 대한 고민의 흔적은 전혀 찾아볼 수 없다.[9]

리더십을 다루는 대부분의 저자들은 이렇게 설교에 대해서 언급하는데 인색하다. 예를 들어 캐넌 칼라한(Kennon Callahan)의 『성장하는 교회의 열두 가지 비결』(Twelve Keys to an Effective Church)에서 강조하는 것도 "역동적 공동 예배"이다. 그는 성장하는 교회의 다섯 가지 중요한 요소로서 "온정과 음악, 설교, 예전, 그리고 좌석"을 언급한다. 하지만 여기에서도 설교가 차지하는 비중은 매우 저조하다. 그는 설교에 대해서 다음과 같이 간략하게 언급한다. "설교자는 교회와 신앙 공동체 안에서 목자이자 리더이며 동시에 예언자이다. 그는 돌봄(caring)과 나눔(sharing)의 사역을 감당하는 목자이며, 지혜와 영적 분별력으로 공동체를 인도하는 리더이며, 사려 깊고 통찰력 있는 비평적 자세를 가진 예언자이다." 캐넌 칼라한은 설교에 대해서 이렇게 간단하게 언급하면서도, 설교자가 구체적으로 어떻게 공동체를 인도하는 리더의 역할을 감당할 수 있는지에 대해서는 아무런 설명이 없다.[10] 또 크리스천 슈바르츠(Christian Schwarz) 역시 "자연적 교회 성장"을 위한 여덟 가지 비결 중의 하나로 "영감 있는 예배"를 강조하지만 설교의 적절한 역할에 대해서는 침묵한다.[11] 레잇 앤더슨(Leith Anderson)도 바람직한 기독교 리더십의 모델을 소개하면서도 설교의 역할에 대해서는 다루지 않는다.[12]

영적 리더십에 관한 책 중에 어떤 경우는 전편에 걸쳐서 설교의 중요성을 암시하지만 정작 그 설교에 대해서 명확하게 또는 자세히 다루지 않고 있다. 예를 들어 헨리 블랙커비와 리처드 블랙커비(Henry and Richard Blackaby)가 지은 『영적 리더십』(Spiritual Leadership)은 매우 유용한 통찰을 많이 담고 있다. 이 책에서 저자는, 리더를 부르시는 하나님의 소명의 중요성과 아울러 그 소명에 따라 하나님께서 부여하시는 임무를 잘 듣고, 이를 회중에게 효과적으로 소통시켜야 하는 리더의 책임을 강조한다. 하나님의 뜻에 대한 청취와 선포를 강조하는 까닭에, 이 책의 거의 모든 페이지는 설교자에 대해서 설명하는 것처럼 보인다. 하지만 저자는 설교자가 아니라 리더의 여러 역할만을 다루고 있으며, 설교자에 대한 설명은 전혀 찾아볼 수 없다.[13]

이상한 일이지만 심지어 재능 있는 설교자/지도자마저도 설교의 역할보다는 리더십의 여러 측면을 강조하는 것 같다. 릭 워렌의 『목적이 이끄는 교회』 (The Purpose Driven Church)라는 책은 설교자와 리더로 소명을 받은 목회자를 염두에 두고 저술되었다. 그런데 "비교인들에게 전하는 설교"(preaching to the unchurched)라는 장의 마지막 대목에서 저자는 설교의 중요성을 아주 짧게 언급할 뿐이다. 이 책의 나머지 대부분에서는 설교자가 구체적으로 어떻게 설교 사역을 통하여 리더십을 발휘할 수 있는지에 대해서 거의 침묵하고 있다. 또 "목적이 이끄는 삶 40일 캠페인"과 같은 프로그램 역시 소그룹 활동 시간에 매일 자신이 저술한 책을 읽고 비디오를 시청하도록 안내하고 있다. 물론 저자는 신앙 공동체 안에서 설교자가 리더의 역할을 감당해야 한다는 점을 인정한다. 또 교회 안에 여러 소그룹을 조직하여 신앙 공동체를 활성화시키고 또 이를 유지하는데 필요한 목회적 전략들을 제공해주고 있지만, 설교자가 구체적으로 어떻게 리더의 역할을 감당해야 하는지에 대해서는 만족스런 해답을 주지 않고 있다.[14]

빌 하이벨스(Bill Hybels)도 기독교 리더십에서 설교가 차지하는 중요성을 인정하면서 몇 가지 사례를 제시하고 있지만, 설교/지도(preaching/leading)를 위한 분명한 실제적 전략을 한 단계 더 심화시키지는 못한 것 같다. 짐 헤링턴(Jim Herrington)과 마이크 보넴(Mike Bonem), 그리고 제임스 푸르(James H. Furr)는 회중의 변화에 대한 가장 실제적인 모델 하나를 제시하고 있으며, 이 책의 2부에서는 이들의 모델에 대해서 자세히 살펴볼 것이다. 하지만 이들 역시 설교가 감당해야 할 독특한 역할을 리더십의 관점에서 구체적으로 소개하는 데는 아쉬움이 남는다.[15] 오브리 맬퍼스(Aubrey Malphurs) 역시 『가치가 주도하는 리더십』(Values-Driven Leadership)이란 책에서 리더십을 설명할 때 그 저변에 설교의 중요성을 전제하면서도, 설교자/지도자의 통합적인 의미에 대해서는 사실상 간략하게 언급할 뿐이다.[16]

설교자가 어떻게 회중을 이끌 것인가에 대한 이상의 설명을 살펴보면 아주 답답할 정도로 모호하다. 「리더십」(Leadership)이란 잡지는 회중에게 영향력을 발휘하는 설교자에 대해서 종종 특집으로 다루지만, 그들의 설교가 구체적으로 어떻게 회중의 변화를 이끌어내는지 대해서는 자세히 분석하지 않는다. 예를 들어 "공동체 변화"(Community Transformation)에 관한 특집 기사에서는, 본 맥러플린 감독(Bishop Vaughn McLaughlin)이 플로리다의 잭슨빌에서 '경제적 활성화'(economic empowerment)에 관한 메시지로 회중의 변화를 이끌어 내고 있음을 소개하였다. 그런데 본 맥러플린 감독은 나름대로 회중의 변화를 염두에 두고서 설교했겠지만, 이 기사의 어느 곳에서도 그가 설교와 리더십을 어떻게 결합하여 상당한 성과를 거뒀는지에 대해서는 자세히 설명하지 않고 있다.[17]

최근에 「설교」(Preaching)라는 잡지에서 "생각하기와 인도, 그리고 설교"(Thinking, Leading, and Preaching)란 제목으로 존 맥스웰(John Maxwell)의 인터뷰 기사가 소개하는 것을 보고 독자들은 리더십과 설교를 함께 결합하여 다루고 있을 것이라 추측할 것이다. 리더십 분야에 저명한 강사이자 설교자인 맥스웰은 이 기사에서 『생각의 법칙』(Thinking for a Change)이란 자신의 책을 소개하면서, 성공적인 사람의 사고방식은 그렇지 못한 사람과 확연히 차이가 난다고 주장한다. 성공적인 사람의 사고방식은 현실적이고 창의적이며 성찰적이며, 목회자 역시 이러한 사고방식을 따를 필요가 있다는 것이다. 그런데 맥스웰 역시 리더십에서 설교가 차지하는 실제적 역할에 대해서는 아무런 언급이 없다. 그는 이렇게 말한다. "나는 좋은 설교자로 훈련을 받아 신학교를 졸업하였습니다. 하지만 교회에서는 사람들과 서로 관계를 잘 맺지 못했습니다. 의사소통(Communication)에 대한 나의 정의는 매우 간단합니다. 올바른 의사소통의 시금석은 바로 사람들과의 연결(Connection)입니다."[18] 물론 그렇다. 의사소통에서는 사람들과의 연결이 관건이다. 하지만 그렇다면 설교의 핵심 내용인 성경 말씀 안에 담긴 변혁적 능력은 어떻게 할 것인가?

역설적이지만 설교를 다루는 대부분의 책 역시 설교의 관점에서 리더십을 깊이 있게 다루는 경우가 거의 없다. 그 중에 아주 주목할 만한 예외가 있다면 『원탁의 설교단: 리더십과 설교가 만나는 곳』(The Roundtable Pulpit: Where Leadership and Preaching Meet)이다. 이 책에서 저자 존 맥클루어(John McClure)는, 회중이 함께 참여하는 '지역교회의 공동의 리더십'을 계발하기 위하여 일반 평신도를 목회자의 설교 준비 과정에 함께 참여시키는 '공동(제작)의 설교'

(collaborative preaching)를 강조한다. 맥클루어는 독단적 리더십으로 회중의 활성화를 방해하는 "독재자 같은 설교자"(sovereign preacher, 또는 군주적인 설교자)와 비권위적 설교자를 서로 대조시킨다. 그에 따르면 비권위적 설교자의 "대화적이고 귀납적 설교"를 통해서 회중은 "기독교 공동체 안으로 가입하는 방법"을 배운다는 것이다.[19] 그는 자신의 오랜 경험에 근거하여 '공동 제작의 설교'가 목회자와 회중 상호 간의 참여적 리더십을 발전시키는데 매우 효과적이라고 주장한다. 맥클루어의 견해에 대해서는 나중에 좀 더 자세히 살펴볼 것이다.

리더십과 설교에 대한 이상의 개략적인 설명으로, 리더십에 관한 지금까지 출간된 방대한 도서들의 가치를 무시할 생각은 전혀 없다. 최근에 나는 리더십에 관한 책으로 목회에 많은 도움을 받았다고 하는 기독교 지도자와 대화를 나누었다. 그는 존 코터(John Kotter)의 『변화를 이끌어내기』(Leading Change)라는 책에서 많은 도움을 받았다고 했다.[20] 특히 회중 변화를 이끌어내는 여덟 단계에 대한 설명을 통해 리더십을 새롭게 이해하였고, 자신이 섬기는 공동체의 변화에 많은 도움이 되었다고 한다(사실 코터가 제시하는 변화의 과정은 리더십 모델에 상당한 기여를 하였으며 이 점에 대해서는 2부에서 좀 더 살펴볼 것이다). 또 다른 목회자도 앤디 스탠리(Andy Stanley)의 『비전 이루기』(Visoneering)가 자신의 목회 패턴을 바꾸는데 큰 도움이었다고 한다.[21]

리더십에 관한 이상의 여러 책들을 평가하는 목적은, 리더십에 관한 여러 저서가 목회자들에게 많은 도움을 준다는 것을 부인하려는 것도 아니고, 또 리더십에 관하여 저술한 유명한 설교자들의 명성에 대해서 비판하려는 것도 아니다. 정작 본인이 말하려는 것은, 이상의 책이 기독교 리더십에서 설교가 차지하는 역할을 분명하게 설명하지 않는다는 것이다. 기독교 리더십에 관한 거의 대부분의 책에는 설교가 빠져 있고, 또 설교에 관한 대부분의 책에도 리더십이 빠져 있다. 이렇게 설교와 리더십이 올바로 자리매김하지 못하는 현상은, 평범한 규모의 교회에서 목회하는 평범한 대다수 목회자에게는 참으로 당혹스러운 일이며, 기독교 사역에도 썩 바람직하지 못하다. 오늘날의 상황은, 1970년대에 내가 경험했던 것을 적절하게 요약하고 있는 『목회에서 설교의 중심성』(The Centrality of Preaching in the Total Task of Ministry)이란 제목보다는 『목회에서 리더십의 중요성』(The Centrality of Leadership in the Total Task of Ministry)라는 제목이 더 잘 설명할 수 있을 것 같다.

돌이켜보면 지난 30년 동안 참으로 많은 것이 변했다. 오늘날의 서구 문화는 물질적 영역에서 영적 요소를 분리해내고, 공공의 영역에서 사적 요소들을 점차 분리해내면서, 결국 복음주의 교회 안에서 설교와 리더십의 분열을 더욱 가속화시키고 있다.[22] 점차 기세를 떨치는 세속주의 역시 기독교 설교의 역할을 공공의 가치와 행동의 영역 밖으로 내쫓아내면서 그저 영적 담화에만 한정하도록 압력을 가하고 있다. 오늘날 기독교인들은 복음과 서구 문화에 관한 레슬리 뉴비긴(Lesslie Newbigin)의 독창적 연구를 통해서 서구 교회의 미래에 상당한 영향을 미칠 변화의 실상에 눈뜨게 되었다.[23] 조지 헌스버거(George Hunsberger)는 뉴비긴의 분석에 근거하여 다음과 같은 결론을 내린다.

> 기독교적 국가체제 하의 서구 사회에서 교회가 누려왔던 특권적 지위는 모두 사라졌으며 앞으로 이 지위를 다시 회복할 수 없을 것이다. 신앙 공동체로서 교회는 더 이상 공공의 영역에 관여하지 못하고, 개인적인 가치와 신념, 그리고 견해에 대한 사적인 세계관을 파악하는 하나의 문화적 이해의 체계로 전락하였다. 교회는 그러한 추락에 대해서 적극적으로 (또 때로는 부지불식간에) 적응하였고, 이제는 일련의 신앙적인 견해를 계속 지속하기 위하여 모인 사적이고 자발적인 조직체로 변화하였다.[24]

한편 리더십이 빠진 무력한 설교(thin-blooded preaching)는 복음주의 교회 안에서 진행된 이러한 비극적인 변화를 더욱 심화시켰다. 심각할 정도로 허약한 이러한 설교는 그 일차적인 목적을 '복음' 선포에 두고 신자 개개인에게 회개와 믿음을 통한 개별적 구원의 방법을 제공하는데 집중하거나, 아니면 설교의 일차적 목적은 '교육'이라고 생각하면서 개개인의 기독교인에게 올바른 교리를 강조하고, 교회를 위한 헌신을 재촉하는 데만 집중해왔다. 물론 설교의 목표에는 신자 개개인의 신앙을 위하여 복음의 진리를 선포하고 그들 개개인의 삶 속에서 믿음이 자라도록 교육하고 안내하는 것을 포함한다. 하지만 설교 사역에서 복음전도와 교육만을 강조하는 것은, 설교에 내포된 리더십의 역할을 묵살하는 것이나 마찬가지이며, 하나님 나라의 공동체를 개인의 기호에 따라 모이는 사적 클럽으로 간주하는 것이나 다름없다. 물론 설교자는 경우에 따라 설교에서 공동체의 이슈를 다룰 때도 있다. 예를 들어 선거철이 되면 정치적 주제가 강단에서 다뤄지기도 하고 또 회중은 "신앙의 양심을 따라 투표하라"는 메시지를 듣기도 한다. 또 낙태나 안락사와 같은 사회적 주제가 강단에서 다뤄질 때도 있고, 특히 테리 시아보(또는 테리 샤이보, Terri Schiavo, 1990년 심장발작으로 뇌손상을 입은 뒤 줄곧 영양공급 튜브에 의존해 15년 동안 목숨을 이어오다 2005년에 연방법원의 튜브 제거 명령으로 사망함-역주)의 심각한 상태가 세간에 널리 알려지고 결국 그녀에게 영양을 공급하는 튜브가 제거되고 사망한 사건처럼 사회적 관심이 들끓는 사건이 발생할 때면, 설교자는 가끔 이런 주제도 설교단에서 다루곤 한다.[25] 하지만 일반적으로 볼 때 오늘날 강단은 지나치게 개인적인 영적 문제에만 집착하는 경향이 강하다.

흥미롭게도 대부분의 기독교 리더십에 관한 도서는 '설교'(preaching)보다는 '교육'(teaching)이라는 단어를 더 좋아하는 것 같다.[26] 아마도 그 이유는 사적인 영역에서는 새로운 창조나 화해에 관한 담론보다는 개개인의 교육이 더 잘 어울리기 때문이다. 목회 현장에서 사적인 믿음과 가치에 관한 교육이 더욱 중시되면서, 점차 세상을 구원하시는 하나님의 대안적인 이야기를 공동체적 삶 속에서 구현하도록 안내하고 인도하는 설교의 능력이 점점 사라지고 있다. 이러한 무력한 설교는, 하나님께서 설교를 통해서 개개인을 자기 백성으로 세우시고 변화시키려고 하신다는 것을 더 이상 믿으려고 하지도 않는다.

설교가 이렇게 힘을 잃어가는 사이에 리더십은, 점차 세력을 형성하는 비종교적인 도덕론에 편승하면서 목회 현장에서도 그 영향력을 확대하고 있다. 설상가상으로 일부 교회는 '구성원'(membership)과 '유지'(maintenance), 그리고 '자금'(money)의 "3M"[27]과 같은 핵심사항들을 중시하는 일반 기업체의 리더십을 그대로 모방하는 경우도 있다.[28] 하지만 일반 기업체의 리더십에서 중시하는 구성원의 숫자는, 사실 가장 기만적인 숫자라고 주장하는 이들도 있다. 그리고 예산과 위원회, 그리고 회사 내의 여러 조직체 역시 기껏해야 지난해의 기준을 그대로 유지하려는데 급급한 경우가 많다. 그럼에도 불구하고 상당수의 교회가 세속적 기준과 가치관에 근거한 성공을 그대로 뒤쫓는데 열중한 나머지, 세속적 원리와 실천 전략을 무비판적으로 탐욕스럽게 받아들이는 실정이다. 그래서 헨리 블랙커비와 리처드 블랙커비는 이렇게 비판한다. "오늘날 상당수의 기독교 지도자는 세속적 리더십 이론을 성경의 항구적인 원리에 비추어서 검증해 보지도 않고 거의 무차별적이고 무비판적으로 받아들이고 있다."[29] 이렇게 세속적 리더십 모델이 교회를 미혹하여 무지몽매하게 만들다보면, 하나님의 말씀과 영성은 실용주의적 리더십의 물결에 밀려서 결국 교회 바깥으로 밀려날 수밖에 없다. 그리고 교회가 세속적 비즈니스 모델을 그대로 따라가다 보면, 결국 교회 안에서 설교가 그에 걸맞은 리더십의 역할을 발휘할 여지도 점점 축소될 수밖에 없다.

세속적 사고방식이 기독교 리더십에 미치는 영향력이 얼마나 교묘한지 모른다. 그래서 교회는 세속적 리더십을 "무비판적으로 받아들이는 일"에 대해서 더욱 경계하고 주의해야 한다. 세속적 리더십이 부정적 요소는 애써 무시하면서 강점과 긍정적 측면만을 배타적으로 강조하는 경향은, 하나님 앞에서 자신의 죄를 자백하고 그 분의 은혜를 의지해야 하는 기독교의 기본 정신과 정면으로 위배된다. 뿐만 아니라 (3장에서 좀 더 자세히 살펴보겠지만) "내가 약할 그 때에 곧 강함이라"(고후 12:10)와 같은 성경의 근본 원리와 세속적 리더십이 서로 잘 어울리지 않기 때문에, 올바른 리더십을 발전시키기 위해서는 성경적 분별력이 매우 중요하다.

조지 바나(George Barna) 역시 리더십에 대한 기독교인의 그릇된 생각에 대하여 몇 가지 경고한다.[30] 예를 들어 리더십은 "영향력"(influence)과 혼동하지 말아야 한다는 것이다. 영향력이란 다른 사람들에게 동기를 부여하여 어떤 일을 행하도록 유도하는 것을 말한다. 하지만 그 영향력이 그들의 삶 속 깊은 곳에까지 강력한 파장을 미치는 것은 고려하지 않는다. 그래서 예를 들어 물건을 파는 판매원은 전형적으로 타인에게 영향력을 발휘하는 사람들이지만, 삶의 변화를 이끌어내는 것은 아니기 때문에 이들의 판매술

(salesmanship, 또는 설득 수완)이 성경적으로 건전한 리더십 모델이 될 수는 없다. 마찬가지로 성경적 리더십이 세속적 리더십의 원리 중의 하나인 "중요한 일을 효율적으로 수행하도록 하는 것"과 같을 수도 없다. 그래서 조지 바나는 리더십에서 효율성(efficiency)을, 사람을 인도하는 것보다는 사람을 관리하고 경영하는 것과 결부시키면서 자신의 연구 결과에 근거하여 이렇게 주장한다. "리더는 효율을 중시하는 관리인과 달리 올바른 일을 하려는데 초점을 맞추기 때문에 그들의 일처리가 때로는 비효율적일 때도 있다. 하지만 이들은 사람의 변화를 우선시하기 때문에 일의 효율성은 그리 큰 장애가 되지 않는다." 그는 계속해서 이렇게 말한다. "기독교 리더십에서는 일반 리더십과 달리 권력과 지위를 강화시켜서 의사 결정 기관을 통제하는 것을 그렇게 중요하게 여기지 않는다." 권력과 통제(control)는 자칫 남용되기 쉬운 것이지만, 기독교적 리더십을 발휘하는 위대한 지도자는 다른 이에게 리더십을 부여하고 권한을 함께 나눈다.

기독교 리더십을 올바로 이해할 수 있는 효과적 방법의 하나는, 이 책의 부록 A에서 제시하는 바와 같이 세속의 영역과 기독교 영역 모두를 망라하여 리더십에 관한 다양한 정의를 살펴보는 것이다. 여기에 소개된 리더십에 대한 다양한 정의 중에서 어느 것이 기독교적 관점을 강하게 끌어들이고 있는지를 살펴보면서 리더십에 대한 당신의 견해를 가장 잘 나타내는 입장을 선택해 보라. 그 입장에 표시를 해 두고 이 책을 다 읽은 다음에, 앞에서 표시했던 견해를 기독교 리더십에 대한 당신의 연구와 학습에 근거하여 다시 평가해 보라.

세속적 관점에서 리더십을 설명하는 사람 중에는 기독교적 사고방식을 비난하는 경우도 있지만, 반대로 어떤 이는 리더십에서 영적 차원의 중요성을 재발견하는 경우도 많다. 예를 들어 리 볼먼(Lee Bolman)과 테렌스 딜(Terrence Deal)이 함께 저술한 『영적인 리더십』(*Leading with Soul: An Uncommon Journey of Spirit*)이나,[31] 루스 목슬레이(Russ Moxley)의 『리더십과 영혼』(*Leadership and Spirit: Breathing New Vitality and Energy into Individuals and Organizations*),[32] 그리고 피터 베일의 『영적인 인도와 학습』(*Spirited Leading and Learning: Process Wisdom for a New Age*)[33]과 같은 도서의 제목들만 봐도 기독교

적 영성이 일반 리더십에 끼친 영향을 쉽게 알 수 있다. 리더십에 관한 다양한 도서자료를 분석한 로버트 뱅크스(Robert Banks)와 버니스 레드베터(Bernice Ledbetter)는, 스테판 패티슨(Stephen Pattison)의 연구결과를 다음과 같이 인용하면서 영성에 관한 용어가 리더십 관련 도서 곳곳에서 발견된다고 한다. "경영에 관한 소위 세속적인 사고방식과 저서 대부분은 일종의 유토피아 같은 종교적 신앙 형태를 담고 있다."[34] 패티슨에 의하면 리더십에 대한 일반 이론가의 저서 속에는 다음 네 가지 인정할 수 없는 모호한 신념과 실천적 전략이 들어 있다고 한다. 첫째, 상당수의 저자는 마치 인간이 세상을 마음대로 통제할 수 있고 목표를 정해서 이를 성공적으로 달성할 능력을 가지고 있다고 믿는 것 같지만, 이를 위한 구체적인 지식과 방법과는 전혀 거리가 먼 "믿음과 희망, 그리고 의미"와 같은 개념을 판매하는 데 열을 올리고 있다. 둘째로, 상당수의 저자는 비전과 임무, 종(servant), 또는 봉사(service)와 같은 신비한 은유를 사용하기 좋아한다. 셋째로, 기독교 단체들에게는 전혀 의심의 여지가 없을 정도의 "상징적 중요성"을 갖는 종교적 의식 절차처럼, 일반 조직체 역시 어떤 일을 성공적으로 완수하는 방법이나 그 절차를 개발하고 이를 준수할 수 있다고 여기고 있다. 마지막으로 일반 비즈니스 단체와 일부 기독교 단체는, "사람이란 어떤 조직체의 목표나 가치, 그리고 그 조직의 관습을 그대로 받아들일 수 있다는 견해를 함께 공유한다는 것이다."[35]

일반 리더십에 관한 저서에 등장하는 종교적 표현들은, 스티븐 코비(Stephen Covey)의 『성공하는 사람들의 7가지 습관』(The Seven Habits of Highly Effective People)[36]에 나타나는 인본주의적 "자기쇄신"(self-renewal)에서부터, 모든 사람의 삶을 관통하는 좀 더 고차원적 능력에 대한 믿음과 뉴에이지의 영성에 관한 요소를 포함하여, 기독교 신앙에 이르기까지 매우 다양하다. 뱅크스와 레드베터는, 일반 리더십에 관한 일부 도서가 '사랑'과 '돌봄', '청지기', 그리고 '신뢰'와 같은 유대-기독교적 관용어를 등장시키거나, 심지어 '코이노니아'(koinōnia, 동반자적인 협력)나, '디아코니아'(diakonia, 겸손한 봉사), 또는 '메타노이아'(metanoia, 철저한 마음의 변화)와 같은 신약성경의 헬라어 용어까지 동원하는 데 깊은 인상을 받는다.[37] 그래서 이들은 일반 리더십에 대한 막스 드 프리(Max De Pree)의 개혁주의적 기독교의 접근방식과 캐더린 모우리 라쿤냐(Catherine Mowry LaCugna)의 『우리를 위한 하나님: 삼위일체와 기독교인의 삶』(*God for Us: The Trinity and Christian Life*)에서 찾아볼 수 있는 신앙 중심의 리더십 모델을 더 살펴보았다.

그 결과 기독교적 용어들이 참으로 의외의 책에서도 발견되곤 하더라는 것이다. 예를 들어 로버트 퀸(Robert Quinn)의 『강력한 변화』(*Deep Change*)에는 지도자가 권력을 포기해야 한다거나, "영혼의 깊은 밤"을 경험해야 한다는 식의 기독교적 표현이 속속 등장한다.[38] 세속적인 비즈니스의 삶에 기독교적 사명 선언문이나 언약, 그리고 전도사에 관한 용어도 가미된다. 2004년 6월에 마이크로소프트 회사는 "인터넷 익스플로러 전도사"(Internet Explorer Evangelist)를 임명하였다. 영국의 리서치 머신스(Research Machines) 회사는, "여왕과 내각의 각료, 그리고 BBC 방송국을 포함하여 영국의 교육 전문가와 중한 정책 입안자에게 교육 관련 자료를 소개"하는 직임을 맡은 "제작 전도사"(Product Evangelist)를 두고 있다. 또 매크로미디어라는 회사도 정확한 의미가 무엇이든 간에 회사 내에 "플래시 전도사"(Flash Evangelists)와 "플렉스 전도사"(Flex Evangelists)를 임명해 두고 있다.

한편으로 리더십에 대한 다양한 개념을 정신없이 집어삼키는 교회와 다른 한편으로 영적 용어를 동원해서 리더십의 개념을 발전시키는 세속적 리더십 이론가 사이에서, 다수의 설교자는 이러지도 못하고 저러지도 못하는 최악의 상황에 직면해 있다. 이들 설교자의 노력이 신자 개개인의 사적인 영적 관심사를 가르쳐주는데 집중하다보면, 설교의 효과도 점점 세속적이고 물량적인 기준에 따라서 평가될 수 밖에 없다. 설교자의 가치가 새 신자를 교회 구성원으로 가입시키고 또 기존의 신자를 격려해서 조직에 유익을 가져다주는 회원으로 활동하도록 유도하는 능력으로 결정된다면, 결국 설교자는 없어도 그만인 종업원 신세로 전락할 수 밖에 없다. 그래서 오브리 맬퍼스(Aubrey Malphurs)는, 목회자의 사역이 성도 모두가 각자 받은 은사로 남을 섬기도록 안내하는 목회 리더십의 관점보다는 주로 조직에 효과적 일을 수행하는 고용인의 관점에서 진행된다고 비판한다. "목회에 대한 이러한 고용인의 개념은 도대체 어디에서 유래된 것일까? 이는 분명 오늘의 문화에서 유래된 것이다. 사실 오늘날 기독교의 전형적인 교회가 행하는 사역의 85내지 90%는 성경이 아니라 문화로부터 영향을 받은 것들이다."[39] 어떤 목회자가 나에게 이런 내용의 이메일을 보내왔다. "모든 것들을 요약하자면 결국 지역 교회가 목회자를 지도자가 아니라 고용된 종업원으로 바라보고 있다는 것입니다." 또 다른 목회자는 이렇게 경고하였다. "오늘날 설교하는 강단과 의사 결정이 내려지는 위원회 사이의 깊은 골은 결코 쉽게 매워지지 않을 것입니다. 목회자로서 저는 성경의 진리를 교육하는 것만 허락받았을 뿐, 결국 교회는 다른 사람들이 운영합니다(run the church!)." 설교자는 말씀을 전하고 가르치도록 고용되었지만, 교회를 이끄는 것은 다른 사람들이다. 동일한 리더십의 기술과 전략들이 교회와 세속 기업체에 똑같이 적용되는 상황에서, 설교자는 설교만 하고 교회의 리더십은 평신도 지도자들이 행사해야 한다고 주장하는 것이다.

3. 무력한 설교의 비극

오늘날 설교는 교회라는 거대한 공장 속에서 리더십이라는 강력한 추진력에 뒤따라 굴러가는 조그마한 톱니바퀴 신세로 추락하고 있다. 설교는 양떼를 모으고 또 우리 안에 안전하게 가둬두는 것 까지는 허락되지만, 우리 밖으로 양떼를 인도하는 것은 허락되지 않는다. 또 설교는 신자들을 위한 신앙의 문을 열어주고 이들에게 씹어 삼킬만한 교리적인 가르침을 제공할 수는 있지만, 교회를 향한 하나님의 비전을 바라보고 하나님의 말씀에 순종하며 새로운 목초지를 향하여 모든 양떼가 앞으로 나아가도록 동기를 부여하는 것은 결코 허락되지 않는다. 이렇게 무력한 설교는 강단에서 신자 개개인에게 뭐라고 말은 걸면서도 어느 곳으로든 전혀 이끌지 못한다.

리더십이 빠진 무력한 설교에 대한 이러한 비판은, 조지 바나가 「크리스처니티 투데이」(*Christianity Today*)에 기고한 글에서 더 분명하게 나타난다. 그는 오늘날 북미권의 교회에 설교자는 많지만 리더가 없는 절망적 상황에 대하여 이렇게 말한다.

> 오늘날 교회 안에서 리더십을 행사하는 자리를 차지하고 있는 사람은 대부분이 지도자들(leaders)이 아니라 교사들(teachers)이다. 이들 교사들은 하나님을 사랑하는 선량한 사람들이며, 고등 교육을 받았고, 재능을 갖춘 의사소통자이지만, 문제는 이들은 결코 지도자들이 아니다. 이들은 교회를 위한 비전도 없고 또 비전이 무엇인지도 모른다. 또 이들은 하나님의 비전을 위하여 사람들에게 동기를 부여하고 인도할 능력도 없다. 또 이들은 인적인 자원과 에너지를 효과적이고 효율적으로 관리하는데도 실패한다.[40]

이러한 비판에서 조지 바나가 고등 교육을 받았고 재능 있는 교사라고 인정할만한 사람과, 비전을 가진 지도자를 어떻게 구분하는지 주목해 보라. 교회에서 설교자는 교육과 복음전도에 관여한다. 반면에 지도자들은 하나님의 비전을 위하여 사람들에게 동기를 부여하며 신앙 공동체가 지닌 자원과 동력을 효과적으로 동원하는데 헌신한다.

목회자와 회중에 대한 2003년도 통계조사에 의하면, 목회자의 92%가 자신을 지도자로 간주하고 있으며 회중의 94%도 목회자를 지도자로 여기는 것으로 나타났다.[41] 하지만 이 조사에서 교육(teaching)과 권면(exhortation, 변화의 동기를 부여하는 설교)이라는 두 가지 유형의 설교는 뚜렷이 대조를 이루었다. 조사 응답자의 80%는 교육이 자신의 은사라고 대답한 반면에, 변화를 이끌어내는 권면을 은사로 여기는 응답자는 많지 않았다. 결국 대부분의 응답자는 자신이 감당할 리더십의 역할을 주로 교육과 양육(nurturing)을 중시하는 목양으로 간주하는 것으로 나타났다. 반면에 목회자 자신을 "비저너리"(visionary, 비전을 가진 지도자—역주)나 "전략가"로 이해하느냐는 질문에 대해서 그렇다고 응답한 비율이 현저하게 줄어들었다.

목회자 리더십의 자질을 어떻게 생각하느냐는 질문에 대한 평신도의 평가는, 목회자에 비해서 상대적으로 낮게 나타났다. 목회자 리더십이 순응할 만하다고 평가한 응답자는, 목회자의 경우에는 72%인 반면에, 평신도는 48%로 나타났다. 목회자의 리더십을 팀 플레이어(team player, 공동의 협력가-역주)로 평가한 경우는, 목회자가 71%, 평신도 53%였고, 융통성이 있다는 평가는 목회자 65%인 반면에 평신도 46%였고, 분석적이라는 평가에 대해서 목회자 54%, 평신도 29%, 실천적이라는 평가는 목회자 60%, 평신도 48%로 나타났다. 이러한 조사결과를 놓고 조셉 스토웰(Joseph Stowell)은, 오늘날 많은 교회가 강력한 지도자를 원할 뿐만 아니라, "미국에서 가장 이상적인 목회자는 다름 아닌 잭 웰치(Jack Welch, GE의 CEO)로 생각하는 것처럼, 교회도 점점 일반 기업체 모델의 리더십을 염두에 두면서 그런 유형의 리더십을 동일하게 기대하고 있다… 하지만 이런 현상이 목회자에게 절망감을 더욱 가중시킨다."고 말한다. 웨인 슈미트(Wayne Schmidt)도 이런 평가에 동의하면서, 오늘날 상당수의 목회자들이 교회의 높은 기대치 때문에 중압감을 느낀다고 한다. "내 생각으로는 오늘날 우리가 리더십의 능력을 너무 과대평가하는 경향이 있는 것 같다."42)

사실 설교가 무력해지는 이유는 설교에 리더십이 빠져 있기 때문이다. 그런 설교로는 복음의 진리마저도 희미하게 흘러나올 뿐이다. 이런 설교로 구원에 관한 복된 소식을 선포하더라도 여전히 문제가 있다. 즉 구원받은 하나님의 백성들이 자신들을 위한 하나님의 풍성한 비전을 향하여, 즉 새로운 세상을 향하여 하나님이 인도하시는 대안의 이야기를 향하여 계속 성장해가야 한다는 점을 간과한다. 리더십이 빠진 무력한 설교는 아래에 소개하는 열 가지 정도의 특징을 가지고 있으며, 몇 가지 중요한 경고에 먼저 주의를 기울여야 한다.

백인 남성 설교자로서 이 책을 저술하는 중에, 나는 나와 다른 설교 전통에 속한 설교자에게는 리더십이 빠진 무력한 설교의 문제가 나처럼 심각하지는 않을 것이다. 예를 들어 워렌 워어스비(Warren Wiersbe)는 흑인 설교자인 E. K. 베일리(E. K. Bailey)와 대화를 통해 백인 설교자의 입장에서 두 가지 중요한 교훈을 배웠다고 한다. 첫째는 "설교자는 전인격적 존재로 설교단에 서야 한다는 것입니다. 내가 설교자로 자라난 백인 교회의 전통에서는 그 점을 잘 배우지 못했습니다. 설교자는 설교단에 단순한 메시지 전달자가 아니라 전인격적인 존재로 서야 합니다."[43] 둘째로, 회중은 단지 메시지를 듣기만 하는 청중으로 앉아 있는 것이 아니라, 설교에 참여자로 앉아 있다는 점이다. "대부분의 백인 교회에서 설교를 묘사하는 핵심적 은유로는 수돗물 도관(導管)이나 상품을 운반하는 컨베이어벨트이다… 설교자는 이 컨베이어 벨트를 통해서 온갖 종류의 내용물을 회중에게 일방적으로 전달한다… 하지만 그 흑인 전통에서 자란 설교자와의 대화를 통해서 나는 회중은 설교를 진행하는 과정에 참여자로 함께 설교에 동참해야 한다는 점을 배웠다."[44] 내가 들어본 대부분의 흑인 설교 전통에서는 설교자와 회중이 분리된 것이 아니라 하나로 결합된 공동체의 기반을 확보하고 있으며, 그런 까닭에 그 설교는 훨씬 더 강력하게 선포되는 것 같다.

흑인 설교의 전통뿐만 아니라 여성의 리더십에 대한 생각 역시 나를 일깨워주었다. 앨리스 매튜스(Alice Mathews)는 성에 대한 고정관념의 위험성에 대해서 올바로 경고하면서 설교자의 성 역할에 대한 조사에 근거하여 다음과 같은 결론을 내리고 있다. "리더의 위치에 있는 대부분의 여성은 남성에 비해서 좀 더 공동체적인 리더십 스타일을 발휘한다… 비즈니스 분야에서 여성에게 훈련받은 남성도 여성적인 리더십 스타일의 속성을 상당부분 그대로 공유하고 있다."[45] 여성 설교자이기도 한 앨리스 매튜스는 리더십을 목표와 현실 사이의 중간 단계의 관점에서 설명한다. "사람을 인도하는 것(leading)은 목표와 현실의 중간 단계에서 자신의 문제를 만족스럽게 다룰 수 있도록 안내하는 것을 의미한다… 리더십은 사람이 자신의 문제에 정직하게 직면하여, 이를 잘 다룰 수 있는 지점으로 데려가는 과정이다. 그리고 '그것이 바로 설교의 목적이기도 하다.'"[46] 앨리스 매튜스에 의하면 설교/지도(preaching/leading)의 사역을 위해서는, 사람들이 추구하는 가치와 그들의 일상적인 삶의 현실 사이의 상호 모순에 관한 현실감각이 필요하다. 그리고 이러한 가치와 현실 사이의 간격을 극복하기 위해서 설교자/지도자는 사람들이 현재 가지고 있는 태도와 신념, 또는 행동을 바꿀 수 있도록 안내하고 도울 실천적인 전략을 마련해야 한다.

리더십이란 사람의 내면 깊숙이 자리한 갈등과 삶 속의 다루기 힘든 현실에 당당히 직면하도록 동기를 부여하는 것이다… 그리스도 안에서 장성한 분량에 이르도록 사람을 인도하는 것은, 때로는 리더십에 대한 전통적인 개념의 일부는 과감히 포기하고 여성적인 리더십 스타일의 일부를 실천하는 것을 의미할 수도 있다. 여성이 인도할 때, 리더십 핵심의 상당 부분은 문제점을 이해하기 위하여 먼저 사람의 말을 청취하고 상황을 변화시키는 방법을 교육하는데 집중된다.[47]

이 점에 대해서는 뒤의 8장에서 린 체이니(Lynn Cheyney)의 이야기를 통해서 좀 더 자세히 다룰 것이다.

내가 자라온 백인 남성들의 관점의 한계를 염두에 두면서 이제 무력한 설교(thin-blooded preaching)의 특징을 몇 가지로 정리해보자.

1) 개인주의

무력한 설교의 첫번째 특징은 공동체가 아니라, 한 개인 신자의 상태와 필요에만 집중한다. 물론 복음은 한 사람의 개인적 반응을 요구한다. 하지만 신자는 '그리스도 안에서'(en Christō, 골 1:28) 다른 신자와 함께 더 깊은 영적 관계를 맺어야 한다는 사실을 항상 명심해야 한다. 설교를 듣는 청중은 예수 그리스도의 말씀과 도전이 "나의 삶"과 "나의 목적", 그리고 "나의 미래"에 대신에 항상 "우리의 삶"과 "우리의 목적", 그리고 "우리의 미래"에 관한 것임을 깨닫도록 해야 한다. 우리를 이기적인 개인주의의 한계를 넘어 서도록 인도하는 하나님의 나라와 그리스도의 몸된 교회에 관한 메시지가 빠져버린 설교는, "나와 내 자신, 그리고 나 홀로"라는 불경건하고 이기적인 삼위일체에 안주하게 만든다. 어떤 설교자는 개인주의적 설교에 대한 내 강연을 듣고 이렇게 물었다. "저는 최근에 가족 치료에 관한 일련의 연속 설교를 전했습니다. 그렇다면 이런 설교는 개인주의적인 설교인가요?" 나는 이렇게 대답했다. "만일 목사님께서 그 설교에서 단순히 핵가족 내에서 남편과 아내, 부모, 그리고 자녀들 사이의 관계에만 집중하고, 세상 속에서 본연의 사명을 감당해야 하는 더 큰 가족으로서의 교회의 차원에 대해서는 도전하지 않았다면, 죄송하지만 그렇다고 답할 수 밖에 없습니다."

2) 지성과 감성 하나만 겨냥하는 설교

무력한 설교는 한 쪽 극단에서 오직 지성만을 겨냥하여 엄청난 분량의 말들을 퍼붓는데 한정된 설교이다. 그런 설교에서 설교자는 성경 본문을 연속적으로 줄줄이 설명하기 위해 관련된 관주 구절들을 끊임없이 이어 붙이면, 청중은 연달아 머리를 끄덕이면서 노트에 받아 적기 바쁘다. "오늘 말씀은 지난주에 이어서 계속 고린도전서를 살펴보겠습니다"하는 식이다. 지성적 설교자는 "본문의 구체적인 적용점에 대해서는 생각할 여지를 두지 않고 우선 보배로운 성경 말씀으로 가득한 설교 메시지"를 선포하기 좋아한다. 오래된 어떤 교회에 출석하는 신자 한 분이 지성적 설교자에 대해서 나에게 이렇게 묘사했다. "그 설교자는 성경 본문을 끊임없이 연속적으로 파헤치면서 정말 나를 지치게 만듭니다. 40분 정도 그 분의 설교를 듣고 나면 머리가 완전히 텅 빈 느낌이 듭니다." 하지만 무력한 설교는 또 다른 극단에서 청중으로 하여금 설교 메시지에 "좋은 느낌"을 갖도록 하기 위하여, 오직 청중의 감성만을 자극하고 지성(그리고 성경 본문)의 차원은 철저히 무시한다. 이러한 현상은 궁극적으로 온 세상의 구원을 위하여 신자 개개인을 불러내시는 하나님의 통전적인 구원의 차원을 간과하는 "번영의 복음"(prosperity gospel)에서 더욱 분명하게 나타난다. 내 수업을 듣는 한 학생이 유명한 TV 설교자가 인도하는 모임에 참석한 적이 있었다. "그분은 설교 초두에 나더러 성경책을 펴라고 말씀하시더군요. 그의 메시지는 매우 역동적이었고 내 자신에 대해서도 긍정적 느낌을 갖도록 해 주었습니다. 하지만 나중에 깨달은 것은 그 분은 성경 본문을 한 번도 다루지 않았습니다."

3) 빈약한 신학적 기반

무력한 설교의 또 다른 원인은 그 속에 신학적인 기반이 취약하기 때문이다. 이런 설교는 삼위일체를 부인하는 유니테리언 교도들의 신학 입장을 따를 때도 있고, 하나님과 사람 사이를 중재하시며 권능을 부여하시는 살아계신 그리스도를 부인하거나, 말씀을 듣게 하시고 진리에 대한 확신을 가져다주시는 성령을 부인하기도 한다. 이들의 설교는, 성부 하나님과 성자 예수 그리스도, 그리고 성령의 삼위 하나님이 설교를 준비하고 전달하는 모든 과정 전반에 적극적으로 관여하신다는 점을 전혀 생각하지 않고, 설교 준비의 90% 이상이 인간의 노력에 달려 있다는 입장을 취한다. 설교 시간에는 성경의 여기 저기에서 수많은 구절을 인용하지만, 성령에 대한 언급은 아주 드물다. 나는 언젠가 오순절 계통의 설교자가 전하는 메시지를 들었다. 그 설교자는 오늘날 우리도 초대 교회 당시 사도의 행동(교제하며 떡을 떼며…, 행 2:42)을 반복해야 한다는 것을 강조하면서도, 성령은 마치 하찮은 것인 양 가끔 "그것"(it)이라고 간단히 언급할 뿐이었다. 하지만 성령은 결코 그렇게 취급될 분이 아니다. 1세기 뿐만 아니라 오늘날 21세기에도 성령은 여전히 가장 중요한 분이시며 설교에서는 반드시 그 분의 능력이 필요하다.

4) 추상적인 적용

무력한 설교가 청중에게 메시지의 적용점을 제시할 때 가장 빈번하게 사용하는 방법은, 꾸밈없어 보이지만 사실은 매우 추상적 사례들을 제시하는 것이다. 이런 사례들은 때로는 설교자의 개인적인 삶 속에서 가져오기도 한다. 설교자 개인의 운동 경험이나 가정생활, 휴가 등등에 관한 유쾌한 이야기가 그 때 그 때 조금씩 바뀌면서 등장하곤 한다. "오늘 설교 말씀을 준비하는 중에 한 가지 재미있는 이야기가 생각났습니다…" 무력한 설교에서는 그러한 가벼운 이야기들이 마치 인간에게 부여된 가장 위대한 명령인 하나님의 왕국에 관한 명령을 이행하는데 도움이 될 것이라 생각한다. 이러한 가볍고도 추상적인 예화(인터넷을 통해서도 쉽게 접할 수 있는)가 설교 내용을 차지하는 것을 보면, 과연 이러한 다목적 예화들은 50년 전의 청중 아무에게나 내용 하나도 바꾸지 않고 그대로 전달되더라도 아무런 문제가 없을 것 같다. 하지만 설교는 아무에게나 하는 것이 아니라 특정한 과제 앞에 있는 특정한 공동체에게 전하는 것이다. 그래서 설교에서 어떤 예화를 사용하려고 할 때는 이렇게 질문해 보는 것이 좋겠다. "이 메시지는 50년 전에도 그대로 전해질 수 있을까?" 무력한 설교를 전하는 설교자는 메시지가 나름대로 구체적인 것처럼 들리도록 하는 데는 전문가이지만, 구체적인 과제 앞에 모인 특정한 신앙 공동체를 위한 리더십이 빠져버린 상태에서 설교하려다보니, 그 공동체의 실제적인 변화에 대해서는 전혀 구체적이지 못하고 또 전혀 도전적이지도 못한 메시지를 억지로 쥐어짤 수 밖에 없다.

5) 갈등을 회피하는 설교

설교자 대부분(앞의 조사에서도 드러났듯이)은, 메시지에 대한 회중의 갈등과 변화의 가능성을 고려하면서 적극적으로 리더십을 발휘하는 "권면형의 설교" (exhorting sermon)보다는, (때로는 개인주의적이고 추상적일 수 있더라도) 신자 개개인을 "양육하고 목양"하는데 만족하는 설교를 더 선호한다. 무력한 설교는 어떤 희생을 불사하고서라도 청중과의 갈등을 회피하려고만 한다. 물론 이런 설교도 인간의 죄에 대해서 대담하게 다룰 때도 있지만, 문제는 가족과의 불화의 문제처럼 설교를 듣는 회중 가운데에서 일어나는 구체적이고 지속적인 악행에 대해서는 침묵한다는 점이다. 마태복음 18:15-20이나 사도행전 15장, 그리고 빌립보서 4:2-7처럼 논쟁과 갈등을 극복하는 과정에 관한 성경 구절도, 실제 회중 가운데 벌어지는 갈등과 직접 연결하여 다루는 법이 없다. 이렇게 리더십이 배제된 무력한 설교를 전하는 설교자는, 마치 실제 교회 생활 중에 성도 사이에 긴장과 갈등이 전혀 일어나지 않는 것처럼 설교한다. 누군가가 어떤 설교자에 대해서 이렇게 평가하는 것을 들은 적이 있다. "그 분은 설교단에서 죄인을 향한 하나님의 진노와 심판과 회개의 필요성에 대해서 설교할 때면 마치 천지를 진동하는 사자 같습니다. 하지만 교회 안에서 실제로 일어나는 갈등을 다룰 때에는 아주 소심한 생쥐 같습니다. 신자들과의 갈등을 회피하기 때문입니다."

6) 저조한 순응

리더십이 배제된 무력한 설교는 설교를 통해서 많은 것을 성취하리라고 기대하지 않는다. 물론 이 설교자도 설교에 대한 회중의 긍정적 평가를 당연히 환영하지만, 설교 때문에 회중이 눈에 띄게 달라질 것으로 기대하지는 않는다. 리더십 분야의 저명한 학자인 피터 센게(Peter Senge)는 사람들이 비전에 관한 메시지를 들었을 때 나타내는 반응의 정도를 일목요연하게 제시하였다. 비전 메시지에 대한 가장 높은 단계의 반응은 비전을 제시하는 메시지에 대한 몰입과 헌신(commitment)으로 나타나는데, 이 단계에서 구성원들은 비전을 원하고 또 이를 위해서 기꺼이 조직체를 변화시키면서 적극적으로 그 비전을 달성한다. 그보다 낮은 둘째 단계에서는 비전이 가져다주는 유익을 바라보면서 현재 진행 과정에서 예상되는 모든 것을 이행하는 진정한 순응(genuine compliance)의 단계이다. 셋째 단계는 비전으로 말미암는 유익을 기대하면서도 실제로는 최소한의 것만을 이행하는 공식적인 순응(formal compliance)의 단계이다. 넷째는 비전으로 말미암는 미래의 유익은 기대하지 않지만 그래도 자신의 위치를 지키기 위해서 최소한의 의무만을 이행하는 마지못한 순응(grudging compliance)의 단계가 있고, 다섯째로는 비전으로 말미암는 유익을 기대하지 않으며 현실에 대해서도 무관심한 비순응(noncompliance)의 단계이고, 마지막 여섯째는 비전에 대한 관심도 없고, 이를 달성하기 위한 노력도 없고, 그렇다고 반대하지도 않는 철저한 무관심의 단계이다.[48] 리더십이 배제된 무력한 설교는 효력이 없는 펀치만 날리면서 일반적 원칙론만을 늘어놓을 뿐이고, 회중에게는 구체적으로 어떤 사람이 되라거나 또는 어떤 구체적 행동을 이행하라고 전혀 재촉하거나 권면하지 않고, 설교의 결과에 대한 가장 낮은 단계의 기대치를 갖고 의무감에 메시지를 전할 뿐이다.

7) 진행 중인 과제에 침묵하는 설교

리더십이 없는 무력한 설교자는, 공동체가 달성해야 할 비전과 이를 위한 전략적인 변화의 문제들을 다른 사람들에게 미룬다. 예를 들어서 내가 방문한 적이 있는 어느 교회 예배시간에 한 평신도 지도자가 나와서 신자 간의 구역 모임을 주선할 가정을 먼저 선정하는 과제에 관해서 아주 열정적으로 설명하였다. 그 날은 구역 모임을 활성화하기 위한 개시 주일(Launch Sunday)이었다. 그래서 예배 참가자들은 교회당 안으로 들어오기 전에 먼저 구역별로 자신이 사는 집에서 가장 가까운 인도자의 집 주소 아래 자기 이름을 적도록 안내를 받았다. 그런데 (아마도 담임목사인 듯한) 그 날 설교자는 이러한 비전에 대해서 심지어 단 한 마디도 언급하지 않았다. 성경에 보면 소그룹이 매우 중요한 역할을 감당했던 것을 알 수 있으며, 설교는 (예수의 공생애에서나 초대교회에서도 볼 수 있듯이) 하나님께서 이러한 소그룹들을 어떻게 귀하게 사용하시는지를 효과적으로 강조할 수 있는 기회임에도 불구하고, 그 날 내가 받은 인상은 소그룹 활동에 대한 그 교회의 비전은 설교자/지도자가 아니라 단지 교회의 행정적인 계획에 따라 진행되고 있을 뿐이었다. 설교자가 이러한 교회의 비전을 설교단에서 제외시키면(의도적이든 그렇지 않든), 이는 결국 그러한 비전은 하나님께서 정말로 설교를 통해서 말씀하기를 원하시는 것이 아니라, 그저 부수적이고 이차적인 문제에 불과하다고 광고하는 셈이다. 이렇게 리더십이 빠진 무력한 설교는 회중의 변화를 위한 목회 과정에 성경 말씀을 구체적으로 적용시키는 일을 회피하기 때문에, 결국 비전을 회중에게 소통시키고 또 이를 이행하는 문제는 설교자가 전혀 신경 쓸 필요가 없는 설교단 밖의 교회 행정상의 문제로 책임을 떠넘긴다.

8) 솔로 플레이어

리더십을 발휘하지 않는 무력한 설교자들은, 자신의 역할을 공동의 노력이 거의 필요 없고 교회 내의 다른 조직체와 함께 협력하거나 사역이 겹칠 필요도 없는 솔로 플레이어(solo player)로 생각한다. 아마도 이런 이유 때문에 앞에서 언급했던 담임 목회자가 소그룹에 대한 교회의 비전의 중요성을 설교단에서 한 마디도 언급하지 않았을 것이다. 다른 이들과 협력할 필요성을 느끼지 못하는 독자적인 설교자는, 교회 전체 회중에 대한 커다란 시각을 놓치기 마련이고, 성경에서도 하나님 나라의 백성들을 위한 공동체적 삶에 관한 교훈보다 개인주의적 신앙을 강조하는 교훈에만 집착하기 마련이다. 그러면 설교는 실제 삶의 현장의 변두리로 밀려나 별도의 경건활동으로 전락되고 만다.

9) 소심함

앞에서 잠깐 사자 같은 설교자와 생쥐 같은 설교자를 서로 비교하였다. 솔직히 말해서 설교단은 겁쟁이가 몸을 숨기는 성곽이 될 수도 있다. 설교자가 자기만의 독자적인 역할에 집중하면서 청중과의 갈등을 피하려고 한다면, 성경 메시지의 담대함은 기대할 수 없다. 무력한 설교는 신앙에 대해서 다루더라도 공동체 전체의 변화 대신에 신자 개인의 신앙 문제에 집중할 뿐이고, 변화를 시작하기 보다는 지금의 현상을 유지하는데 만족한다. 이런 설교자는 하나님의 새로운 조직체를 이끌어가는 위험한 자리라도 과감히 떠맡으려는 위대한 영혼이 아니라, 현재의 안정적인 조직체 안에서 공손하게 두 손을 모으고 끌려가는 모습에 만족한다. 개개인 신자에 대한 복음전도와 교육에 만족하는 설교는, 회중의 변화를 이끌어내는 임무와는 전혀 거리가 멀다. 이런 설교는, "천하를 어지럽게 하던 이 사람들이 여기에 왔도다"(행 17:6)는 말씀처럼 세상을 뒤흔들어 깨우는 설교의 대담함을 모두 무시한다. 리더십을 발휘하지 못하는 무력한 설교자는, 리더십의 변두리에서 임시 대역을 가까스로 떠맡는 신세이다. 그런 설교로는 결코 회중을 이끌 수 없다.

10) 선교에 무관심함

"선교 지향적" 교회란, 자신을 그리스도를 닮은 삶을 살아가도록 하나님으로부터 부름 받았고 또 세상 속으로 파송된 선교 공동체로 이해하는 교회이다. 그런데 앞에서 언급한 설교자들은 하나님의 백성에게 주어진 선교의 소명과 그 임무를 별로 강조하지 않는다. 이렇게 개인주의적이고, 추상적이며, 구체적이지 않고, 소심한 설교로는 결코 선교적 교회를 인도할 수 없다.

이 책의 나머지 부분에서는 무력한 설교와 대조적인 활력 있는 설교(full blooded preaching)에 대해서 집중적으로 다룰 것이다. 이 설교는 공동체적이고 통전적이며 삼위일체적이고, 적용에 있어서 구체적이며, 신앙 공동체 내의 갈등 문제에 대해서 사실적이고, 헌신을 촉구하는 활력 있는 설교이며, 회중의 변화의 과정에서 제기되는 주제들을 그대로 다루며, 공동체 지향적이며, 대담할 뿐만 아니라, 선교 지향적인 메시지를 담고 있는 설교이다. 활력 있는 설교에 대해서 살펴보기 전에 먼저 선교에 무관심한 설교의 문제를 좀 더 자세히 살펴보자.

3. 효과적인 선교 설교

선교에 무관심한 설교는, 선교에 무관심한 신자를 양산하면서 결국 기독교 리더십에서 가장 중요한 선교적인 사명과 아무런 관련이 없는 신앙생활을 조장한다. 신자가 이 세상에서 하나님의 나라를 증거하기 위하여 이 세속 사회와 대조적인 그 분의 나라를 먼저 구하면서 다른 신자와 함께 자라가도록 하는 것보다 더 중요한 교회 리더십의 과제는 없다. 지역 교회는 하나님께로 부름 받은 백성인 동시에 잃어버린 세상을 위하여 세상으로 보냄 받은 백성이며, 설교는 이 사명을 위하여 리더십을 발휘하는 중요한 방편으로 교회에게 주어진 하나님의 은사이다.

따라서 설교를 통해서 신자들을 인도하려는 설교자는, 설교가 어떻게 교회의 선교와 관련을 맺고 있는지를 이해할 필요가 있다. 조지 헌스버거는 문화에 대한 뉴비긴의 통찰에 근거하여 〈그림 1〉과 같은 유용한 모델을 제시하였다. 이 모델은 설교자/지도자를 설명하기 위하여 고안된 것은 아니지만, 세 가

복음: 문화에 대해서 '도전적인 연관성'의 위치에 있으며,
교회와는 '해석학적인 순환'의 입장에 서 있다.
문화: 복음에 대해서 '급진적인 불연속성'을 취하며,
교회에 대해서는 '급진적인 독립'의 관계에 있다.
교회: 주어진 전통을 고정시키려는 경향이 있으며,
다양한 문화와는 대화의 자세를 갖는다.

〈그림 1〉 복음과 문화 간의 삼각형 모델. George R. Hunsberger, "The Newbigin Gauntlet: Developing a Domestic Missiology for North America," Missiology ⓒ 1991. Reprinted with permission of the American Society of Missiology.

지 요소 간의 역동적 상호 관계는 깊은 함축적 의미를 담고 있다.[49] 사실 이 상호 관계는 설교가 과연 회중의 변화를 이끌어내는 활력 있는 설교인지 아니면 회중의 변화와 무관한 무력한 설교인지를 분간하는 시금석을 제공한다.

설교는 세 가지 방향에 직면해 있다. 첫째 복음과 문화 사이에는 '회심의 만남의 축'(conversion encounter axis)이 놓여 있다. 이 축은 신약성경에서 "설교"를 의미하는 '케륏소'(kēryssō)와 '유앙겔리조마이'(eunagelizomai)와 관련된 "복음전도"의 메시지를 가리킨다. 죄악에 대한 회개와 그리스도에 대한 믿음을 강조하는 메시지는, 현대 문화 속에 살고 있는 청중들에게 자신의 삶을 바꿀 것을 촉구한다. 또한 이 축은 특정한 문화 속에서 살아가는 사람들이 "복음에 대하여 급진적인 불연속성"(radical discontinuity regarding the gospel)의 위치에 있다는 것을 보여준다. 하지만 그리스도 안에 있는 새로운 생명이 문화와 완전히 단절된 것은 아니다. 왜냐하면 헌스버거가 설명해 주듯이, "복음과 그 복음에 대한 사람들의 반응은, 사물을 보고, 느끼고, 행동하는 특정한 문화를 통해서 구체화 되기 때문이다."[50] 세상에 복음을 전하려는 대부분의 복음주

의 교회의 헌신적인 노력은 주로 이 축을 따라서 진행되지만, 이들의 노력은 주로 개개인이 그리스도께 귀의하여 영적으로 헌신하도록 하는데 치우쳐 있는 편이다. 그러한 개인주의적 사역은, 개개인을 하나님의 새로운 공동체 안으로 불러들여서 그 안에서 다른 지체와 함께 하나님의 구원에 관한 이야기를 구현하는, 구원의 공동체적 차원을 간과하기 쉽다.

위의 모델에서 둘째로 복음과 교회 사이에 '호혜적인 관계의 축'(reciprocal relationship axis)이 놓여 있다. 이 축은 신자의 인격적 회심을 전제로 하여 신자가 그리스도 안에서 새로운 생명을 세상 속에서 구현하도록 도전하는 것을 의미한다. 복음과 교회 사이의 축을 호혜적인 관계의 축이라 부르는 이유는, 모든 교회는 각각 자신의 세부 역사가 어떠하든지 관계없이 자신의 전통을 따라서 성경을 읽기 때문이다. 각각의 교회는 자신의 고유한 경험의 빛을 따라서 성경을 해석하기 마련이고, 또 성경의 빛을 따라서 자신들의 경험을 먼저 해석한다. 이것이 바로 복음과 교회 사이의 "해석학적인 순환"(hermeneutical circle)이다. 헌스버거에 의하면, "신앙 공동체의 전통 안에서 자기들만의 독특한 성경 독법이 만들어지고, 그 독법을 따라 성경을 읽고 해석하는 과정에서 한 걸음 더 나아가 신앙 공동체 자신의 자기 이해가 형성된다."[51]

설교에 관한 신약성경의 용어에 의하면 이것이 바로 '디다스코'(didaskō, I teach)이다. 즉 성경의 핵심적인 교훈을 각자의 삶에 적용시키는 가운데 신자들은 지속적으로 봉사의 일을 감당할 수 있도록 성장해간다(엡 4:11-13). 설교자는 신자들에게 말씀을 가르쳐야 할 중요한 책임을 지고 있다. 하지만 만일 이 가르침이 공동체 차원으로 확장되지 못하고 신자 개개인 차원에 머무른다면, 신자들은 믿음을 그들이 속한 문화에 맞추어 편안하게 변질시킬 것이다. 이렇게 된다면 신자들이 추구하는 가치도 성경적인 기준에 따라서 점검을 받는 일도 없이, 세속의 문화를 무비판적으로 따라갈 수 밖에 없다. 그 결과 안타깝게도 교회가 전하는 복음 속에는 "개인주의와 소비주의, 개인의 안전과 행복, 그리고 성공과 같은 서구적인 가치와 정서들이 깊게 스며들게 되었다."[52]

위의 모델에서 세번째 축은 교회와 지역 문화 사이에 놓여 있는 '선교적인 대화의 축'(the missionary dialogue axis)이다. 이 축은 특정한 장소에 세워진 교회가 자기만의 독특한 선교적 상황 속에서 복음의 구체적 과제와 도전을 감당해야 함을 의미한다. 뉴비긴은 교회가 문화와 진실한 대화의 관계(a relationship of true dialogue)를 맺어야 할 것을 주장한다. 이 대화의 관계란 새로운 개종자(신앙 공동체에 속한)가 복음의 독특한 함축적 의미를 구체적인 문화적 삶의 현장 속에서 구현하기 위하여 스스로를 개방해가는 과정을 뜻한다. 이는 다시 말해서 새로운 개종자(신앙 공동체에 속한)가, "복음과 급진적인 불연속성"의 관계에 있으며, 교회와는 "급진적인 독립"의 관계에 있는 지역 문화와 관계를 맺고 있음을 의미한다. 그래서 지역 문화와 선교적인 대화를 나누는 모든 교회는, 세상을 향한 지속적인 대화 과정의 일부로서 계속 새로운 존재로 바뀌어가야 한다. 앞에서도 언급한 바와 같이, 지역 문화 속에서 그러한 선교적 대화를 지속하도록 부름 받은 하나님의 백성들에게 부여된 이러한 과제는, 기독교 리더십의 가장 우선적인 목표가 무엇인지를 잘 보여준다. 그 기독교 리더십의 가장 우선적인 목표는, 하나님의 백성이 이 세상에서 하나님의 나라를 증거하기 위하여 먼저 그 분의 뜻을 구하고, 또 세속 사회와 대조적인 그 분의 나라를 먼저 구하면서 다른 신자들과 함께 지속적으로 자라가는 것이다.

이 축은, 신약성경 시대에 최초의 선교 지향적인 교회가 세워지고 신자 상호 간의 관계에서 사랑과 순결이라는 새로운 삶의 방식이 확립되고 세속 문화와 매우 대조적인 행동 규범이 확립되면서 계속 확장되어 갔다. 그래서 서신서 전편에서도 하나님의 백성을 언급할 때, 이들을 가리켜서 세상의 문화로부터 구별하여 불러낸 백성으로 반복적으로 표현하고 있다(예를 들어, 벧전 2:9-12). 하지만 가장 최근에까지 주변에서 쉽게 볼 수 있었던 "기독교화" 된 문명권에서는 일반 사회와 교회가 거의 동일한 가치를 공유하는 것 같았다. 특히 근대의 서구 문화권에서 일반 사회와 교회가 가치관을 함께 공유했다는 것은, 교회와 문화 사이의 선교적인 대화의 축이 초대교회에 비해서 훨씬 나아졌다는 것을 의미한다. 하지만 스탠리 하우어와스(Stanley Hauerwas)와 윌리엄 윌리몬(William Willimon)이 주장하는 것처럼, 일반 사회와 교회가 동일한 가치관을 공유하는 것이 아니라 오히려 근대 사회가 교회를 자기 입맛에 맞게

"길들였다"고 봐야 할 것이다. "교회가 마치 세상을 변화시키기라도 했다는 듯이 승리에 도취되어 있지만, 사실은 세상이 교회를 자기 쪽으로 길들였음을 교회는 잘 깨닫지 못하고 있다."[53]

21세기의 교회가 세상과의 관계와 그 행동에서 사랑과 순결의 모범을 다시금 보여주어야 하는 새로운 과제를 직면하면서 교회와 문화 사이의 세번째 축이 다시금 확대되었다. 이런 상황에서 교회의 설교는 1세기의 강력했던 선포의 능력을 다시 회복해야 한다. 그래서 활력 있는 설교를 통해서 신자가 '그리스도 안에서'(en Christō) 성령의 능력을 의지하여 하나님의 말씀대로 살아가도록 해야 한다. 교회가 세상과의 선교적인 대화를 지속하는 삶을 살아간다는 것은, 사교 클럽에서 사적인 대화를 나누는 것과는 전혀 거리가 멀다.

> 교회의 기본적인 실체는 성령의 능력으로 생명을 유지하는 새로운 피조물이다. 이 새로운 피조물은 교회 안에서 함께 나누는 공동의 생활('코이노니아', koinonia) 속에서 구체화된다. 바로 이러한 새로운 피조물로부터 복음전도와 세상을 향한 봉사가 시작되는 것이며, 바로 여기에서부터 교회는 그들의 참 가치를 발견한다… 신자들이 서로 관계를 맺고 세상과 다르게 행동하는 이유는, 어떤 논리적인 의도 때문이 아니라 새로운 피조물로 지음 받았기 때문이다.[54]

설교자/지도자는 교회의 이러한 새로운 실체를 선포하고 또 삶으로 구현하는데 헌신해야 한다. 그리고 개인적일 뿐만 아니라 공동체적이며 구체적인 의도를 담고 있으며 갈등에 대해서 정직하게 지적하는 진리를 선포하려는 열망을 가지고 있어야 한다. 이들은 또 수준 높은 헌신을 추구해야 하며 거룩한 용기를 보여주어야 하고 다른 이들과 협력하고 목표에 도달하는 과정에서 제기되는 문제를 정직하게 다룰 수 있어야 한다. 하지만 슬프게도 상당수의 설교자들이 위의 모델에서 발견되는 세 방향에서 특별히 교회와 문화 사이의 축에서 바람직한 리더십을 발휘해야 하는 사명을 망각하고 있다. 오늘날 설교자는 문화 속에서 살아가는 하나님의 백성의 삶을 관통할 뿐만 아니라 그들과 함께 삶을 변화시키는 리더십의 능력을 다시 회복해야 한다. 세 방향의 대화에 관여하는 교회는, 문화와 급진적인 불연속성의 관계에 있는 복음의 메시지로 세상을 뒤흔들어야 하며, 세상의 문화에 쉽게 동화되지 않도록 교회를 일깨워야 하고, 마지막으로 공동체적 증인의 삶을 살아가는 교회의 주변을 둘러싸고 있는 특정 문화를 뒤흔들어야 한다. 이를 위해서 설교자는 리더십을 발휘하여 선교적 교회를 인도해야만 한다.

이 땅의 모든 교회는 자신의 본질과 소명을 하나님께 부름 받고 세상으로 보냄 받은 백성들로 이해해야 한다. 그리고 바로 이런 이유 때문에 교회는 자신이 서 있는 자리에서 예배(부름 받은 백성)와 증인의 삶(보냄 받은 백성)으로 하나님의 명령과 약속을 구체화시켜야 한다. 또 교회는 모든 관계를 통해서 하나님의 백성은 그리스도의 은혜로 말미암아 함께 배우고 계속 성장해야 한다는 점을 분명히 보여주어야 한다. 그래서 표준적 원칙만을 계속 반복하는 무기력한 집단이 되기를 멈추고, 교회를 의심의 눈으로 바라보거나 심지어 적대적이기까지 한 세상을 향하여 복된 소식을 삶으로 구현하는 선교사들의 공동체가 되어야 한다. 그러한 선교적 교회에서는 몇 가지 특징이 발견된다. 에디 깁스(Eddie Gibbs)는 다음 열 두 가지 구체적인 특징을 제시한다. 선교적인 교회는 (1) 복음을 선포하는 교회이며, (2) 그리스도의 제자가 되기 위하여 계속 학습하는 공동체이고, (3) 성경을 절대 규범으로 존중하며, (4) 자신들은 그리스도에게 속해 있는 까닭에 세상과 구별된 존재로 스스로를 인식하며, (5) 공동체 내에서 일부만이 아니라 전체 구성원들을 위한 하나님의 선교적인 소명을 추구하고, (6) 각각의 구성원은 서로에 대해서 기독교인답게 행동하며, (7) 화해를 실천하고, (8) 구성원은 사랑 안에서 서로에 대한 책임을 서로 지고 있으며, (9) 서로를 극진히 환대하며, (10) 그 삶의 중심에는 감사와 기쁨이 넘치는 예배가 자리하고 있으며, (11) 활력이 넘치는 공적인 증언과 봉사의 사역을 감당하며, (12) "교회는 하나님의 통치가 완전히 실현되기까지 아직은 그 통치를 드러내는 불완전한 표현(an incomplete expression)이라는 점을 인식하고 있다."[55] 여기에서 이 마지막 특징이 참으로 중요하다. 교회가 "선교적"(Missional)이란 의미는 "교회는 세상 속에서 변화를 가져오는 존재로(as a transforming presence) 서 '있어야 한다'"는 뜻이다.[56] 그리고 이것이 바로 기독교 리더십의 가장 중요한 목표이기도 하다.

오늘날 교회가 교회 본연의 선교적 과제를 이행하는데 실패한 문제를 좀 더 자세히 살펴보는 것은 이 책의 범위를 넘어가는 것이다. 하지만 중요한 점은 교회가 교회 본연의 선교적 과제를 충실히 이행하기 위해서는, 기독교 리더십이 올바로 발휘되는 활력 있는 설교를 시급히 회복해야 한다는 사실이다. 미국 중서부 지역의 도시교회에 대한 최근의 통계조사에 의하면, 새로운 개종자들을 이끌어 들이는 선교적 활동은 비교적 성공적이었지만, "기꺼이 위험을 감수하도록 하면서 세속 문화의 구조와 가치관에 도전하면서 대안 문화의 삶을 살도록 촉구하는 설교 메시지를 확인하는 질문에 대해서는 응답자의 비율이 현저하게 줄어들었다."[57] 말하자면 교회와 문화 사이의 선교적인 대화의 축이 오늘날의 미국 교회에서 사라졌다는 말이다. 한 목회자는 이런 현상을 솔직하게 시인하였다.

> 우리는 그동안 세속 문화에 대해서 예언자적인 입장을 취했다고 스스로를 속여 왔다. 우리는 먼저 조직을 갖춘 다음에, 예수를 따르려는 열정을 더욱 고조시키고 이어서 복음을 목청껏 외쳐야 한다는 것이다. 그렇다면 이러한 전략으로 우리는 과연 무엇을 이루었는가? 이러한 전략으로 거둔 것이라고는 기껏해야 사회적인 변화의 영역에서 복음을 외치는 대신에 속삭이는 휘파람 소리 같은 메시지를 듣는데 익숙한 사람을 끌어다 모아 놓았을 뿐이다… 그동안 내가 중요하다고 생각해서 선택했던 것이 과연 옳았을까? 잘 모르겠다. 하지만 분명한 것은 하나님은 마지막 심판 날에 그 선택에 대해서 분명히 책임을 추궁하실 것이라는 점이다. 이제 나는 외치기 시작했다… 그리고 그동안 속삭였던 설교의 휘파람은 이제 우리를 속박하고 더럽혔던 우상을 파괴하라는 분명한 선포의 메시지로 바뀌어가고 있다. 그러자 놀랍게도 성도들이 나에게 다가와서는 이렇게 말하고 있다. "이제 때가 되었습니다. 이제는 더 이상 우리 삶의 자리에서 마땅히 감당해야 할 책임을 회피하지 않도록 해 주십시오."[58]

오늘날 교회는 그 어느 때 보다 리더십이 발휘되는 활기 넘치는 설교가 절실히 필요하다. 이제 설교자는 신자 개개인의 영적 필요를 채워주는 종업원 목사로 그리고 교회라는 조직체의 응원단장으로 거세된 존재이기를 멈추고, 본래 하나님께서 부여하신 목적에 충실한 자로 돌아서야 한다. 즉 복음으로 교회와 문화에 다가서 교회 본래의 방향으로 신자들을 인도하는 설교자의 자리를 회복해야 한다.

제 2 장
성경적 근거

> 목회자에게서 가장 중요한 리더십의 임무가 바로 설교이다. 매 주일 설교할 때마다 나는 그 설교가 리더십의 행위라고 생각한다.
>
> 빅 고든(Vic Gordon), 저자와의 인터뷰에서[1]

빅 고든의 주장에 대해서 쉽게 동의하는 설교자들이 많을 것이다. 이 책의 뒷부분에서는 리더십이 설교의 일부분으로 확고부동하게 자리매김한 빅 고든의 사역에 대해서 좀 더 자세히 살펴볼 것이다. 하지만 독자 중에는 빅 고든의 주장에 쉽게 동의하지 않는 설교자도 있을 것이다. 그렇다면 성경은 과연 설교를 통한 리더십의 발휘를 지지하는가? 이 질문과 관련하여 사도행전에 나오는 베뢰아 사람들의 자세를 본받을 필요가 있다. "베뢰아 사람들은 간절한 마음으로 말씀을 받고 이것이 그러한가 하여 날마다 성경을 상고하니라"(행 17:11). 리더십을 통한 설교에 대한 성경의 입장과 관련하여 다음 네 가지 사항을 확인할 수 있다. 이 중에 네번째 사항이 가장 중요하다.

첫째로, 성경은 설교를 통한 리더십과 관련하여 오늘날의 교회가 이행할 구체적인 청사진을 제시하지 않는다. 구약성경은 말할 것도 없고 신약성경 역시 21세기의 교회 조직이나 주일 설교에 필적할만한 직접적인 사례를 담고 있지 않다. 하지만 신약성경은 신자들에게 교회 지도자들에 대해서 몇 가지 중요한 교훈을 제시한다. "하나님의 말씀을 너희에게 이르고 너희를 인도하던 자들을 생각하며, 저희 행실의 종말을 주의하여 보고 저희 믿음을 본받으라. 너희를 인도하는 자들에게 순종하고 복종하라. 저희는 너희 영혼을 위하여 경성하기를 자기가 회계할 자인 것같이 하느니라"(히 13:7, 17). 또 사도행전에서는 바사바라 하는 유다와 실라가 지도자(또는 인도자, leader)로 묘사되기도 한다 (행 15:22). 갈라디아서에서 사도 바울은 "영향력 있는 지도자들"과의 만남에 대해서 언급한다(갈 2:2). 또 디모데전서 5:17은 세밀한 연구가 필요한 구절 하나를 제시한다. "잘 다스리는 장로들을 배나 존경할 자로 알되 말씀과 가르침에 수고하는 이들을 더할 것이니라." 이 구절에 대해서 랄프 얼(Ralph Earle)은 이렇게 설명한다.

> 혹자는 이 구절을 근거로 초대교회 당시에는 말씀을 가르치는 장로와 치리 장로가 서로 달랐었다고 주장한다. 하지만 그러한 구분은 확실치가 않다. 아마도 이 구절은 초대 교회 당시 어떤 장로들은 정규적인 직무뿐 아니라 설교와 교육에도 깊게 관여했다는 의미일 것이다. 그런 사례는 사도행전에서 스데반과 빌립 집사의 경우에서도 찾아볼 수 있다(행 6-8장).[2)]

디모데전서 5:17은 설교(가르치는 직무)와 리더십(다스리는 직무)의 책임을 서로 결합시킬 뿐만 아니라, 디모데전서 3장에서는 그 리더십에 가르침(2절)과 하나님의 교회를 다스리는 목양(5절)을 모두 포함시키고 있다.

그런데 성경은 오늘날의 상황에서 구체적으로 설교에 어떻게 리더십이 포함될 수 있는지에 대한 복잡한 논쟁을 종식시킬만한 분명한 구절을 제시하지 않는다. 또 리더의 모델을 보여주는 예수에 대해서 묘사하는 '목자' (shepherd)나 '종'(servent)과 같은 다양한 이미지들 중에서, 오늘날 우리가 사용하는 '지도자'(leader)와 정확히 일치하는 용어도 찾기 어렵다. 물론 최근에 여러 학자가 리더십과 관련된 매우 귀중한 통찰과 실제적인 지침을 성경에서 찾아내고 있다. 그런 예로는 레이턴 포드(Leighton Ford)의 『리더십 혁명』(Transforming Leadership: Jesus' Way of Creating Vision, Shaping Values, and Empowering Change)[3]과, 데이빗 바론(David Baron)의 『모세의 리더십』(Moses on Management: 50 Leadership lessons form the Greatest Manager of All Time)[4], 그리고 로라 베스 존스(Laura Beth Jones)의 『CEO 예수』(Jesus CEO: Using Ancient Wisdom for Visionary Leadership)[5]가 있다. 그러나 성경의 일차적인 목적은 21세기 실용주의에 영합하려는 것이 아니라, 인류를 위한 하나님의 구원 드라마와 우리의 이야기를 통해 그 분이 과연 누구인지를 계시하려는 것이다. 하지만 그와 동시에 성경은 하나님의 말씀의 능력과 선포하는 선포자/인도자의 역할에 관하여 중요한 통찰을 제시하면서 오늘날의 리더십에도 결정적 영향을 미치고 있다.

설교를 통한 리더십의 주제와 관련하여 성경에서 참고할 두번째 사항은, 성경은 설교자/인도자 이외에 다양한 유형의 리더를 제시한다는 점이다. 구약성경은 사사들과 군인, 왕, 제사장, 그리고 지혜자와 같이 하나님의 백성을 인도하였던 여러 유형의 리더들의 목록을 담고 있다. 예를 들어서 다윗 왕도 중요한 리더십의 역할을 감당했다는 점은 의심의 여지가 없다. 또 신약성경은 세상의 권력 기관에서 중요한 역할을 감당하는 리더들을 존중하며(딤전 2:1-2; 딛 3:1) 교회 내의 중요한 리더들에 대해서도 다음과 같이 언급하고 있다. "우리에게 주신 은혜대로 받은 은사가 각각 다르니… 혹 가르치는 자면 가르치는 일로… 지도자는 열심으로 하십시오"(롬 12:6, 8). 여기에서 '지도자'(proistamenon)라는 단어는 다른 사람 "앞에 서는 사람"이라는 뜻을 담고 있으며, 이 구절의 강조점은 말씀을 가르치는 역할보다는 열심이라는 자질에 있다. 이렇게 성경은 다양한 종류의 리더를 소개하고 있으며 하나님은 설교자가 아닌 사람들에게도 남을 인도할 수 있는 은사를 부여한 경우도 있지만, 이들은 설교자/지도자와 함께 동역했음을 보여준다.

셋째로, 주목할 점은 성경적 리더십은 세속적 리더십과는 전혀 다른 토대에 서 있다는 것이다. 워렌 베니스(Warren Bennis)와 버트 나누스(Burt Nanus)

는 리더십에 대한 여러 도서를 살펴본 결과 리더십에 관한 정의가 무려 850개가 넘는다는 것을 발견했다.[6] 이 모든 정의는 리더십의 특징과 과정을 나름대로 잘 요약해보려고 했을 것이다. 제임스 맥그리거 번즈(James MacGregor Burns)는 리더십을 이렇게 정의한다. "인간에 대한 리더십은 분명한 동기와 목적을 가진 사람이 다른 사람과의 경쟁이나 갈등 관계에서 제도적, 정치적, 심리적, 혹은 다른 자원을 사용하여 추종자들의 동기를 불러일으키고 참여케 하며 만족시키는 활동을 의미한다."[7]

이렇게 세속적 리더십은 리더와 추종자들의 동기에서부터 시작되지만, 성경적 리더십은 항상 하나님으로부터 시작한다. 기독교 리더십의 원천은, 자기 백성을 위한 하나님의 뜻을 선포하고 여기에 순종하도록 남자와 여자들을 부르시는 하나님의 비전과 목적에 달려 있다. 그리고 이 리더십은 하나님의 계시된 뜻에서 시작한다. 세속적 지도자는 인간의 가능성 안에서 비전을 찾아내지만, 영적 지도자는 인간의 가능성을 넘어서는 비전을 하나님에게서 찾아낸다. 또 세속적 지도자는 자기 자신의 능력에 의지하지만, 영적 지도자는 하나님의 능력을 의지한다. 이렇게 영적 리더십에서 하나님이 처음부터 끝까지 직접 개입하시기 때문에 영적 리더십이 시작될 수 있고, 목적지를 향하여 계속 발휘되고, 결국은 변화를 가져올 수 있다. 영적 리더는 세속적 리더와 달리 행동한다. 핸리 블랙커비(Henry Blackaby)가 언급한 바와 같이, "영적 리더는 역설적으로 행동한다. 왜냐하면 하나님은 그들을 부르셔서 오직 하나님만이 하실 수 있는 일을 하게끔 하셨기 때문이다."[8]

그리고 넷째로, 가장 중요한 점은 성경은 언어의 역할을 매우 중요하게 여기고 있다는 점이다. 언어활동은 모든 리더십에서 가장 중요한 요소이다. 이 점에 대해서 워렌 빌헬름(Warren Wilhelm)은 『미래의 리더』(The Leader of the Future)에서 이렇게 말한다.

> 효과적인 리더십의 중심에는 의사소통 능력이 자리하고 있다. 효과적인 리더가 되기 위해서는 모든 종류의 소통 방법에 정통해야 한다. 좀 더 효과적인 지도자는 기록으로나 구술 방식의 의사소통과 전자 매체, 디지털, 그래

픽, 행위의 의사소통, 예술과 음악, 감정 표현 등등의 모든 의사소통에 정통해야만 한다.[9]

모든 지도자는 말을 사용해야 한다. 또 어느 말이든지 다른 사람에게 영향력을 미칠 수 있다. 바로 이 지점에서 영적 리더십은 세속적 리더십과 분명히 구분될 수 밖에 없다.

성경이 창세기 1장 이후로 계속 강조하는 것은, 하나님의 말씀은 곧 하나님의 행동이다. "하나님께서 말씀하시니 곧 그대로 되니라." 하나님이 말씀하시면 곧 그대로 이뤄진다. 하나님께서 말씀하실 때 그 말씀은 곧 그대로 이뤄지므로 히브리어에서 '말씀'(dabar)이라는 단어는 말(word)과 사건(event) 모두를 의미한다. 하나님은 자신의 말씀에 실현하는 능력을 부여하신다. 하나님의 말씀은 한 번 선포되면 헛되이 사라지지 않고, 말씀하신대로 "나의 뜻을 이루며 내가 의도했던 목적을 성취할 것이다"(사 55:11). 이 말씀의 능력이 하나님의 성령의 감동으로 기록되었으며 좌우에 날선 어떤 검보다도 예리하여 혼과 영과 및 관절과 골수를 찔러 쪼개기까지 하는 성경 말씀 속에도 담겨져 있다(히 4:12). 그래서 하나님은 성경 말씀을 통해서 자기 백성에게 변화를 위한 확신과 비전, 그리고 그 방향을 제시하신다. 한 마디로 하나님은 말씀으로 자기 백성을 인도하신다.

따라서 하나님께서 그 분의 말씀을 통해서 역사하신다는 확신이 없이는, 설교/인도의 변혁적인 역할을 기대할 수 없다. 말하자면 설교/인도의 변혁적인 역할은, 하나님께서 그 분의 말씀을 통해서 역사하신다는 확신이 있을 때 비로소 올바로 감당할 수 있다. 하나님께서 설교자를 부르셔서 자신의 말씀을 전하도록 하시면, 그렇게 소명을 받은 설교자는 필연적으로 다른 사람들을 변화시키는 하나님의 능력을 함께 공유한다. 그래서 하나님의 말씀을 선포한다는 것은, 필연적으로 변혁적인 리더십을 행사한다는 의미이기도 하다.

하나님의 말씀에 담긴 이러한 능력 때문에 설교는 하나님께서 자기 백성을 인도하시기 위하여 사용하시는 가장 중요한 방편이다. 또 하나님의 말씀을 선포하라는 소명에 순종하는 사람은 처음부터 깨닫든 깨닫지 못하든 관계없이 하나님의 리더로도 부름을 받는다. 바로 이런 이유로 블랙커비의 다음과 같은 주장이 정확하다. "성경에 의하면 하나님은 우리가 생각하는 그런 유형의 지도자를 찾으실 필요가 없다. 그 분이 찾으시는 것은 지도자가 아니라 종이다"(사 59:16; 겔 22:30).[10] 하나님은 그 분의 말씀에 순종하는 종을 찾고 계신다.

성경 말씀을 선포하는 말씀의 종으로 부름 받은 사람은, 누구나 동시에 하나님의 백성을 인도하는 리더로도 부름을 받는다. 신약성경은 하나님의 사역에 필요한 다양한 리더십의 은사를 언급한다(롬 12장; 고전 12장; 에베소서 4장).

예를 들어 에베소서 4장 11절은 사도와 선지자, 복음전도자, 목사, 그리고 교사의 다섯 가지 리더십의 은사에 대해서 언급한다. 이러한 은사의 특징과 차이점에 대해서 또는 목사와 교사의 차이점에 대해서 이러쿵저러쿵 논쟁할 수 있다. 하지만 분명한 점은 이러한 여러 은사는 모두가 말씀을 선포하는데 관여하고 있다는 것이다. 그래서 핵심적인 리더는 하나님의 말씀을 선포하도록 부름 받은 자들이라고 말할 수 있다. 사실을 말하자면 하나님의 백성을 인도하지 않으면서 하나님의 말씀만을 선포할 수는 없는 노릇이다. 설교자가 말씀을 전하는 과정에 인격적으로 전혀 개입하지 않고 마치 매끈하게 가공 처리된 파이프로 물을 내보내듯이 그렇게 일방적으로 말씀만 선포하고 나머지는 회중이 알아서 하도록 내버려 둘 수 없다. 설교자가 하나님의 말씀에 담긴 리더십의 결과에 대해서 중립적일 수도, 무관심할 수도 없다는 것은 너무나 자명하다.

하나님은 자신의 말씀에 권능을 부어주시겠다고 약속하셨으며 하나님의 백성을 변화시키며 하나님의 일이 성취되도록 영적 리더를 통하여 말씀하시기 때문에, 설교자/지도자는 세속적 리더와는 전혀 다른 방식으로 리더십을 발휘한다. '세속적 지도자는 효과적인 방법으로 사람들에게 영향력을 행사하기 위하여 자신의 말을 전한다. 반면에 설교자는 하나님의 말씀의 능력과 은혜로 사람들에게 하나님의 영향력을 행사하기 위하여 하나님의 말씀을 선포한다'. 물론 세속적 지도자도 성경 구절을 인용할 수 있지만, 그 목적은 하나님을 위해서가 아니라 순전히 리더 자신의 목적을 위해서이다. 하지만 성경은 하나님의 백성이 그 분의 영광을 위하여 그 분의 말씀을 전할 때면 언제든지 하나님만의 독특한 능력이 리더와 함께 역사한다고 약속한다.

결국 하나님의 말씀을 섬기는 종은 필연적으로 그 백성을 인도하는 자이며, 성경 전편을 살펴보더라도 하나님의 대변인들이 그 백성을 인도하는데 결정적인 역할을 감당했음을 잘 알 수 있다.

1. 두 가지 사례

성경에는 말씀 선포와 리더십이 탁월하게 결합한 여러 인물이 등장한다. 그중 구약성경에 등장하는 가장 탁월한 모델은 바로 모세이다. 하나님으로부터 처음 소명을 받았을 때 거절했던 모세의 모습은, 그에게 부과된 리더십의 사명이 얼마나 중요한 것인지를 시사한다. 하나님은 모세더러 자기 백성에게 가서 말씀을 전하라고 명하셨다(출 3:15-22). 하지만 잘 아는 바대로 모세는 하나님의 대변인을 거절하였다. 그 이유는 모세 자신의 메시지에 대한 이스라엘 백성의 부정적 반응을 걱정했기 때문이다. "그들이 나를 믿지 아니하며 내 말을 듣지 아니하고 이르기를 여호와께서 네게 나타나지 아니하셨다 하리이다"(출 4:1). 또 모세는 절망 중에 이렇게도 변명한다. "주여 나는 본래 말에 능치 못한 자라 주께서 주의 종에게 명하신 후에도 그러하니 나는 입이 뻣뻣하고 혀가 둔한 자니이다"(출 4:10). 그러자 하나님은 모세를 책망하시면서 모든 설교자/지도자에게 항구적인 표준이 되는 다음의 말씀을 들려 주신다.

누가 사람의 입을 지었느뇨 누가 벙어리나 귀머거리나 눈 밝은 자나 소경이 되게 하였느뇨 나 여호와가 아니뇨 이제 가라 내가 네 입과 함께 있어서 할 말을 가르치리라(출 4:11-12).

그래도 모세가 여전히 주저하자 하나님은 모세의 동생 아론에게 대변인 역할을 맡기신다. 그러나 이야기가 계속 진행되면서 아론보다는 모세가 점점 하나님의 권위를 부여받은 대변인으로 주도적인 역할을 감당한다. 모세의 이야기는 영적 리더십은, 리더 자신과 추종자들의 동기에서 시작되는 세속적 리더십과는 전혀 다르게, 항상 하나님의 비전과 목적으로부터 시작된다는 점을 분명히 보여준다. 세속적 리더십과 달리 모세의 리더십은 하나님의 계시된 뜻에서 비롯되었다. 모세는 인간의 가능성 안에서 비전을 발견한 것이 아니라, 인간의 가능성 밖에 있는 하나님의 비전을 추구해야만 했다. 또 자신의 능력에 의지하지 말고 오직 하나님의 능력만을 의지해야 했으며, 자기 자신의 말이 아니라 오직 하나님의 말씀만을 전해야 했다. 하나님의 방법은 선포된 말씀을 사용하는 것이다. 하나님은 이 말씀으로 일을 시작하시고 이끌어 가시며 자기 백성을 변화시키신다. 하나님의 말씀을 전하던 모세는 그 말씀으로 바로의 권능과 대결할 뿐만 아니라, 종교적인 책임과 모든 법적, 도덕적, 정치적, 사회적 및 군사적 책임을 지고 하나님의 새로운 백성을 일으켜 세웠다. "그 후에는 이스라엘에 모세와 같은 선지자가 일어나지 못하였나니 모세는 여호와께서 대면하여 아시던 자요"(신 34:10). 모세는 하나님께서 말씀과 리더십을 어떻게 완벽하게 결합시키시는지를 가장 생생하게 보여주었다.

신약성경에서 가장 완벽한 기독교 리더십의 모델은 예수에게서 찾아볼 수 있다. 세계적인 지도자의 목록에도 예수는 반드시 포함되기 마련이다. 역사적으로 위대한 영향력을 발휘했던 지도자의 특징을 다루는 존 어데어(John Adair)는 지식형 리더의 모범이랄 수 있는 그리스 철학자 소크라테스부터 소개한다. "리더십은 주어진 상황과 밀접한 관계가 있으며, 지도자가 상황에 적합한 지식을 갖고 있는지와 관련이 있다."[11] 존 어데어가 소개하는 위대한 지도자의 목록에는 알렉산더 대제로부터 알프레드 대왕, 아브라함 링컨, 윈스턴 처칠, 마하트마 간디가 들어 있으며 당연히 예수도 포함된다. "기독교인 뿐만 아니라 대부분의 일반인도 예수가 역사상 가장 위대한 변혁적인 지도자였음을 인정할 것이다."[12] 예수는 자신의 말씀과 행동을 통해서 리더십에 대한 우리의 관점을 항구적으로 바꾸어 놓았다.

그런데 예수는 십자가를 향하여 나아가는 과정에서 일차적으로 설교자로 활동하셨다. 공생애 동안에 예수께서 감당하셨던 지도자나 치유자와 같은 다른 역할도 설교자라는 가장 중요한 역할에 속해 있었다. 이는 공관복음이 강조하는 바이기도 하다. 마가복음 1:14은 예수의 공생애 사역을 다음과 같이 요약한다. "예수는 말씀을 전하러 오셨다"(마 4:23; 9:35 참고). 누가복음도 예수께서 설교로 공생애의 시작을 보여주며(눅 4:43), 이후에도 계속 말씀을 전하시고(눅 8:1), 그로부터 3년 후에도 설교하시며(눅 20:1), 부활하신 주님으로서도 계속 설교하고 계심을 보여준다(눅 24). 이렇게 예수는 최초이자 가장 최고의 선포자이셨으며, 육신의 몸을 입고 오신 말씀이셨다(요 1:14). 인류의 역사에서 예수처럼 권능의 말씀을 계시하실 수 있었던 자는 한 사람도 없었다. "내가 곧 길이요 진리요 생명이니라"(요 14:6).

예수는 최고의 설교자로서 설교를 통해서 하나님의 백성을 인도하였고, 또한 최고의 인도자로서 설교하셨다. 초월적인 하나님의 나라의 능력이 예수의 설교를 통해서 인간의 역사 속으로 침투해 들어왔으며, 십자가상의 희생제물을 통해서 인류의 운명을 갈라놓았고(마 10:45), 교회로 하여금 인류 역사의 궤도를 뒤바꾸도록 하는 새로운 이정표를 세워 놓았다(마 16:18). 또 예수는 그 누구도 하지 못했던 일, 즉 말씀과 행위를 완벽하게 결합시키셨다. 그래서 그는 가장 탁월한 설교자/지도자이다. 예수 안에서 말씀(message)과 선포자(messenger)가 하나였다.

예수는 분명 새로운 유형의 리더십의 모범을 제시하셨으며 무엇이 리더십이 아닌지도 분명히 보여주셨다. 마가복음 10:35-45에서 야고보와 요한은 예수와 친교를 나누는 것을 세속적 권력의 관점에서 이해하고 있었다. 즉 그에게 더 가까이 가면 자신들의 지위도 더 높아진다는 것이다. 하지만 예수는 세속적 리더십과는 전혀 다른 새로운 길을 제시하신다. 즉 권력과 권위, 그리고 야망은 자신의 리더십과 어울리지 않는다는 것이다(마 10:42-43). 예수는 오히려 섬김으로 사람들을 인도하신다. 모두가 다 권력에 굶주린 상황에서 권력과 정반대로 43절은 '섬기는 자'(디아코노스, diakonos)와 44절은 '종'(둘로스, doulos), 그리고 45절은 '섬기려 하다'(디아코네사이, diakonēsai)라는 섬김과 관련된 단어들을 연속적으로 강조하고 있음에 주목하라. 예수의 리더십은 높은 지위가 아니라 반대로 섬김을 지향하는 리더십이며, "너희 중에 누구든지 으뜸이 되고자 하는 자는 모든 사람의 종이 되어야 하리라"(마 10:44)는 말씀으로 리더십에 대한 당시의 관례적인 생각을 무너뜨리셨다. 이러한 리더십은 요한복음 13:1-17에서 예수께서 친히 제자들의 발을 씻기시는 장면에서 분명한 모델로 나타난다. 존 어데어는 이 사건을 가리켜서 리더십의 역사에서 가장 비범한 장면이라고 한다. 이 사건을 통해서 예수는 설교자/지도자를 위한 가장 심오한 모델을 제시하셨다. 블랙커비가 강조하는 바와 같이,

> 예수의 생애는 우리 인간의 상식과 경험을 초월하여 너무나 심원하고도 파격적이어서 우리는 그의 삶을 계속 살펴보아야 한다. 예수는 자신만의 계획이나 비전을 제시한 것이 아니었다. 그가 추구한 것은 오직 하나님 아버지의 뜻이었다. 자신과 제자들을 위한 비전도 모두가 성부 하나님으로부터 나온 것이었다.[13]

설교/리더십에 대한 성경적인 모델을 위하여 모세와 예수 이외에도 또 다른 여러 모델을 살펴볼 수 있다. 사도행전 6장은 초대교회에서 설교와 리더십이 어떻게 결합되었는지를 보여준다. 초대 교회 공동체 안에 과부 홀대 문제를 계기로, 열두 사도는 자신들의 가장 시급한 과제가 무엇인지를 새롭게 인식하게 된다. "열두 사도가 모든 제자를 불러 이르되 우리가 하나님의 말씀을 제쳐 놓고 공궤를 일삼는 것이 마땅치 아니하니"(행 6:2). 이 문제 앞에서 사도들은 "성령과 지혜가 충만하여 칭찬 듣는" 일곱을 택하여 일을 맡기고, 자신들은 "기도하는 것과 말씀 전하는 일에 헌신"함으로써, 우선적인 임무로서의 기도와 설교의 중요성을 보여주었을 뿐만 아니라, 다른 이들에게도 새로운 과제를 맡김으로써, 올바른 리더십을 발휘하였다. 당시 열두 사도들은 초대 교회에서 핵심적인 인물들이었으며 리더십을 발휘하여 신앙 공동체 내에서의 자신들의 핵심적인 가치를 보호하기 위하여 다른 사람들에게 임무를 적절히 분배하였다. 사도행전에서는 계속해서 또 다른 중요한 설교자/지도자로서 사도 바울이 등장한다. 또 로버트 뱅크스(Robert Banks)는 리더십에 대한 성경적 표준으로 바울을 제시한다. 왜냐하면 그는 성경적인 리더십을 통해서 "초교파적 선교 팀과 조직체를 인도하면서 다양한 문화적 상황 속에서

지역 교회를 세웠기" 때문이다.[14]

이렇게 성경을 살펴보면, 하나님의 구원 역사 속에서 말씀 선포는 중심을 차지했으며, 구원사의 중요한 고비마다 하나님의 말씀을 선포하던 자는 하나님의 지도자로서의 역할을 감당했음을 알 수 있다. 그래서 하나님의 기름부음을 받은 설교에 대한 성경의 관점은 필연적으로 설교자/지도자로 귀결된다.

2. 전방위 리더십

『전방위 설교』(360-Degree Preaching)라는 책에서 나는 이런 결론을 제시하였다.

> 설교에는 성경과, (이미지와 결합된) 말씀, 삼위 하나님 (성부와 성자, 그리고 성령 하나님), 설교자의 인격, 청중, 그리고 예배의 상황이라는 몇 가지 요소들이 긍정적으로 결합할 때 가장 효과적이다. 삼위 하나님께서 설교자의 메시지와 청중의 반응에 개입하셔서 능력을 공급하실 때 비로소 이 모든 요소는 함께 연결되어 효력을 발휘한다.[15]

전방위 설교와는 달리 180도의 반쪽 설교(180-degree preaching)는 한쪽 끝의 성경과 반대쪽 끝의 청중 사이만을 고려하면서 설교자가 두 간격을 연결하는 것만 책임지는 설교이다. 또 이 설교는 성경의 영감과 설교에 대한 하나님의 개입을 인정하면서도 지나치게 설교자의 은사와 능력만을 의지한다. 이러한 180도의 반쪽 설교 모델과 달리 나는 삼위일체 신학에 기초하여 하나님의 회전하는 말씀에서 능력을 공급받는 전방위 설교 모델을 제안하였다. 이 모델에서 성부 하나님은 성경을 통해서 진리를 계시하시며, 성도가 함께 모인 곳에 말씀으로 임재하시는 성자 예수 그리스도와 성령을 통해서 선포되는 설교 말씀은 듣는 자를 감동하며, 확신을 주며, 새롭게 한다. 예수께서 말씀하셨듯이, "생명을 주는 것은 하나님의 영이며 인간의 육체는 아무 쓸모가 없다. 내

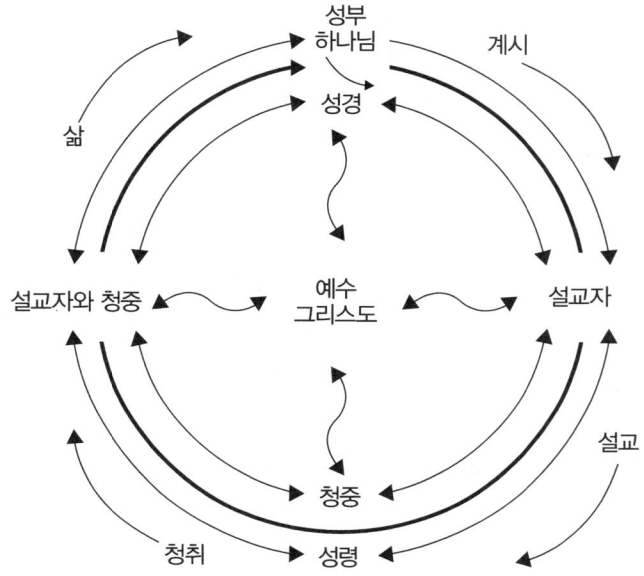

〈그림 2〉 전방위 설교/리더십의 모델. Taken from Michael J. Quicke. 360-Degree Preaching ⓒ 2003. Reprinted with permission of Baker Academic, a division of Baker Publishing Group.

가 너희에게 한 말은 영이요 생명이라"(요 6:63).

내가 제안한 전방위 설교 모델은 하나님의 말씀을 듣고(hearing) 선포하며(speaking), 살아내는(living out) 연속적인 순환 속에 설교자와 회중 모두를 함께 포함한다. 이 모델에서 나는 설교를 위한 삼위일체 신학을 표현하려고 하였고, 자신의 뜻을 따라서 말씀으로 자기 백성을 세우시는 하나님을 설교에서 가장 중요하다고 강조하려 하였다. 그렇게 될 때 설교 사건은 예배와 증언이라는 선교적인 삶으로 귀결될 것이다.

교회의 삶과 선교 사역의 모든 국면에는, 설교자와 회중이 함께 하나님의 말씀을 듣고 순종함으로써 하나님께서 친히 말씀으로 교회를 이끌어 가시고 변화시키는 역사가 반드시 필요하다. 이것이 아니라면 교회의 비전과 이를 위한 행동 방침은 어디에서 비롯되겠는가? 이렇게 기독교의 리더십은 두말할 필요도 없이 하나님의 말씀에 달려 있기 때문에, 결국 설교자가 중요한 역할을 맡는다. 그리고 설교자는 하나님의 뜻을 분별하고 선포하며 구체화시키는데 결정적인 책임을 맡고 있기 때문에, 그들은 필연적으로 중요한 리더의 위치에 설 수 밖에 없다. 만일 하나님의 말씀을 선포하는 설교자가 그 말씀이 청중의 삶을 바꿀 수 있음을 부인한다면 이는 자신에게 주어진 리더십의 책임을 회피하는 것이다.

그래서 말씀의 결과를 성취하는 삼위 하나님을 강조한 본인의 전방위 설교 모델에서는 설교와 리더십이 함께 결합할 수 밖에 없다. 리더십을 발휘하는 활력 있는 설교(full-blooded preaching)는 개인의 구원을 가르치는데서 벗어나서 구원받은 하나님의 백성을 하나님의 새로운 세상으로 인도하는, 더 거대한 차원의 구원을 염두에 두어야 한다. 하나님은 우리가 한 개인으로 구원받는 것이 아니라 함께 구원받아 공동체를 이루어 그 분이 제시하는 새로운 삶을 살아가기를 바라신다. 앞에서도 잠깐 언급했던 것처럼 케임브리지에서 목회와 설교 사역을 계기로 설교/인도(preaching/leading)에 대한 새로운 시야가 열렸다. 그 목회 과정에서 하나님은, 겉으로 보기에는 암담한 상황이지만 이를 통해서 신자들을 이 드넓은 세상에 영향을 미치는 선교적 백성으로 양육시키려는 목적을 가지고 계셨음을 깨달았다. 그래서 기독교 설교에 대한 나의 처음 생각을 바꾸고 확장하면서 리더십의 개념이 설교 사역 속에 새롭게 정립하였다.

> 기독교 설교는 하나님께서 그리스도를 구현하는 백성과 공동체를 세우도록 친히 능력을 공급하시는, 성경적인 선포/청취/목격/행동의 사건(a biblical speaking/listening/seeing/doing event)이다.[16]

이러한 설교야말로 〈그림 1〉에서 살펴보았던 복음과 문화, 그리고 교회의 세 방향을 서로 강력하게 연결시킬 수 있다. 이제는 리더십이 가장 중요하고 설교는 리더십을 지원한다고 할 것이 아니라, 설교가 가장 중요하고 리더십은 그 설교로부터 발휘된다고 말하자.

본인이 제안하는 전방위 설교의 모델은 그동안 의도적으로 설교를 배제시켰던 다른 여타의 리더십 모델과도 잘 조화한다. 예를 들어 리더십에 대한 조지 바나의 대표적인 정의를 살펴보자.

> 리더십이란 어떤 단체가 공동으로 채택한 하나님의 비전을 위하여 구성원들에게 동기를 부여하고 여러 자원들을 동원하고 사람들을 인도하면서 이 비전을 열정적이고 전략적으로 달성해가는 과정이다.[17]

이것이 바로 하나님의 백성들의 삶과 행동을 따라서 역동적으로 회전하는 하나님의 말씀에 의해서 성취되는 전방위 리더십(360-degree leading)이 아니겠는가? 설교자가 매번 성경을 열어 하나님의 도전의 말씀을 설교할 때마다, 그는 리더십을 발휘하여 하나님의 백성들에게 동기를 부여하고 자원들을 동원하고 사람들을 인도해야 한다. 왜냐하면 이 설교에서 하나님의 말씀이 가장 위대한 자원이며 하나님의 능력이 하나님의 비전을 달성하는 원동력으로 함께 작용하기 때문이다. 그 누가 이 과제를 설교자 이상으로 열정적이며 전략적으로 수행할 수 있을까? 또 하나님이 허락지 않는다면 기독교인은 그 어디에서 이러한 비전과 자원과 열정을 얻을 수 있을까?

영적 리더십을 가리켜서 "사람들을 움직여 하나님의 일을 하게 하는 것"이라고 정의하는 헨리 블랙커비와 리처드 블랙커비의 견해를 살펴보자. 이들은 하나님의 뜻과 목적이 가장 최우선이기 때문에 결국 하나님에 대한 반응의 관점에서 리더십을 이해해야 한다고 주장한다. 또 이들은 "하나님의 계시에 대한 이해"라는 관점에서 비전을 설명하려고 한다. 그래서 영적 리더는 기도 가운데 하나님과 만나며 성령의 인도하심에 순종하고 성경에 담긴 하나님의 뜻을 올바로 해석하여 이를 효과적으로 소통할 수 있는 신실한 사람이어야 한다는 것이다. 계속해서 블랙커비는 영적 리더십에 대한 성경적 사례를 살펴보면서, "영적 수단들"을 통해서 다른 이들에게 영향을 끼쳤던 성경의 리더에게는 거룩한 의사소통(godly communication)이 얼마나 중요한 것인지를 보여준다(주로 모세와 예수에 대해서 집중적으로 다룬다).

영적 리더들은 결코 비전을 판매하지 않는다. 그들은 성령께서 다른 사람들의 마음속에도 자신과 동일한 비전을 확신시켜 주시리라 믿으며 하나님께서 계시하신 것을 다른 이들과 함께 공유하려고 한다.

의사소통에 형편없는 사람은 결코 유능한 리더가 될 수 없다. 영적 리더는 하나님께서 이미 행하신 것을 다시 되풀이하여 말하며, 하나님께서 지금 행하고 계신 것을 사람들에게 서로 연관시키고, 하나님께서 약속하신 것을 그들과 함께 공유한다… 그래서 리더는 하나님의 활동을 증언하는데 결코 싫증내는 법이 없다.[18]

리더십에 대한 블랙커비의 견해를 살펴보면 직접 언급하고 있지 않지만, 마치 설교에 대해서 말하는 것처럼 느껴지지 않는가? "사람들을 움직여 하나님의 일을 하게 하는 것"이란 표현은 본인이 제안한 하나님의 목적을 위하여 설교자가 핵심적인 역할을 감당하는 전방위 리더십 모델의 입장과 서로 일치한다. 하나님의 말씀이 올바로 선포되고 여기에 순종할 때면 언제든지 그 백성은 하나님의 일을 위하여 움직이기 마련이다.

3. 하나님이 인도하시는 말씀

성경 말씀은 전방위 리더십의 토대이며, 그 본래의 능력으로 실제적인 영향력을 행사하며(딤후 3:16), 약속을 성취하고(사 55:11), 비전(환상)을 보여주며(잠 29:18), 말한 대로 성취한다. "모든 성경은 하나님의 감동으로 기록된 것으로"(딤후 3:16)에서 '하나님의 감동으로 기록되었다'(God-breathed)는 구절은 움직이는 바람과 성령(창 1:2; 요 3:3-8)이라는 강력한 이미지를 연상시킨다. 하나님은 자신의 아들과 성령을 통해서 자신을 주도적으로 계시하시며 인간과의 관계를 이끌어 가신다. 따라서 계시에서나 인간과의 관계 개선에서 성경은 매우 중요한 역할을 한다. 성경은 역동적인 주해와 해석 과정을 거쳐서 설교/인도에 자양분을 제공하며, 선지자적 선포와 비전의 성취를 위한 열정을 이끌어 낸다.

1) 역동적인 주해와 해석

성경이 자신을 표현하는 가장 유명하고도 권위적인 표현은 "모든 성경은 하나님의 감동으로 된 것으로 교훈과 책망과 바르게 함과 의로 교육하기에 유익하다"는 말씀이다(딤후 3:16). 이 구절에서 언급하는 성경의 네 가지 기능이 얼마나 정확한 표현이든 관계없이 분명한 점은, 성경에는 모든 신자와 공동체 전체가 이전과 전혀 다른 삶을 살아가도록 변화시키는 능력이 들어있다는 사실이다. 이 구절에서 "교훈"은 진리에 대한 올바른 이해를 가져오며, "책망"은 예전의 사고방식과 삶의 방식에 도전하고 "바르게 함"(혹은 교정-역주)은 새로운 삶의 방법을 제시하며, "의로 교육하는 것"은 학습과 실천의 지속적인 과정에서 늘 하나님과 함께 동행하는 것의 중요성을 강조한다. 성경은 항구적 변화를 가져오는 실제적 지침들을 담고 있으며, 그 말씀을 믿고 따를 때면 언제든지 이전의 삶을 새로운 삶으로 변화시켜 놓는다.

따라서 성경 주해와 해석 작업은 죽은 문자를 다루는 것이 아니라 인격적 변화를 가져오는 살아 있는 하나님의 말씀을 듣고 깨닫는 과정이다. 성경은 결코 어떤 리더십 원리를 담고 있는 것도 아니고 다른 견해에 대해서 반박하거나 어떤 보편적 개념을 담고 있는 것이 아니다. 그보다 성경은 특정한 하나님 백성 공동체를 위해서 다른 어떤 것과는 비교할 수 없는 하나님의 뜻과 목적을 계시하며 이를 통지하는 책이다. 그래서 성경을 읽는 중에 독자들은 그 안에서 자신을 향한 하나님의 다급한 음성을 듣게 된다. 현대적인 리더십의 통찰들이 성경에 얼마나 사실적으로 묘사되고 있든 관계없이 분명한 점은, 성경은 이미 오래 전부터 그러한 리더십의 통찰들을 예견하고 미리 제시했다는 사실이다. 다음 6장에서도 살펴보겠지만 "창조적인 긴장을 조성하고 이를 유지하는 것"과 같은 리더십의 기술은, 이미 성경의 명백한 기능 중의 하나일 뿐이다. 사람을 움직여서 어떤 일을 하게 만드는 그 어떤 방법보다 성경만큼 힘을 공급해 주며 성경만큼 역동적인 능력을 공급하는 것도 없다. 성경은 바로 하나님의 말씀이기 때문이다.

그러므로 설교자는 지루하게 주해와 해석 과정에만 기계적으로 집착하기

보다는, 성경의 역동성 안으로 스스로가 먼저 흡수되어 그 능력을 공급받아 하나님의 백성들을 인도해야 한다. 성경을 설교한다는 것은 마치 빠르게 흘러가는 강물에 몸을 던지는 것과 같다. 이러한 설교를 위해서 성경을 해석할 때, 성경 말씀의 생생한 도전을 질식시키고 메시지의 창조적 능력을 묵살해버리면서 원론적이고 보편적인 교훈만을 끄집어내려고 할 것이 아니라, 설교가 행해질 독특한 상황을 향한 하나님의 뜻과 의도에 착념하면서 주해와 해석 과정을 밟아가야 한다. 양날이 시퍼렇게 서 있는 말씀의 검을 더 이상 무디게 만들어서는 안 된다! 설교를 통해 리더십을 발휘하려고 설교를 준비하는 경우에 설교자는 리더십에 대한 개념들을 성경 본문 안으로 끌어들여 올 필요는 없다. 그 보다는 이미 본문 안에 들어 있는 하나님의 리더십 앞에 설교자가 먼저 정직하게 반응해야 한다. 이 점에 대해서는 나중에 더 살펴볼 것이다.

2) 예언의 연관성

오늘날의 설교자는 하나님의 행동이나 마찬가지인 그 분의 말씀을 선포했던 구약의 선지자들과 신약의 사도들의 계보를 잇고 있다.[19] 구약의 선지자가 하나님의 말씀을 들었을 때와 마찬가지로 오늘날 설교자가 성경 말씀을 읽고 여기에 반응할 때, 하나님의 행동과 동일한 그 분의 말씀을 선포하라는 하나님의 주권적인 명령 앞에 서게 된다. "만일 누가 말하려면 하나님의 말씀을 하는 것 같이 하라"(벧전 4:11).

구약의 선지자는 하나님의 백성에게 말씀을 선포하면서 기존 질서를 뒤흔드는 파격적인 도전을 제시하였다. "그들은 말씀을 선포하면서 하나님의 거룩하심과 역사적인 현실 속에서의 수준 높은 도덕, 그리고 온 세상을 위한 새로운 미래의 청사진을 함께 결합시켰다."[20] 그들은 시대의 징후를 읽어내며, 하나님의 계시된 뜻의 관점에서 이런 징후들을 백성에게 설명하였고, 하나님의 대안 공동체에게, 다시 말해서 이스라엘의 거룩하신 하나님에게 속한 백성에게 하나님의 말씀을 선포하되, 잘못된 성공에 대해서 만족하는 이들에 대해서는 하나님의 경고를 전하며, 포로된 백성들에게는 하나님의 "새 일"을 선포하였다(사 43:19-21). 그 결과 백성 가운데 하나님의 심판에 대한 각성과 아울러 새로운 희망이 자라났다. 그들은 또 평화를 선포하되 참 평화를 대체하는 거짓된 대용물은 준엄하게 비판하였다(렘 23:9-40). 당시 선지자는 열정과 담대함으로 하나님의 뜻을 상기시키기 위하여 신앙 공동체를 뒤흔들어 깨우는 달갑지 않은 역할을 감당하였다. 그들은 한 마디로 인간의 현 상태를 뒤흔드는 하나님의 훼방꾼들(disturbers)이었다. 또 리차드 스카일바(Richard Skylba)의 지적처럼 "어느 시대에나 존재하는 시인들처럼,"

> 선지자들은 현실 세계를 매우 깊은 차원에서 이해하였다. 그들은 당시의 현실을 깊은 애정을 가지고 바라보았으며 하나님의 현존과 부재에 대해서도 그렇게 대했다. 바로 그러한 거룩한 진원지로부터 예전의 이스라엘이나 유다의 농부와 상인이 경험해보지 못했던 온화함과 분노의 파도가 동시에 밀려 왔다. 선지자들은 그 현실 속에서 하나님의 생명력을 느끼며 말씀을 선포했다.[21]

구약의 선지자는 하나님의 성품과 목적을 분별하면서 하나님의 백성이 현재의 문화와 사건 속에서 어떻게 살아야 하는지에 대해서 선포하였다. 이러한 하나님의 말씀의 능력은 신약에도, 특별히 예수와 사도의 설교에서도 그대로 이어진다(눅 4:16-30; 행 17:6). 이러한 선지자적 임무는 선교적 교회에는 필수적이며, 복음과 교회 사이의 호혜적 관계의 축과 교회와 문화 사이의 선교적 대화의 축의 도전을 통한 회중의 변화에도 필수적이다(**그림 1** 참고). 결국 하나님의 말씀은 필연적으로 공동체를 인도할 수밖에 없다.

3) 미래의 비전

잠언 29:18의 "묵시가 없으면 백성이 방자히 행한다"는 말씀은, "하나님의 계시가 없으면 백성들은 멸망한다"는 뜻으로 이해할 수 있다. 미래를 향한 비전이 없으면 백성은 방황할 수 밖에 없다. 성경은 하나님의 백성에게 살아갈 인생의 방향을 제시하기 위하여 먼저 분별력 있는 설교자/지도자에게 비전을 보여준다. 예를 들어 하나님은 불타는 떨기나무 사이에서 모세를 불러 그에게 비전을 보여주셨다. "너희 조상의 하나님이 내게 나타나 이르시되 내가 실로 너희를 권고하여 너희가 애굽에서 당한 일을 보았노라 내가 말하였거니와 내가 너희를 애굽의 고난 중에서 인도하여 젖과 꿀이 흐르는 땅으로 올라가게 하리라 하셨다"(출 3:16-17). 신약에는 예수의 비전에 대해서 다음과 같이 간결하게 요약한다. "때가 찼고 하나님 나라가 가까왔으니 회개하고 복음을 믿으라"(막 1:15). 이 책의 2부에서는 어떻게 설교자/지도자가 교회에게 주어진 비전과 사명을 이해하고 표현하도록 도울 수 있는지에 대해서 좀 더 자세히 살펴볼 것이다. 이 과정에서 매우 중요한 것이 바로 성경을 설교하는 일이다.

4) 권력의 모호함

리더십에 얽힌 여러 요소 중에서 권력(power)을 적절하게 행사하는 문제가 가장 복잡하다. 어떤 은퇴 목회자가 자신이 목회했던 여러 교회를 회고하면서 나에게 과거의 답답함을 이렇게 털어 놓았다. "어느 교회에서든지 항상 변함없이 나를 괴롭혔던 것이 바로 권력 투쟁(power struggles)의 문제였습니다. 과거를 돌이켜보면 나는 항상 몇몇 사람들이 교회를 자기 마음대로 지배해보고 싶어 하는 곳에서 목회했던 것 같습니다. 권력 투쟁의 문제는 지역 교회를 쉽게 미혹하면서 바람직한 기독교 리더십을 무너뜨린다. 그래서 존 스토트(John Stott)는 "인간의 세 가지 야망(부와 명예, 그리고 영향력에 대한 욕망)은 모두가 권력을 향한 인간의 은밀한 본능적 욕구"라고 한다.[22]

그래서 성경은 기독교 지도자에게 "약함 중에 강함"이라는 비범한 역설의 진리를 따라 살 것을 명령하면서 이러한 현실에 정면으로 맞선다. 이 역설의 진리는 고린도전서 1장의 중심 주제이다. 고린도전서 1:18-2:5절에서는 몇 차례 능력에 대해서 언급하지만 이 모두가 약함을 통한 강함의 관점을 담고 있다. 복음의 중심에는 십자가가 있는 까닭에 이 복음이 세상에게는 참으로 무기력해 보이지만 그러나 이것이 바로 하나님의 능력이 역사하는 방식이다(고전 1:17-25). 고린도 교회도 약하고 연약하였지만, 하나님은 약한 자들을 택하셔서 강한 자들을 부끄럽게 하신다(고전 1:6-31). 사도 바울의 전도도 세상의 눈으로 보기에 연약한 방법으로 이뤄졌지만, 그 연약한 방법 속에 "성령의 나타남과 능력"이 숨어 있었다(고전 2:4; 2:1-5 참고). 하나님의 강력한 손은 겸손하며 하나님을 철저히 의지할 때 역사한다. 그래서 허드슨 테일러는 "하나님이 사용하신 모든 영적 거인들은 연약한 사람들"이었음을 강조한다. 하지만 존 스토트가 지적한 바와 같이,

> 하나님 앞에서 연약한 자가 되라는 의미는 우리의 천부적인 성품을 억압하라는 의미도 아니고, 그렇지도 않으면서 약한 척하라거나, 거짓된 연약함을 조장하라는 의미도 아니다. 또 타인과 무조건 논쟁을 포기하라는 의미도 아니다… 여기에서 말하고자 하는 의미는, 인간의 힘으로는 결코 영혼을 구원할 수 없음을 솔직하고도 겸손하게 인정하라는 뜻이다.[24]

여기에 한 가지 덧붙일 것은 인간은 자신의 힘만으로는 결코 그리스도의 몸을 세울 수도 없고 하나님의 백성을 인도할 수도 없다는 것이다. 성경은 리더십에서 발휘되는 권력을 새롭게 해석하면서 하나님의 지도자가 그리스도만을 전적으로 의지해야 함을 강조한다. "왜냐하면 우리가 그리스도를 떠나서는 아무것도 할 수 없기 때문이다"(요 15:5). 그래서 기독교의 지도자들은 그리스도께서 보여주신 비범한 유형의 권능에 포함된 파격적인 의미를 실제 삶으로 구현하는 방법을 배우는 일을 결코 멈추지 말아야 한다.

5) 어리석음과 영적 지혜

고린도전서는 약함 속의 강함이라는 역설 이외에 기독교 리더십의 놀라운 역설에 대해서도 언급하고 있다. 고린도전서 2:6-16은 이 세상의 지혜 또는

이 세상의 없어질 관원의 지혜와 성령으로부터 말미암은 지혜를 서로 비교한다(6절). 이 세상과 정부, 법정, 그리고 미디어의 지혜와 대조적인 성령의 지혜는 "오직 비밀한 가운데 있는 하나님의 지혜를 말하는 것이니 곧 감추었던 것인데 하나님이 우리의 영광을 위하사 만세 전에 미리 정하신 것"이다(7절). 계속해서 사도 바울은 교회에는 세상의 지혜로 훈련된 지성적인 유력자가 많지 않다고 한다(고전 1:26). 그런 지혜 대신 하나님께서 주신 영적 지혜는 하나님과 관계에서 은사로 주신 지혜이다. "오직 하나님이 성령으로 이것을 우리에게 보이셨으니 성령은 모든 것 곧 하나님의 깊은 것이라도 통달하시느니라"(고전 2:10).

존 스토트는 하나님의 계시를 전달하는 대행자로서 성령의 사역 네 단계에 대해서 이렇게 설명한다. 첫째, 성령은 하나님의 깊은 곳까지 '파헤쳐서' 하나님의 깊은 것까지 다 아신다(10-11절). "성령이 곧 하나님이시기 때문에 성령은 하나님을 가장 잘 이해하신다… 오직 성령만이 하나님을 아시며 오직 성령만이 하나님을 알리실 수 있다."[25] 둘째로, 성령은 하나님께서 믿는 자들에게 거저 주시는 구원의 은혜를 드러내 '알리신다'(10, 12절). 셋째로, 성령은 사도들의 설교에 영감을 '불어넣는다.' "사람의 지혜의 가르친 말로 아니하고 오직 성령의 가르치신 것으로 하니 신령한 일은 신령한 것으로 분별하느니라"(13절).

> 하나님의 깊은 곳까지 통달하시며 하나님의 생각을 가장 잘 아시며 이것을 사도들에게 계시하신 동일한 성령께서 그들에게 허락하신 말씀을 그들의 설교를 통해서 다른 이들에게도 알리셨다. 즉 성령은 사도의 설교를 통해서 자신의 말씀을 전하신 것이다. 그래서 사도들의 말은 동시에 성령의 말씀이었다.[26]

넷째로, 성령은 듣는 자의 심령에 말씀을 조명하시며 '깨닫게 하신다'(13-16절). "사도들의 설교에서 성령은 의사소통의 양쪽에 동시에 역사하셨다. 즉 사도들에게 영감을 주신 것과 그들의 청중과 독자들의 심령을 조명하신 것이다."²⁷⁾ 그래서 자기들 생각에 어리석어 보여서 하나님의 성령의 은사를 거절한 "불경건한 자들"과 성령의 은사를 인정하는 기독교 지도자들, 즉 "모든 것을 영적으로 분별하는 자들"(14-15절) 사이에 근본적인 차이점이 있다. 하나님은 기독교 지도자가 세상의 지도자와 달리 생각하도록 인도하신다. 그 이유는 이들이 성령이 내주하시는 "영적인 자들"이기 때문이다. 이들은 결코 혼자가 아니다.

6) 공동체 세우기

성경에서 하나님은 계속해서 공동체에 속한 개인에게 말씀하신다. 구약성경에서 그 말씀은 언약의 약속(covenant promise)으로 자기 백성을 이루는 것으로 나타난다. 아브라함에게 하신 말씀에서는 장차 세울 나라에 대한 약속이 들어 있다. "내가 너로 큰 민족을 이루고 네게 복을 주어 네 이름을 창대케 하리니 너는 복의 근원이 될지라"(창 12:2). 이 약속은 이후에 하나님의 구원 역사가 진행되면서 계속 반복된다. 예를 들어 모세가 번제의 피를 취하여 절반은 단에 뿌리고 남은 절반은 백성들에게 뿌릴 때에도 이 언약은 다시 한 번 극적으로 선포되었다. "모세가 그 피를 취하여 백성에게 뿌려 가로되 이는 여호와께서 이 모든 말씀에 대하여 너희와 세우신 언약의 피니라"(출 24:8). 이후 예레미야 31장 31절에서 확인된 새 언약의 말씀은 신약에 이르러 예수께서 성만찬을 제정하실 때 또 다시 거듭 확인된다. "식후에 또한 이와 같이 잔을 가지시고 가라사대 이 잔은 내 피로 세운 새 언약이니 이것을 행하여 마실 때마다 나를 기념하라"(고전 11:25).

성경에는 한 개인보다는 공동체의 이미지가 가득하다. 구원받은 하나님의 백성의 공동체 모습이 교회보다 더 분명하게 묘사되는 경우는 없을 것이다. 교회는 건물로 묘사되기도 하고(엡 2:21), 성전이나(고전 3:16), 신부(고후 11:2), 그리스도의 몸(골 1:18; 엡 1:23)으로도 묘사된다. 우리는 앞에서 '그리스도 안에' 함께 속한 신자의 영적 의미에 대해서 살펴보았다. 그런데 이 개념은 '몸'(body, sōma)에 대한 신약성경의 관점과 긴밀하게 연관되어 있으며 아담 안에 속한 자와 그리스도 안에 속한 자의 대비를 통해서 더욱 분명하게 설명된다. 구약성경과 초기 유대교의 사고방식 속에 뿌리박힌 사고방식 중의 하나는 한 사람이 전체 공동체를 대표한다는 "공동체적 인격"(corporate personality, 또는 집단적 자기이해)이다. 아담은 인류에게 죄와 저주, 그리고 죽음을 가져온 대표적 인물이며, 그리스도는 자발적으로 인류의 '몸'(body, sōmati, 고전 6:13)과 동일시하시고 성부 하나님의 뜻에 대한 순종과 십자가상의 죽음, 그리고 부활을 통하여 이 인류의 운명을 역전시키셨다. 그래서 예수를 따르는 그리스도인은 그리스도의 몸에 속해 있으며 새로운 피조물로서의 신앙 공동체와 강력한 연대감을 형성한다. 그래서 이 공동체에서 가장 중요한 것 중의 하나가 바로 일치(unity)이다. "너희가 전에는 백성이 아니더니 이제는 하나님의 백성이요"(벧전 2:10). 신약성경에서 하나님의 백성을 말할 때 2인칭 단수(너)보다 2인칭 복수 대명사('너희들')를 사용한다는 점은 당연하다. 복음에 담긴 이러한 복수 표현은 신자들이 복음에 개인적으로 반응하면서 복음의 공동체적 차원을 희석시키는 것을 결코 허락지 않는다.

특별히 기독교 지도자는 고린도전서 2:16에 담긴 놀라운 주장에 주의를 기울여야 한다. 이사야 40:13을 인용하고 있는 이 구절에서 사도 바울은 그 누구도 주님의 마음을 알 수 없다고 하면서도 "우리가 그리스도의 마음을 가졌느니라"고 담대하게 선언한다. 신자들은 '그리스도 안에'(en Christō), 그리스도의 몸에 '속한' 까닭에, 자신이 마치 그리스도 자신인 것처럼 그리스도에 대한 영적인 지식과 분별력의 가능성을 지니고 있다는 것이다. 신자 개개인도 영적인 지식을 가질 수 있지만, 이 영적인 지식은 무엇보다도 공동체적 현상이며 그리스도의 몸을 이루어 함께 협력할 때 가장 완벽하게 발휘된다. 바로 이러한 대담한 주장이 연약하고 무기력해 보이는 교회 공동체 안에서 선언되고 있다.

사도행전을 보면 성령께서 초대교회 안에 역사하시며 시몬 베드로를 설교자/지도자로 세우시자(행 2), 점점 하나님께서 은사로 주신 영적 지혜에 대한 인식이 자라갔다. 가룟 유다가 예수를 배반하고 사망함으로 인하여 결원이 생긴 12명의 사도직에 경건한 맛디아를 충원한다(행 1:24, 26). 그런데 앞에서도 살펴본 바와 같이 사도들은 기도와 말씀 전하는 일에 전적으로 헌신하기 위하여(행 6:4), "성령과 지혜가 충만하여 칭찬 듣는 사람 일곱"을 집사로 임명한다(행 6:2-3). 이러한 모든 결정은 성령의 뜻을 따라서 이뤄졌다. 성령의 결정권은 최초의 그리스도인들인 안디옥 교회에 관한 논쟁을 해결하는 과정을 살펴보더라도 분명히 발견된다. "이것이 성령의 뜻이며 우리의 결정입니다"(행 15:28). 초대 교회 공동체가 계속 성장함에 따라, 영적 리더십의 은사는 무엇보다도 그 공동체를 위해서 행사되었다. 그리고 그 리더십의 은사가 활용되는 목적은 "성도를 온전케 하며 봉사의 일을 하게하며 그리스도의 몸을 세우려 하심이라. 그리하여 우리가 다 하나님의 아들을 믿는 것과 아는 일에 하나가 되어 온전한 사람을 이루어 그리스도의 장성한 분량이 충만한 데까지 이르려 하노라"(엡 4:12-13).

기독교 리더는 신앙 공동체 내에서 신자 개개인을 지도함에 있어서 교회의 머리가 되신 그리스도께 의존해야 한다(엡 4:15). 리더가 먼저 그리스도의 임재와 그 분의 마음과 성품을 더 많이 체험할수록 영적인 리더십은 더욱 성숙하고 더욱 효과적으로 발휘될 수 있다. 앞의 **〈그림 2〉**의 전방위 설교/인도의 모델에서 확인할 수 있듯이 성령은 "계시와 청취, 설교, 그리고 삶'의 모든 단계에 개입하시어 역사하시며, 마음과 생각과 입술과 귀, 그리고 개인과 공동체의 삶 모두가 그 분의 영향권 속에 있다."[28]

4. 설교자/지도자를 위한 하나님의 끊임없는 은혜

성경은 하나님의 말씀을 선포하는 자에게 올바른 리더십을 발휘할 것을 명령하며 기독교 리더십의 최전방의 자리로 이끈다. 그래서 성경 말씀을 신중하게 취급하는 자에게는 무미건조한 본문 주해나 해석, 지루한 적용, 잘못된 비전, 약함 속의 강함과 어리석음 속의 영적인 지혜의 역설에 대한 오해, 그리고 공동체 세움에 대한 무성의와 같은 것들은 결코 용납할 수 없다.

오히려 성경은 신앙 공동체를 향한 하나님의 뜻을 실제 삶 속에서 구현하려는 거룩한 비전을 가지고 그 백성에게 복음을 전하고 말씀을 가르치며 권면하는 설교자에게 이에 합당한 권위를 부여한다.

하나님께서 능력을 공급하시는 활기찬 설교는, 하나님의 백성을 항상 '공동체적' 비전과 목표로 안내한다. 또한 그 설교는 지나치게 지성적이거나 감성적이지 않고 '통전적인' 입장을 취하며, 성부 하나님과 성자 예수 그리스도, 그리고 성령의 삼위 하나님의 능력을 표현하는 '신학적 토대'를 갖추고 있으며, 아무 상황에나 주어지는 보편적인 프로그램이 아니라, '특정한' 청중의 변화를 지향하는 '구체적인' 설교이다. 또 특정 공동체의 갈등을 정직하게 다루며 하나님의 대안적인 이야기가 가져올 결과를 적극적으로 기대하며 이를 위한 헌신을 요구하는 사실적인 설교이며, 하나님의 백성이 그 분의 말씀을 함께 배울 때 일어나는 변화의 '과정을' 더욱 강화해 주는 설교이며, 설교자가 먼저 하나님의 도전의 말씀을 듣고 그 다음에 그 의미를 회중에게 '담대하게' 선포하기 때문에 매우 용기 있는 설교이며, 회중으로 하여금 선교 공동체로 거듭나서 그런 삶을 살도록 촉구하는, '선교 지향적' 설교이다.

여러분은 설교 없이도 회중을 인도할 수 있으나(롬 132:8), 그러나 인도하지 않으면서 설교를 성경적으로 할 수는 없는 노릇이다. 그리스도의 몸된 교회 안에는 설교 없이도 회중을 인도했던 놀랄만한 사례들이 많이 있다. 하지만 그런 사람이 한 사람이라면, 하나님의 말씀으로 회중을 인도하도록 소명을 받은 사람은 아홉이나 된다. 하나님의 백성을 인도하는 것은 하나님의 말씀과 '무관하게' 발생할 수 없고 오직 그 말씀 '속에서만이' 가능하다. 그래서 결국 교회 역사를 통해서 알 수 있는 점은, 리더로 부름을 받았던 대부분의 사람은 결국 하나님의 말씀을 전하는 설교자로도 부름을 받았다는 사실이다.[29] 또 설교를 강력하게 선포할 때면 항상 교회의 영향력 있는 삶과 선교 역시 크게 부흥하였다. 21세기 교회의 삶과 선교의 현장에서 하나님의 백성들을 올바로 인도해야 하는 결코 쉽지 않은 과제를 위해서, 하나님은 계속해서 진리의 말씀을 전하는 일꾼들을 필요로 하신다. 한 마디로 말해서 하나님은 지금도 새 시대를 위한 활기찬 설교자/지도자(preacher/leaders)를 찾고 계신다.

제 3 장
설교와 리더십의 상호 의존성

> 전쟁터에서 도망치는 그리스도의 군사들이여!
> 예수의 십자가 들고서 저 멀리 뒷걸음치느냐
> 이리 와서 우리 쓸모없는 무리와 손을 잡자
> 희미한 노래 속에서 너희 목소리 돋우어라
> 우리 왕 예수께 복을 빌라 평안을 구하라
> 우리 지혜로는 아무것도 할 수 없기에.
> —익명의 시인—

무명의 시인이 쓴 "앞으로 나아가라, 그리스도의 군사들이여!"(위의 Backward Christian soldiers, fleeing from the fight라는 구절로 시작하는 무명의 시의 제목은 'Onward, Christian Soldiers'이다—역주)는 마음에 깊은 감명을 주면서도, 오늘날 메시지의 영향력이 빈약한, 무력한 설교(thin-blooded preaching)의 실상을 담고 있다. 이런 무력한 설교를 극복하기 위해서는 앞 장에서 소개한 전방위 영성 안에서 리더십과 설교가 결합하여, 하나님의 말씀이 "우리 쓸모

없는 무리들"(our useless throngs)을 선교적 백성들로 변화시킬 수 있도록 해야 한다.

 설교와 리더십이 결합하기 위해서는, 먼저 양자가 왜 서로를 필요로 하는지의 이유를 알아야 한다. 앞 장에서 나는 설교와 리더십이 따로 작용하는 현실을 언급하면서, 서로가 신뢰와 동반자 관계를 맺을 수 있기를 기대했다. 또 설교와 리더십은 마치 인격체처럼 서로에 대한 시기와 질투, 의심, 그리고 미성숙의 상태에 머물러 있을 수 있다고 지적하였다. 이제 양자는 서로를 개방적인 자세로 받아들여야 하며, 설교는 리더십과 함께, 리더십은 설교와 함께 동역해야 한다. 설교는 리더십에 신학적인 기반과 오래된 전통 속에서 형성된 영적 혈통을 제공해야 하며 반대로 리더십은 오늘날의 상황에서는 어떻게 사역해야 하는지에 대한 새로운 통찰과 견해를 제시해야 한다. 이제 설교와 리더십은 서로에 대한 의심과 독선, 노여움, 성급함, 오만함, 등등의 서로를 갈라놓았던 모든 것을 내버리고 복음의 사역에 함께 협력해야 한다. 그 이유는 설교와 리더십은 서로가 필요하기 때문이다.

1. 설교가 필요한 리더십

 설교가 없는 리더십은 다음 몇 가지 이유로 영적인 토대를 잃어버릴 수 있다. 설교로부터 분리된 리더십은 성령에 대한 이해가 배제되고 리더십 자체의 지나친 자만심에 빠져서 결국 성령의 역사와 무관한 하나의 인본주의적인 도구로 전락할 우려가 있다.

 그래서 먼저 고려할 점은 설교와 무관하게 발휘되는 리더십은 '인본주의적인 리더십 모델을 조장할' 우려가 있다는 점이다. 다음 몇 가지 문제에 대해서 생각해 보자. 세속적인 관점에서 리더십을 설명하는 서적 중에도 리더십에 대한 유익한 조언을 제시하는 경우가 있는데, 이 책들에 하나님에 관한 언급이 전혀 없다고 해서 이것이 기독교에게 정말 문제가 되는가? 조직의 효율성에 관한 실제적 지침들은 항상 성경적 근거를 갖추어야 하는가? 이런 질문에 대한 해답의 실마리는 하나님의 백성은 이 땅의 그 어떤 조직과 달리 자신들의 실존을 오직 그리스도와 성경을 통해서 계시된 하나님의 은혜에 근거하고 있음에서 찾을 수 있다.

리더십의 영역에서 예수의 이름은 그 어떤 다른 리더십 모델로도 대체할 수 없다. 예수는 그리스도인이 되기 위한 출발점과 그 삶의 방식을 제시한다. 새 아담이신 예수 그리스도의 죽음과 부활 사건으로 하나님의 구원 역사는 새로운 국면에 도달하였다. "그런즉 한 범죄로 많은 사람이 정죄에 이른 것같이 의의 한 행동으로 말미암아 많은 사람이 의롭다 하심을 받아 생명에 이르렀느니라"(롬 5:18). 그리스도께서 보여주신 새로운 인간성은 그 이전의 삶의 방식과는 완전히 다르다. 예수는 인류 역사 속으로 침투해 들어오셔서 사람들을 새로운 삶으로 살아가는 하나님의 나라로 초대하셨다. 뿐만 아니라 예수는 자신의 몸인 유기적인 공동체를 세우셨는데, 이 공동체는 신약의 서신서에서 그의 몸이라고 일컬어지며, 예수의 부활에 의해서 회복되며, 은혜로 자라가고, 사랑으로 양육되며, 선교적인 임무로 완성된다. 그래서 교회를 어떤 인간의 조직체의 한 유형처럼 간주해서는 안 되고, 하나님과 인간이 서로 결합한 몸으로 이해해야 한다. 하나님은 그 속에서 신비롭게 역사하시면서 자신의 목적과 사명을 향하여 자기 백성을 계속 변화시키신다. 이런 이유로 하나님의 지도자는 이 세상의 그 어떤 지도자와 동일한 존재로 여길 수 없다.

둘째로, 기독교 리더십이 단지 인간 조직체에 관한 기술에만 의존할 때, 교회 안에 역사하는 '성령의 능력을 소멸시킬' 우려가 있다. 지역 교회가 자기만의 지혜와 능력으로 어떤 일에 성공할 때마다, 결국 성령 하나님을 무시하는 것이다. 이 때 영광을 받는 분은 하나님이 아니라 인간의 효율성이다. 예를 들어 어떤 동기 유발 프로그램이 예상대로 효과를 거두면 기도할 필요가 뭐가 있겠는가? 널리 알려진 스가랴 4:7을 바꿔서 "우리의 힘으로 되고 능으로 되는 것이지 성령으로 되지 않는다"는 표어가 이런 교회의 자만심을 대변한다. 일부 리더십 모델에서는 어떤 일을 이행하는데 하나님이 필요 없다. 만일 하나님이 너무 많은 역할을 차지하면 일이 불필요하게 복잡해지기 때문이다. 또 동기부여에 탁월한 설득력 있는 지도자의 손에 들린 세속적 리더십 원리는, 하나님의 임재와 능력에 대한 절대적인 신뢰 대신 효과적 도구로 이용되고 있으며, 상당수의 리더십 프로그램도 자기 원하는 뜻을 따라 역사하는 성령보다는 세상의 영(the spirit of the world)에 따라서 진행되도록 설계되었다.

세상의 영은 하나님의 영적 지혜를 생각할 여지를 전혀 허락지 않고, 오히려 팀웍과 비전, 그리고 핵심 그룹을 강조하며 비전을 제시하고 전략을 마련하며 이를 추종자들에게 효과적으로 소통하는 방법을 강조한다. 이들에게는 하나님의 뜻을 올바로 분별할 수 있는 좀 더 강력한 방법인 영적 지혜는 안중에 없다. 앞에서 살펴본 바와 같이 세상의 지혜로 보기에 그러한 영적 지혜는 어리석어 보일 뿐이다(고전 2:6-16). 그래서 기독교 리더는 설교를 통해서 신자들에게 그들이 "그리스도의 마음을 가졌음"을 상기시키면서(고전 2:16), 영적인 분별력과 기도의 중요성에 눈을 뜨도록 인도해야 한다. 한 몸인 교회는 무엇보다도 '그리스도 안에'(en Christō) 공동으로 속하여 그리스도의 주권과 성령의 인도를 따르기 때문에, 그 과정에서 하나님의 백성은 "성령과 우리 모두에게 이것이 좋다"고 말할 수 있다(행 15:28). "사람의 사정을 사람의 속에 있는 영 외에는 누가 알리요 이와 같이 하나님의 사정도 하나님의 영 외에는 아무도 알지 못하느니라 우리가 세상의 영을 받지 아니하고 오직 하나님께로 온 영을 받았으니 이는 우리로 하여금 하나님께서 우리에게 은혜로 주신 것들을 알게 하려 하심이라"(고전 2:11-12).

세속적 비즈니스 모델에 입각한 리더십은, 교회를 세속적인 판매 단체로 간주하여 조직의 성공을 주로 숫자와 재정의 규모로 판단하는 오류를 범하게 할 수 있다. 선명한 사고방식과 구체적 전략으로 달성되는 비즈니스 모델은 인간의 본성에 매우 호소력 있게 들린다. 하지만 하나님의 백성을 올바로 세우고 인도하는 것, 즉 "산 돌 같이 신령한 집으로 세워지고 예수 그리스도로 말미암아 하나님이 기쁘게 받으실 신령한 제사를 드릴 거룩한 제사장"(벧전 2:5)으로 세워지는 것은, 무엇보다도 하나님의 능력의 말씀을 선포하는 설교를 통해서이다. 올바른 목표가 아님에도 불구하고 교회가 좀 더 쉬워 보이는 효과적 방법을 택하면, 교회는 곧장 본궤도를 이탈하고 만다. 따라서 설교가 교회의 본궤도를 지켜주어야 한다.

셋째로, 설교를 배제한 리더십은 '신학을 왜곡시키며 신앙의 세계에서 발견되는 영적인 역설들을 간과할 수 있다.' 설교는 신자에게 죄의 파괴적인 실체와 구세주의 필요성, 용서의 능력, 그리고 하나님의 대안적 공동체 안에서 역사하는 기적적인 은혜를 강조하면서 구원을 제시한다. 하지만 세속적 리더십 모델은 죄나 구원, 용서, 믿음으로 말미암은 은혜로운 회심에 대해서 언급할 필요가 없다. 또 죄의 문제에 대해서 아무런 관심이 없더라도 얼마든지 효과적인 계획을 제시한다. 그런데 그리 놀랄 일은 아니지만 리더십 모델에 따른 계획이 교회에 성공적인 결과를 가져다 줄 것처럼 자랑스럽게 말하지만, 그 결과가 예상과 다른 경우들이 많다. 왜냐하면 교회의 모든 것은 일반 조직과 달리 하나님의 은혜와 목적에 달려 있기 때문이다. "오직 너희는 택하신 족속이요 왕 같은 제사장들이요 거룩한 나라요 그의 소유된 백성이니 이는 너희를 어두운데서 불러내어 그의 기이한 빛에 들어가게 하신 자의 아름다운 덕을 선전하게 하려 하심이라"(벧전 2:9).

세속적 리더십과 기독교 리더십의 차이는 기독교 신학 때문이다. 어떤 교회 지도자 한 분이, 도덕적으로 문제를 일으킨 목회자를 다시 용서해 주고 지도자로 받아들였던 교회의 회의를 인도한 경험을 나에게 들려주었다. 그 목회자는 징계를 받아들이고 상담을 받으면서 용서를 구한 다음(마 18:15), 특별 예배 시간을 통해서 다시 공동체로부터 용서를 받게 되었다. 그 예배를 인도했던 목회자는 이렇게 말했다. "실패의 문제를 그 교회처럼 다루는 단체는 세상에 그 어디에도 없을 것입니다. 하나님께서 죄인들에게 두 번째 기회를 주시기 때문입니다. 참으로 놀랍지 않습니까?"

세속적 리더십 모델에서는 "오직 여호와를 앙망하는 자는 새 힘을 얻으리니 독수리의 날개치며 올라감 같을 것이요"라는 성경 구절들(사 40:31)을 보면 당혹스러워 할 것이다. 독수리는 무엇이며 또 무엇을 앙망한다는 말일까? 또 세속적 리더십의 관점에서는, 가장 약한 자가 가장 강한 자이며, 지도자는 종이 되어야 하며, 가난한 자가 복이 있다는 예수의 산상보훈의 말씀(마 5:1-

12)이나 "믿음, 소망, 사랑, 이 세 가지는 항상 있을 것인데 그 중에 제일은 사랑이라"는 사도 바울의 말씀(고전 13:13)은 실제적인 지침보다는 영감어린 시에 불과한 것처럼 생각할 것이다. 세속적 리더십의 관점에서 볼 때 약함 속에 강함과 같은 역설은 이상적이거나 비현실적이라고 생각할 것이다.

그래서 맹목적인 실용주의와 낙관주의에 기초한 리더십 모델은 성경이나 기독교인의 경험과 잘 조화되지 않는다. 기독교에 호의적인 리더십 모델이 성경 본문을 여기 저기 인용하면서 기독교와 관련을 맺더라도, 결국 모세나 예수가 현대적 리더십 모델을 채택한 지도자로 전락되고 만다. 예수께서 3년간 공생애 사역 동안에 리더십 모델에 관한 책을 저술한 것이 아니라, 바로 제자들에게 활기찬 하나님 나라의 삶을 소개하고 그 모델을 제시하셨다.

넷째로, 가장 심각한 경우이지만 설교가 빠진 리더십은 그릇된 자만심을 부추길 수 있다. 디이트리히 본회퍼(Dietrich Bonhoeffer)는 그리스도인들이 강하게 주장하는 꿈과 이상에 대해서 다음과 같이 신랄히 비판한다.

> 하나님은 우리를 단 한 순간이라도 꿈속에서 살도록 내버려 두지 않으십니다… 그리스도인들의 사귐 속에 들어오는 인간의 모든 희망적인 꿈이야말로, 신자의 참다운 사귐과 공동체를 방해하는 것이기 때문에 반드시 부서져야 합니다… 하나님은 꿈같은 생각을 미워하십니다. 왜냐하면 그 꿈은 사람을 교만하고 자만하게 만들기 때문입니다. 그리스도인의 사귐에 대한 환상적인 이상을 품은 사람은, 하나님에 의해서건, 또는 남이나 자신을 통해서 그 꿈이 반드시 이뤄지기를 요구합니다… 또 그는 자신이 마치 그리스도인의 사귐의 공동체를 만들어내는 자처럼 행동하고, 자신의 꿈이 사람들을 함께 묶어 주리라는 기대감으로 행동합니다. 그래서 일이 자신의 뜻대로 되지 않으면 그는 모든 노력을 실패라고 합니다.[1]

본회퍼는 신앙 공동체의 삶을 하나의 이상이 아니라 하나님의 은혜와 겸손한 사랑 속에서 쟁취할 하나님의 현실로 받아들일 것을 주장했다. 지나치게 세속적 리더십 모델을 받아들이는 기독교 지도자는 공동체에 대한 자기만의 꿈같은 이상을 추구하면서 '자신이' 마치 "기독교 공동체의 진정한 창조자"라도 되는 양 처신하는 실수를 범할 수 있다.

지난 35년 동안 전 세계의 여러 교회를 방문하면서 그곳에서 발휘되는 기독교 리더십을 살펴볼 수 있었던 존 스토트도 이러한 위험에 대해서 지적하고 있다.

> 결국 내가 분명히 확신하는 바는, 기독교 공동체의 지도자 중에는 예수의 가르침을 무시하며 충분한 사랑과 온유함을 갖추지 못하고, 지나치게 독재적인 리더가 상당수 존재한다는 사실이다. 너무나도 많은 지도자가 마치 만인대제사장의 원리를 전혀 믿지 않고 오히려 목회자의 교황권을 믿는 듯이 행동한다. 오늘날 우리의 리더십 모델이 예수 그리스도의 영향 보다는 오히려 문화적인 영향을 더 많이 받는 것 같다.[2]

설교자는 매번 자신 속에 그리고 회중 속에 자리하고 있는 자만심을 정직하게 다룰 필요가 있다. 오직 겸손을 향한 그리스도의 말씀에 따라 살아갈 때만, 비로소 설교자와 교회는 자만심의 파괴적인 소용돌이를 극복하고 올바로 성장할 수 있다.

설교가 없는 리더십의 위험에 대한 경고의 목소리에 귀를 기울여야 함과 동시에, 리더십이 없는 설교역시 문제가 있기는 마찬가지이다. 설교에 리더십의 통찰과 관점이 무시되면 설교는 다음에서 살펴보게 될 여러 위험에 처하게 된다.

2. 리더십이 필요한 설교

리더십에 대한 올바른 이해가 없으면 설교만으로는 신앙이 조악하고 설교의 적용점도 고지식하게 제시할 뿐이고, 그 결과 무력한 설교 자체에 대해서 죄책감을 느낄 수 밖에 없다. 리더십은 효과적 설교 사역을 위하여 상당한 분량의 현실적인 정보와 지식들을 제공한다. 따라서 설교는, 회중의 변화와 갈등, 목표에 대한 필요, 그리고 이해의 과정과 같은 중요한 주제에 대한 리더십의 통찰을 배워야 한다.

1) 변화

최근 리더십의 연구에서는 우리 주변에서 진행되고 있는 변화의 필요와 그 속성, 그리고 현대 문화 속에서의 급속한 변화의 주기와 맹렬한 불연속성에 관해서 아주 자세하게 분석한다. 앨빈 토플러(Alvin Toffler)는 점점 가속되는 변화의 속도 때문에 야기될 "미래의 충격"에 대해서 저술한 최초의 인물이다. 그는 『미래의 충격』(Future Shock)[3]이란 책에서 오늘날 우리가 일상적으로 사용하는 모든 물품의 절대다수를 현재의 800번째 생애 중에 개발한 것이라고 주장한다(앨빈 토플러는 역사상 인류가 생존한 최근 5만년<정확히는 49,600년>을 대략 62년의 생애로 나눈다면, 약 800회의 생애가 반복되었다고 본다. 이들 800회의 생애 중에서 650회의 생애는 동굴에서 보냈고 최근의 마지막 70회째 생애에 이르러서 비로소 문자를 통해서 한 생애에서 다른 생애로의 효과적인 커뮤니케이션이 가능해졌으며, 그것도 일반 대중이 인쇄된 언어를 이해할 수 있게 된 것은 마지막 6회째 생애였고, 시간의 흐름을 비교적 정확하게 측정할 수 있게 된 것도 마지막 4회째 생애이다. 그리고 오늘날 우리가 일상적으로 사용하는 모든 물품의 절대다수를 현재의 800번째 생애 중에 개발하였다는 것이다--역주). 레오나드 스윗(Leonard Sweet)은, 현대주의(modernity)가 후현대주의(postmodernity)로 대치되는 과정에서 드러난 엄청난 문화적 변화를, 거대한 대양의 지각 변동을 일으키는 쓰나미에 비유한다.[4]

즉 스윗의 눈에는 2004년 12월 26일에 발생한 끔찍한 쓰나미가 문화적 변화에 대한 잊을 수 없는 이미지로 각인된 것이다. 베이비붐 이전 세대(Pre-Boomers, 1927-1945년 출생 세대)로부터 베이비 붐 세대(boomers, 1946-1964년 출생 세대)로, 이어서 베이비 붐 이후 세대 또는 X 세대(1965-1981년 출생 세대)와 새 천년 세대 또는 Y 세대(1981년 이후 출생 세대)로 계속 이어지는 세대 간의 변화도 이러한 문화적 변화를 반영한다. 이렇게 변화가 급속도로 진행되는 오늘날의 상황에서, 짐 헤링턴(Jim Herrington)과 마이크 보넴(Mike Bonem), 그리고 제임스 푸르(James H. Furr)가 언급한 바와 같이, "리더는 회중의 변화에 대해서 그 누구와 비교할 수 없을 정도의 막중한 책임을 지고 있다."[5] 이러한 변화에 대한 리더의 책임에 대해서 로버트 퀸(Robert Quinn)은 이렇게 말했다. 오늘날 변화의 시대 속에서 남은 선택은 "강력한 변화를 이끌어 낼 것인지 아니면 서서히 죽음을 받아들일 것인지 둘 중 하나이다."[6]

그런데도 불구하고 대부분의 설교자는 그러한 변화가 얼마나 심각한 것인지를 전혀 의식하지 못하고, 실상 아무에게도 적용되지 않을 일반적인 사항에만 집중하고 있다. 리더십이 빠진 무력한 설교에 담긴 개인주의나 추상적인 적용, 그리고 저조한 순응과 같은 특성은, 무력한 설교자들에 대한 부정적인 이미지만 더욱 심화시킬 뿐이다. 때로는 우리가 과거에 했던 것을 계속 이어 갈 수 있는 원동력을 찾아보는 것이 더 시급하다고 생각하는 이들도 있다. 그러나 우리 주변에서 진행되는 변화를 새로운 방식으로 다루는 것의 중요성을 결코 간과해서는 안 된다. "과거 교회 지도자는 전임자들이 해 왔던 것과 같은 기반 위에서 점차 향상됨으로써 성공할 수 있었다. 하지만 오늘날의 목회 상황은 지속적인 배움과 학습을 요구한다."[7] 헤링턴과 보넴, 그리고 푸르가 도전하는 바와 같이, "만약 지금까지 해 온 일을 계속 한다면, 지금까지 얻은 것을 계속 얻게 될 것이다."[8]

그런데 아이러니하게도 목회자의 업무 설명서에는 복음 설교자가 계속해서 회중의 변화를 위하여 설교하고, 새로운 개종과 새로운 삶, 그리고 새로운 창조를 계속 촉구해 줄 것이 언급되어 있다. 하지만 이들은 회중의 변화를 단지 회개와 신앙을 통한 개인 내면과 심령의 개인적인 변화에 제한시키며, 공동체 전체의 변화는 "신령화"(神靈化, spiritualization)함으로써 설교 속에 들어 있는 본연의 리더십을 애써 외면하고 있다. 심지어 영적인 혁명에 대해서 대담하게 다루는 경우라도 이런 설교자들은 교회가 주변의 문화적인 문제와 변화에 대해 눈 감고서 자신들의 "선교적인 대화의 축"(《그림 1》 참고)을 무시하도록 할 수 있다.

그 결과 교회는 실제적인 변화는 최소화하고 다만 심령의 변화만을 중시하면서 주변 환경에 대해서 스스로 눈을 감아버리는 폐쇄적인 집단으로 변질될 수 있다. 또 이들은 현 상태의 안전한 항구에 머무르면서 미래의 꿈을 자랑하지만, 비현실적이고 전혀 위협적이지 않은 단계들로 구성된 장기간의 계획만을 강조하면서, 미래의 꿈은 무한정 연기할 뿐이다. 그래서 이 장의 초두에서 소개한 "앞으로 나아가라, 그리스도의 군사들이여!"(Onward, Christian Soldiers)라는 찬송이 무력한 교회의 현실을 정확하게 꼬집고 있음을 부인할 수 없다. 그래서 대다수의 설교자에게는 회중의 변화에 대한 리더십의 도전과 통찰이 꼭 필요하다.

2) 갈등

무력한 설교자는 설교에서 청중과의 갈등을 피하는데 얼마나 적극적인지 아는가? 여러 리더십 모델은 갈등의 필연성을 정직하게 인정할 뿐만 아니라, 갈등 관리의 필요성을 강조하며 다양한 해결책들을 제시하면서 그 갈등 문제에 올바로 대처할 수 있도록 안내한다. 조직 구성원이 공동의 비전을 상실할 때 갈등은 매우 해로운 결과를 가져다주는 반면에, 건전한 긴장 관계를 통해서 갈등에 대한 새로운 이해가 마련되면 그 갈등은 오히려 생명을 주는 가능성(life-giving possibility)으로 발전할 수도 있다. 리더십을 배제한 무력한 설교에서는 갈등 관계에 있는 사람들을 진정시키고 잠재적인 갈등을 빨리 완화시키는 것이 중요하다고 생각한다. 갈등을 인정하는 문제와 관련하여 어떤 목회자는 이렇게 말했다. "내 평생의 목회하는 동안에 나는 교회 안의 신자들이 얼마나 행복한가에 의해서 내 목회의 성공 여부를 평가했습니다. 그런데 교수님은 내가 정말로 주님과 함께 사역을 감당하는 것이라면 그 목회 성공의 한 가지 표지는 그 교회 속에 갈등이 존재하는 것이라고 말씀하시는군요."[9] 설교자는 종종 진정한 평화가 없는 거짓된 평화를 설교하는 함정에 빠지곤 한다 (렘 6:13-14; 7:4). 참된 평화는 문제점을 덮어버리지 않으며 갈등을 정직하고 활력 있게 다루는 과정을 거쳐서 만들어진다.

설교자가 만일 강단에서 원론적인 이야기를 거부하려고 한다면 그 대안으로 많은 것을 고려해야 한다. 라일 쉘러(Lyle Schaller)는 900명이 출석하는 교회를 소규모의 스터디 그룹으로 전환시키려 했던 어느 담임 목회자에 대한 사례 연구 하나를 소개한다. 이 교회에서 스터디 그룹에 대한 계획을 세우고 소그룹 하나를 직접 지도하는 책임을 맡았던 부목사는, 먼저 헌신도가 높고 평신도 훈련에 적극적으로 참여하는 구성원을 훈련시키는 일부터 시작하였다. 그 때 당시 소그룹은 연구 과제로 "오늘날의 세상 속에서 교회로 존재한다는 것은 과연 무슨 의미인가?"라는 질문을 택했다.

그런데 첫번째 스터디 그룹이 활동을 시작한 지 41개월이 지날 무렵, 교회 내에서 목소리가 높은 평신도 지도자로 구성된 새로운 그룹이 조직되고, 서서히 영향력을 발휘하게 되자 이들은 급기야 교회 공동의회 시간에 담임목회자의 사임을 요구하기에 이르렀다. 열띤 회의가 끝난 다음에 결국 담임목사와 부목사는 할 수 없이 사임하였다. 아이러니하게도 회중의 변화를 지향한 기독교 리더가 "변화의 촉진자가 되기보다는 오히려 희생양이 되고 말았던 것이다." 이들은 스스로 자멸을 초래한 셈이다. 그러나 이들이 주도했던 개혁의 과정을 면면히 살펴보면, 그룹 구성원이 필연적으로 불평할 수밖에 없는 연구 주제를 채택했다든지 또는 아무런 건설적인 대안을 제공하지 못했다든지, 새로운 구성원이 이전의 조직 속으로 자연스럽게 동화되도록 인도하는데 실패하는, 일련의 실수를 범하고 말았다. 그리고 쉘러의 지적에 의하면 가장 심각한 잘못은, 그 두 목회자는 원죄 교리를 무시하였고, "여러 스텝들로 구성된 조직 속에서 한 목회자가 다른 목회자와 서로 경쟁하도록 부추기는 평신도의 유혹을 정확하게 간파하는데 실패했다는 점이다… 그래서 다시 물어야 할 핵심 질문은, 두 목회자가 주님을 섬긴다고 하면서도 실상은 얼마나 어리석을 수 있는가? 하는 것이다."[10]

3) 의도

여러 리더십 모델은 다양한 문제 상황에서 목회자가 어떻게 순방향으로 개입하여 조정할 수 있는지를 가르쳐준다. 또 상황에 대한 평가와 미래의 비전을 통해서 긍정적인 결과를 향해 바람직한 변화의 과정을 어떻게 이끌어갈 수 있는지도 보여준다. 이해 못할 바는 아니지만, 일부 목회자는 끝도 없이 지루하게 계속되는, 다른 이들의 평가의 올무 속에 갇혀 있다는 느낌을 갖기도 한다. 내가 『전방위 설교』(360-Degree Preaching)에서 언급한 바와 같이, 대부분의 교회 생활이란 '쳇바퀴는 돌지만 다람쥐는 죽어 있다'는 말로 압축될 수 있다(교회 안에 목회 프로그램과 사역은 계속되지만 그 안에서 하나님의 생명의 역사는 찾아보기 어려운 현상을 비유함-역주). 그래서 헤링턴과 보넴, 그리고 푸르는 어떤 목회자의 다짐을 이렇게 소개한다. "저는 지금까지 제 능력 이상으로 열심히 노력해오고 있습니다. 하지만 건강은 나빠지고 가정은 파탄 지경에까지 이르렀습니다… 이제 한 가지는 분명합니다. 지금까지 우리가 해 오던 것들을 앞으로도 더 열심히 하는 것은 결코 해답이 아니라는 사실입니다."[11] 따라서 목회자는 좌절감과 절망감을 버리고서, 분명한 변화를 가져올 새로운 비전에 대한 전략과 임무를 발전시키고 수행할 의도적인 과정에 전적으로 헌신해야 한다. 이를 위해서 설교자/지도자는 하나님의 뜻과 목적을 실현하는 변화의 과정에 자신이 먼저 헌신할 필요가 있다.

올바른 리더십을 위해서는 긍정적인 기대감 역시 중요하다. 리더는 죄책감을 유도하기 보다는 상생의 결과를 향한 회중의 기대감을 조성하는데 앞장서야 한다. 하지만 폴 보든(Paul Borden)도 솔직히 고백하듯이, 대부분의 설교자에게 이 일이 결코 쉬운 일은 아니다.

> 설교자임에도 불구하고 나는 마치 더운 날의 땀처럼 부정적 입장과 죄책감이 나에게서 계속 쏟아져 나오는 느낌이 들었다. 그럴 때 나는 무조건 일을 해치우려고 할 것이 아니라 해야 할 일을 긍정적으로 생각해야 한다… 회중들에게 현재의 자신보다 그리고 교회 현실보다 더 큰 비전을 받아들이도록 하려면, 그 비전을 먼저 긍정적 관점에서 소통시키는 것이 중요하다. 그리고 사람들이 하나님을 더욱 잘 섬기기를 원한다는 믿음을 내가 먼저 가져야 한다. 그러한 성스러운 기대감이야말로 사람들 마음속에 실제로 하나님을 더 잘 섬기기를 원하는 열망과 능력을 불러일으킨다.[12]

4) 이해의 과정

바람직한 변화의 과정에서 설교자/지도자는 현 상태에 대한 객관적 평가의 중요성뿐만 아니라, 회중의 가치관과 사명, 그리고 비전의 의미를 잘 이해해야 한다.

(1) 평가

리더십 연구에서는 분석(analysis)을 매우 중요하게 여긴다. 내가 이 책의 후반부에서 소개할 (헤링턴과 보넴, 그리고 푸르) 리더십 모델 역시 특정 교회의 1950년부터 1989년까지의 교회 회원의 변동과 출석률에 대한 엄격하고도 정직한 분석으로부터 시작되었다. 이 교회의 분석 결과를 얼핏 보면 그동안 교회 신자들의 출석율이 지속적으로 성장한 것처럼 보였다. 하지만 과거의 교회 성장 곡선에 도시 인구의 성장 곡선을 대입해 보면 매년 교회의 성장과 지역 사회의 성장 사이에 심각한 간격이 나타났다. "소위 시장점유율의 관점에서 보자면 우리 교회는 지난 40년 동안 계속 하락하고 있었다."[13] 이 교회의 새로운 미래에 대한 절박한 심정은 바로 이렇게 현실에 대한 정직한 평가에 따른 충격에서 비롯되었다.

이해관계는 종종 사실을 왜곡시키기 마련이다. 내가 아는 어떤 친구는 안식년의 연구를 위해서 영국에서 성장하고 있는 교회의 목회자를 방문한 적이 있었다. 그 친구는 이렇게 말했다. "설교자들은 실제로 예배에 참여하는 회중의 규모를 훨씬 부풀려서 말하기를 좋아하더군." 하지만 지난 40년 동안 서구의 주류 교회는 계속 쇠퇴하고 있기 때문에, 교회에 출석하는 회중에 대한 통계수치는 교회가 속한 지역 사회의 변화와 비교하여 정직하게 파악하는 것이 매우 중요하다.

깁스는 다음과 같이 예측하는 어떤 조사 결과를 소개하고 있다. "조사 결과에 근거하여 우리는 만일 이 상태가 지속되면 미국에서 현재 교회에 출석하는 회중의 60%는 2050년 전에 사라질 것으로 예상한다."[14] 그는 계속해서 이렇게 덧붙인다. "오늘날 어느 교회든지 한 세대가 끝나면서 사라질 가능성이 많다."[15] 평가 작업은 교회가 직면해야 하는 냉혹한 현실을 보여주기 때문에, 설교자/지도자는 그러한 현실에 대한 다양한 대안과 처방이 필요하다.

(2) 가치관

리더십 분야에서 사용되는 몇몇 용어는 기독교적인 삶을 위해서도 매우 중요하며 설교자의 과제를 더욱 분명하게 해준다. 예를 들어 '핵심가치'(*core values*)라는 용어는 특정 조직체의 신념과 가치를 나타내며, 이 조직체는 지금 '왜' 이 일을 하는지에 대한 해답과 방향을 제시한다. 조직체는 구성원에게 소속감을 제공하는 이야기나 기대치, 규범, 상징, 보상, 또는 재산을 통해 공동의 정체성을 표현할 목적으로 자기들만의 핵심 가치를 정해 두고 있다. 오브리 맬퍼스(Aubrey Malphurs)는 핵심 가치를 가리켜서 "우리 주변의 일을 현재와 같이 처리하는 방식"으로 요약한다.[16] 그 가치 속에는 과거와 현재의 우리 모습이 담겨 있다. 맬퍼스는 핵심 가치를 이것으로부터 파생되어야 하는 원리와 전략, 그리고 교리적인 진술과 같은 다른 이슈들과 서로 대조시킨다. 그는 기독교 단체의 핵심 가치를 "교회 사역을 주도하는 지속적이고 열정적이며 성경적인 핵심 신앙"으로 규정한다.[17]

> 기독교 조직체의 핵심적인 신앙은 마치 목회 사역이라는 자동차의 운전대 뒤에 앉아 있는 운전사와 같다. 목회 사역은 비전 지향적인(vision-focused) 반면에 핵심 신앙은 가치 주도적(values-driven)이다. 그래서 핵심적인 신앙이 사역을 결정짓는 원동력이다.[18]

(3) 사명

특정 조직체가 현재 '무엇을' 하고 있는가 하는 질문에 대한 해답은, 그 조직체가 추구하는 가치를 통해서뿐만 아니라, 조직체의 '사명'(*mission*)과 '비전', 그리고 '비전의 방침'(*visionpath*)을 통해서도 얻을 수 있다. 먼저 사명을 비전이나 비전의 방침과 구별할 필요가 있는데, 헤링턴과 보넴, 그리고 푸르는 각각의 차이점을 분명하게 제시하고 있다.[19] 사명은 조직체의 포괄적인 존재 목적을 한 두 문장으로 기술하여 조직체의 세부적인 비전의 틀과 그 범위를 규정한다. 이 사명을 교회에 적용한다면, 사명이란 하나님의 영원하신 목적을 표현하며 "하나님은 무슨 목적을 위하여 이 교회를 세우셨는가?"라는 질문에 대한 해답을 담은 것이다. 그래서 사명 선언문(mission statement)에는 조직체의 포괄적이고 영감어린 존재 목적이 집약되어 있다.

(4) 비전

비전은 특정 조직체가 앞으로 3-5년 동안에 이행해야 할 구체적인 목표가 무엇인지에 대한 좀 더 세부적인 내용을 담고 있는 것을 말한다. 그 비전은 몇 개의 문장이나 문단으로 정리되어 조직체의 좀 더 구체적인 목표치를 제시한다. 헤링턴과 보넴, 그리고 푸르는 교회의 비전을 가리켜서 "하나님께서 어떤 회중 공동체를 인도하시려는 바람직한 미래에 대한 분명하고 공유되며 동기를 부여하는 그림(a clear, shared, and compelling picture)"으로 정의한다.[20] 비전은 반드시 분명해야 하고 함께 공유해야 하며 동기를 부여해야 비로소 효과적이다. 그런데 교회의 비전에서 가장 중요한 요건은 그 교회 리더가 먼저 '하나님께서' 그 공동체에게 원하시는 것이 무엇인지를 분별해야 한다는 점이다. 회중을 하나님의 사명으로 인도하면서 비전의 타당성에 대해서 공감하도록 유도하는 것은, 바로 하나님께서 원하시는 바람직한 "미래의 청사진이다."

설교자가 성경에 계시된 하나님의 뜻을 일반적인 관점에서 설교하는 것은 쉬운 일이지만, 특정 교회를 위한 하나님의 뜻을 세부적인 지침들로 명료화시키는 일은 결코 쉽지 않다. 그래서 특정 공동체를 위한 하나님의 계획보다 한 발 앞서서 자기 혼자서 꿈꾸는 비전을 추구하는 몽상가에 대한 본 회퍼의 경고에 주의해야 하며, 하나님의 계획을 성취하는 과정에 대한 좀 더 분명한 이해를 제공하는 리더십의 연구에도 귀를 기울여야 한다. 이런 이유로 모든 지도자는 막연하지 않고 구체적인 비전의 중요성을 이구동성으로 강조한다. 워렌 빌헬름(Warren Wilhelm) 이렇게 언급한다.

모든 유능한 리더의 중요한 특징 중의 하나는, 자신들이 관여하는 조직체의 미래에 대한 분명한 비전을 세우고 이를 잠재적인 추종자들에게 분명하게 제시하여서 그들이 비전을 달성하기 위하여 각자가 감당해야 할 고유한 역할을 잘 이해할 수 있도록 하는 능력이 탁월하다.[21]

설교자/지도자는 하나님의 비전에 응답할 줄 아는 능력을 갖추어야 하며, 또는 블랙커비의 표현을 빌리자면 "하나님의 계시를 이해하는 능력을 갖추어야 하며 그래서 다른 이들도 그 비전을 이해하고 이를 성취하는데 각자의 고유한 역할을 이해할 수 있도록 안내해야 한다.

(5) 비전의 방침

장기적인 비전은 때로는 1년 단위의 틀로 나뉠 수 있는, 세부적인 단계와 구체적인 이슈로 잘게 쪼개져서 좀 더 큰 비전을 성취하는데 기여해야 한다. 어떤 목회자가 자신의 고민을 나에게 털어놓았다. "우리 교회를 앞으로 더 성장해야 한다는 비전이 필요하다는 점은 이해하겠습니다. 그런 비전은 또 사람들을 분발시키기도 합니다. 그런데 이를 위해서는 주차장 시설도 확장해야 하는데 이것은 회중을 그다지 감동시키지 못합니다. 문제는 이런 것 말고 또 무슨 비전을 더 생각할 수 있는지 잘 모르겠습니다." 이 목회자는 장기적이고 거대한 비전과 단기적이고 세부적인 비전의 방침(visionpath)을 잘 구분하지 못하고 비전의 방침에 지나치게 얽매여 있었다. 상황에 따라서는 주차장 시설도 매우 중요하지만 그것은 그 이전에 선행해야 하는 사명과 비전의 일부분에 불과하다.

이 외에도 설교자가 리더십에서 배워야 할 것들이 더 많이 있다. 예를 들어 제임스 맥그리거 번즈(James MacGregor Burns)는 1978년의 독창적인 연구를 통해서 '거래적인 리더'(transactional leader)와 '변혁적인 리더'(transformational leader) 사이의 대조적인 특징을 분명하게 제시하였다. 그에 따르면 거래적인 리더십이란 리더가 추종자와 어떤 것을 서로 교환하려는 거래적인 목적에 따른 리더십을 말한다. 사람들은 어떤 필요감을 느끼고 있는데, 아브라함 매슬로우는 사람들의 필요를 신체적이고 정서적인 안정의 관점에서 체계적으로 정리하였다.[23] 거래적인 리더들은 특정 상황에 영향력을 행사하여 구성원 상호간의 기본적인 관심사나 이해관계가 충족되도록 유도한다. 예를 들어 교회 내에서 어떤 리더가 신도 숫자의 증가와 안정된 조직체 유지, 그리고 견실한 재정을 위해서 노력하여 결국 구성원들로 하여금 자신이 속한 조직체에 대해서 자긍심을 느끼며 다른 교회 교인들로부터 존경심을 누릴 수 있도록 할 수 있다. 이런 결과 때문에 리더는 재정적으로든 아니면 아첨의 말이나 충성심으로 그간의 노고에 보상을 받을 수도 있다. 하지만 이러한 리더십은 현재의 안락한 상태를 그대로 유지하려는 유혹에 직면하면서 조직의 쇠락을 가져온다.

이와 달리 변혁적 리더십은 "추종자들로 하여금 바람직한 미래의 비전을 수용하도록 도와준다. 리더는 새로운 단계의 개인과 공동체의 과제를 달성할 수 있도록 추종자들에게 동기를 부여하고 원동력을 제공한다… 그래서 추종자들은 리더가 제시하는 미래에 기쁜 마음으로 헌신한다."[24] 활기 넘치는 기독교 리더십을 위해서는 위의 두 리더십 중에서 반드시 변혁적 리더십이여야 하며, 신앙에 따라 발휘되어야 하며 위험에 정직하게 직면하며 현 상태에 만족하는 안락의자로부터 벗어나야 한다는 점은 더 강조할 필요가 없다. 그럼에도 불구하고 우리의 설교는 거래적인 방향으로 침로를 변경하려는 유혹에 직면하곤 한다. 변화와 갈등에 대한 두려움 때문에 사람들로 하여금 현 상태에 만족하면서 가만히 내버려 두려는 유혹에 빠지곤 한다.

다소 논쟁적이긴 하지만 매우 유용한 또 다른 리더십 이론 중의 하나는, 1980년대에 워렌 베니스(Warren Bennis)와 버트 나누스(Burt Nanus)의 연구에 근거한 관리자(manager)와 지도자(leader)의 구분이다. 이들에 의하면 "관리자는 일을 잘 하도록 하게 하는 사람이라면, 리더는 올바른 일을 하는 사람"이라고 한다[25](관리자는 과제 자체의 제한적 관점에서 일처리의 효율성을 중시한다면, 리더는 과제가 속한 더 큰 비전을 함께 고려하여 궁극적 가치의 관점에서 올바른 일을 우선적으로 해결하는 데 집중하는 사람으로서, 관리자와 리더의 차이점이 있다는 의미-역주). 앞에서 우리는 쇠퇴 중인 교회 현실에 대한 정직한 조사 결과가 교회 지도자에게 충격으로 다가왔지만, 이를 계기로 그들은 새로운 비전을 추구하게 되었음을 살펴보았다. 하지만 새로운 계획이 실행에 옮겨지고 또 외부의 자문단이 그들과 함께 계획을 집행하는 과정에서 교회 안에 긍정적인 변화들이 나타나기 시작하였다. 그런데 문제는, 이들 외부 자문단이 떠나버리자 교회 목회자는 앞으로 계속 무엇을 해야 할지를 잘 모르고 다시 방황하게 되더라는 것이다. 이 현상을 주목한 결과 매우 도발적인 결론이 내려졌다. 즉 대부분의 목회자는 지도자가 아니라 관리자로 훈련받았다는 사실이다. "그들은 주로 '우리가 현재 하고 있는 프로그램과 사역들을 어떻게 더 효과적으로 개선시킬 수 있을까?'라는 고민을 안고서 사역을 감당했다. 하지만 '우리가 하고 있는 일은 복음으로 지역 사회에 영향을 미치는데 가장 신뢰할만하고 효과적인 수단인가?'라는 고민을 가지고 일을 처리하도록 훈련된 목회자는 그리 많지 않았다."[26] 리더십이 빠진 무력한 설교자는 지도(leading)보다는 주로 관리(managing)를 더 선호하기 마련이다.

또 다른 중요한 연구 결과는 헌신의 단계에 초점을 맞추고 있다. 앞에서 무력한 설교의 특징으로서 '저조한 순응'에 대해서 설명할 때, 리더십에 대한 구성원의 다양한 응답의 단계에 대한 피터 센게(Peter Senge)의 통찰을 소개한 적이 있다. 변혁적 리더가 되기 위해서는 이 외에도 피터 센게가 설명하는 정신 모델(mental model, 사물과 현상을 이해하는 데 필요한 가장 근본적인 가정(assumptions)과 가치체계-역주)과 팀 학습(team learning), 그리고 시스템 사고(system thinking)에 대해서도 배워야 한다. 리더십 모델에서 어떤 새로운 용어나 견해들을 제시하던 관계없이, 대부분의 학자가 동의하는 바는 적당한 시간과 노력을 기울이면 리더십 기술은 얼마든지 학습이 가능하다는 사실이다. 따라서 설교자는 리더십의 여러 실제 전략을 설교와 통합하는 방법을 계속 학습해야 하며 다음 2부에서는 설교자/지도자를 훈련하는 방법에 대해서도 소개할 것이다.

3. 설교와 리더십의 상호 필요성

설교와 리더십은 서로를 의심쩍은 눈초리로 바라보면서 독자적으로 작용하기 보다는 복음의 사역을 위하여 서로 결합하여 함께 작용해야 한다. 설교는 리더십이 필요할 뿐만 아니라 기독교 리더십 역시 설교가 필요하다. 예수 그리스도께서 설교자를 부르실 때, 자신의 교회를 위하여 세상과 구별된 독특한 리더를 세우셔서 하나님의 말씀이 선포되게 하시며, 하나님의 은혜로 말미암아 그 백성과 공동체가 함께 변화되게 하신다. "우리가 그를 전파하여 각 사람을 권하고 모든 지혜로 각 사람을 가르침은 각 사람을 그리스도 안에서 완전한 자로 세우려 함이니"(골 1:28). 그래서 하나님은 설교자나 리더를 따로 찾으시는 것이 아니라 설교자/지도자를 찾으신다. 설교자/지도자 이상으로 영적 능력을 공급받으며 교회와 문화 사이의 선교적인 대화의 축에서 탁월한 능력과 자질로 리더십을 발휘할 사람은 없다. 교회의 사명과 비전은 예배 시간의 설교를 통해서 가장 분명하고도 명료하게 선포된다. 그래서 설교자는 회중을 인도하도록 하나님으로부터 권위와 책임을 함께 부여받았다.

빌 하이벨스(Bill Hybels)는 오늘날 교회 안에 만연한 한 가지 비극을 이렇게 지적한다.

> 오늘날 전 세계적으로 하나님의 백성이 전혀 인도 받지 못하고 있다. 그들은 귀가 아프도록 설교를 듣고 가르침을 받아왔다. 또 친교도 나누고 성경 공부도 충분히 들었다. 하지만 그들에게 동기를 부여하고 자원을 발굴해주는 리더가 하나도 없기 때문에, 그리스도를 위해서 변화하고 싶은 그들의 열망은 완전히 좌절되고 말았다. 내가 믿기로 오늘날 교회의 가장 큰 비극은 리더십이라는 영적인 은사의 중요성을 전혀 깨닫지 못하고 있다는 점이다. 내가 보기에 전 세계적으로 아주 일부의 목회자만이 리더십이란 영적인 은사를 제대로 발휘하고 있을 뿐이다.[27]

이제는 설교와 리더십이 분열을 끝내고 하나로 결합하여 이러한 비극을 극복할 때가 되었다. 어떤 목회자가 자기 이야기를 나에게 들려주었다.

> 나는 과거의 목회 사역에서 설교와 리더십을 서로 분리했음을 이제 깨달았습니다. 교회 회중을 대상으로 설교하는 일과 그들을 인도하는 일을 서로 나누었습니다. 회중을 인도하는 일은 마치 비즈니스 사업체를 이끄는 방식으로 접근했습니다. 그래서 실행 과정을 계획하고 소그룹 지도자를 훈련하며 진행 과정을 관리하고 결과를 평가했습니다. 그래서 당시 제 생각으로 회중을 인도하는 일은, 주일날 예배가 진행되는 동안에 사람들 눈에 보이는 "무대의 뒤에서" 은밀하게 일어나는 것이라고 생각했습니다. 반면에 설교는 하나님께서 나에게 맡기신 양떼를 말씀으로 먹이는 영적인 봉사의 기회였습니다. 그래서 나는 하나님께서 설교하라고 나에게 허락하신 기회를 회중을 영적으로 목양하는 한 가지 방법으로 생각했습니다. 그런데 그렇게 설교하고 회중을 인도하면서도 두 책무가 서로 밀접하게 관련되어 있다는 사실은 미처 몰랐습니다. 이제 나는 설교를 통해서 성도를 인도하도록 하나님께서 허락하신 이 두 가지 방편이 서로 결합되어 있음을 깨닫고 그 관점에서 이를 활용하기 시작했습니다. 앞으로 바라기는 우리 교회가 설교를 통한 교육의 틀을 넘어서기를 바라며, 설교를 통한 상담 이상의 것을 성도에게 제공할 수 있기를 바랍니다. 무엇보다도 설교를 통한 리더십이 잘 발휘될 수 있기를 기대합니다.

설교와 리더십의 간격이 얼마나 심각하게 벌어져 있는지를 깨닫는 설교자가 그리 많지 않는 것 같다. 폴 보든(Paul Borden)은 변화에 대한 최근의 논의와 관련해서 이렇게 꼬집는다. "조지 바나 연구소의 세미나이거나 빌 하이벨스 세미나나 혹은 리더십 네트워크 세미나나 어디에서든 이러한 새로운 페러다임에 어울리는 설교자로서 리더의 역할이 과연 무엇인지에 대해서는 아무도 관심이 없다."[28] 이어서 그는 주장하기를 오늘날 목회자는, 교회의 사명과 비전, 그리고 불신 문화를 변화시키는 문제에 관심을 기울이는 리더보다는, 그저 교회 내부에만 관심을 쏟는 예배당 소속 목사(chaplain)같다고 한다. 또 그는 오늘날 교회가 변화하는 시대 속에서 선교적 교회로 거듭나야 할 것을 재촉하면서, 설교자/지도자는 "성경 구절이나 문단에 '그래서 어쨌다는 것이냐?'라는 질문을 던지고 개인주의적인 신자들에게 공동체적 해답을 제시해야 한다"고 주장한다.[29]

일리노이스에서 크라이스트 커뮤니티 교회(Christ Community Church)를 담임하고 있는 짐 니코뎀(Jim Nicodem) 목사는 설교와 리더십 사이의 간격에 대해서 우려하는 설교자/지도자 중의 한 사람이다. 1980년대 초에 여섯 가정과 함께 교회 개척을 시작했던 그는 현재 4천명 규모의 교회를 섬기면서 회중 전체가 함께 하나님의 소명과 지역 사회를 섬기도록 하는 통전적인 목회 사역을 감당하고 있다. 주목할 만 한 점은, 그는 지난 과거 교회가 계속 성장해 온 이야기 속에서 설교가 차지하는 최우선적인 중요성을 직시하고 있다는 점이다. 그는 영적인 자산 목록 중에서 가장 핵심적인 은사인 설교를 통해서 리더의 역할을 요구하는 자신의 목회 사역의 토대와 핵심을 마련했다고 한다. '리더의 마음으로 설교하기'라는 제목의 메시지에서 그는 설교와 인도(leading) 사이의 잘못된 이분법을 다루면서,[30] 오늘날 교회가 리더십 하나만을 지나치게 강조하는 현상은 결국 두 가지 위험을 초래할 것이라고 경고하였다.

먼저 설교가 배제된 리더십은 두 가지를 동시에 잘 할 수 없다고 생각하면서 결국 리더십을 위해서 설교의 중요성을 무너뜨릴 수 밖에 없다는 것이다. 리더십이 더 중요하고 시급한 분야로 여겨지면 결국 설교는 필연적으로 두번째나 세번째로 밀려날 수 밖에 없다. 둘째로 리더십을 지나치게 강조하다보면 하나님의 말씀마저 무시하는 결과를 초래할 수 있다. 그리고 하나님의 말씀에 순종하는 것보다는 효과적인 실제 계획이 더 중요시될 수도 있다. 계속해서 그는 자신의 목회 경험에 근거하여 가장 효과적인 인도는 설교를 통해서 일어나며 하나님의 백성에게 동기를 부여하는 것도 설교를 통해서 가장 잘 이뤄진다고 주장한다. 앞에서 살펴보았던 교사형 설교자와 권면형 설교자의 특징에 비추어 볼 때, 그는 자신을 주로 권면형 설교자로 여겼다.

잭 헤이포드(Jack Hayford)도 목회자의 임무가 양떼를 인도하는 것과 말씀을 먹이는 것으로 이루어져 있음에 동의하면서 많은 사람이 리더십이 없이 그저 말씀만을 계속 듣는 것을 선호하는 현상에 대해서 강하게 경고한다. "그들은 배우는 것을 너무 좋아한다. 영혼을 따뜻하게 해 주는 새로운 것만을 좋아한다. 하지만 '여러분! 이제 그만 먹고 움직일 때입니다'라고 외치면 그들은 투덜대고 불평하기 시작할 것이다. 왜냐하면 양떼란 그저 잠자리에 누워서 계속 먹는 것만을 좋아하기 때문이다."[31] 이어서 그는 이렇게 말한다.

> 나는 모든 목회자는 리더십을 발휘해야 할 책임이 있다고 확신한다. 그는 상황에 따라 피부색을 바꾸는 카멜레온처럼, 사람들이 원하고 장로들이 위임한 것이라고 생각하는 것을 반사하는 거울이 되어서는 안 된다… 여러분은 모든 종류의 잠재적인 정치적 문제들에 관여해야 하며 그 과정에서 때로는 직업을 잃을 수도 있지만, 그러나 이제는 목회자가 자신의 목소리를 내야 할 때가 되었다.[32]

참으로 그렇다. 사실 전방위 인도(360-degree leading)는 교회에서 가장 두렵고도 벅차고 당당하며 신나는 사역이다. 교회에서 설교자의 인격과 말보다 더 분명하게 하나님의 뜻을 선포할 수 있는 것도 없다. 이제는 이렇게 바꾸어 말해보자. 여러분은 설교 없이도 회중을 인도할 수 있지만, 그러나 인도하는 일이 없이 성경적으로 올바로 설교할 수는 없다.

제 2 부
설교자/지도자 만들기

제 4 장
소명을 실천하기

> 회중은 설교단에 서 있는 사람이 실제로 교회 지도자이든 그렇지 않든 관계없이 그를 교회 지도자로 생각한다. 그래서 설교는 리더가 자신의 신앙과 꿈을 회중에게 제시하는데 사용되는 가장 중요한 수단이다.
>
> 오브리 맬퍼스, 『가치가 주도하는 리더십』(Values-Driven Leadership)[1]

2005년 1월 14일 우주탐사선 호이겐스호가 토성의 가장 큰 위성인 타이탄에 무사히 착륙했다. 무려 7년이 소요된 놀라운 여행 끝에 비로소 착륙에 성공한 것이다. 이 탐사선은 수많은 과학 장비를 탑재했다. 그 중에는 타이탄 표면에 부는 바람의 속도를 측정하기 위하여 아이다호 대학의 데이비드 앳킨슨(David Atkinson) 교수가 무려 18년 동안 연구하여 개발한 장비도 실려 있었다. 타이탄의 표면 모습을 보여주는 놀라운 영상들이 지구로 속속 전송되자, 앳킨슨 박사의 연구팀도 해당 자료들이 들어오기를 기다렸다. 하지만 아무런 자료가 들어오지 않았다. 나중에 그 과학자가 털어놓은 이유는 이렇다. "사실을 말하자니 정말로 섬뜩합니다. 이것은 사람의 실수입니다. 장비를 가동시키는 스위치를 켜는 것을 그만 잊어버리고 말았습니다."

1부에서는 오늘날 상당수의 설교자가 회중을 인도하도록 하나님께서 허락하신 리더십의 책임을 망각하고 있음을 지적하였다. 리더십은 하나님께서 허락하신 것이기 때문에 제대로 작동되어야 하지만, 오늘날 교회에서 이 리더십이 전혀 작동되지 않고 있다. 그리고 이는 분명 사람의 실수이다. 그렇다면 이 문제를 어떻게 개선할 수 있을까? 설교자는 어떻게 회중을 인도할 수 있을까? 설교자는 리더십을 의심의 눈초리로 바라보는 것을 멈추고, 회중의 변화를 위하여 주도력을 발휘하고 온전한 대화에 참여해야 한다. 그 대화란 좀 더 강력하고 활력이 가득한 변화를 위하여 적극적으로 배우려는 개방적인 자세를 의미한다.

리더십이 없는 무력한 설교자는 리더십의 도전을 애써 외면하려 하겠지만, 바람직한 변화를 가져오는 설교자/지도자가 되기를 열망하는 사람이라면 설교 사역의 모든 국면에서 어떻게 리더십이 발휘되어 회중에게 영향력을 행사하는지 파악해야 한다. 이 책의 2부에서는 설교자/지도자를 세우는 핵심 요소에 대해서 살펴볼 것이다. 먼저 이번 4장에서는 하나님께서 잠재적인 설교자를 부르셔서 리더십을 허락하시는 하나님의 소명에 대해서 다룰 것이다. 이어서 5장은 바람직한 기독교 리더십 모델 하나를 소개하며, 6장은 설교자/지도자에게 요구되는 자질을 살펴보고, 7장에서는 이들에게 필요한 특별한 성품의 문제에 대해서, 그리고 마지막 8장에서는 설교자/지도자가 회중의 변화를 이끌어내는 과정에 대해서 살펴볼 것이다.

나는 특별히 설교의 관점에서 영적 리더십의 의미를 고찰하고 설교를 위한 리더십 모델을 제시한 저자를 전혀 만나보지 못했다. 이 책을 읽는 설교자는 설교의 역할을 소홀하지 않으면서도 회중을 인도하는 성경적 리더십의 임무에 대해서 무엇을 놓치지 말아야 하는지에 대해서 좀 더 적극적이고 겸손한 자세로 배움에 임해야 한다. 그렇지 않으면 아무런 개선책을 기대하기 어려울 것이다.

먼저 명심할 점은 하나님께서 설교자를 부르셔서 리더로 삼으신다는 사실이다. 자신의 은사와 성품, 그리고 인간관계를 통해서 하나님의 소명에 반응하는 특정한 사람이 없다면 이 땅에 아무 것도 이뤄질 수 없다. 하나님의 소명에 반응한 리더가 있었기에 하나님의 백성이 그 분의 말씀에 순종할 수 있었다. 그래서 성경은 하나님께서 다양한 방법으로 다양한 사람을 부르셔서 사용하신 사례를 다양하게 기록하고 있다. 구약에는 모세(출 3장)로부터 여호수아(신 34:9)와 드보라(삿 4:4), 다윗(삼상 16:13), 이사야(사 6장), 예레미야(렘 1:4-10)가 하나님의 부름을 받았으며, 신약에서도 시몬과 안드레, 야고보, 그리고 요한(막 1:16-20)과 맛디아(행 1:26), 사울(행 9:1-18), 바나바와 사울(행 13:2-3), 그리고 브리스길라와 아굴라(행 18:2-3)가 각각 하나님의 소명을 받았다. 하나님은 소명을 주실 때 이들 각 사람 마음의 중심을 보시며(삼상 16:7), 부르셔서 말씀선포/인도의 역할을 맡기셨다. 조지 바나(George Barna)가 리더에게 조언한 다음의 내용을 그대로 설교자에게도 적용할 수 있다. "먼저 여러분을 부르시는 하나님의 소명에 대해서 올바로 이해해야 한다. 하나님은 어떤 사람은 지도자로 부르셨지만, 대부분의 사람들에게는 그러지 않으셨다. 그래서 소명을 올바로 분별하는 것이 중요하다. 우리는 하나님의 소명을 강요할 수도 없고, 또 그 소명을 거절하거나 부인하고서 결코 의미 있는 삶을 살수도 없다."[2] 하나님께서 어떤 사람을 설교자로 부르실 때 동시에 리더로도 부르신다. 이 점은 어느 곳에서든지 예외가 될 수 없다.

일부 리더십 관련 도서도 비즈니스 영역에서 소명이 중요하다는 점을 인정한다. 예를 들어 윌리엄 딜(William Diehl)은 200명 정도의 루터교 지도자를 대상으로 "신실함"(faithfulness)이라는 성품에 대해서 통계조사를 실시하였다. 그런데 지도자의 중요한 자질로서 "탁월성"(excellence)[3]을 꼽았던 토마스 피터스(Thomas Peters)와 로버트 워터맨(Roberts Waterman)과 달리, 윌리엄 딜은 신실함이 지도자의 중요한 자질이라고 생각했다. 그리고 영적인 성숙도(spiritual growth)나 기도생활, 신앙 공동체에 대한 헌신의 정도, 그리고 헌금생활과 같이 신실함의 정도를 보여주는 다양한 지표를 활용하여 이들을 조사해보았더니, 조사 대상자의 약 30% 정도는 점수가 매우 높게 나타났다. 그리고 좀 더 세부적인 통계조사를 통해서 조사대상자의 30%는 한 가지 공통적 요소로서의 소명의식이 자리하고 있음이 드러났다.[4] 윌리엄 딜의 연구 결과에 근거하여 로버트 뱅크스(Robert Banks)와 버니스 레드베터(Bernice Ledbetter)는 이러한 차이점을 가져온 요소에 대해서 이렇게 반복적으로 설명한다. "이들 모두는 소명의식을 공유하고 있었다. 즉 이들은 하나님께서 자신을 부르신 곳에서 현재 일하고 있다는 의식이 있었다."[5]

소명의식은 하나님의 부르심에 응답하는 사람 자신의 "정체성"과 소명의 "영역," 그리고 그 소명에 대한 응답의 "방법"과 관련이 있다. 또 설교자로서의 소명 역시 하나님과 그 백성에 대한 설교자의 인격적 관계와 관련이 있다. 하지만 리더십을 외면하는 무력한 설교자는 하나님과 사람에 대한 인격적인 관계를 애써 무시하고, 설교를 그저 서재와 설교단 사이를 오가면서 청중에게는 복음에 관한 개인주의적인 정보 몇 조각을 나누어 주는 것 정도로 생각한다. 하지만 하나님의 공동체는 결코 그런 방식으로 변화되지 않는다. 오히려 하나님의 방법은 설교자/지도자를 부르시고 이들로 하여금 '세상과는' 전혀 다른 차원의 영적인 영향력을 인식하도록 하시며, 이를 통하여 독특한 리더십 성품을 계발하여 하나님의 성품을 전파하는 "에토스 수여자"(ethos giver)로서 하나님의 백성을 인도하도록 하신다. 또한 하나님의 부름을 받은 설교자/지도자는 하나님께서 개인과 공동체를 변화시키기 위하여 세상의 관점으로 볼 때 어리석어 보이는 설교를 사용하심을 믿어야 한다. 이러한 확신이 없다면 차라리 하나님의 일을 시작하지 말아야 한다.

하나님의 부름을 받은 설교자/지도자는 무엇보다도 하나님께 순종해야 하며, 그럴 때 비로소 하나님이 원하시는 장소에서 그 소명을 올바로 감당할 수 있으며, 하나님의 소식을 전하는 아름다운 발로 인정받을 수 있다(롬 10:15). 또한 설교자는 성육신의 의미를 잘 이해하여 삶을 통해서 하나님의 말씀이 회중에게 육화될 수 있도록 해야 한다. 하나님의 말씀이 삶을 통해서 회중 가운데 인격화되어 나타나도록 하며 온 몸을 통해서 말씀을 섬길 때(엡 4:11-12), 비로소 하나님의 부름을 받은 온전한 지도자라고 할 수 있다.

이런 이유로 설교자/지도자에게는 소명의식이 필수적이다. 내가 처음 목회사역에 뛰어 들었을 때 내 책상 앞에는 이런 표어가 붙어 있었다. "하나님께서 그 분의 영광을 위하여 나를 이곳으로 부르셨다." 이 표어는 내가 블랙번의 교회에 있는 것이 바로 나에 대한 하나님의 뜻이며 나의 영광이 아니라 바로 그 분의 영광을 위한 것임을 계속해서 강하게 상기시켜 주었다. 다른 목회자들은 나보다 더 나은 목양지에서 더 쉬운 방법으로 더 좋은 결과를 누리는 것처럼 보인다고 하더라도, 당시 나에게 필요한 것은 바로 이 특별한 장소에서 나에게 주어진 하나님의 소명과 나의 역할에 대한 분명한 자각과 확신이었다. 스스로를 평범하다고 생각하는 목회자라도 남보다 더 많은 은사를 받아 누리기를 원하는 것은 인지상정이다. 어떤 목회자는 나에게 이렇게 속마음을 털어 놓았다. "나는 릭 워렌(Rick Warren) 같은 목회자가 됐으면 좋겠습니다. 그는 유명한 지도자잖아요." 그렇게 남을 부러워하는 것은(우리는 남으로부터 계속해서 배우는 일을 멈추지 말아야 하겠지만) 아무런 유익이 없다. 남을 부러워하는 것보다 더 중요한 것은 재능(talents, 달란트)에 대한 예수의 가르침을 명심하고서, 한 달란트를 받았든 아니면 둘이나 다섯 달란트를 받았든 관계없이 우리에게 주어진 재능을 하나님을 위하여 올바로 사용하기만 한다면, 우리 각자는 모두가 다 하나님께 소중한 존재임을 확신해야 한다(마 25:14-30). 우리 대부분은 한 달란트나 혹은 두 달란트를 가지고 태어났으며 그것이 바로 우리를 향한 하나님의 섭리이다. 하나님은 평범한 사람을 사랑하시는데, 하나님께서 대부분의 사람을 평범하게 만드신 이유는 탁월한 사람들에 비해서 덜 사랑하시기 때문이 아니라, 머물러 있는 평범한 자리에서 하나님의 영광을 성취하는데 가장 정확하고 합당하게 사용될 수 있기 때문이다. 평범한 목회자는 현재 머물러 있는 곳으로 하나님의 부르심을 받았기 때문에, 그 소명을 그 어떤 다른 사람이 성취할 수 없다.

그런데 아쉽게도 "유명한 목회자"와 그들의 이야기 때문에 일부 설교자/지도자는 오직 유명하고 탁월한 리더십만이 효과적이라는 편견을 갖고 사람들의 인기를 끄는 화려한 방법만을 추구하기도 한다. 사실 성공적인 이야기를 계속 되풀이하다보면 다른 목회자들 역시 그런 화려한 지도자를 그대로 모방하는 것 밖에는 달리 다른 길이 없다는 느낌이 든다. 하지만 결코 그렇지 않다. 이 땅에는 수많은 유형의 설교자/지도자가 존재하며, 이러한 차이점은 다양한 성격과 은사, 그리고 처한 상황의 차이 때문이라는 점을 이해해야 한다.

결코 잊지 말아야 할 점은 하나님은 평범한 설교자를 사랑하시며 각자가 각자의 최선을 다할 때 하나님은 영광 받으신다는 사실이다. 무엇보다도 하나님은 모든 설교자가 또한 리더가 되기를 기대하시며 변화를 가져오는 하나님의 대리인이 되기를 원하신다.

라일 쉘러(Lyle Schaller)는 "변화 촉진자"(change agents, 변화를 위한 의사결정에 영향을 끼치는 사람-역주)라는 개념을 대중화시킨 학자이다. 그에 따르면 변화에 대해서 다음 세 가지 주된 반응이 야기된다고 한다. 첫번째 반응은 '부정'(denial)으로서 이는 지도자와 구성원 모두가 아무것도 바뀌지 않은 것처럼 처신하는 것을 의미한다. 비극적인 일이지만 일부 교회 설교자와 회중은 현재 교회가 분명히 침체하고 있음에도 불구하고 현실을 강하게 부인하면서 마치 아무런 일이 없는 것처럼 처신한다. 둘째 반응은 '저항'(resistance)으로서 과거의 향수에 젖어서 변화를 위한 혁신과 헌신에 의도적으로 거부하는 것을 말한다. 마지막으로 변화에 대한 '헌신'(commitment)은 바람직한 변화의 기회와 그 변화에 동반될 지도 모르는 위험에 대하여 개방적인 자세를 취하는 것을 의미한다. "어떤 사람들은 변화에 대해서 수동적인 촉진자인가 하면 또 어떤 이들은 부정적인 촉진자인 반면에, 점차적으로 많은 사람들이 변화에 대한 적극적인 촉진자로 바뀌어가고 있다."[7]

이상의 세 가지 반응 중에서 성경은 물론 세번째를 기대한다. 하나님 백성의 이야기를 살펴보면 하나님의 소명에 대한 순종과 개방성이 그 특징으로 나타난다. 아브라함의 경우에 하나님의 소명에 대한 믿음의 반응은 미래를 향한 영적 순례로 나아가는 것을 의미한다. 때로는 하나님께서 다음 여정을 알리실 때까지 기다려야 할 때도 있다(행 1:4). 하지만 그러한 기다림은 항상 다음 단계의 새로운 여정을 위한 신선한 에너지를 제공한다. 이러한 성경의 가르침에 비추어 볼 때 설교자/지도자는 "변화를 위한 적극적인 촉진자" 역할을 감당해야 할 중요한 책임이 있다. 그리고 이러한 책임 속에서 하나님의 소명과 은사에 대한 이해도 더욱 깊어진다.

오늘날 상당수의 설교자가 자신의 소명을 그저 제한된 관점에서 생각하기 일쑤이다. 이들은 스스로 어떤 종류의 설교자가 가장 바람직한 설교자인지에 대해서는 고민하더라도, 하나님께서 어떤 종류의 리더십을 발휘하도록 자신을 부르셨는지에 대해서는 별로 고민하지 않는다. 이 장의 나머지 뒷부분에서는 설교자가 자신의 리더십 스타일을 점검해보는 기회를 제공할 것이다.

1. 다양한 유형의 설교자/지도자

『전방위 설교』(360-Degree Preaching)에서 나는 네 가지 유형의 설교를 제시하였다. 이제 다양한 유형의 설교자/지도자를 제시하기 위하여 먼저 다양한 관점의 리더십부터 살펴보고자 한다. 아래의 〈그림 3〉은 설교와 인도의 유형에 여러 성향과 리더십을 조합하였다. 그래서 획일적인 설교/지도의 패턴 대신 다양한 패턴을 제시함으로서 각자의 설교/지도에 맞는 유형을 파악할 수 있도록 하였다.

1) 네 유형의 설교자

〈그림 3〉의 맨 아래쪽에는 내가 『전방위 설교』에서 소개하였던 네 가지 유형의 성경적 설교가 소개되어 있다.[8] 물론 기독교 역사를 살펴보면 각기 다른 경험과 신학 때문에 다양한 유형의 설교자가 각자 독특한 개성과 은사를 발휘했음을 알 수 있다. 하지만 이들의 독특한 특징을 홀대하지 않으면서도 설교자의 개성과 기질, 그리고 성경의 장르별 차이에 근거하여 어느 정도 정당하다고 인정할만한 공통의 설교자/지도자 유형을 분류하고자 한다. 먼저 네 가지 유형의 설교자부터 살펴보자.

첫째, '사자형 설교자'(herald preacher)는 하나님은 성경 본문 뿐만 아니라 자신의 설교 행위에도 영감을 베푸신다고 확신하는 사람이다. 이들의 설교는 교사형 설교자와 함께 공유하는 연역적이고 명제적인 특징이 있지만, 교사형 설교자와도 확연한 차이가 있다. 사자형 설교자는, 설교 스타일이 때로는 아주 극적이며 대규모 회중을 대상으로 호소력을 발휘하며, 성경 본문을 세부

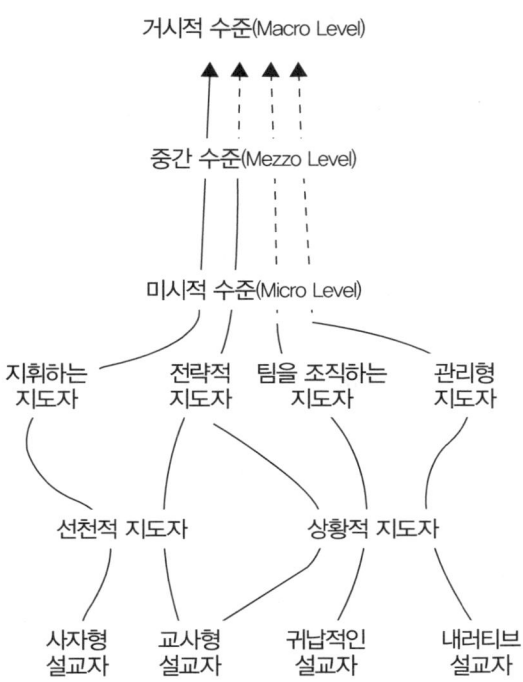

〈그림 3〉 설교자/지도자의 성향과 리더십의 수준. 오른쪽 상단의 점선은 미시적 수준을 넘어서 거시적 수준으로 발전하려는 상황적인 지도자의 열망을 나타낸다.

적으로 설명하거나 나열하지는 않는 편이며, 주로 감성적인 우뇌 중심의 청중에게 더 강한 호소력을 발휘한다. 예화와 이야기를 사용할 때에도 감성적인 내용이 더 큰 비중을 차지하며 환기적인 언어(evocative language) 역시 중요한 역할을 감당한다.

둘째, '교사형 설교자'(teacher preacher)는 설교 시간에 청중은 무엇보다도 먼저 성경을 잘 이해해야 한다고 확신하는 자이다. 이들은 하나님의 말씀으로서의 성경을 매우 존중하며 설교 본문에 정성을 쏟으며 그 본문의 의미를 연역적으로 자세히 파헤치는 편이다. 이들의 설교는 교리적이고, 교훈이며, 교육적이며, 논리적인 순서를 따라서 본문을 자세히 설명하여 청중이 그 내용을 "잘 이해할 수 있도록 노력한다." 교사형 설교자는 이렇게 성경 본문을 연속적으로 자세히 설명함으로써 청중에게 확신을 심어주기를 좋아하며, 이를 위해서 본문의 역사적, 문법적 이슈도 자세히 설명한다. 또 이들은 좌뇌 지향적인 청중의 논리적이고 연역적인 사고방식을 고려하여 정보를 여러 개의 작은 단위로 쪼개서 제시하기를 좋아한다. 이러한 설교는 신약의 서신서를 다루기에 적합하며, 특히 빈틈없는 논리와 적용점으로 짜여진 교육 설교(teaching sermon)에 어울린다. 물론 이들은 서신서뿐만 아니라 성경의 다른 여러 장르의 본문에서도 대지와 소지를 파악하고 교육 설교의 구조에 맞게 전환하는데 탁월한 재능을 갖추고 있다. 교사형 설교자는 또한 신자들이 진리를 확고히 붙들며 성경 본문을 자세히 이해하고, 성경에도 정통하며, 교리를 잘 이해하도록 하는데 막중한 책임의식을 갖고 있다. 그래서 본문 주해와 강해, 그리고 적용은 이들의 설교 방법의 근간이라고 해도 과언이 아니다.

셋째, '귀납적인 설교자'(inductive preacher)는 설교에서 청중의 필요를 고려하는 것이 가장 중요하며 설교는 그들에게 적실성(혹은 연관성) 있게 들려야 한다고 확신하는 자이다. 하나님의 말씀이 성경으로부터 청중에게 그대로 전달되어야 한다고 확신하는 사자형 설교자나 성경 본문을 자세히 설명하는 연역적인 교사형 설교자와 대조적으로, 귀납적인 설교는 청중에게서 출발하여 거꾸로 성경으로 나아가는 귀납적 역동성이 담긴 설교의 흐름을 강조하며 이 과정에서 청중에게 적합한 성경 본문을 찾아내려고 한다. 귀납적인 설교도 복음전도(청중의 "체감 필요에서부터" 시작하는)와 변증적 설교(불신자들의 비난과 공격에 대응하는), 목회 상담형 설교(회중이나 사회 속에서 발견되는 문제들을 다루는), 또는 정치적 관심사에(현재의 사회적인 문제를 다루는) 대한 설교와 같이 다양한 동기를 담고 있다.

넷째, '내러티브 설교자'(narrative preacher)는 설교는 이야기의 형태로 구성되어야 하며 이러한 구조를 통해서 청중이 하나님을 경험할 수 있어야 할 것을 주장한다. 다른 유형의 설교자도 이야기를 사용하지만 내러티브 설교자는 설교를 듣는 청중의 청취 패턴에 큰 관심을 기울이며 설교도 그러한 패턴에 따라 구성하려고 노력한다. 내러티브 설교자의 설교 저변에는 성경 내러티브나 특히 예수께서 사용하신 비유의 문학적이고 수사학적인 패턴과 효과에 대한 이해가 자리하고 있으며 최근 설교자 사이에 이런 관점이 널리 유행하고 있다. 이들의 설교는 마치 한 편의 내러티브처럼 세심하게 짜여져 있으며, 이러한 구조를 통해서 청중에게 복음의 메시지로 인한 긴장감과 아울러 그 복음이 가져다주는 해결책을 동시에 경험할 수 있도록 하려고 한다.

2) 두 유형의 지도자

위의 〈그림 3〉의 도표에서 아래 두번째 단계는 네 종류의 설교자가 다시 리더십 모델과 서로 연결되고 있음을 보여준다. 지난 20년 간의 리더십에 대한 연구 결과를 조사한 끝에 조지 바나는 두 종류의 지도자가 존재한다고 결론 내렸다. 그에 따르면 대략 여덟 명의 지도자 중에 한 명이 "선천적인 지도자" (habitual leader) 유형에 해당하는데, 이들은 하나님으로부터 지도자로 소명을 받았으며, 강력한 지도자적 자질 때문에 이들은 결국 남을 지도하는 역할을 감당할 수 밖에 없다고 한다. 이들은 "타고난" 지도자로서 어느 조직에서든 선두를 달리는 선수(front-runner)로 등장한다. 조지 바나(George Barna)가 보기에, 회심한 "선천적인 지도자는, 하나님의 백성에게 올바른 방향을 제시하여 하나님께서 바라시는 결과를 달성하도록 하는데 아주 헌신적이다." 어쩌면 이들의 영적인 DNA 속에 리더십이 들어 있을 것이다. 왜냐하면 이들은 바람직한 결과를 위한 최상의 방법을 본능적으로 분간하고 이를 과감히 '이행하기' 때문이다.

성경에 등장하는 상당수의 인물 중에는 선천적인 지도자가 많다. 예를 들어 시몬 베드로와 사도 바울은 타고난 지도자로서, 이들의 은사는 하나님의 소명으로 더욱 다듬어졌다. 처음에는 그리스도를 핍박하는데 지도자적 역할을 감당하다가 나중에 다메섹 도상에서 그리스도와의 만남을 계기로 그리스도를 위한 지도자적 역할을 감당하는 자로 변화한 사도 바울보다 선천적인 지도자의 극적인 전환을 분명하게 보여주는 사례는 없을 것이다. 이 사람은 이런 식으로든 아니면 저런 식으로든 언제나 다른 사람들을 인도하기 마련이다. 이러한 선천적인 지도자들이 또한 설교자로도 부름 받으면, 하나님은 이들의 말에 성령의 기름을 부어주시기 때문에 결국 이들은 세상을 "뒤흔드는 자들로" 나타날 수 밖에 없다.

존 어데어(John Adair)는 『위대한 지도자들』(Great Leaders)에서 소크라테스로부터 마하트마 간디에 이르기까지 다양한 선천적인 지도자를 소개한다. 교회 역사에서도 이와 같은 선천적인 지도자를 다수 찾아볼 수 있으며, 이들 중에는 존 크리소스톰(John Chrysostom)과 히포의 어거스틴(Augustine of Hippo), 마틴 루터(Martin Luther), 존 칼빈(John Calvin), 존 웨슬리(John Wesley), 찰스 피니(Charles Finney), 그리고 찰스 스펄전(Charles Haddon Spurgeon)과 같은 인물이 있다. 이들은 교회 역사가 아니더라도 대학이나 정치계, 경제계, 군사 분야의 어디에서든 탁월한 두각을 나타냈을 것이다. 감사하게도 하나님은 이들을 부르셔서 자신과 교회를 섬기게 하시고, 목회 사역을 위하여 하나님께서 허락하신 소명과 은사를 따라 그 분께 순종하며 그의 뜻을 성취하도록 인도하셨다. 윌로우 크릭 교회의 명성과 관련하여 누군가가 빌 하이벨스(Bill Hybels) 목사에 대해서 나에게 이렇게 말했다. "그가 어떤 길을 선택하든 그는 그 분야에서 정상에 설 것입니다. 그는 정말 타고난 지도자입니다." 하나님은 이렇게 타고난 지도자들을 사용하신다.

하지만 조지 바나가 주목하는 점은 대부분의 사람, 즉 여덟에 일곱 정도는 특정한 상황이 계기가 되어 하나님께서 자신을 리더의 자리로 이끌고 계심을 깨닫곤 한다. 바나는 이들을 가리켜서 "상황적인 지도자들"(situational leaders)이라고 부른다. 그 이유는 이들은 리더로서의 자질이 부족함에도 불구하고 상황이 그들의 리더십을 요청하기 때문이다. 이들은 선천적인 재능은 부족하고 감당해야 할 상황은 힘들고 어렵기 때문에 리더십을 발휘해야 하는 상황에서 마치 "물을 떠난 물고기"같은 부자연스러움을 느낄 때도 있다. 또 일부 상황적인 지도자들은 대부분의 시간을 그저 생존하는데 쏟거나 또는 실패라도 피하기 위하여 최선을 다할 때도 있다. 피곤에 지친 어떤 목회자 한 분이 나에게 이렇게 말했다. "이제 은퇴 전까지 8년만 버티면 됩니다." 하지만 바나는 기독교인 상황적 지도자들은 하나님의 백성을 인도하는 기술을 계속 발전시킬 수 있으며, 리더십의 책임 역시 부담이 아니라 기쁨으로 즐기는 단계로 성장할 수 있다고 확신한다. 통계적으로 볼 때 대부분의 설교자/지도자는 상황적인 지도자 유형에 속하는데, 이들에게 바나의 확신은 매우 중요하다. 이들은 자신이 강한 리더십을 발휘할 준비가 전혀 되어 있지 못하다고 생각하겠지만, 하나님은 필요한 기술을 습득할 수 있도록 힘과 능력을 공급하시겠다고 약속하셨다. 주께서 여호수아에게 반복적으로 하신 약속의 말씀을 기억하라. "강하고 담대하라"(수 1:6; 1:1-9 참고).

3) 네 유형의 리더십 소질

위 도표의 셋째 단계는 리더십의 소질(leadership aptitude)을 보여준다. 각각의 소질은 "지도자로 하여금 특정 분야의 리더십을 탁월하게 발휘할 수 있도록 하는 예측 가능한 능력과 관점"을 나타낸다.[10] 조지 바나의 연구에서는 그러한 리더십의 소질로서 지시와 전략, 팀웍과 조직 관리의 네 가지 주된 소질에 주목한다. 각각의 소질은 리더가 어떤 분야를 집중적으로 생각하고 관련 정보를 활용하며 인적 자원을 동원하는지를 암시한다. 조지 바나는 몇몇 예외적인 경우를 제외하고 대부분의 지도자는 이상의 네 가지 소질 중에 단지 '하나만을' 가지고 있으며, '온라인을 통한 기독교 리더십 소질 진단서'(Online Christian Leader Profile)처럼 리더의 적성을 평가하는 자료를 사용해 볼 것을 권한다.[11]

이렇게 설교자/지도자는 다양한 방식으로 말씀을 전할 뿐만 아니라 매우 다양한 리더십 소질을 가지고 있다. 그렇다면 특정한 설교 스타일과 리더십 소질 사이에 어떤 연관성을 찾아볼 수 있을까? 둘 사이의 연관성을 찾으려는 시도는 약간 비현실적이고 추상적인 것처럼 느껴지지만 충분히 시도해 볼만한 가치가 있다.

먼저 '지휘하는 리더'(directing leader)는 다른 사람들에게 비전을 제시하는데 탁월한 "강력한 지도자"로 쉽게 눈에 띄는 유형이다. 이들은 추종자들의 상상력을 자극하고 동기를 부여하는데 탁월한 대중 연설가이며 중요한 결정을 빠르게 내리는 편이며 올바른 행동 방향이 어느 것인지를 판단하는데 선천적인 감각을 타고 났다. 이들은 확신을 통해서 추종자들에게 용기와 신뢰감을 준다. 또한 앞에서 살펴본 "선천적인 지도자"(habitual leader)의 특성 대부분을 갖추고 있다. 부정적인 점은 비전을 실제로 수행하는 과정에서 제기되는 세부 사항을 처리하는 데는 다소 인내심이 부족하고 조급한 편이다. 이들은 또한 "쉴 줄 모르고 끊임없이 활동하는 스타일이며, 집중력의 길이도 짧은 편이고, 성찰보다는 행동을 더 선호하는 편이다… 이들은 분명 사람을 무척 사랑하지만 달성하려는 비전이나 목표, 그리고 이를 위한 전략을 위하여 사람을 끌어 모으려고 할 때 무조건 일만 벌이려고 하고 뒷일을 수습하는 데는 뒤떨어지는 까닭에 종종 혼란이 야기되기도 한다… 이들의 관심사는 지금 당장 좋은 일을 해 치우는 것이다."[12] 지휘하는 지도자는 회중과의 정서적 유대감을 강하게 형성하여 성경적 비전을 열정적으로 제시하는 데 탁월한 사자형 설교자와 서로 일치하는 경우가 많다. 사자형 설교자는 청중에게 용기와 확신을 불어 넣어 주는데 탁월하다. 그래서 "선천적인 지도자" 유형에 속한 사자형 설교자는 설교단에서 청중에게 비전과 영적 확신을 심어 주면서 말씀을 전하는 사자와 같은 지도자일 것이다. 예를 들어 스펄전은 교회를 세우고 고아원을 돌보며 신학교를 운영하는 여러 사역에 대한 경이적인 비전을 제시하며 지휘하는 지도자로서 말씀을 전했던 전형적인 사자형 설교자라고 할 수 있다.

　이와는 대조적으로, '전략적 지도자'(strategic leader)는 비전과 목표를 달성하는데 가장 효과적인 선택안이 될 만한 자료와 정보를 수집하고 모으는데 탁월한 지도자이다. 이 과정에서 여러 정보와 개념을 논리적으로 구성하려는 열망으로 지성적인 활동이 고조된다. 전략적 지도자는 먼 미래의 비전을 구상하는 것 보다는 그 비전을 위한 세부적인 과정을 발전시키는데 탁월하다. 이들은 과정에 철저한 편이고 까다로운 문제점들을 파고들며 철저한 진행을 위해서 많은 노력을 기울인다. 이들은 또 감정에 대해서는 초연한 편이며, 결정을 내리는데 많은 시간이 걸려서 때로는 완벽주의자처럼 비춰지기도 하지만, 정보와 사실을 정확하고 완벽하게 소통시키는데 매우 헌신적이다. 전략적 지도자는 비전에 대한 지적이고 합리적인 접근을 통해서 그 비전을 발전시키고 구체화시키는 사람이 되기 위하여 세부 사항에 많은 노력을 기울이는 교사형 설교자와 서로 일치한다. 이러한 유형의 대표적인 사례로는 존 스토트 목사(John Stott)로서 그는 비전에 대한 전략적인 접근에 탁월한 교사형 설교자로서 전 세계에 많은 영향을 끼쳤다. 물론 이러한 지도자들 중에는 "선천적인" 경우도 있다.

셋째로, '팀을 조직하는 지도자'(the team-building leader)는 비전을 성취하는 과정에 어떻게 다른 사람을 함께 참여시켜서 팀을 이루어 서로 협력하게 할 수 있는지에 대한 탁월한 재능을 가지고 있다. 팀을 조직하는 사람은,

> 비전을 달성하는데 적합한 인물을 찾아내고 그런 인물을 알아보며, 재능과 은사를 파악하고, 이들을 상호보완적인 협동체로 조직하고, 비전을 위하여 계속 협력할 수 있도록 정서적인 원동력을 공급하는데 탁월하다… 이들은 사람들을 통해서 힘을 공급받으며 거꾸로 사람들 역시 이들과 함께 있음으로 인하여 힘을 얻는다… 팀을 조직하는 지도자와 함께 지내다보면 마치 절친한 친구와 함께 여러 이야기를 나누고 서로를 이해하며 우정을 나눈 것 같은 느낌이 들 것이다.[13]

그런데 팀을 조직하는 리더 중에 때로는 비전을 달성하기 위한 세부 사항을 처리하는 능력은 부족한 경우도 있다. 팀을 조직하는 지도자의 소질은, 청중의 필요를 주의 깊게 살피고 설교에서 이런 필요를 적절하게 다루는 귀납적인 설교자와 일치해 보인다. 귀납적인 설교자도 팀을 조직하는 능력이 있는 것 같다. 설교 준비 과정에 평신도 지도자들이 함께 참여하도록 존 맥클루어(John McClure)가 제안한 원탁의 설교 모델은 이러한 설교자 유형에 잘 어울린다.

마지막으로, '관리형 지도자'(operational leader)는 업무 처리 과정에 탁월하며, "비전을 위한 자원과 조직, 그리고 동원 가능한 자원을 발굴하고, 처리해야 할 일들을 열정적으로 이행하도록 하는 새로운 규정과 절차를 만들어낼 줄 아는 능력을 갖추고 있다."[14] 또 이들은 새로운 기회와 해결 방안에 대한 안목을 가지고 임무를 성취하도록 하는 조직체를 제시하는데도 탁월하다.

이들은 사람과의 갈등을 싫어하며 때로는 지도자보다는 관리자처럼 처신하는 경우도 있지만, 구체적인 기획가로서 실천적 세부사항에 정성을 쏟는 데는 다른 세 유형의 지도자에 비해서 훨씬 더 헌신적이다. 설교자들 중에는 특히 내러티브 설교자가, 실천적 과제를 연속적으로 진행되는 이야기로 통합하는데 관심을 가지고 있는 까닭에, 청중을 복음의 순례 여정으로 이끌어 주는 구조나 제도를 계발하는 능력이 탁월할 것 같다. 앞에서 앨리스 매튜스(Alice Mathews)가 리더십을 목표와 현실의 "중간 단계의 관점에서" 설명한다는 점을 살펴보았다. 이러한 중간 단계로서의 리더십은, 사람들이 문제를 사실적으로 대처할 수 있기 위하여 먼저 그 문제와 마주하는 지점으로 그들을 인도해야 할 필요를 강조한다. 관리형 리더십은 바로 이러한 중간 단계 리더십 모델과 유사성이 있다.

이렇게 다양한 설교 스타일과 리더십 소질을 서로 비교하고 연결시킨 것은 약간은 비현실적이고 그 구성도 다소 치밀하지 못할 수도 있다. 하지만 이를 통해서 설교자가 변화 촉진자로서 구체적으로 어떤 유형의 설교자와 지도자인지에 대해서 좀 더 깊이 성찰할 수 있기를 기대한다. 이상의 다양한 유형에 다른 설교자의 이름을 대입시킬 것이 아니라 설교자/지도자로서 독자 여러분의 설교 스타일은 무엇이고 어느 것이 본인의 리더십 소질과 가장 잘 일치하는지를 파악할 수 있기 바란다. 이와 관련하여 바나는 이렇게 정리한다.

> 여러분을 지도자로 부르신 분은 하나님이시다. 그가 여러분에게 맞는 리더십 소질을 선택하셨으며 그 선택에 대해서 여러분이 할 수 있는 일은 하나도 없다. 또 그 소질은 여러분이 원한 것도 아니다. 다만 여러분에게 그리고 하나님께서 인도하라고 맡기신 그 분의 백성에게 큰 기쁨과 성취감을 안겨줄 것은 각자의 리더십에 대한 접근 자세이다.[15]

물론 대부분의 설교자/지도자은 주로 한 가지 소질만 가지고 있는 경우가 많기 때문에 다른 소질을 함께 개발하여 결합하는 것이 매우 중요하다. 조지 바나도 여러 리더십 소질을 결합하여 최고의 "드림 팀"(dream team)을 꾸리는 것의 중요성에 대해서 강조한다. "이상의 네 가지 소질이 하나로 결합된 팀이 야말로 하나님의 나라를 위하여 탁월성과 효과 및 효율성을 가지고 위대한 일을 달성할 수 있는 잠재력이 있다."[16] 하지만 반대로 여러 소질이 하나로 조화되지 못하면, 하나의 사안을 놓고 여러 유형의 리더가 서로 갈등하면서 사역에 혼란이 가중될 수 있다.

4) 세 가지 수준의 리더십

설교와 리더십이 결합된 리더십 모델에서 한 단계 더 고려할 사항이 바로 다양한 수준의 영향력이다. 먼저 맨 아래의 미시적 수준의 리더십은 리더십의 영향이 회중 개개인의 필요에 집중된다. 상황적인 지도자는 주로 작은 단위의 문제를 좀 더 쉽게 해결하는 경향이 있어서 미시적 수준에서 리더십을 발휘하기를 좋아한다. 그 다음은 중간 수준으로서 개인보다 범위가 넓은 공동체 단위에 영향력이 행사되는 리더십이다. 중간 수준은 그 다음의 거시적 수준으로 리더십의 영향력이 확장될 수 있는지의 여부를 결정하는 실험 무대를 제공한다. 거시적 수준의 리더십은 거의 모든 요구사항이 집중되는 단계이며 지역 단위나 전국적인 또는 심지어 국제적인 차원의 영향력이 발휘된다. 그런데 조지 바나에 의하면 세 가지 수준에서는 리더십의 핵심 요소들이 모두 동일하게 발견되지만, 그 수준이 바뀌면 리더십의 핵심 요소들의 강도(세기)도 극적으로 변한다고 한다. 그래서 예를 들어 비전의 필요성은 모든 리더십 수준에 동일하더라도, 이 비전의 강도는 영향력의 수준이 변하면서 극적으로 바뀐다. 상황적인 지도자에게 비전이란,

> 추종자들로 하여금 성경적 원리에 순종하도록 유도하고, 각자의 삶 속에서 리더의 비전을 함께 추구하도록 각 사람에게 능력을 제공하며, 영적으로 변화된 삶을 살도록 하여 궁극적으로 하나님의 영광을 달성하는 것이다.[17]

바나는 이러한 비전을 가리켜서 "초기값 비전"(default vision, 또는 불이행 비전)

이라고 부른다. 리더십이 미시적 수준에서 거시적 수준으로 점차 발전함에 따라 각 수준에 맞게 비전을 확인하고 실행해야 하는 책임의 강도도 비약적으로 증가한다.

이상의 세 가지 리더십의 수준은 설교자/지도자에게 매우 중요한 의미가 있다. 대다수 목회자는 상황적인 지도자이기 때문에 이들은 필연적으로 '미시적 수준의 리더십'에 집중하기 마련이다. 그동안 대부분의 전통적인 신학교 교과 과정은 예비 목회자들이 지역 회중을 돌보는데 필요한 목회적인 지식과 기술, 그리고 성품을 훈련하는데 집중되어왔다. 그런데 앞에서도 강조한 바와 같이 하나님의 우주적인 구원에 필수불가결한 요소는 바로 지역 교회 공동체이다. 하지만 미시적 수준의 리더십은 개인이 모인 공동체를 세우는 것 보다는 배타적으로 개인의 필요만 강조하려는 성향이 강하다. 미시적 수준의 리더십은, 리더십을 배제시킨 무력한 설교와 서로 잘 어울리며, 전체 공동체에 대한 온전한 헌신보다는 마지못해 동참하는 순응에도 기꺼이 만족하려는 소극적 자세와 개인주의적 성향으로 인하여 무력한 설교를 더욱 부추킨다. 그래서 회중 전체 공동체보다는 개개인에게 편중하는 설교자는 올바른 설교/지도 사역에 필요한 광범위한 대담한 책임을 망각할 위험에 빠질 수 있음을 명심해야 한다.

'중간 수준의 리더십'에서는 리더의 관심이 개인에게서 공동체 전체로 이동한다. 이 수준의 리더십을 통해서 설교자/지도자는 신자 개개인을 움직여서 그리스도 안에서 새로운 생명의 결과를 함께 구현하는 공동체로 세워갈 수 있다. 선교적 모델의 관점에서 볼 때(《그림 1》 참고) 이 수준의 리더십은 두 가지 축을 따라서 발휘된다. 먼저 복음과 교회 사이의 '호혜적인 관계의 축'을 따라 리더십이 발휘됨으로써, 지역 교회 공동체는 공동의 책임을 함께 감당할 수 있도록 한다. 또 교회와 지역 문화 사이의 '선교적인 축'을 따라서도 리더십이 발휘된다. 이렇게 중간 단계의 리더십은 신앙 공동체로 하여금 때로는 이중적이거나 때로는 적대적인 입장을 취하는 지역 문화 속에서 하나님의 진리를 구현해야 할 선교적 책임을 잘 감당할 수 있도록 안내하며, 세상과 다른 방식으로 예배하며 증언하고 함께 섬기도록 이끈다. 이와 정반대로 선교적 사명에 실패할 경우에 교회는 문화에 쉽게 동화되며 주변 사회에 대해서 아무런 대조적인 특징을 갖추지 못한 개개인의 신자로 전락된다. 앞에서 확인한 바와 같이 미시적 수준의 리더십은 신앙 공동체로 하여금 대안 문화적인 삶을 살도록 촉구하는 도전적인 메시지를 놓칠 수 있기 때문에 설교자/지도자는 항상 중간 단계를 향하여 리더십의 영향력을 확장할 수 있도록 해야 한다.

'거시적 수준의 리더십'은 다양한 사람의 인적 및 물적 자원을 동원하여 광범위한 지역의 필요에 부응할 수 있도록 영향력을 발휘한다. 또 이러한 지도자는 강연과 저술 활동을 통해서 전국적인 또는 전 세계적인 차원의 영향력을 발휘하기도 한다. 태생적으로 리더십의 자질을 타고난 선천적인 지도자는 상황적인 지도자에 비해서 거시적 수준의 영향력을 좀 더 쉽게 발휘할 수 있을 것이며, 미시적 수준에서부터 중간 단계의 리더십으로 계속 성장하는 과정에서 생래적인 자질들도 풍성하게 학습되고 발전할 것이다.

대부분의 설교자는 상황적인 지도자 유형에 속하지만 대다수의 교회를 향한 하나님의 비전과 목적을 분별하고 회중에게 전파하는데 있어서 중요한 역할을 감당한다. 또 대부분 목회자와 특히 목양 사역을 좋아하는 목회자는 대체로 미시적 수준의 리더십에 쉽게 만족하겠지만, 이들 역시 중간 단계의 리더십을 발전시켜야 하는 도전에 종종 직면하곤 한다. 그동안 편안함을 제공했던 안락의자에서 일어나서 새로운 리더십의 영역으로 성장하기 위해서는 많은 양의 독서와 다른 이들로부터의 의견 청취, 그리고 새로운 기술 훈련이 요구된다. 조지 바나에 따르면 상황적인 지도자는 다음과 같은 영역에서 리더십의 기술을 발전시킬 몇 가지 전략이 필요하다고 한다. 그 영역이란 팀웍과 하나님의 비전을 규정하기, 경건한 성품, 유능한 추종자 양육하기, 변화와 진보를 위한 긍정적인 갈등 조성하기, 영적 갱신, 그리고 조직의 생명 주기(週期)에 대한 이해 등등이다. 아마도 상황적인 설교자/지도자는 이상의 영역 중에서 갈등을 창조적으로 활용하는 문제를 가장 어려운 과제로 생각할 것이다. 무력한 설교자는 항상 갈등을 무조건 피하려고만 한다. 하지만 조지 바나는 이렇게 단호하게 주장한다. "단도직입적으로 말하자면, 리더는 다음 두 가지만 한다. 갈등을 조성하고 그 다음 그 갈등을 해결한다."[18] 리더십이란 마차에서 한 쪽 바퀴는 갈등을 긍정적인 맥락에서 사용하는 것이라면, 또 다른 바퀴는 갈등에 대한 위로를 제공하는 전문적인 능력을 의미한다. 바나가 제시한 목록을 살펴보면 유능한 설교자/지도자가 되기 위하여 습득해야 할 사항이 무엇인지를 알 수 있으며, 다음 장에서는 이 부분에 대해서 좀 더 자세히 살펴볼 것이다.

〈그림 3〉은 설교자/지도자가 택할 다양한 진로를 보여준다. 왼쪽에는 선천적인 리더십 스타일을 지닌 사자형 설교자에 대한 예측 가능한 모델을 제시한다. 또 은사를 타고난 선천적인 지도자에 속한 "사자형 설교자"의 모습은 교회 역사에서나 오늘날의 교회 현장에서 널리 알려져 있다. 물론 선천적인 지도자도 전략적인 리더십과 교사형 설교 스타일을 구사할 수 있다. 이러한 유형의 리더십과 관련하여 오늘날 대부분의 기독교 리더십 관련 도서에서는 '교육(또는 가르침, teaching)이란 단어를 선호한다는 점을 살펴보았다. 그런데 이렇게 교육에 탁월한 재능을 갖추고서 거시적 수준의 리더십을 발휘하는 지도자는 여러 저서와 컨퍼런스, 그리고 다양한 시청각 자료를 통해서 대중적인 인지도를 확보하기도 한다.

그런데 사자형 설교자 중에는 마치 자신은 필연적으로 성공적인 지도자 유형이거나 그렇지 않으면 아무 것도 아니라는 듯이 처신하는 경우도 있다(마 25:14-30). 하지만 〈그림 3〉에서 사자형 설교자 이외의 나머지 세 유형의 설교자 역시 각자의 성품과 은사, 그리고 상황에 따라 각기 적합한 설교/지도의 역할을 감당할 수 있다. 교사형 설교자나 귀납적인 설교자, 또는 내러티브 설교자 역시 자신의 리더십 스타일이 전략을 세우는 소질이 강한지, 아니면 팀을 조직하거나 조직을 관리하는 소질이 탁월한지를 각각 확인해야 한다.

〈그림 3〉은 설교자/지도자의 자질에 어떤 우열을 정하는 것이 아니라 다양한 선택안을 제시하고 있다. 이 그림을 통해서 내가 강조하려는 것은 모든 설교자들은 각자가 어떤 방법을 중심으로 회중을 인도할 것인지를 확인해야 한다는 것이다. 자신에게 지휘하는 리더십이 빈약하다고 해서, 리더십의 기술이 전혀 없는 것처럼 생각해서는 안 된다. 결코 그렇지 않다. 모든 설교자/지도자는 이 그림에서 자신이 어디에 속해 있는지를 찾아보아야 한다. 평범한 목회

자라도 각자가 가진 리더십의 소질을 확인하고 이 리더십의 소질을 미시적 수준을 넘어서서 발휘함으로써 결국 하나님께서 그들을 통해서 행하시려고 하는 것을 그대로 성취할 수 있다.

2. 세상을 뒤흔들기

'설교자'라는 단어를 경멸적인 의미로도 사용할 수 있다. 예를 들어 피터 드러커(Peter Drucker)는 그런 사례 하나를 소개한다.

> 1차 세계 대전에 관하여 (조사하여) 발표하는 고등학교 기말 프로젝트에서 내 친구 하나가 이렇게 말했다. "제가 살펴본 대부분의 책에서는 이 세계 대전은 군사적으로 완전히 부적합한 전쟁이었다고 합니다. '왜 그럴까요?'" 선생님은 이 질문에 조금도 주저함이 없이 즉시로 이렇게 되받아쳤다. "그것은 전쟁에서 사망한 장군의 숫자가 아주 적기 때문입니다. 그들은 전선 후방에 숨어서 말로만 부하들을 명령하여 나가 싸워 죽도록 했습니다… 유능한 지도자란 말만 앞세우는 설교자가 아니라 '행동하는 사람입니다.'"

여기에서 '설교자'는 말만 앞세우고 행동은 없는 부정적인 의미로 쓰이고 있다. 이들은 싸구려 말만 앞세우면서 최전방의 뒤에 숨어서 값비싼 행동은 회피하려든다는 것이다. 계속해서 드러커는 다음과 같이 요약한다.

> 유능한 지도자란 설교자가 아니라 행동하는 사람이다… 유능한 지도자는 다른 사람들에게 여러 일들을 떠맡긴다… 하지만 이들이 결코 다른 사람들에게 떠맡기지 않는 한 가지가 있다. 이들이 가장 탁월하게 처리하는 한 가지, 분명한 차이를 보여줄 수 있는 한 가지, 다른 이들에게도 표준을 제시할 수 있는 한 가지, 그것으로 기억되기를 원하는 한 가지가 있다. 그것은 이들은 말이 아니라 '그대로 행동하는 사람이다.'[19]

앞의 〈그림 3〉에도 불구하고 아직도 적지 않은 사람들은 설교자란 실제로 행동하지는 않으면서 말로만 이러쿵 저러쿵 거만하게 말만 늘어 놓는 사람이라 생각할 것이다.

하지만 이제 설교자는 하나님께서 주도하시는 변화의 대행자로서 각자의 소명을 성취할 때가 되었다. 설교에는 단지 말하는 것뿐만 아니라 하나님의 말씀을 '이행하는' 것도 포함된다. 바위 위에 집을 지은 지혜로운 건축자가 되라는 예수의 말씀은 문자적으로 직역하자면 다음과 같다. "나의 이 모든 말을 듣고 이를 행한 모든 사람들"(마 7:24). 설교자는 그저 듣기 좋은 말만 앞세우는 무력한 설교가 아니라 하나님으로부터 각자 받은 소명에 반응하여 헌신하는 삶으로 하나님을 위하여 분명한 차이를 나타내야 한다.

데살로니가에서 전도 중인 바울 일행에게 기독교 설교자/지도자에 대한 최고의 찬사가 주어졌다(행 17:1-8). 바울과 실라의 설교에 대한 반응으로 시기심 많은 유대 지도자들은 소동을 일으켜서 이들이 머물고 있던 야손의 집으로 몰려 왔다. 바울과 실라를 찾지 못한 이들은 대신 야손을 붙잡아 성읍의 관원들에게 끌고 가서 무심코 이러한 찬사를 던졌다. "천하를 어지럽게 하던 이 사람들이 여기도 이르매"(행 17:6). 이 표현을 문자적으로 번역하자면, "세상을 뒤집어 놓은 사람들이 여기에도 나타났습니다."

여기에서 "세상을 뒤집어 놓은" (또는 세상을 뒤흔들어 올바로 세운) 믿음은 그저 새로운 사상을 받아들이거나 새로운 조직에 가입하거나 새로운 비전에 동의하는 차원의 문제가 아니다. 이는 또 신선한 경험의 문제도 아니다. 이것은 이들이 알고 있던 관례적인 삶의 구조를 뿌리째 뽑아서 그리스도 안에서 새로운 방식으로 살아가는 삶으로 새롭게 다시 세우는 것이다. T. R. 글로버(T. R. Glover)는 이런 정신으로 살았던 초대 교회를 다음과 같이 묘사한다. "그리스도인들은 이교도들보다 더 '탁월하게' 생활하였고 '죽음을 능가하였으며' 그들의 '생각을 초월하였다' … 그리스도인들은 모든 삶의 영역에서 이교도들과 비교할 수 없이 탁월하였다."[20] 설교는 삶과 죽음에 대한 새로운 이정표를 제시한다. 초대 교회가 받은 이러한 찬사는 기독교 설교자/지도자가 다른 이들의 눈에 어떻게 비춰져야 하는지를 암시한다. 그들은 영적 선동가이며, 세상을 뒤집는 목회자이며, 구습을 뒤흔드는 자이며, 새로운 삶을 구현하는 자이다.

그래서 예수는 오늘날에도 설교자/지도자를 불러 세우신다. 주께서는 교회 역사 속에 등장했던 위대한 변혁적인 지도자처럼 오늘도 계속해서 이들을 불러 세우셔서 이들에게 자신의 가르침과 새로운 방식의 리더십을 베풀어 주시며 성령으로 기름 부어주셔서 계속 주님의 일들을 감당하도록 하신다. 하나님의 영광을 위한 바람직한 변화를 위하여 지역 교회만큼 중요한 곳도 없으며, 그 변화의 촉진자로서 설교자만큼 중요한 역할을 감당하는 이도 없다. 물론 설교자/지도자 역시 다른 지도자와 마찬가지로 약점이 있다. 하지만 이들이 매일 하나님의 백성과 함께 동행하며 매주일 이들에게 하나님의 말씀을 강해하여 선포하는 사역이야말로 변화를 위한 가장 중요한 원동력이며, 이 말씀을 계기로 삶이 바뀌며 신앙 공동체가 자라나고 이 말씀을 통해서 세상도 뒤흔들려 말씀에 따라 올바로 세워질 수 있다.

제 5 장
모델 계발하기

당신이 기독교 지도자가 되려고 할 때 그런 확신을 줄만한 무슨 충분한 증거가 있었는가?

최근에 신학교의 동료 한 분은 힙합 문화와 성인 학습 과정에 대한 "교차" 연구를 진행 중이다. 겉으로 보기에 이 두 가지 주제는 전혀 관계가 없어 보이지만, 그는 몇 가지 중요한 연관성을 찾아내면서 성인학습에 대한 새로운 시야를 넓혀가고 있다. 이렇게 서로 아주 무관해 보이는 두 분야의 지식과 경험을 하나로 융합함으로써 그는 신선하고도 창조적인 통찰을 얻을 수 있었다.

나는 이 책의 초두에서 설교와 리더십이 완전히 서로 다른 분야인 것처럼 생각될 수 없고 오히려 서로에게 서로가 필요함을 보여주는 몇 가지 사례들을 제시하였다. 또 앞 장에서는 설교의 스타일과 리더십의 소질, 유형, 그리고 리더십 영향력의 수준을 함께 통합할 수 있는 모델도 제시하였다. 하지만 이제는 설교와 실제적인 리더십 모델을 서로 "교차적 관점에서"(cross-over thinking) 이해하는 것이 매우 중요하다. 힙합 문화와 기독교 교육을 함께 논의하는 경우처럼 그렇게 낯설지 않겠지만, 설교를 더 잘 이해하려는 목적으로 실천적인 리더십 모델을 자세히 분석한다는 것도 약간은 이상하게 느껴질 수도 있다. 그래서 이 책의 나머지 뒷부분에서는 설교자가 목회 현장에서 새롭고도 창조적 관점에서 계발시켜 활용할 수 있는 리더십의 모델을 구성하는 요소와 기술들, 그리고 그 과정에 대해서 자세하게 살펴볼 것이다.

본인은 리더십에 관한 수 많은 책 중에서 짐 헤링턴(Jim Harrington)과 마이크 보넴(Mike Bonem), 그리고 제임스 푸르(James H. Furr)가 함께 저술한 『회중을 변화시키는 리더십』(Leading Congregational Change)[1]에 주목하였다. 왜 이 책이 그렇게 특별한가? 이 책은 설교를 직접 다루고 있지는 않다. 하지만 이 책의 모든 장마다 설교/지도(preaching/leading)에 대한 본인의 확신을 그대로 공명(共鳴)하고 있다. 이 책의 저자들도 자신들의 책을 설교자/지도자의 관점에서 이해할 수 있는지에 대한 본인의 질문에 친절하고도 적극적으로 지지하여 주었다. 그래서 이들의 연구 결과를 포괄적으로 재진술하는 것 보다는 (원래 저자의 입장에서 파악해야만 하는 이 책의 핵심 내용들 상당 부분을 그대로 되풀이하는 것은 매우 소모적인 작업이 될 것이다) 설교자/지도자가 이들의 연구로부터 배워야 할 핵심 원리를 이 책에서 몇 가지 발췌하여 다루려고 한다. 영적인 변화에 깊은 관심을 가지고 있는 이 책의 저자들은 리더십에 대한 세속적 견해도 참고하되 매우 믿음직스러운 성실한 자세로 리더십의 실제적인 원리를 고안하여 현실적인 리더십 모델을 제시하였다. 이 장의 나머지 부분에서는 주로 이 저자들의 연구 결과를 다룰 것이다. 본인이 "그들"이라고 언급하는 경우의 대부분은 주로 이들이 저술한 책의 내용과 관련하여 해당 저자들을 가리킨다.

1. 설교가 포함된 리더십 모델

"만약 지금까지 해 온 일을 계속 고집한다면, 그동안 거둔 결과를 계속 거둘 수 밖에 없을 것이다." 오늘날의 교회는 이제 그동안의 침체에서 벗어나서 영적 변화를 달성해야 한다. "너희는 이 세대를 본받지 말고 오직 마음을 새롭게 함으로 변화를 받으라"(롬 12:2). 헤링턴과 보넴, 그리고 푸르가 주축이 된 연구팀은 텍사스의 휴스턴에 있는 백여 개 이상의 교회를 조사한 다음에 이런 질문을 내 놓았다. "어떻게 하면 쇠퇴하는 교회를 지역 사회 속에서 복음의 능력을 나타내는 그리스도의 공동체로 변화시킬 수 있을까?"[2] 이들은 "임기응변식의 피상적인 해답"을 거부하고 기도와 순종, 그리고 열정이 갖추어진 장기간의 실제적인 변화 과정을 찾아보았다. 그 결과 성경적이고 영적인 활력이 이들의 사역의 색조와 정신 속에 깊게 스며들게 되었고 설교자 역시 긍정적인 결과로 인하여 "할렐루야"를 외칠 수 있었다.

이들은 기독교 뿐만 아니라 세속적 입장에서 리더십에 관한 여러 도서를 읽고 리더십에 대한 다양한 견해와 통찰을 연구하였다. 릭 워렌(Rick Warren) 과 빌 하이벨스(Bill hybels)의 통찰이 이들의 연구에 많은 영향을 끼쳤으며, 헨리 블렉커비와 클라우드 킹의 『하나님을 경험하는 삶』(*Experiencing God*)[3]도 이들에게 많은 통찰을 제공하였는데, 이런 자료들은 회중의 상황 속에서 하나님의 활동을 찾아내서 "그 활동에 개인과 공동체 전체가 동참할 수 있도록" 안내하는 지침을 담고 있다.[4] 이들에게 또 많은 도움을 제공한 책으로는 존 코터(John Kotter)의 『변화를 이끌어내기』(*Leading Change*)와 피터 셍게(Peter Senge)의 『제 5 경영』(*The Fifth Discipline: The Art and Practice of the Learning Organization*)이다. 존 코터는 공동체의 근본적인 변화를 추구하는 리더에 대해서, 그리고 리더가 채택하는 8단계 과정이 어떻게 변화의 과정에 영향을 주는지에 대해서 집중적으로 다루고 있다. 피터 셍게의 책은 특히 학습 조직(learning organization)과 시스템 사고방식(systems thinking)의 활용법에 대해서 중요한 통찰을 제공하고 있다.

헤링턴과 보넴, 그리고 푸르의 공동연구는 또한 매우 사실적이며 그 연구결과도 신뢰할 만하다. 50년 이상의 오랜 경험을 함께 공유해오고 있는 세 명의 저자는 오래 전에 세워졌지만 계속 쇠퇴 중인 전형적인 교회들에 대해서 장기간의 연구를 진행하였다. 그 결과로 얻어진 광범위한 경험과 자세한 이야기는 이들이 제시하는 통찰을 더욱 값지게 한다. 또 이들은 변화를 이끌어내는 과정에서 제기된 필연적인 갈등 문제와 불화에 대한 자신들의 연약함에 대해서 전혀 꾸밈이 없이 솔직하다. "우리는 성공뿐만 아니라 실패로부터도 많은 것을 배웠다. 우리는 크고 작은 여러 갈등을 경험했는데, 그 과정을 통해서 많은 보상도 얻었고 또 겸손도 배울 수 있었다."[5] 당연한 일이겠지만 이들은 회중의 변화에 소요되는 시간(적어도 5-7년 정도)에 대해서 인내로 기다리라고 충고한다. 또 회중의 변화에 대한 편협한 "방법론적" 처방은 피하면서 주로 변화에 대한 원리와 개념에 집중하되 항상 "평범한" 교회와 "평범한" 설교자를 염두에 두고 책을 저술하였다.

그래서 본인이 그동안 살펴본 다양한 리더십 모델 중에서 이들의 연구결과가 설교자/지도자를 위해서는 가장 사실적이고 적용가능한 모델임을 깨닫게 되었다. 뒤의 8장에서 소개하는 빅 고든(Vic Gordon)을 포함하여 여러 현장 전문가들은 헤링턴 일행이 제시한 모델을 지역 교회에 적용하여 얻은 우수한 결과를 인정하고 있다. 또 교육 분야의 동료들도 이들의 모델이 리더십 분야에서 효과적으로 활용될 수 있다고 한다. 그래서 이들의 모델은 인본주의적인 견해를 강조하면서 결국 성령의 능력까지 무시하는 세속적 이론과는 달리 회중의 영적 성장을 최우선으로 강조한다. 또 신학을 왜곡하고 영적인 역설의 논리를 무시하는 대신에, 경이로움이 가득한 심오한 신학을 적절히 소화하고 있다. 그리고 이 모델에서 가장 중요한 점은 인간의 자만심을 부추기는 대신 인간의 연약함과 갈등을 있는 그대로 인정하면서 변화의 현장에서 전적으로 하나님의 은혜만을 의지해야 할 필요성을 강조하고 있다는 점이다.

이 책의 핵심은 세 요소로 구성된 모델로서(《그림 4》 참고), 회중의 변화를 이끌어내는 과정에서 제기될 복잡한 문제점을 모두 고려한, 상호 의존적이고 상호 작용적인 세 요소를 하나로 통합시킨 모델이다. 그래서 모든 설교자/지도자는 변화의 과정에서 제기되는 이 세 요소를 잘 이해하고 또 이 요소에 대한 책임을 올바로 감당해야 한다. 첫째 요소는 "영적 및 관계적 활력"(spiritual and relational vitality)으로서 회중의 변화를 이끌어 내는 추진력에 해당한다. 영적 및 관계적 활력으로부터 추진력을 공급받지 못한 결과로, "하나님의 말씀에 순종하는데 전적으로 헌신되어 있지 않거나 신자들이 서로 반목하고 있는 공동체는 사실상 회중의 변화라는 매우 힘든 과정을 결코 완수할 수 없

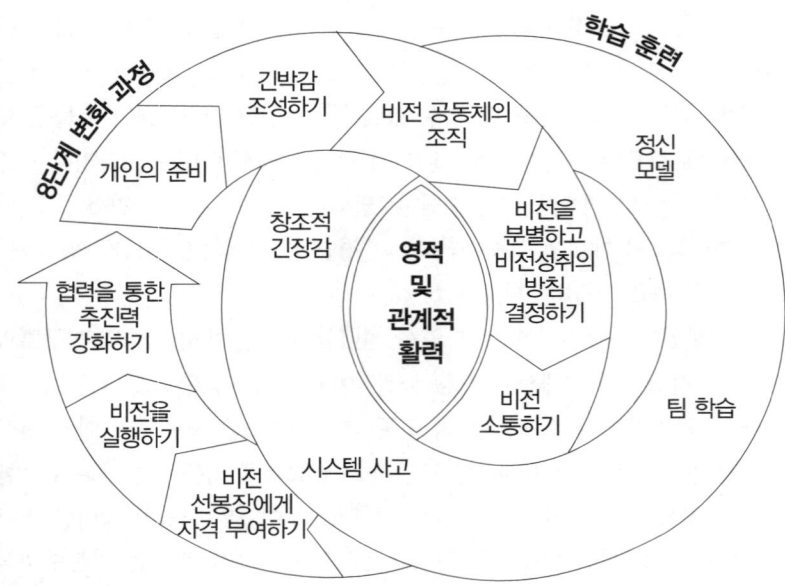

〈그림 4〉 회중의 변화 모델. Taken from Jim Herrington, Mike Bonem, and James H. Furr. Leading Congregational Change ⓒ 2000. Reprinted with permission of John Wiley & Sons. Inc.

다는 점을 깨닫게 될 것이다."⁶⁾ 이들이 제시하는 모델의 둘째 요소는 네 가지 "학습 훈련"(learning disciplines)으로서 회중의 변화를 효과적으로 진행시키기 위하여 꼭 필요하다. 셋째 요소는 충분히 신뢰할만하고 검증된 것으로 회중의 변화에 대한 여덟 단계의 과정이다.

이 모델이 매우 복잡한 이유는 회중의 변화를 위해서는 이상의 세 요소가 동시에 상호작용해야 하기 때문이다. 회중의 변화 과정은 일련의 말끔한 행동 과정을 따라서 진행되기 보다는 여러 요소가 유쾌하게 함께 뒤섞여 작용하기 때문에, 저자들은 이 과정을 급류 래프팅에 비유한다. 급류 래프팅에서는 강의 지도를 포함하여 모든 장비가 다 갖추어졌더라도 급류를 따라 뗏목을 타고 내려갈 때 실제로 무슨 일이 일어날지를 보장하지 못한다. 어느 한 가지를 빠뜨려도 곧바로 재앙으로 이어질 수 있다. 마찬가지로 회중의 변화 과정에서도 영적 활력이 없이 그저 기술과 지도만 갖추거나, 반대로 분명한 기술과 지도가 없이 그저 영적 활력만 갖추었더라도, 결국 그 여정은 불행으로 끝날 수밖에 없다.

이상의 세 요소들이 항구적 가치가 담긴 결과를 얻어낼 수 있으려면 무엇보다도 하나님의 은혜에 의지해야 한다. 회중의 변화에 대한 세 저자의 견해는, 지역 교회를 통해서 자신의 목적을 이뤄가고 계시는 하나님의 유쾌하고도 역동적인 구원의 역사 속에서 설교자가 차지하는 역할을 중시하는 "설교의 유영"(preaching swim)에 대한 본인의 관점과도 일치한다. 이런 이유 때문에 본인이 제안한 전방위 리더십(360-degree leading), "즉 하나님께서 그리스도를 구현하는 백성과 공동체를 세우기 위하여 친히 능력을 공급하시는 성경적인 선포/청취/목격/행동의 사건(a biblical speaking/listening/seeing/doing event)이, 회중의 변화를 위한 세 가지 핵심 요소를 서로 통합시켜 발전시킴에 있어서 가장 중요한 핵심부를 차지한다." 하나님은 설교자/지도자를 부르셔서 회중의 영적 및 관계적인 활력을 조성할 책임을 지우신다. 설교자/지도자를 통한 하나님의 말씀의 선포와 성령의 능력이 없다면, 어떻게 교회가 영적 활력을 누리는 공동체가 될 수 있겠는가? 설교를 제거한다면 결국 하나님이 사용하시는 최상의 수단과 방법을 제거하는 셈이다. 하지만 이상의 세 가지로 구성된 리더십 모델에서 '어느 한' 요소를 놓친다면 그 설교는 무력감만 감도는 실개천으로 끝날 것이다.

2. 어수선한 변화 과정

세 저자가 제시하는 리더십 모델의 배후에는 지역 교회에서 역사하신 성령의 역사와 함께 고생하고 헌신한 사람들의 땀과 눈물, 그리고 감동이 가득한 이야기가 있다. 먼저 이 모델에서 '8단계 변화 과정'은 교회가 계속 침체하면서 새로운 리더십 스타일이 시급히 필요한 상황에서 만들어졌다. 그 다음 '영적 및 관계적 활력'의 요소는 회중 내에 신자들 간의 갈등 문제를 해결해야 할 필요성을 느껴 고안되었다. 마지막으로 '학습 훈련'은 교회 안에서 기존의 리더십 모델이 실패하면서 대안으로 만들어졌다.

세 가지 요소 중에서 먼저 8단계 '변화 과정'에 대해서 살펴보자. 이 변화 과정 모델은 두 가지 문제점이 계기가 되어 고안되었다. 첫째는 텍사스의 휴스턴 지역의 여러 교회가 그 지역의 인구성장과 비교하여 계속 쇠퇴하고 있음을 보여주는 놀라운 조사 결과 때문이다. 이러한 조사 결과를 접한 교회 지도자들은 당장 교회의 출혈을 멈추기 위해서 무슨 조치를 취해야만 했다. 그리고 해당 교회의 목회자는 이전의 리더십 스타일은 이제 더 이상 효력을 발휘하지 못하리라고 걱정했다. 이전 같으면 교단에서 제시하는 표준 프로그램을 참고하고 지난해의 결산치를 고려하여 그보다 조금 증가된 목표치를 정하면 자동으로 교회 성장이 보장되리라 생각했다. 하지만 목회자들은 최선의 노력에도 불구하고 예전의 프로그램으로는 교회의 쇠퇴를 전혀 막을 수 없기 때문에 이제는 새로운 목회 방법을 간절히 찾고 있었다. 이렇게 목회 리더십 스타일의 변화에 적극적으로 대처해야 할 필요성을 느꼈던 헤링턴과 보넴, 그리고 푸르는, 교회 침체의 문제에 낙심하는 지역 목회자들을 도와야 한다는 개인적인 부담감과 동시에 "발생 학습"(generative learning, 학습자가 이전의 기억 속에 이미 지니고 있는 것과 감각기관을 통해서 새롭게 받아들인 정보를 능동적으로 연결시켜서 새로운 의미를 발생 또는 생성시킨다는데 초점을 두는 학습 이론-역주)의 과정에 서서히 동화되어가는 자신의 모습을 발견하였다.

> 스스로를 리더로 여기고 있는 자신의 이미지 때문에 학습자의 자세를 인정하기가 쉽지 않았다. 또 성공을 위해서 알아야 할 것을 모르고 있다는 사실을 인정하는 데서 오는 어떤 불편함도 있었다. 하지만 날로 급변하는 환경은 리더로 하여금 배우는 자의 자세를 요구한다.[7]

때늦은 지혜를 터득한 이들 세 명의 저자는 리더십을 이해함에 있어서 "패러다임의 전환"을 경험하였음을 깨달았다. 이들은 회중의 변화를 일종의 점진적 성장의 관점에서 이해하는 대신에 급속하고도 불연속적으로 발생하는 현대적인 변화를 고려해야만 했었다. 이전의 견해와 가정은 더 이상 유효하지 않았기 때문이다.

이들은 새로운 전략이 필요한 교회를 위하여 "변화의 과정"에 대한 기존 모델과 전혀 다른 종류의 모델을 모색하기 시작하였다. 그런 노력 끝에 만들어진 이들의 8단계 변화 과정을 실제 목회 현장에 적용하여 바람직한 변화를 이끌어내려고 시도하는 설교자/지도자는, 매주의 설교 사역이 이러한 변화 과정에 다차원적으로 관련된다는 사실을 알게 될 것이다. 다음 8장에서는 각 단계를 좀 더 자세히 살펴볼 것이다. 하지만 이 단계들 중에서 특히 1단계와 2단계, 그리고 5단계는 본인이 제안하는 설교자/지도자의 역할과 관련하여 매우 중요한 시사점을 담고 있다.

1단계는 '개인의 준비'로부터 시작되는데, 이는 "리더 자신의 사역과 교회를 위한 하나님의 음성과 지시를 분별하기 위하여 충분한 시간과 장소를 확보함으로써"[8] 바람직한 변화를 위한 토대를 구축하는 것을 의미한다. 교회의 현재 상황에 대한 정직한 분석을 위해서는 다음과 같은 질문을 던져보아야 한다. "제가 이 상황에서 무슨 일을 적극적으로 이행하기를 주님은 원하십니까?" 영적 리더십은 항상 사람의 동기보다는 하나님의 비전과 소명으로부터 시작한다. 세속적 리더는 인간의 가능성 안에서 비전을 계발하지만 영적 리더는 인간의 가능성을 넘어선 비전을 계발한다. 그리고 온전하고도 활력이 넘치는 설교를 통해서 회중을 하나님의 비전으로 인도할 유일한 방법은 그 설교자가 자신 먼저 시작하여 전체 공동체에게로 확장할 하나님의 뜻을 분별하고 순종하며 그 메시지를 그대로 설교하는 것뿐이다.

2단계는 '긴박감을 조성하는 것'(또는 긴급성을 창조하는 것, creating urgency)으로, 회중의 변화를 원하는 지도자라면 그 전에 먼저 변화를 위한 에너지를 확보해야만 한다. 그런데 학대받기를 좋아하는 심리적인 병자들(masochists)을 제외하면 고통을 수반하는 변화를 열렬히 환영할 만한 사람은 아무도 없다. 대부분의 사람은 현 상태에 만족하면서 심각한 구조적 변화에 저항한다. "내 뒷마당에는 안 된다"는 이기주의자들(님비족)이 변화에 대해서 보여주는 전형적인 반응은 '다른 사람들의 변화라면 전적으로 찬성'한다는 것이다. 이렇게 변화는 부인(denial)과 비협조, 그리고 노골적인 갈등을 포함하여 수 만 가지의 저항에 직면하기 마련이다. 하지만 앞에서도 살펴본 바와 같이 기독교 지도자는 그 본질상 하나님의 새 생명을 선포하는 자이다. 또 복음으로 말미암은 구원은 이전의 삶과 이후의 삶을 극명하게 대비시킬 뿐만 아니라, 하나님의 백성으로 하여금 세속적 안락의자에서 일어나 위험스러울 수도 있는 미지의 하나님 나라로 나아가도록 재촉하는 것이다. 그리스도에게 속한 제자는 덜 바람직한 현재의 상황으로부터 하나님이 부르시는 미래의 비전을 향하여 나아가야 한다. 리더십이 배제된 무력한 설교는 저조한 순응에 눈 감아주며 복음에 대한 책임을 적당히 면제해 주는 반면에, 리더십이 발휘되는 역동적 설교는 하나님의 백성에게 그 분의 비전을 분명하게 선포하여 하나님이 원하시는 미래로 이끌어가는 영적인 추진력을 고취시켜 주는 긴장감을 창조적으로 조성한다.

8단계 변화 과정 중에 5단계는 '비전을 소통하는 단계'로서, 회중의 변화를 위한 전략적인 단계 중에서 설교 행위와 가장 밀접하게 관련되어 있다. 부인할 수 없는 사실이지만 교회의 설교자와 그가 전하는 설교는, 교회로 하여금 하나님의 비전과 계획을 파악할 수 있도록 하는 가장 중요한 수단이다. 교회의 의사소통도 교회 밖의 일반적인 기록 매체와 구술 매체를 사용할 수 있지만, 설교를 대신할 수 있는 대용물은 어디에도 없다. 앞에서도 살펴본 바와 같이 하나님은 신앙 공동체를 위한 전방위 지도(360-degree leading) 과정에서 성경 말씀을 선포할 수 있는 독특한 권위를 설교 사역에 부여하셨으며, 이보다 더 효과적이면서도 강력하게 교회가 하나님의 말씀을 듣고 반응할 수 있는 방법은 없다.

설교는 5단계의 비전을 소통하는 단계 이외에 '비전 공동체를 조직하기'와 '비전을 분별하고 비전 성취의 방침을 결정하기', 그리고 '변화 선봉장(change leaders, 조직체의 변화 과정에서 지도자와 구성원의 중간에 위치하여 공동체의 비전을 이해하고 이를 구성원들과 함께 달성함에 있어서 주도적인 역할을 하는 소그룹의 리더들-역주)에게 자격 부여하기'와 같은 다른 단계와도 긴밀하게 연관되어 있다. 이 모든 단계들에 대해서는 8장에서 좀 더 살펴볼 것이다.

세 저자가 제안하는 회중의 변화를 위한 리더십 모델의 둘째 요소는 '영적 및 관계적 활력'이다. 이 요소를 종합적인 리더십 모델에 포함시키게 된 계기는, 열 개의 시험적 프로젝트(pilot project, 바람직한 이론이나 모델을 전면적으로 실행하기 전에 실험적 차원으로나 예비적 차원에서 진행하는 프로젝트-역주)를 시행하는 과정에서 몇몇 실패 사례가 나타났기 때문이다. 프로젝트를 진행하는 초기 단계에서 아홉 교회는 변화에 매우 적극적이었음에도 불구하고 갈등이 나타났으며 이 때문에 더 이상의 진전을 기대할 수 없었다. 앞의 2 단계에서 제시하는 "긴박감을 조성하기"에 대해서 이론적으로 토론하는 것은 그리 어렵지 않았다. 하지만 막상 변화를 위한 노력을 시작하면서 공동체 내에 갈등이 조성되기 시작하였고 그 갈등은 매우 심각한 수준이었다. 그런데 대부분의 지역 교회 목회자들은 그 갈등들 올바로 다루는데 실패했다. 이를 계기로 변화의 과정에서 일어나는 갈등에 대한 현실적 점검의 필요성을 인식하였으며, 지도자들 역시 이 갈등에 올바로 대응할 준비를 갖추어야 할 필요성에 눈뜨게 되었다. "성경을 살펴보면 하나님의 백성들이 하나님과 동행하기 위하여 자신들의 입장과 행동을 바꾸려고 할 때마다 예외 없이 갈등이 발생했음을 알 수 있다."[9] 그들은 변화의 과정에서 그런 갈등은 피할 수 없지만, 그 갈등을 두 가지 대조적인 방식으로 다룰 수 있다는 사실을 깨달았다.

그 중에 첫번째는 갈등에 대한 부정적인 대응 방식으로서, 성경에서 출애굽 이후 이스라엘 백성들이 하나님의 비전을 이해하지 못하여 고난 앞에서 불평했듯이(출 15:24; 16:2; 17:3, 7) 공동체 구성원들도 하나님의 비전을 보지 못할 때 갈등은 '생명을 위협하는 갈등'(life-threatening conflict)이 될 수 있다. 이런 경우에 공동체의 불화는 그만 통제가 어려워지는 상태로 발전하거나 공동체의 생명 또는 생명 그 자체를 파괴할 수 있다. 이와는 대조적으로, 갈등을 계기로 공동체 구성원이 서로를 더욱 깊이 이해하고 헌신하는 과정에서 불화를 해결함으로써, '생명을 주는 갈등'(life-giving conflict)이 결국 영적인 성장으로 이어지는 경우도 있다. 예를 들어 사도행전 6:1은 초대교회 내에 불공평한 음식 분배로 인한 불화의 문제를 정직하게 묘사하고 있는데, 이 때 교회 지도자들은 이 불화의 문제에 직면하여 우선순위(기도와 말씀 선포)를 희생하지 않기로 결정함에 따라 "온 무리가 사도들의 말을 기뻐하는"(5절) 긍정적인 결과로 승화하였다. 당시 초대 교회는 갈등과 불화를 계기로 생명을 주는 공동체로 성장하였던 것이다. 사도행전 15장도 초대 교회 내에 "적지 않은 다툼과 변론"(2절)이 발생한 부정적 상황을 보여준다. 당시 교회는 구원을 위해서는 할례가 필수적 조건임을 주장하는 몇몇 유대파 그리스도인 때문에 심각한 분열의 위기에 직면했다. 하지만 세심한 논의를 통해서 교회는 더 새롭고도 깊이 있는 상호간의 합의에 도달하였다. "성령과 우리는 이 요긴한 것들 외에 아무 짐도 너희에게 지우지 아니하는 것이 가한 줄 알았노니"(28절). 갈등에 직면한 회중은 이를 계기로 서로 나뉘거나, 반대로 더 강한 결속력을 지닌 공동체로 성장할 수 있다. 그 분기점은 공동체 지도자들이, 회중이 갈등 속에서도 영적이며 관계적인 활력을 통해서 성숙할 수 있도록 잘 도와주었는지의 여부에 달렸다.

따라서 회중의 바람직한 변화를 모색하기 위해서는 그 전에 갈등을 극복할 수 있는 영적 및 관계적 활력을 회중에게 제공하는 것이 설교/지도에서 가장 중요하다. 그리고 그 전에 설교자/지도자는 과연 어떤 존재이며 매주의 설교에서 이들이 회중에게 무엇을 하고 있는지가 매우 중요하다. 만일 회중이 설교자/지도자를 통해서 영적인 변화를 경험하지 못한다면, 그 공동체 내에서는 영적으로 긍정적인 것은 아무것도 일어날 수 없다. "회중의 영적 및 관계적인 활력을 발전시키는 것"이 설교의 핵심 사역이라고 해도 과언이 아니다. 바람직한 리더십을 발휘하는 활력 있는 설교는, 그리스도의 새로운 세상 안에서 하나님과 화해하였으며, 하나님을 향한 더 깊은 사랑 안으로 이끌려 들어와서 세상을 향한 더 고귀한 선교에 헌신한 그리스도의 제자 공동체를 향한 하나님의 거대한 청사진을 선포한다.

이러한 영적 및 관계적 활력이야말로 회중 가운데 발생한 갈등을 건강한 방향으로 극복하기에 충분한 원동력을 제공하며, "하나님의 신실한 백성이 자신의 인생을 향한 하나님의 비전을 열정적으로 추구할 때 함께 경험할 수 있는 생명을 주는 능력"으로 정의할 수 있다.[10] 이러한 능력이 회중 가운데 올바로 작용하기 위해서는 수준 높은 리더십이 요구된다. 왜냐하면 "지도자는 회중의 변화를 이끌어내는 것과 관련하여 다른 이에 비하여 더 막중한 책임을 지고 있기 때문이다. 그래서 변화를 향한 여정에서는 먼저 지도자의 영적 및 관계적 활력이 결정적으로 중요하다."[11] 만일 지도자가 먼저 하나님과의 타인과의 관계에서 영적으로 성숙해 있지 않다면, 장기간을 요하는 회중의 변화는 결코 기대하기 어렵다. 변화를 위해서는 지도자에게 상당한 인내력과 지혜가 요구된다. 교회 지도자는 충분한 목회 경력을 통해서 회중과 함께 더 깊은 상호간의 사랑과 신뢰와 이해가 깊어야 한다. 그래서 갈등이 일어났을 때 하나님의 은혜로 이 갈등을 생명을 위협하는 갈등이 아니라 생명을 주는 갈등으로 승화시킬 수 있다. 리더의 영적 성숙도를 분간할 수 있는 한 가지 리트머스 시험지는 그가 비난과 갈등에 어떻게 지혜롭게 반응하는가 이다. 비난과 갈등의 문제를 다루는 방식보다 더 빠르게 리더의 성숙도 여부를 검증할 수 있는 것은 없다.

다음 7장에서는 설교자/지도자는 자신의 소명과 은사로 회중에게 영적 및 관계적 활력을 제공하는 '에토스 수여자'(ethos giver)여야 한다는 점을 강조하고자 한다.

세 저자들이 제안하는 리더십 모델의 셋째 요소인 '네 가지 학습 훈련'(Four learning disciplines)도 이전의 리더십 모델이 지역 교회에서 더 이상 효과를 나타내지 못하는 것을 계기로 고안되었다. 헤링턴과 보넴, 그리고 푸르에 의하면, 외부에서 초빙된 컨설턴트에 의해서 변화 과정이 진행되던 초기에는 그 결과가 매우 효과적인 것처럼 보였지만, 잠시 후 그들이 떠나고 담임 목회자가 책임을 떠맡자 변화 과정이 그만 침체에 빠졌다고 한다. 세 저자가 얻은 결론은 이러한 실패의 대부분의 원인은 공동체 안에서 리더십을 발휘해야 하는 목회자가 리더가 아니라 관리자 노릇을 하기 때문이라는 것이다. 앞에서도 언급하였듯이, "관리자는 일을 잘 하도록 하게 하는 사람이라면, 리더는 올바른 일을 하는 사람이다." 아마도 대부분의 목회자는, 선천적인 기질이나 또는 그동안 받아온 훈련 때문에, 자신이 감당해야 할 최대의 과제는 현재의 프로그램을 그대로 유지하거나 기껏해야 그 현재의 프로그램을 조금 더 개선하는 것이라고 생각하면서 현재 회중을 '관리하는 것에' 더 만족하는데 머무르고 말았다. 이렇게 상당수의 목회자는, 주변 환경의 급속한 변화와 지속적인 학습이 필요한 상황 속에서 회중의 변화 과정을 '지도해야' 할 책임 앞에서 불행히도 여기에 부적합한 것으로 드러났다.

목회자가 자신의 책임을 잘 감당하려면 관련 기술을 익혀야 한다. 변화의 과정과 영적 및 관계적 활력에 대해서 단지 머리로만 아는 지식은 충분하지 않다. 리더는 시련의 시기에 공동체를 올바로 이끌기 위하여 일련의 훈련 기술을 숙달해야 하는데, 이를 위해서는 리더십에 대한 피터 센게(Peter Senge)의 관점이 매우 유용하다.[12] 특히 센게가 제시하는 네 가지 학습 훈련은 헤링턴 일행이 제시하는 리더십 모델을 구성하는 다른 요소들(8단계 변화 과정과 영적 및 관계적 활력)이 효과적으로 작용하도록 하는데 매우 중요한 기능을 감당한다.

예를 들어 네 가지 학습 훈련 중의 첫번째 요소인 '창조적 긴장감을 조성하고 유지하기'는 설교자/지도자가 어떻게 성경을 해석하여 하나님의 비전과 사명을 회중에게 실제로 전달해주어야 하는지를 설명한다. 또 이 첫 번째 학습 훈련 단계는 '긴박감을 조성하기'라는 두 번째 단계로 이어지면서 회중의 현재 실상과 미래에 성취해야 할 하나님의 비전 사이의 간격을 연결하는 토대를 제공한다. 그런데 무력한 설교는 이 요소를 간과하기 쉽다. 그 이유는 리더십이 배제된 설교는 앞에서 살펴본 바와 같이 창조적인 긴장감이나 긴박감과 관계없이 그저 현 상태를 있는 그대로 관리하고 긴장을 최소화하며 도전을 회피하려 하기 때문이다. 반면에 활력 있는 설교는 창조적인 긴장감을 조성하고 유지하는 전략을 통하여 회중에게 비전을 창조적으로 제시하여 결국 그들로 하여금 적절한 긴장을 통해서 미래의 새로운 가능성으로 성장할 수 있도록 인도한다. 두 설교의 중요한 차이점은 설교자가 창조적인 긴장감을 조성하고 적절히 유지하는 리더십 기술을 습득했는가에 달려 있다.

창조적 긴장감 이외에 '정신 모델'과 '팀 학습', 그리고 '시스템 사고를 활용하는 것'도 활력 있는 설교에 매우 유익하다. 이런 요소는 설교 사역에도 상당한 영향을 미치기 때문에 이 부분에 대해서는 다음 6장에서 더 자세히 다룰 것이다.

세 저자들이 제시하는 리더십 모델을 구성하는 세 부분을 간략히 살펴보더라도 각각의 요소가 설교자/지도자에게 얼마나 큰 도움이 될 수 있는지를 잘 알 수 있다. 하지만 이 모델의 가장 중요한 가치는 이 세 요소가 서로 상호 작용하는 통합적 방식에서 찾아볼 수 있다. 즉 8단계 변화 과정의 싸이클과 네 가지 학습 훈련의 사이클이 영적 및 관계적 활력의 토대 위에서 역동적으로 상호 작용하면서 진행하는 통합적인 방식이야말로 이 모델의 핵심이라고 할 수 있다. 그래서 이 리더십 모델을 활용하려는 설교자는, 자신의 설교 사역이 이 모델의 세 요소와 서로 어떻게 연관을 맺고 함께 작용할 수 있는지를 자세히 이해할 필요가 있다. 이 리더십 모델을 분석해 본 나로서는 설교자/지도자는 이 세 가지 리더십의 요소를 목회 현장에서 온전히 통합시켜 활용해야 할 책임이 있다고 점점 확신하였다. 그렇다고 해서 본인은 교회에서 설교자/지도자가 무소불위의 전권을 휘두를 수 있다는 의미는 결코 아니다. 그들 대부분은 선천적인 지도자가 아니라 평생을 바쳐서 이러한 리더십 모델과 기술들을 숙달하려고 노력하는 상황적인 지도자이다. 그래서 이들은 모두가 다른 리더들과 함께 협력해야 한다. 그러나 회중의 영적 변화를 위해서는 하나님의 말씀의 선포가 핵심이며, 이 책무를 맡은 설교자/지도자는 자연히 회중의 변화 과정에 중추적인 역할을 감당할 수 밖에 없으며, 이 역할을 올바로 감당하기 위해서는 이러한 리더십 모델을 활용하는데 정통해야 한다. 설교자/지도자는 하나님의 소명과 은사에 따라 회중의 변화 과정의 중심에 서 있으며, 그곳으로부터 변화를 이끌어 내는 리더십 모델의 모든 과정에 관여한다.

3. 위대한 사례

다음 장에서 이 리더십 모델의 실제적 의미를 자세히 파악하기 전에 먼저 이 모델이 인류 역사상 가장 위대한 변혁적인 지도자인 예수 그리스도의 사역과 서로 조화되는지를 확인해 보자. 누가복음 4:42-5:11을 살펴보면 이 리더십 모델이 예수의 사역과 일치하는 것을 분명히 알 수 있다.

날이 밝으매 예수께서 나오사 한적한 곳에 가시니 무리가 찾다가 만나서 자기들에게서 떠나시지 못하게 만류하려 하매 예수께서 이르시되 내가 다른 동네에서도 하나님의 나라 복음을 전하여야 하리니 나는 이 일로 보내심을 입었노라 하시고 갈릴리 여러 회당에서 전도하시더라

무리가 옹위하여 하나님의 말씀을 들을새 예수는 게네사렛 호숫가에 서서 호숫가에 두 배가 있는 것을 보시니 어부들은 배에서 나와서 그물을 씻는지라 예수께서 한 배에 오르시니 그 배는 시몬의 배라 육지에서 조금 띄기를 청하시고 앉으사 배에서 무리를 가르치시더니 말씀을 마치시고 시몬에게 이르시되 깊은 데로 가서 그물을 내려 고기를 잡으라 시몬이 대답하여 가로되 선생이여 우리들이 밤이 맞도록 수고를 하였으되 얻은 것이 없지마는 말씀에 의지하여 내가 그물을 내리리이다 하고 그리한즉 고기를 에운 것이 심히 많아 그물이 찢어지는지라 이에 다른 배에 있는 동무를 손짓하여 와서 도와달라 하니 저희가 와서 두 배에 채우매 잠기게 되었더라 시몬 베드로가 이를 보고 예수의 무릎 아래 엎드려 가로되 주여 나를 떠나소서 나는 죄인이로소이다 하니 이는 자기와 및 함께 있는 모든 사람이 고기 잡힌 것을 인하여 놀라고 세베대의 아들로서 시몬의 동업자인 야고보와 요한도 놀랐음이라 예수께서 시몬에게 일러 가라사대 무서워 말라 이제 후로는 네가 사람을 취하리라 하시니 저희가 배들을 육지에 대고 모든 것을 버려두고 예수를 좇으니라

예수 그리스도는 이 본문을 통해서 그 이후에 등장하는 수많은 설교자에게 계속해서 리더십을 행사하신다. 그를 위해서 리더로 부름을 받은 자는 누구든지 예수의 리더십의 특성과 리듬에 계속 주의를 기울여야 한다. 이 본문으로부터 우리는 회중의 변화 모델과 관련된 몇 가지 중요한 영적 리더십의 특성들을 발견할 수 있다.

첫째, 기도 전략의 중요성에 주목해야 한다. 예수께서 발휘하셨던 리더십의 패턴은 새벽 미명의 한적한 곳에서부터 시작되며(눅 4:42), 특히 누가는 예수께서 정기적으로 사역에 앞서 먼저 기도하셨음을 강조한다(눅 3:21; 6:12; 9:18; 11:1). 인간의 세속적 관점에서는 지식과 근육에서 나오는 힘이 가장 중요하다

고 하겠지만, 하나님의 백성은 하나님을 향한 기도의 우선순위를 잘 알고 있다. 하나님은 기도 시간에 자신의 뜻을 알리시며 그의 능력도 공급해 주신다. 예수의 기도 생활은 그의 리더십 패턴의 근간을 이룬다. 기도가 없이 성취된 것은 아무리 값진 것이라고 하더라도 하나님께는 전혀 무가치하다. 따라서 기독교적 리더십은 기도와 무관하게 행사되어서는 결코 안 된다. 세 저자가 제시한 리더십 모델도 영적 및 관계적 활력과 이를 위한 리더 개인의 영적인 준비의 중요성을 계속 강조한다.

둘째로, 위 본문에서 예수는 지금 현재 상황의 세부적 문제점을 예리하게 인식하고 계셨음을 알 수 있다. 누가복음 5장은 밤새도록 수고하였으나 고기 한 마리 잡지 못하고 피곤에 지친 어부들이 배를 해안가로 끌어다 놓고 그물을 씻고 있음을 자세히 묘사한다. 기독교 리더십은 회중의 실제 상황 속에서 발휘되어야 하며 추상적이고 사변적인 문제에 매달려서는 안 된다. 예수의 리더십은 고기 한 마리 잡지 못한 이들의 현실적인 문제 속에 있는 제자들을 변화시켜 하나님의 사명으로 헌신하도록 하였다. 회중의 변화에 대한 리더십 모델 역시, 회중의 현재 상황을 정직하게 평가하여 그들로 하여금 현재 상황에 대한 창조적 긴장감을 느끼고 긴박감 속에서 하나님의 비전으로 나아가도록 유도한다.

셋째로, 예수 자신의 비전이 설교의 핵심을 차지하고 있다. 군중들이 예수가 떠나가는 것을 막으려고 할 때 예수는 자신의 사명을 이렇게 요약했다. "내가 다른 동네에서도 하나님의 나라 복음을 전하여야 하리니 나는 이 일로 보내심을 입었노라"(눅 4:43). 설교는 예수가 선호한 리더십의 방편이었다. 그는 계속 하나님 나라를 선포하였으며(눅 4:44; 5:1, 4), 설교로 자신의 사역을 시작하시고, 유지하시며, 제자들을 훈련하시고, 파송하셨으며(눅 9-10장), 일편단심의 마음으로 최종적인 운명의 자리인 예루살렘으로 나아가셨다(눅 9:51). 그분은 하나님 나라의 망대가 완성될 날을 믿었으며(눅 14:28-30), 하나님 나라를 위한 최고의 설교자로 사셨고 죽음의 십자가를 넘고 부활의 엠마오를 넘어(눅 24:27), 다락방의 임재 속에서(눅 24:35) 계속 설교자로 활동해오고 계신다. 리더십에서 설교가 차지하는 역할을 이보다 더 분명하게 보여줄 수 있을까?

넷째로, 예수의 선교적 비전은 하나님 나라를 세우는 일에 집중된다. "내가 다른 동네에서도 하나님의 나라 복음을 전하여야 하리니 나는 이 일로 보내심을 입었노라"(눅 4:43). 예수는 이 비전을 통해 제자들의 배와 그물 너머의 새로운 삶으로 열린 길을 바라보셨다. 하나님 나라의 비전은 그 분 속에 신비롭게 현존하지만 아직은 완전히 완성되지 않았으며, 이를 위하여 하나님은 지금도 설교자/지도자를 부르신다. 앞으로 살펴보겠지만 회중의 변화를 위해서 지도자들은 "정신 모델"에 따라 사고하며 "시스템 사고"를 계발시켜야 한다. 리더십의 관점에서 볼 때 "하나님 나라"는 예수께서 붙잡았던 강력한 "정신 모델"이며, 예수는 이 모델에 따라 하나님의 새로운 백성이 더 심원하고도 위대한 목적을 따라 살아가야 할 공동체적이면서도 통합적인 실체를 제시하셨다. 따라서 설교자/지도자는 인본주의적 리더십 모델에 만족해서는 안 되고 하나님 나라에 대한 거대한 청사진을 선포하며 그에 따라 살아가야 한다.

다섯째로, 이 본문에서 예수는 변화를 주도하고 계신다. "깊은 데로 가서 그물을 내리라"(눅 5:4)는 명령 속에는 영적 리더십에 대한 중요한 의미가 들어 있다. 이 말씀 속에서 예수는 제자들에게 "변화의 과정" 속으로 뛰어들라고 도전하신다. 고기잡이는 예수께서 제자들을 하나님 나라 안으로 부르시고 하나님의 사명을 맡기시는 과정에 대한 하나의 은유로 이해할 수 있다. 그런데 제자들이 만일 깊은 데로 나아가서 그물을 내리는 수고를 감당하지 않으면, 하나님의 놀라운 해답 속에서 주어지는 신앙과 순종의 교훈을 결코 배울 수 없다. 여기에서 예수는 설교자/지도자를 위한 중요한 원리 하나를 제시하신다. 즉 예수와 함께 앞으로 움직여 나아가며 변화해야 한다는 점이다. 깊은 물에는 위기, 즉 위험과 기회가 동시에 들어 있다. 시몬 베드로가 예수에 대한 믿음 속에서 순종하여 앞으로 나아갈 때 비로소 하나님은 그와 함께 그를 통하여 변화를 일으키실 수 있다.

여섯째로, 이 본문에서 예수는 변화의 과정에 다른 이들을 함께 동참시킨다. 시몬이 그물을 내려 많은 고기를 잡아 올릴 때 예수의 말씀을 혼자만의 힘으로는 이행할 수 없어서 다른 동무들에게 도와달라고 요청했다(눅 5:7). 같은 맥락에서 회중의 변화 모델 역시 기독교 리더십에서 차지하는 팀의 중요성을 강조한다. 예수는 팀 사역의 중요성을 잘 이해하셨고 열 두 제자를 자신의 핵심 그룹으로 훈련시키시면서(눅 6:13-16) 3년의 공생애 동안에 이들에게 큰 공을 들이셨다.

일곱째로, 시몬이 예수의 인도를 따라 깊은 곳에 그물을 내리자, 엄청나게 많은 고기가 잡히는 "하나님의 기적"이 일어났다(눅 5:6). 이는 기독교 지도자는 인간의 능력이 아니라 오직 하나님만이 해낼 수 있는 결과를 위하여 수고해야 한다는 역설적 진리를 강조한다. 많은 고기 앞에서 놀란 시몬이 예수 앞에 무릎을 꿇고 경배하는 모습은, 모든 설교자/지도자에게 하나님께서 우리의 삶 속에서 일하실 때 일어나는 놀랍고 거룩한 능력을 강하게 상기시켜 준다. 다음에 살펴보겠지만 세 저자가 제안하는 리더십 모델에서는 거룩함을 영적 및 관계적 활력의 근간으로 여기고 있다. 기독교 리더십은 인간의 힘으로 얻을 수 없고 오직 하나님만이 가능한 결과를 기대한다. 그리고 주께서 그런 결과를 베푸실 때 동시에 하나님을 향한 새로운 경배의 자리로 신자들을 인도하신다. 한 마디로 말해서 하나님과의 만남이 영적 변화의 핵심이다.

예수의 설교/지도 사역에 대한 위 본문의 이야기는, 오늘날의 설교자/지도자에게 많은 교훈을 제시하며 다음 장에서 그 적용점을 더 살펴볼 것이다. 또 부록에서는 본인이 지역 교회에서 '리더십 101'이란 제목으로 전했던 한 편의 설교문을 소개하고 있는데, 여기서도 리더십에 대한 몇 가지 원리를 더 발견할 수 있을 것이다.

다음 장에서는 설교/지도의 사역과 관련된 여러 가지 실제 문제를 올바로 해결할 수 있도록 하는 이 모델의 세 요소를 실제로 적용하는 방법에 대해서, 그리고 특별히 설교자/지도자가 계발해야 할 기술에 대해서 살펴볼 것이다.

제 6 장
리더십 기술 익히기

> 교회의 지도자는 사실 변화의 책임자가 아니다. 그들도 다른 이와 마찬가지로 성령을 통해서 삶을 인도하시는 살아계신 하나님을 뒤따르는 추종자이다. 하지만 그들은 자신이 섬기는 회중의 공동체적 삶 속에서 변화를 주도하도록 하나님으로부터 부름을 받았다.
>
> 짐 헤링턴, 마이크 보넴, 제임스 푸르
> 『회중을 변화시키는 리더십』(Leading Congregational Change)[1]

릭 워렌(Rick Warren)은 교회 성장에 관한 몇 가지 잘못된 신화를 무너뜨리고 싶어한다. 그 중에 하나는 "만일 당신이 충분히 헌신되어 있다면 교회는 성장할 것이다"는 신화이다.[2] 목회자들이 세미나에서 자주 애용하는 이 표어는 만일 설교자가 기도하고 교리적인 정확성에 입각하여 열심히 하나님의 말씀을 설교하면 교회 성장은 자동으로 보장된다고 주장한다. 하지만 이러한 잘못된 신화 때문에 경건한 목회자들이 이 말만 믿고 헌신적으로 사역에 임했음에도 불구하고, 교회의 침체를 면하지 못하는 것을 지켜보면서 워렌은 분노감을 느낀다. "교회를 성장시키기 위해서는 헌신 이상의 것이 필요하다. 교회 성장을 위해서는 기술이 필요하다… 하나님의 능력과 인간의 숙련된 노력의 두 요소가 필요하다. 하나님의 능력이 없이는 교회 성장을 이룰 수 없다. 하지만 하나님은 우리의 숙련된 노력이 '없이는' 그런 결과를 허락지 않으시기로 결정하셨다."[3]

오늘날 상당수의 설교자가 이 신화에 사로잡혀 있는 것 같다. 그 중에는 37세된 어떤 목회자도 있다. "저 좀 도와주세요. 사실 무엇을 도와달라고 해야 할지도 잘 모르겠습니다. 교육도 잘 받았다고 생각합니다. 설교도 할 줄 알고 또 위기에 직면한 사람들을 돌보는 방법도 잘 압니다. 하지만 전체 회중에게 동기를 부여해서 하나된 공동체를 세워보려고 하면, 어디에서부터 손을 대야 할지 모르겠습니다."[4] 많은 목회자가 설교의 능력이나 목양의 은사에 대해서는 어느 정도 만족하지만 리더십 기술은 상당히 부족하다는 점을 인정할 수 밖에 없다. 앞에서 언급한 바와 같이 조지 바나(George Barna)는 여덟에 일곱 사람은 타고난 선천적인 지도자가 아니라 오히려 "상황적인 지도자" 유형에 속하며, 대부분의 설교자 역시 여기에 속하기 때문에 반드시 설교/지도의 기술을 숙련해야만 한다. 리더십이 없는 무력한 설교자만이 자신의 역할은 회중의 인도가 아니라 말씀만을 전할 뿐이라는 비현실적인 주장에 만족할 것이다.

이와 달리 리더십을 발휘하는 활력 있는 설교자는 양쪽 분야에 최선을 다하려고 한다. 하나님의 능력을 의지함과 동시에 인간의 최선의 숙달된 기술을 활용하기 때문에 이들의 설교/지도로부터 긴박감과 함께 비전을 느낄 수 있다. 이들은 아무런 긴장이나 긴박감도 없이 땅 짚고 헤엄치는 것처럼 쉬운 설교를 거부하며, 목표도 없이 제자리걸음만 되풀이하는 모임도 거부한다. 이들은 모든 일과 모임은 하나님의 고귀한 목표와 비전을 지향해야 한다고 생각한다. 이런 목적의식에 부합하도록 고안된 회중 변화 모델(**〈그림 4〉**)의 강점은, 리더로 하여금 학습 훈련을 계속 연마하고 숙달함과 동시에 영적 및 관계적 활력을 증진시키며 회중의 변화 과정을 이끌어 갈 것을 '동시에' 강조하는 데 있다.

1. 연마해야 할 설교/지도의 기술

더 나은 지도자가 되기를 원하는 설교자는 다양한 목회 사역에 필요한 다음 네 가지 기술을 반드시 연마해야 한다. 그 첫째는, '창조적인 긴장감을 조성하고 유지하는 것'으로서, 설교자가 설교 준비 과정에서나 그 설교 내용에서 청중의 현실을 이해하고 또 그들에게 긴장감을 조성하는 문제를 다룬다. 둘째로, '정신 모델의 힘을 활용하는 것'(harnessing the power of mental models)은 설교자/지도자의 사고방식과 관련이 있다. 셋째로, '팀 학습'은 설교자의 인간관계에 관한 중요한 질문을 다룬다. 마지막으로, '시스템 사고를 시행하는' 문제는 설교자가 전체 교회를 어떤 시각에서 바라보아야 하는가 하는 질문을 다룬다. 설교자가 이런 기술을 목회에 적용시켜보면, '리더십'의 개선을 충분히 기대할 수 있을 것이다.

이러한 기술은 전통적인 설교 준비 방식에 대해서 이의를 제기한다. 전통적으로 설교자는 서재와 설교단 두 곳에 집중적으로 시간을 분배하여, 서재에서는 성경을 열심히 해석하며 그렇게 해석한 연구 결과에 부합한 설교를 준비하며 주일날 예배 시간에 설교단에서 그 메시지를 공적으로 선포한다. 하지만 이러한 설교의 준비와 전달 과정은 앞에서 확인한 바와 같이 리더십이 배제된 무력한 설교로 전락될 뿐이다. 그래서 리더십이 발휘되는 활력 있는 설교를 위해서는 전통적인 설교 준비와 전달의 기술의 약점을 파악하고, 성경 본문에도 정직하고 또 회중의 변화에도 효과적인 방법을 계발해야 한다. 이를 위해서 설교자/지도자는 먼저 앞에서 소개한 네 가지 학습 훈련을 '실제 목회 현장'에서 숙달시킬 방법을 배워서 모든 설교에서 바람직한 효과가 나타나도록 해야 한다.

1) 창조적인 긴장감을 조성하고 유지하기

매우 중요한 이 기술은 전방위 지도(360-degree leading)의 핵심과도 일맥상통한다. 왜냐하면 역동적인 리더십을 위해서는 회중의 현재 실상과 하나님께서 기대하시는 바람직한 미래의 비전 사이에 긴장감을 '조성하고' 변화를 위한 경건한 추진력으로서의 그 긴장을 적절히 유지해야 하기 때문이다. 현실과 미래 사이의 긴장은, 회중이 비전을 달성하지 못한 현실을 정직하게 인정하고 그 비전을 향하여 성장하려는 의지를 품을 때, 매우 건강하고도 창조적인 긴장으로 나타난다. 유능한 지도자라면 죄책감이나 과잉반응은 피해야 한다. 창조적 긴장감은 현재 상태에 대해서 회중을 억압하지도 않고 또 허망한 미래로 회중을 기만하지도 않는다. 오히려 창조적 긴장감은 회중으로 하여금 감당할 수 있는 긴장감 속에서 비전을 생생하게 유지하도록 동기를 부여하며, 변화의 고통을 극복하면서 이 비전을 달성해 가도록 자극한다. 우리 중에 어떤 이들은 실행 이전에 충분한 기도나 심지어 숙고도 거치지 않고 급조된 교회 마스터 플랜 때문에 고통을 겪어본 경우가 있을 것이다. 예를 들어 앞으로 10년 이내에 교회를 두 배로 성장시키자는 비전이 발표되었다고 치자. 이런 경우에 절망적인 설교자가 앞에 나서서 회중에게 지속적으로 동기와 활력을 불어 넣어 주는 대신에 가뜩이나 의기소침한 회중을 더더욱 지치게 만들 수 있다.

이와는 대조적으로 리더십을 발휘하는 활력 있는 설교에서는 '창조적인 긴장감을 조성하고 유지하는' 기술을 통해서 회중으로부터 최선책을 이끌어 낼 수 있으며, 이 기술은 다음 몇 가지 방식으로 활용될 수 있다. 현실적인 평가, 개인과 공동체의 차원에서 비전을 명료화하기, 회중의 기도를 인도하기, 그리고 갈등을 건전하게 다루기이다.

(1) 현실적인 평가

모든 설교자/지도자에게는 현재 상황에 대한 분명한 그림이 필요하다. 현재 상황을 올바로 인식하지 않고서는 그 누구도 현재를 더 낫게 개선할 수 없다. 물론 "현재 상황을 거짓 없이" 정직하게 파악하기 위해서는 심화된 기술이 필요하다. 지도자와 회중이 공동체의 장점과 약점, 기회와 위협 요인을 파악하고 분석하려고 하면, 이를 숨기고 방어하려는 심리와 비난이 일어날 수 있다. 어떤 여성 지도자는 그동안 가려졌던 것들이 드러나자 자신 역시 얼마나 놀랬는지를 나에게 털어 놓았다. 그녀의 교회는 맨 처음에는 회중에 대한 광범위한 조사를 열렬히 환영했다고 한다. 하지만 최종 보고서를 통해서 몇 가지 부정적인 양상이 드러나자 교회 내에 비난들이 들끓기 시작했고 그런 비난의 화살이 부당하게도 담임 목사에게 집중되더니 결국 그 담임 목사는 억지로 교회를 사임할 수 밖에 없었다. 물론 현실적인 평가를 통해서 현실을 모르는 그릇된 자만심이 제거되어야하겠지만, 그러한 평가 작업은 반드시 하나님께서 기대하시는 바람직한 미래의 비전과 목적에 대한 경쾌한 신뢰감에 근거하여 진행되어야 한다. 과거에 대한 막연한 향수병도 금물이고, 미래에 대한 잘못된 낙관주의와 흠만 들추는 비평도 역병처럼 해롭다.

리더십에 관한 여러 서적은 교회 공동체의 건강의 척도를 측정할 수 있는 다양한 실제적 프로그램을 소개하고 있다.[5] 설교자/지도자는 그러한 실제적인 평가 방법을 활용하여 교회가 처한 현재의 실상을 왜곡됨 없이 파악하고 앞으로의 가능한 비전을 그려볼 수 있어야 한다. 우리는 앞에서 누가복음 4:42-5:11을 통해서 과거의 실패와 그물, 그리고 배와 같은 현실적 요소들이 어떻게 하나님의 놀라운 기적을 위한 도구로 활용되는지를 살펴보았다. 마찬가지로 변화를 지향하는 설교자/지도자도 각자가 처한 상황에서부터 정직하게 출발해야 한다.

(2) 비전 세우기

모든 리더십 서적은 한결같이 마치 힌두교의 주문처럼 비전의 중요성을 강조한다. 교회의 입장에서 비전이란 "하나님께서 어떤 회중 공동체를 초청하시는 바람직한 미래에 대한 분명하고, 공유되며, 동기를 부여하는 그림"으로 정의할 수 있다.[6] 그러한 비전은 개인과 공동체 모두가 미래에 직면했을 때, 무엇이 가장 "중요한 사항"인지를 제시한다. 또 비전은 구성원의 신앙과 힘든 노력이 왜 그토록 소중한지의 이유를 알려줌으로써 구성원에게 현재의 노력에 대한 동기를 부여한다. 조지 바나는 미국 교회에 대한 오랜 연구 결과를 염두에 두고서 이렇게 언급한다.

개인이나 공동체의 영향력과, 그 영향력을 발휘한 활동의 배후에서 일종의 추진력으로 작용한 임재하시는 하나님의 비전 사이에는 긴밀한 연관성이 있다.[7]

그런데 바나에 의하면 미국의 작은 교회에서 목회하는 대부분의 담임 목회자는 하나님의 비전에 대한 의식을 거의 갖고 있지 않다고 한다. "사실 이 나라의 모든 개신교 담임 목회자들 중에서 자기 교회를 향한 하나님의 비전을 명료하게 제시할 수 있는 사람은 10%도 안 된다."[8] 이 얼마나 비극적인가? 안타깝게도 교회를 향한 하나님의 비전에 대해서 말하는 것은 매주일 설교를 준비하고 전달하는 것과는 전혀 별개의 문제라고 생각하고 있다. 앞에서도 잠깐 언급한 바와 같이 전통적인 설교 준비와 전달 방식은 서재와 설교단이라는 완전히 별도의 칸막이 속에서 별개로 진행된다. 하지만 설교자/지도자 이상으로 개인과 공동체를 향한 하나님의 비전의 중요성을 깨달아야 할 사람도 없을 것이다.

성공하는 사람들의 일곱 가지 습관에 관한 스티븐 코비(Stephen R. Covey)의 첫번째 제안은 "주도적인 사람이 되라"(Be proactive)는 것인데, 여기에는 개인적인 비전의 중요성이 함축되어 있다. 코비는, 리더는 단순히 주변 환경에 수동적으로 반응해서는 안 되고 창조력과 자원을 결합하여 자신이 이끄는 조직의 미래를 위해서 주도적인 문화 환경을 조성해야 한다고 조언한다.[9] 또 바나는 개인적인 비전의 가장 핵심적인 내용을 요약하여 담아낸 간략한 진술문을 적어볼 것을 권한다.[10]

앞에서 자신이 목회하는 교회에 대한 하나님의 비전에 대한 의식이 없는 나머지 90%의 목회자는 먼저 설교 사역 그 자체에 대한 각자의 비전을 찾아보는 시간을 갖는 것이 꼭 필요하다. 하나님께서 설교자를 부르실 때에는, 그저 주변 상황에 수동적으로 반응하는 사람이 되는 것을 원치 않으시며, 하나님의 나라를 위해서 주도적인 역할을 감당하기를 원하신다. 이런 믿음을 가진 설교자는 자신의 설교에 대한 비전을 비전 선언문으로 정리해 두기도 한다. 예를 들어서 코비의 영향을 받은 짐 니코뎀(Jim Nicodem)은 일리노이스의 크라이스트 커뮤니티 교회(Christ Community Church)를 담임하고 있는 목사로서 코비의 책을 읽은 다음에 시간을 들여 기도한 후에 자신의 설교 사역에 대하여 다음과 같은 비전 선언문을 작성하였다. "가능한 한 많은 사람들에게 하나님의 말씀을 개인적으로든 공적으로든 가르침으로써, 그들이 하나님의 말씀을 이해하고 믿을 수 있으며, 말씀으로 동기를 부여받아서 서로 사랑하며 그 말씀에 순종하며, 말씀을 스스로 연구하는 능력을 갖출 수 있도록 영향력을 행사한다." 설교 사역에 대한 비전이 실제로 그의 사역의 중심에 자리하고 있는 까닭에 그는 나와 대화하는 중에 이 비전을 계속 반복하였다.

설교 사역에 대한 나의 개인적인 비전은, 니코뎀의 비전 선언문과 달리, 일부는 기도문과 일부는 헌신의 내용으로 이루어져 있다. 1972년에 목사 안수를 받을 무렵 나는 일종의 비전 선언문을 작성하여 나 혼자만 볼 수 있는 곳에 붙여 놓았다. 이제는 너덜너덜 닳아진 한 장의 종이에 적힌 그 비전 선언문은, 힘들고도 계속 반복되는 일상 사역과 또 언제 닥칠지 모르는 절망 속에서도 계속 설교 사역에 대한 동기를 부여하기 위하여 일종의 창조적인 긴장감을 조성하고 이를 계속 유지할 목적으로 작성되었다.

주일날 너에게 맡겨진 임무는 지상의 그 어떤 임무에 비교할 수 없이 가장 중요하다. 살아계신 하나님의 말씀이 바로 너를 통해서 또 다시 살아 역사하기 때문이다. 살아계신 하나님의 목적이 바로 너를 통해서 다시금 분명히 선포될 것이다. 너를 통해서 도전의 말씀이 선포될 것이며, 위로의 말씀도 바로 너에 의해서 선포될 것이다. 이보다 더 위대한 임무를 부여받은 사람은 아무도 없다.

주 너의 하나님께서 너에게 베푸신 모든 것으로 설교를 준비하라.
모든 진리로 너를 인도하시며 확신과 담대함으로 영감을 주시며 교정하시며 책망하시는 성령 하나님과 함께 말씀을 준비하라.
사람을 낚는 어부들과 함께 그러하셨듯이 이제 너와 함께 동행하시는 예수 그리스도의 우정으로 말씀을 준비하라.

선하신 하나님께서 네가 곧 쓰러져갈 때 너를 일으켜 세우시고 힘 주셨을 때 네가 경험하였던 은혜로 말씀을 준비하라.

네가 전하는 메시지를 통해서 역사하셨던 하나님의 이전 증거를 기억하며 말씀을 준비하라.

너의 최선을 다 바치려는 각오로 하나님의 말씀을 준비하라.

시간 – 주말 마지막 순간까지 다급하게 남겨두지 말고, 주초에 미리 준비하고 완벽하게 보완할 것.

마음 – 다른 사람들의 경험이나 예화를 진부하게 반복하지 말고, 네 생각으로 하나님의 생각을 대신해버리는 쉬운 방법도 택하지 말고, 가능한 가장 심오한 방법을 구할 것.

성품 – 단지 머리로만 얻은 메시지가 아니라, 온 몸과 마음과 생각 전부를 통해서 체득한 메시지에 유머와 동정심을 곁들이며, 오늘의 세상에서 사람됨에 대한 깊이 있는 이해를 가질 것.

주님! 저를 도와주시옵소서. 영혼이 죽어가고 있음에도 불구하고 그저 비본질적이고 공허하고 기분만 좋게 하는 진정제 같은 메시지를 전하도록 유혹하는 악마에 능히 대항할 수 있도록 저를 도우소서. 저를 일으켜 세우시사 주님의 설교자로서 저의 최선을 다 바칠 수 있도록 하옵소서. 예수 그리스도의 이름으로 기도하옵나이다. 아멘.

내가 지난 30년의 설교 사역 속에서 이 비전 선언문을 계속 옆에 두고 확인한 것은 아니었음을 고백한다. 한 번은 새 집으로 이사하면서 몇 개월 동안은 이 비전 선언문을 계속 확인하지 못한 적도 있었다. 하지만 나는 지난 30년 동안 이 선언문에 담긴 설교에 대한 강력한 긴박감 때문에 계속해서 설교 사역을 향한 하나님의 비전을 강하게 붙잡을 수 있었다. 그래서 나는 요즈음 박사과정 학생들(모두가 경험 많은 설교자들이다)에게 다음과 같은 질문을 던져보면서 각자의 소명과 설교 사역에 대해서 깊이 성찰해 볼 것을 권하곤 한다. 설교자로서의 나에 대한 하나님의 뜻은 구체적으로 무엇인가? 설교자가 된다는 것은 구체적으로 나의 매일 매주의 삶에 무슨 차이를 만들어내는가? 나는 어떻게 나의 설교 사역을 가장 최고로 잘 표현할 수 있을까? 이런 질문과 해답을 찾아본 다음에는 설교 사역에 대한 각자의 비전 선언문을 작성해 볼 것을 권한다. 설교에 대한 차원 높은 비전은 주도적인 설교자/지도자가 되는 지름길이자 원동력이다.

　이와 더불어 모든 설교자/지도자는 앞의 사례와 같은 개인적인 비전 이외에 공동체를 위하여 함께 공유할만한 비전을 분별하고 구체적으로 진술할 수 있어야 한다. 헨리 블랙커비(Henry Blackaby)는 공동체의 비전으로서 "하나님의 계시를 이해하는 것"을 목표로 정하여 그 공동체의 모든 구성원들로 하여금 하나님께서 원하시는 더 나은 미래를 향하여 서로가 어떻게 한 몸으로 결속되어 있는지를 쉽게 이해할 수 있도록 하였다. 앞에서 소개한 복음과 문화 간의 삼각형 모델〈그림 1〉을 떠올려보자. 이 모델은 이 땅의 모든 사람을 위한 하나님의 거대한 청사진이다. 이 모델을 생각한다면 임기응변식의 설교나 요점이 없는 메시지는 용납할 수 없다. 왜냐하면 모든 말과 일은 하나님의 비전을 위한 메시지에 근거해야 하기 때문이다.

　공동체 전체와 함께 공유된 비전을 계발하는 작업이 바로 8단계 변화 과정 속에 들어 있으며 좀 더 자세한 내용은 8장에서 다룰 것이다. 그 비전의 세부적인 내용은 개 교회의 조직과 역사에 따라서 천양지차로 다양하다. 앞으로 살펴보겠지만 어느 교회에서는 좀 더 작은 규모의 대표자 모임을, 나중에 전체 교회가 채택할 비전을 위해서 미리 함께 기도하며 준비하는 "비전 공동체"(vision community, 8장의 3단계 참고)로 발전시킬 수도 있다. 어느 과정을 밟아가든 설교자/지도자는 각각의 과정에 책임을 지고 참여해야 할 뿐만 아니라 설교를 통해서 어떻게 회중에게 하나님의 뜻을 선포하고 또 회중의 반응을 유도할 것인지에 대해서 부단히 배워야 한다. 하나님은 자신의 말씀 속에서 교회에게 비전을 허락하시기 때문에, 모든 설교는, 설교자/지도자가 그 말씀을 선포하는 설교로 창조적인 긴장을 조성하고 유지하는 과정 속에서 일정한 역할을 감당해야 한다.

짐 니코뎀은 앞에서 소개한 설교 사역에 대한 개인적인 비전 이외에 자신이 목회하는 크라이스트 커뮤니티 교회와 함께 공유하는 비전도 소개한다. "그리스도를 아는 것과 그리스도를 알리는 것!" 이 비전은 다시 다음 네 가지 세부적인 핵심 영역으로 구체화 된다. 공동체와 소그룹에 참여하기, 신앙의 성숙, 각자의 은사와 사역을 발견하기, 그리고 선교 사역에 동참하기이다. 니코뎀은 이러한 비전이나 세부적인 모습이 자기 교회만의 독창적인 것은 아니라는 것을 인정하면서도, 자신의 설교 메시지를 통해서 이 비전에 구체적으로 실행하는 과정은 이 공동체에게만 해당될 정도로 매우 독특한 것임을 강조한다. 그는 설교를 통해서 비전이 실제로 그 모습을 드러낸다고 믿는다.

(3) 회중의 기도를 인도하기

다른 신자들을 독려하여 비전을 위하여 함께 기도하도록 인도하는 것은 창조적 긴장감을 조성하고 유지하는데 필수적이다. "하나님으로부터 위대한 일을 기대하고 하나님을 위하여 위대한 일을 시도하라", 선교에 대한 윌리엄 캐리(William Carey, 1761-1834)의 좌우명이었다. 다음 7장에서는 설교자/지도자가 개인적인 경건생활 속에서 어떻게 "에토스 수여자"(ethos giver)로 단련될 수 있는지에 대해서 살펴볼 것이다. 설교자/지도자는 공동체가 하나님의 비전에 헌신하도록 인도하는 촉진자이며 하나님의 뜻을 전달하는 에토스 수여자이다. 하나님의 비전에 대한 설교자/지도자 자신의 개인적인 기대감은 그 안에서만 머무를 것이 아니라 전체 공동체로 확산되어야 한다. 공동체 전체의 중보 기도와 청원의 기도 시간은 구성원 전체가 하나님께서 계획하시는 "새로운 일"(사 43:18-19)에 눈을 열고, "하나님의 해답은 과연 무엇일지?"에 대해서 함께 기대하기에 좋은 기회이다. 그래서 설교자/지도자는 기도를 그저 개인의 선택의 문제나 각자의 경건한 의지의 문제로 내버려두지 말고 비전을 위한 공동의 중보 기도에 대해서 설교하며 이를 위해서 함께 기도하면서 전체 교회가 이 기도생활에 함께 동참하도록 유도해야 한다. 헤링턴과 보넴, 그리고 푸르가 제안하는 리더십 모델은, 회중의 변화 과정을 위하여 지속적으로 기도하는 중보기도 팀을 변화를 위한 전략적인 과정 속에 꼭 포함시킬 것을 강조한다.

(4) 갈등 다루기

회중의 변화에 관한 기본 공식은 하나님의 비전 = 변화 = 갈등으로 정리할 수 있다. 하나님의 변화 과정이 진행될 때마다 이에 반발하는 인간의 저항이 항상 뒤따르기 마련이다. 앞에서는 상황적인 지도자의 경우에 이런 갈등에 적절히 대처하는 것이 얼마나 어려운 일인지 살펴보았지만, 하지만 이 갈등을 피할 수 없으며 어떻게든 다뤄야 한다. 그런데 조지 바나는 이 갈등이 변화의 과정에서 매우 가치 있는 요소라고 한다. 놀랍게도 조지 바나는 갈등을 가리켜서 "리더의 은밀한 무기"라고 부르기까지 한다. "단도직입적으로 말하자면, 리더는 다음 두 가지만 한다. 갈등을 조성하고 그 다음 그 갈등을 해결한다."[11]

아마도 이 기술처럼 배우기가 어려운 것도 없을 것이다. 갈등을 다루는 기술은 앞의 4장(《그림 3》)에서 소개한 리더십의 소질과도 관계가 있다. 조지 바나는 각기 다른 유형의 리더가 갈등을 어떻게 다루는지에 대한 흥미로운 윤곽을 제시한다. 그에 따르면 지휘하는 소질이 강한 지도자는 구성원으로 하여금 안락 지대를 벗어나 갈등에 과감히 대처하도록 강하게 촉구할 것이며 심지어는 격렬한 갈등의 힘을 즐기기까지 한다. 전략적인 지도자의 경우는, 갈등 앞에서 "이로 말미암은 다양한 가능성을 점검하고 그 결과를 관찰하면서 결론을 이끌어내는 것이 주된 관심사이기"[12] 때문에, 갈등을 좀 더 냉정하게 바라볼 것이라고 한다. 반면에 팀을 조직하는데 소질이 강한 지도자는 갈등 때문에 빚어지는 다른 이들의 고통에 쉽게 공감하면서 조직 전체에 미칠 갈등의 파장을 민감하게 고려하기 때문에, 갈등의 주범으로 하여금 자신들이 지금 얼마나 다른 구성원에게 해를 끼치면서 공동의 비전까지 망치는지를 깨닫도록 하는 방법으로 갈등에 대처할 것이다. 관리형 지도자는 구성원 간에 갈등이 일어나는 것을 싫어하며 굳이 갈등이 생기면 사무적인 방식으로 대처하면서 때로는 그 문제의 근원은 전혀 해결하지 못하고 덮어버리려고 할 것이다.

설교자/지도자는 갈등에 대처하는 각자의 장점과 단점이 무엇인지를 파악하면서 시간을 들여 갈등을 다루는 방법에 관한 서적들을 읽고 연구해야 한다. 이와 관련하여 추천할만한 책으로는 스피드 리스(Speed B. Leas)의 『갈등해결의 유형들』(*Discover Your Conflict Management Style*)이 있다. 여기에서 저자는 갈등에 직면한 지도자로 하여금 다음 여섯 가지 대응 방식 중에서 각자가 선호하는 유형을 파악하고 익힐 수 있도록 안내하고 있다. 설득(persuading), 강요(compelling), 회피(avoiding), 협동(collaborating), 협상(negotiating), 지원(supporting)이다.[13] 교회 내에서 설교자/지도자는 갈등에 대해서 설교하며 이를 계기로 하나님의 백성이 더욱 자라갈 수 있도록 안내하는데 있어서 가장 막중한 책임을 지고 있다.

(5) 모든 설교가 중요하다.

성경은 하나님은 어떤 분이시며 그가 무슨 말씀을 하시고 어떤 일을 하시며 우리는 어떤 존재가 되기를 원하시는지에 대한 진리를 실제적인 방식으로 보여준다. 그래서 성경은 회중의 변화를 위한 "창조적인 긴장감"을 가득 담고 있으며 변화를 위한 가장 강력한 원천이다.

바람직한 설교자/지도자라면, 창조적인 긴장감은 모두 날려버리고 청중 개개인에게 그저 일반적인 교훈만을 제시하는 무력한 설교를 전할 것이 아니라, 먼저 성경을 펼쳐서 '그 속에서 독자들과 함께' 계속 창조적인 긴장감을 조성하고 유지하는 성경 본문의 역동성의 파장을 느껴보아야 하고, 긴장감과 역동성을 그대로 전달해야 한다. 하나님의 입에서 나온 말씀은 결코 헛되이 하나님께로 다시 되돌아가지 않는다(사 55:11). 긴장감이 담긴 성경 본문을 해석하는데 리더십의 기술이 더해지면, 설교 준비 과정에 특별한 차원이 가미된다. 다시 말해서 본문 연구와 본문의 메시지 청취하기, 원어 연구, 상상력, 연출과[14] 같은 다양한 본문 연구와 해석의 수고를 요구하는 전통적인 설교 준비 방법과 아울러, 본문에 내포된 창조적인 긴장감을 파악하고 이를 설교 메시지 속에서 그대로 유지되도록 해야 한다. 그렇게 될 때 설교 메시지는 성경 본문이 말하고 행하는 것을 그대로 말하고 행하면서 회중을 인도할 수 있다.

이를 위해서 설교자는 본문 속에 깊게 잠겨서 본문 속에 들어 있는 긴장감을 맛보며 이 긴장감을 다시 자신과 회중에게로 옮겨와야 한다. 이 점은 설교자가 본문 속에서 문젯거리(trouble)를 찾아내야 한다고 주장하는 설교학자의 주장과도 일치한다. 예를 들어 유진 로우리(Eugene Lowry)는 설교자가 성경 본문을 크게 읽어보면서 그 속에서 갈등을 느껴보라고 조언한다.

> 지금은 먼저 성경 본문을 전체로 받아들이는 것이 중요하다… 지금 우리에게 필요한 것은 성경에게 말을 걸고 대면하는 것이다. 성경과 말을 걸고 대화한다는 말이, 그저 말씀이 우리에게 떨어질 때까지 조용히 기도하며 기다려야 한다는 뜻인가? 나는 그렇지 않다고 생각한다. 이 과정에서도 우리가 할 수 있는 무엇이 있다. 즉 우리가 그 말씀과 대면할 수 있는 가능성을 향하여 한 발 앞으로 나설 수 있다. 또 본문 속에서 어떤 문제점을 찾아낼 수도 있다. 성경 본문에서 적절하지 않아 보이는 것은 무엇인가? 이 본문에는 뭔가 이상한 것이 없을까? …본문에 대한 어떤 이상한 것, 또는 본문의 흐름 속이나 본문의 배후에서 찾아볼 수 있는 문제점은, 본문을 이전과 달리 새롭게 듣도록 해 주는 계기가 된다.[15]

『네 페이지 설교』(*Four Pages of the Sermon*)에서 폴 스캇 윌슨(Paul Scott Wilson)도 설교자가 성경 본문 안에서 문제와 갈등을 찾아내서 이것을 오늘의 상황과 연결시키라고 조언한다. 그가 말하는 본문의 문제와 갈등은 신학적인 갈등을 의미한다. "어느 성경 본문이든 인간의 삶 속에는 죄 때문에 무언가 잘못된 것이 자리하고 있다… 본문을 처음 대할 때는 매우 긍정적인 내용에 대해서 다루는 것처럼 보이더라도, 그 저변에는 문젯거리가 들어 있으며 독자의 눈에 발견되기를 기다리고 있다."[16] 본문에서 문젯거리를 찾으라는 말은 본문 속에서 창조적인 긴장을 찾아내라는 뜻이다.

이 시점에서 우리는 공동체적이고 통전적이며 사회적인 인식을 중시하며 축제와 같은 설교의 전통을 확보하고 있는 아프리카계 흑인들에게 주목할 필요가 있다. 앞에서도 언급한 바와 같이 E. K. 베일리(E. K. Bailey)와 워렌 위어스비(Warren Wiersbe)는 흑인 설교(black preaching)와 백인 설교(white preaching)

의 몇 가지 뚜렷한 차이점에 대해서 분석하였다. 워어스비에 의하면 백인 설교는 성경 본문을 해석할 때 그 본문의 공동체적인 의미보다는 주로 개인주의적인 적용점에 해석의 초점을 맞추는 경향이 강하다. 이와 달리 흑인 설교는 공동체 안에서의 행동의 변화에 영향을 미치는 본문의 변혁적인 힘을 그대로 전달하려고 한다는 것이다. 설교자는 본문을 해석할 때 궁극적인 승리를 가져오는 하나님의 은혜를 어떻게 설교로 재현할 것인지에 대해서뿐만 아니라 하나님이 본문 속에서 긴장감을 만들로 문젯거리를 제시하는 방식에도 관심을 기울여야 한다.

그래서 회중의 변화 과정에서는 모든 설교가 중요하다. 왜냐하면 설교자/지도자는 매번의 설교를 통해서 본문의 주해와 해석, 설교문 작성, 그리고 전달 과정을 밟아가면서 회중에게 지속적으로 긴장감을 조성하고 유지하기 때문이다. 물론 무력한 설교자는 설교로 회중 가운데 긴장감을 조성하려고 들지 않을 것이다. 예를 들어서 누가복음 4:42-5:11의 본문에서 기도의 중요성이나 선교를 위한 예수의 위임명령과 같은 주제에 대한 풍부한 자료를 찾아냈음에도 불구하고 실제 설교에서는 그 누구도 인도하지 못하는 일반적이고 추상적인 내용을 중심으로 설교할 수 있다. 반면에 적극적으로 리더십을 발휘하는 설교라면 설교자는 예수께서 시몬과 다른 제자들을 인도하시는 본문의 역동적인 리듬 속으로 청중이 푹 잠기도록 노력할 것이며, 지금도 "깊은 데로 가서 그물을 내리라"고 말씀하시는 주님의 명령 앞으로 회중을 인도하되, "깊은 데로 가라"는 본문의 은유에 내포된 위험과 기회를 참고하여 긴장감을 조성할 것이다. 이렇게 설교자/지도자는 본문에 들어 있는 역동적인 긴박감의 일부를 설교로 재현하도록 노력해야 한다. 이 긴박감으로부터 우리를 앞으로 한 단계 끌어 올리는 하나님의 창조적인 견인력이 흘러나오며, 우리로 하여금 과감히 하나님의 일을 추구하며 그에 동반되는 위험도 기꺼이 감당하도록 해준다.

중요한 점은 연속 설교 역시 하나님의 은혜 가운데 공동체의 변화를 위한 누적적인 영향력을 끼치며, 회중의 변화를 위한 강력한 전략을 제공한다는 사실이다. 나는 지난 열두 달 이상 여러 설교자들을 면담하면서, 하나님의 비전 발견하기나 교회 생활 지속하기, 갈등 다루기, 또는 하나님의 치유와 같은 주제들로 연속 설교를 전한 사례들을 살펴보았다. 이 중에 몇몇 사례는 뒤의 8장에서 회중의 변화 과정에 대해서 설명할 때 좀 더 자세히 소개할 것이다.

결론적으로 하나님의 백성과 그들이 속한 공동체를 변화시키는 주인공이신 성령의 능력을 의지하는 설교자/지도자는, 매번의 설교를 통해서 현재의 실상과 하나님이 제시하시는 미래의 약속 사이의 창조적인 긴장감을 조성하고 유지하는데 결정적인 책임을 지고 있다.

이상의 내용을 간단히 정리하자면, '모든 설교자/지도자는,'

- 현재의 실상을 분명히 인식해야 하며, 사실적으로 설교해야 하며,
- 각자의 설교 사역에 대한 분명한 비전을 진술문으로 작성해야 하며,
- 공동체와 함께 공유할 비전을 분별하고 비전 진술문으로 작성하고 이를 계속 설교해야 하며,
- 회중 전체의 참여를 유도하기 위한 중보 기도에 대해서 설교해야 하고,
- 하나님의 백성들은 그 분이 성경 본문 속에 넣어둔 긴장감과 필연적으로 관련이 있기 때문에 매번의 설교를 통해서 창조적인 긴장감을 계속 조성하고 유지해야 한다.

2) 정신 모델(mental models)의 힘을 활용하기

네 가지 학습 훈련 중에서 둘째 분야는 "모델"의 관점에서 사고하도록 사고 방식을 자극한다. "'정신 모델'이란 주변 세상을 해석하고 행동을 지도(결정)하는데 사용하는 이미지와 전제, 그리고 이야기를 말한다."[17] 정신 모델은 사람의 상상력을 구체적으로 포착하고 행동을 자극하기 위하여 복잡한 생각과 원동력을 간단한 이미지나 모델로 단순화시킨다. 그러한 모델은 예를 들어 기상도의 "한랭전선"을 나타내는 기호나 도시의 교통 상황을 표시하는 지도의 "그리드"처럼 우리의 일상생활 속에서 매일 사용하고 있다. 또 이 책에서도 선교 지향적 교회에 대한 모델(**〈그림 1〉**)이나 회중의 변화에 대한 모델(**〈그림 4〉**)처럼

시각적인 모델을 사용하고 있다.

기독교 지도자들은 정신 모델을 활용하여 신자들은 자신이 누구인지를 잘 이해할 수 있도록 하며, 하나님의 비전을 달성할 때 얼마나 놀라운 변화가 일어날 것인지를 미리 보여줄 수 있다. 그러한 모델은 또 변화를 위한 현재와 미래 사이의 창조적 긴장도 더욱 "선명하게" 보여줄 수 있다. 현실과 비전 사이의 긴장이 뚜렷해질수록 변화를 위한 회중의 의지와 결단도 더욱 강해진다.

따라서 설교자/지도자는 회중의 변화 과정에서 정신 모델을 효과적으로 활용하는 방법을 꼭 배워야 한다. 여러분이 속한 공동체의 현재 상황을 글로 진술하기란 결코 쉽지 않다. 진술하려는 사람은 과거의 경험(좋은 또는 나쁜)과 현재의 믿음(올바르거나 그릇된)에 근거한 나름의 전제(assumption)를 가지고 있기 때문에, 올바른 진술을 위해서는 먼저 세심한 분별력이 필요하다. 따라서 지도자는 자신이 속한 교회와 구성원을 지배하는 특정한 정신 모델을 분명하게 파악하기 위하여 해당 교회의 장점과 약점을 숨김없이 파악하고 이해할 수 있는 성숙한 자기 노출(mature self-disclosure)의 자세가 필요하다.

> 자기 노출을 요구하는 정신 모델은 기독교 목회자에게 매우 중요한 시사점을 던진다. 대부분의 목회자는 어떤 희생을 치르더라도 자기 노출은 꼭 피해야 한다고 신학교에서 배웠다. 또 어떤 목회자는 자신에 대해서 노출하더라도 이를 부도덕한 방식으로 역이용하기도 한다. 또 다른 목회자는 실상은 덮어둔 채로 존중받고 싶어 하는 교인들의 모습을 함께 즐기는 경우도 있다.[18]

정신 모델에 따라 사고하기 위해서는 다음과 같은 자질들을 계발해야 한다. 먼저 다른 사람들, 특히 동정심이 없어 보이는 사람들까지라도 이해하려는 진실된 의지를 갖춘, '공감적인 청취의 자세'를 계발해야 하며, 편안한 전제를 내던져버리고 곤란한 문제라도 적극적으로 감당하려는 '비평적인 사고 자세'(critical thinking)를 계발해야 하고, 또 이전의 패턴을 반복하는 것이 아니라 새로운 길을 모색하는 '변혁적인 계획 수립'(transformational planning)의 자세를 계발해야 한다.

그런 자세가 함께 갖추어질 때 "정신 모델"은, 다음에서 소개하는 몇몇 사례에서도 알 수 있듯이, 설교자/지도자가 다양한 창의적 방법으로 사고하는 데 도움을 줄 수 있다. 이를 통해서 지도자들은 구성원이 쉽게 이해할 수 있는 방식으로 교회의 현재 삶과 특성을 서술할 수 있으며, 현재 교회 주변에서 진행되고 있는 문화적인 변화로 말미암은 파장에 대해서도 구성원이 더 잘 이해할 수 있도록 설명할 수 있으며, 교회가 변화될 때 그 결과는 어떨 것인지에 대한 비전을 선명하게 제시할 수 있다.

오브리 맬퍼스(Aubrey Malphurs)는 사람들이 지역 교회 공동체의 특성을 더 잘 이해할 수 있도록 하기 위하여 미국의 복음주의 교회 내에서 발견되는 여섯 가지 정신 모델의 윤곽을 제시하는데, 그것은 교실과 영혼 구원, 사회적 의식, 경험, 가족간의 만남, 생활 발전의 여섯 가지 유형이다. 예를 들어 "교실형 교회"(classroom church)는 교회의 핵심 가치를 '정보'에 두고 있으며, 목회자와 회중의 역할은 각각 '교사'와 '학생'으로 양분되며 양자 사이의 강조점은 '학습'에 집중된다. 그리고 이 학습의 주된 원천은 물론 '강해 설교'로부터 공급받는다. 이와는 대조적으로 "생활 개선 교회"(life-development church)는 핵심 가치를 '성품계발'에 두며, 목회자와 회중의 역할은 각각 '코치'와 '사역'(ministry)이며, 성품이라는 핵심 가치를 위해서 모두가 집중적으로 강조하는 것은 '존재의 변화'이고, 이러한 바람직한 결과를 확인할 수 있는 정당한 자리를 '변화된 삶'에 두고 있다.

이와 같은 모델들은 현재의 실상을 시각적으로 정리하여 보여줄 뿐만 아니라 바람직한 변화는 구체적으로 어떤 것인지를 쉽게 이해할 수 있도록 한다. "우리의 현재 모습이 '교실형 교회'라면, 우리는 어떤 교회로 변화해야 하는가? 하나님은 우리를 '생활 개선 교회'로 부르고 계시는가?"

헤링턴과 보넴, 그리고 푸르도 정신 모델을 활용하여 복잡한 문화적 변동 현상을 두 개의 대조적인 축으로 쉽게 설명하고 있다. 왼쪽은 "전통적인 교회가 안정적인 조직체로 유지되었던 상황"을 나타낸다면, 오른쪽은 "급속도로 변화하는 선교적인 현장 속에 놓인 교회"를 나타낸다.[19] 예전의 교회들이 누렸던 안정성은, 느리고 예측 가능한 변화와 교회와 지역 사회가 함께 공유하

교회의 유형	핵심가치	목회자의 역할	신도의 역할	핵심 강조점	전형적인 도구	원하는 결과	당위성의 근거	긍정적 특징
교실형 교회	정보	교사	학생	알기	설교 개요	교육 받은 그리스도인	강해설교	풍부한 성경지식
영혼구원의 교회	전도	전도자	인도자	구원하기	구원 초청	중생한 사람들	숫자	잃은 양들을 향한 마음
사회적 양심 교회	정의	개혁가	신병 모집자	돌보기	탄원	행동가	대의	피압제자들에 대한 연민
경험중심 교회	경험	실행자	청중	느끼기	핸드 마이크	능력 받은 그리스도인	영	활력
가정재결합 교회	충성	기관 목회자	형제자매	소속하기	소찬(素饌)	안전한 그리스도인	뿌리	정체성
생활개선 교회	인품	코치	사역	존재하기	예배소서 4장	제자	변화된 삶	성장

〈그림 5〉 미국 복음주의 교회의 모델. Taken and adapted from Aubrey Malphurs, Values-Driven Leadership ⓒ 1996. Reprinted with permission of Baker Books, a division of Baker Publishing Group.

는 가치, 관리자로서의 목회자, 동질그룹으로 구성된 청중, 안정적인 성장 전략, 교단 본부에서 마련한 프로그램, 그리고 어느 교회에서든 표준화된 접근 방법이라는 특성으로 나타난다. 반대로 급속도로 변화하는 새로운 환경에 노출된 교회의 변동성은, 빠르고 불연속적인 변화, 교회와 지역 사회 간의 서로 다른 가치관, 서로 이질적인 청중, 개 교회 단위의 지속적인 수정이 필요한 전략, 개별적인 요구에 부응하는 다양한 그룹을 활용하는 접근 방법이라는 특성으로 나타난다.[20]

오늘날 대부분의 교회는 이 두 가지 축 사이에서 점점 왼쪽 축에서 오른쪽 축으로 이동하고 있음을 깨달을 뿐만 아니라, 이전의 방법이나 전략으로는 더 이상 효과를 얻을 수 없다는 사실도 느끼면서 다음에는 무슨 일이 벌어질 것인지에 대해서 걱정하는 것 같다. 에디 깁스(Eddie Gibbs)의 표현을 빌리자면 '미래교회'(ChurchNext)에 대해서 다들 두려워하고 있기 때문에, 변화 현상을 쉽게 설명하는 정신 모델을 파악하는 것은 회중의 변화를 이끌어내는 과정에서 매우 중요한 단계이다.

앞에서 확인한 바와 같이 깁스도 나름대로 정신 모델을 동원하여 미래 교회가 어떤 모습으로 변화할 것인지, 특정한 장소에 특정한 사람들을 향한 하나님의 비전을 어떻게 구현할 수 있는지에 대해서 소개한다. 여기에서도 조급함과 부정확한 억측의 위험을 경계해야 한다. 왜냐하면 이웃 교회의 성공적 모델을 그대로 따라가기 위하여 소극적이며 겁 많은 회중에게 이 모델을 그대로 강요하려는 유혹이 찾아올 수 있기 때문이다. 성공에 대한 인간의 야망은 비록 하나님의 이름을 동원하더라도 욕망 자체의 힘만으로 회중의 변화를 이끌어보려고 하지만 결국은 실패로 끝날 수 밖에 없다. 조급한 마음 때문에, 하나님께 기도하며 그 분의 말씀을 듣고 미래의 계획에 대해서 숙고하는 장기간의 영적인 과정을 다 생략하는 것은, 변화를 위한 영적 자원을 전혀 계발하지 않겠다는 뜻이며, 그렇게 되면 변화 과정이 시작하여 갈등이 발생하더라도 생명을 주는 갈등으로 승화시키지 못하고, 결국 교회는 파괴적인 권력의 소용돌이 속에 휘말려 무너지고 만다. 급하게 열매만 취하려고 하면 결단코 하나님께 영광이 되지 못한다.

미래 교회의 "모델"에 대해서 고려할 때 항상 기억할 점은, 교회는 결코 인간의 능력이나 기대에 제한되는 인간의 조직체가 아니라는 사실이다. 이러한 입장은 모두가 세속적인 리더십 이론에 근거한 것들이다. 교회는 자신을 향한 하나님의 뜻을 분별하고 순종하는 가운데 그 백성을 인도하라는 지상 최고의 막중한 책임의 자리로 설교자/지도자를 부르시고 세우신 하나님의 것이다. 그리고 각각의 신앙 공동체는 각자 위치한 곳에서 감당해야 할 특정한 사명을 위한 하나님의 은사와 약속을 받았다.

(1) 과거의 회상
누가복음 4:42-5:11에서 예수께서는 어떻게 설교/지도의 모범을 보여주셨는지를 다시 상기해보자. 첫째로, 그는 기도에 최우선 순위를 두었다. 기도는 하나님의 목적을 분별하기 위하여 인간의 지혜가 아니라 하나님의 능력과 지혜를 의지해야 한다는 점을 보증할 뿐만 아니라, 변화를 위한 선결조건으로서의 자기 노출 작업을 능히 감당할 능력을 부여한다. 이와 관련하여 헤링턴과 보넴, 그리고 푸르는 이렇게 조언한다.

> 성경에 대해서 그리고 하나님의 성품과 인간, 그리고 세상에 대한 성경의 교훈들을 공부하는 것은 변화를 위한 선행조건으로서의 자기 노출을 시작하는 최선의 방법이다. 또 혼자 있는 고독과 묵상, 그리고 기도와 같은 경건 훈련도 우리 자신의 정체성의 문제에 대해서 깊이 생각해 볼 수 있도록 해 준다.[21]

설교자/지도자는 기도라는 최우선의 전략을 통해서 하나님의 말씀을 청취하며, 자신과 교회가 처한 상황을 명료하게 파악할 수 있는 "적절한 정신 모델"을 분별할 수 있다. 설교자/지도자의 사고에 요구되는 확실성과 정직함, 그리고 투명성은 모두가 성경을 열고 하나님께 기도하는데서 얻어진다.

둘째로, 예수는 "하나님 나라"를 자신의 메시지와 삶의 중심에 놓음으로써 이후의 모든 설교자/지도자에게 근간이 되는 "정신 모델"을 제시하셨다. 또 예수는 자신의 뒤를 이어, 현재를 뛰어 넘어 새로운 삶의 방식을 항상 바라보며 살아갈 제자들을 위한 긴장감을 창조해 놓으셨다. 그것이 바로 예수께서 가져오신 하나님 나라이다. 하나님의 나라는 인간의 삶을 놀라운 가능성의 세계로 확장시키며 "아직" 완성되지는 않았을지라도 "지금" 현재 세계 속으로 꿰뚫고 들어오는 하나님의 능력을 선포하며 종말에 완성될 그 나라를 소망하게 한다. 예수는 "하나님의 나라"라는 한 마디 표현으로 이 세상과는 전혀 다른 심오한 목표를 위하여 살아가는 새로운 백성의 통전적이고 공동체적인 삶의 실체를 압축하여 제시하셨다. 그래서 하나님 나라 속에는 변혁적인 리더십의 사상이 장엄하게 집약되어 있다. 하지만 하나님 나라와 관련하여 가장 중요한 점은 여전히 하나님의 능력 속에 신비롭게 감추어져 있다는 점이다. 이 땅에 그 누구도 그 나라를 지상의 어느 교회나 인간적인 프로그램과 동일시 할 수 없다. 그래서 하나님 나라는 그 무엇으로도 만들어 낼 수 없는 독특한 영적 긴장을 형성하는 신학적이고 영적인 템포를 이끌어낸다.

영국의 리더십 분야의 권위자인 존 어데어(John Adair)는 이렇게 적고 있다.

> 예수는 그 누구와도 '견줄 수 없이' 독보적인 비저너리였다. 그의 비전은 '하나님의 나라'로 집약적으로 표현되었다… 오늘날 리더십에 대한 우리의 일반적인 지식은 이미 예수가 일구어 놓은 것을 그대로 설명하는 수준에 불과하다. 그는 하나님 나라의 비전을 소통하셨고 그 비전대로 사셨으며 그 비전속에서 자신의 삶의 목적을 정하시고 다른 이들을 부르셔서 하나님 나라에 어울리는 리더십을 가르치시며 앞장서서 그들을 인도하셨다. 그는 자기 제자들과 동고동락하면서 그들의 위험과 힘든 일도 함께 나누시고 궁극적으로는 자신의 생명을 주시되, 말 그대로 진리를 위하여 자신의 생명을 내어 놓으셨다.[22]

셋째로, 예수는 말뿐이 아니라 행동의 본까지 보이셨다. 앞에서도 언급한 바와 같이 "깊은 데로 가서 그물을 내리라"는 예수의 명령(눅 5:4)은 새로운 '정신 모델'에 따라 행동하도록 제자들을 도전한다. 이 명령 앞에서 시몬 베드로는 예수와 자신이 맡은 사명에 대해서 결코 예전과 같은 방식으로 생각할 수 없었을 것이다. 오늘도 예수는 계속해서 자신을 새로운 시각으로 바라보도록 제자들을 앞으로 인도하시면서 새로운 각오와 능력으로 각자의 사명을 추구하도록 하신다. 예수는 설교자/지도자와 그들이 속한 공동체의 역동성을 개선하는 데 탁월한 능력을 계속 발휘하시기 때문에, 이들도 예수와 함께 계속 변화할 수 있는 것이다.

(2) 모든 설교가 중요하다.

설교자/지도자는 공동체가 현재 처한 상황을 객관적이고 분명하게 표현하여 회중으로 하여금 자신들이 속한 공동체가 어떠한지를 쉽게 이해할 수 있도록 해야 한다. 그 방법의 하나인 정신 모델은, 사람들로 하여금 하나님께서 그들을 보시듯이 자신들을 올바로 보고 이해할 수 있도록 도와준다. 하지만 가장 중요한 점은 설교자/지도자는 현재 상황에서 한 걸음 더 나아가서 하나님의 가장 커다란 청사진인 하나님 나라에 관하여 강력하게 선포하는 방법도 연마해야 한다.

참으로 비극적이지만 오늘날 상당수의 설교는 하나님 나라를 그다지 강조하지 않고 있다. 빅 고든(Vic Gordon)은, 하나님의 나라가 예수의 가르침과 설교의 핵심 주제였다는 점에 대해서 모든 신학자가 동의하고 있음에도 불구하고 실제 설교 현장에서는 이런 선례가 무시되고 있는 현상에 대해서 개탄한다.

> 나를 포함하여 대부분의 그리스도인은 이 사실을 잘 모르고 있다. 미국 전역의 교회를 돌아다니면서 말씀을 가르치는 자리에서 나는 수 천의 그리스도인에게 이렇게 물어보았다. "무엇이 예수의 설교와 가르침에서 가장 중요한 주제였는지 아십니까?" 이 해답을 아는 사람은 불과 두 명(또는 심지어 한 명) 정도 밖에 되지 않았다고 말하는 내 자신이 너무 슬프다. 그런데 더욱 안타까운 점은 심지어 목회자 중에도 이 해답을 모르는 사람들이 상당수였다는 사실이다.[23]

설교에서 이렇게 하나님 나라에 대해서 침묵하는 것은 결국 예수의 공생애 사역의 진수를 짓밟는 것이나 다름 없으며, 회중의 변화를 위하여 예수께서 제공하시는 가장 위대한 "정신 모델"을 빠뜨림으로서 결국 설교/지도 사역을 무력화시키는 셈이다. 이는 또 설교의 활력을 마비시키는 것이나 다름 없다.

설교자/지도자에게 부과된 가장 최고의 과제는 하나님 나라를 설교하는 것이다. 이 설교를 통해서 신약성경에 담긴 가장 최고의 긴장, 즉 하나님 나라의 이미와 아직의 긴장이 설교 현장에 재현된다. 하나님 나라의 설교는 청중에게 익숙한 경계선을 허물어뜨리며 사람들의 사고의 한계를 확장시킨다. 그 이유는 이 설교가 단순히 함께 나눌만한 좋은 소식을 담고 있기 때문이 아니라, 하나님 나라에 대한 창조적인 긴장감으로 가득 차 있으며, 설교를 통해 이 긴장감이 조성됨으로써 청중의 인식의 지평이 더욱 확장되기 때문이다. 그래서 하나님 나라를 그저 개인주의적인 관점으로나 단지 지성에 호소하는 차원으로나 소심한 방식으로 설교할 수는 없다. 하나님의 나라는 교회를 포함하지만, 하나님의 통치가 교회 안에 갇힐 수 없다. 그 나라는 하나님의 공평과 정의로 시간과 공간, 인종, 성, 그리고 문화의 장벽을 무너뜨리고 모든 것을 아우르면서 새 하늘과 새 땅에서 실현되는 하나님의 가장 커다란 목표를 지향한다. 내가 신학교에 다닐 무렵 어떤 저명한 설교자 한 분이 우리 학교를 방문한 적이 있다. 그는 우리에게 이렇게 말했다. "저는 일 년에 적어도 꼭 한 번은 성도들이 달가워하지 않는 설교를 합니다." 물론 우리 중에 상당수의 설교자도 부지불식간에 그런 설교를 전하곤 한다. 하지만 우리는 그가 무슨 뜻으로 그렇게 말했는지를 잘 안다. 그는 하나님을 위하여 회중의 마음을 뒤흔드는 것이 설교자의 책임이라고 믿었던 것이다. 설교자가 믿는 종말론은 신자의 이해의 지평을 넓혀준다. 하나님 나라가 올바로 선포되면 청중은 결코 느긋한 마음으로 현 상태에 만족할 수 없을 것이다.

하나님 나라의 "정신 모델"은, 회중의 변화를 위한 효과적인 리더십을 발휘하려는 설교자에게 성경이 제시하는 가장 위대한 청사진을 따라 사역을 감당하도록 안내하며, 변화의 주역이신 주께서 오늘과 같이 빠르고도 불연속적으로 변화하는 시대 속에서 회중을 창조적인 긴장감 속으로 이끌어 들일 수 있도록 해 준다. "선교적인 교회"(missional church)에 관하여 다루고 있는 최근의 여러 서적은 "교회가 세상 속에서 변화를 가져오는 존재로(as a transforming presence) 서 있어야" 한다고 도전한다. 그 교회의 특징 중의 하나는 앞에서도 살펴본 바와 같이 "하나님의 통치를 완전히 실현하기 전까지 교회는 그 통치를 구현하는 하나님 나라의 불완전한 표현(an incomplete expression)임을 인정하는 것이다." 그렇다. 우리의 미래를 위한 하나님 나라의 청사진은 참으로 거대하고 신비와 약속으로 가득 차 있다. 하지만 그 날이 오기 전까지 사람들은 오직 그 나라에 대한 설교를 통해서만, 변화가 일어나는 가장 심원한 자리로 인도될 수 있을 것이다. 하나님 나라의 설교는 최근 선풍적인 인기를 끌고 있는 속성의 성형수술과 같은 것이 결코 아니다. 그 나라는 설교자와 회중이 기꺼이 하나님과 함께 더 심오한 자리로 나아가고자 할 때 성령께서 역사하심으로써 마치 서서히 익어가는 과일처럼 오랜 숙성을 요구한다.

따라서 설교자/지도자들은, 사람들로 하여금 스스로를 현재 실제의 입장에서 올바로 평가할 뿐만 아니라 하나님께서 초청하시는 나라의 함축적인 의미를 이해하고 실행할 수 있도록 하는 올바른 정신 모델을 확립하고 이를 회중에게 지속적으로 제시해야 하는 전략적인 책임을 지고 있다. 예수 그리스도께서 부여하시는 사명의 자리로 더 깊은 곳으로 나아가려면 현재의 안락 지대에 느긋하게 머물러서는 안 된다.

결론적으로 정신 모델의 힘을 활용하려면 '모든 설교자/지도자는,'

- 현재의 실체에 대한 분명한 그림을 갖고 있어야 하며 사실적으로 설교해야 하며,
- 사람들로 하여금 빠르고도 불연속적으로 변화하는 시간을 이해할 수 있도록 해야 하고,
- 미래의 비전을 구상하려는 적극적인 의지가 있어야 하며,
- 하나님의 나라를 강력하게 설교해야 한다.

3) 팀 학습

네 가지 학습 훈련 중에 세 번째 분야인 팀 학습 기술은 지도자가 구성원과 맺는 인간 관계와 관련이 있다. 성공적인 리더십을 위해서는 팀이 필수적이라는 점은 자명하지만, 팀 학습 기술에서 중시하는 것은, 팀은 주어진 과제에 관여한 구성원 개인과 리더 개인의 능력을 훨씬 뛰어 넘는 결과를 가져올 수 있다는 점이다. 로버트 오펜하이머(J. Robert Oppenheimer)가 핵무기 개발을 위한 맨해튼 프로젝트(Manhattan Project, 제2차 세계 대전 기간 동안 미국이 영국과 캐나다의 도움을 받아 행해진 최초의 핵무기 개발 계획의 암호명. 미국의 물리학자 로버트 오펜하이머가 미군의 감독 하에 지휘를 맡았고, 1945년에 이 프로젝트의 결과로 세 개의 폭탄이 설계, 제조되었고 그 중에 두 번째와 세 번째 폭탄이 각각 히로시마와 나가사키에 투하되었다-역주)에 참여하는 2,500명의 과학자로 구성된 팀을 성공적으로 지휘하게 되었을 때, 그는 한 개인으로 보자면 그 팀에서 기술적으로 가장 탁월한 사람은 아니었다. 하지만 그는 팀을 조직하고 지휘하는 방법을 잘 알고 있었다.

앞에서 우리는 누가복음 4:44-5:11에 기록된 예수의 제자들의 소명에 관한 기사를 통해서 예수의 설교/지도 사역에는 팀을 조직하는 일도 포함되어 있었음을 살펴보았다. 이 본문에 따르면 시몬이 깊은 데로 가서 그물을 내릴 당시에 그 배에 예수도 함께 계셨다. 그런데 시몬이 깊은 데로 가서 그물을 내리자 놀라운 일이 벌어졌고 너무 많은 고기가 잡혀서 다른 이들의 도움이 필요했다. "이에 다른 배에 있는 동무를 손짓하여 와서 도와 달라 하니"(눅 5:7). 예수는 열 두 제자를 권하여 서로가 하나로 결속되어 서로 도움을 주고받도록 하셨으며, 세 명 단위의 그룹 안에서 더욱 깊은 연대감을 누리게 하시며(눅 9:28), 둘씩 짝지어 파송도 하시면서(눅 10), 매번 팀 학습을 실행하셨다.

팀은 종종 위원회(committee)와 대조를 이룬다(나도 결속력이 강한 팀처럼 효력을 발휘한 몇몇 위원회를 잘 알고 있어서 이렇게 말하는 것이 불공평하지만 말이다). 팀은 공동의 결과를 위하여 서로 협력하는 개인으로 구성되어 있는 반면에, 위원회는 서로 다른 견해에 대해서 토론하는 개인으로 이루어져 있다. 또 팀에서는 다른 견해들에 대한 개방적인 자세와 사물을 다른 각도에서도 바라보려는 집단적인 의지로 그룹 학습을 독려하는 반면에, 위원회에서는 극대화된 개인주의가 인정되는 분위기 속에서 다른 위원들의 입장을 설득하여 바꾸려든다. 또 팀을 위해서는 정직과 신뢰를 바탕으로 서로 협력하기 위하여 친밀한 상호 인간관계가 요구되는 반면에, 위원회에서는 주어진 의제에 대한 토론과 논쟁으로 합의된 결론에 도달하는 것이 중요하다.

마이클 슬로터(Michael Slaughter)는 과거의 목회 경험에 근거하여, 신앙 공동체 구성원이 서로 협력하는데 필요한 절차를 '꿈꾸고' '발전시키며' '진행시키는' 팀과 일주일이나 한 달에 한 번씩 만나서 '평가하고' '승인하며' '위임하는' 전형적인 교회 위원회의 특징을 서로 대조해 보았다. "팀은 개개인이 모인 조직체 이상이다. 팀은 구성원 모두가 전체 과정을 함께 진행하며, 결과에 대해서 평가하며, 그 책임까지 함께 한다."[24] 하지만 그렇게 미래의 꿈을 함께 나누는 그룹을 조직하기란 매우 힘들 뿐만 아니라 많은 시간과 인내력, 그리고 상당한 수준의 기술을 요구한다.

팀의 발전은 리더에게 달렸다. 리더가 구성원이 서로간의 오해와 갈등을 극복하면서 다양한 견해를 용납하도록 도와줄 때, 팀의 결속력은 강해지며, 구성원 모두가 새로운 목적에 헌신할 수 있으며, 방어적인 자세 대신 상호 간의 대화의 자세가 형성된다. 대화란 구성원이 합의점에 도달하기 위하여 서로의 솔직한 의견을 나누는 것으로 정의할 수 있는데, 이러한 대화를 통해서 구성원 모두가 새로운 이해에 도달하게 될 때, 결국 팀 전체의 획기적인 발전도 가능하다. 따라서 팀 구성원은 강한 개성이나 또는 위계질서상의 지위를 동원하여 논쟁에 이기려고 하기 보다는, 서로에 대해서 충분히 이해하고 납득하려고 노력해야 한다.

리더는 대부분의 팀 행동(team behavior)이 인간의 평범한 행동에 영향을 받는다는 사실을 유념해야 한다. 팀 내에서 구성원간의 대화가 결실을 거두도록 하려면, 구성원 전체는 행동에 관한 실제 지침들을 합의하여 각자의 행동과 실천에 대한 규칙을 마련해야 한다. 예를 들어 '수행평가의 기준'(*performance standards*)은 팀이 성취하려는 목표치와 이를 달성하기 위한 시간표를 담고 있다. 수행평가 기준의 중요성에 대해서 헤링턴과 보넴, 그리고 푸르는 이렇게 충고한다.

> 대부분의 교회는 수행평가의 기준을 확립해야 할 필요성을 별로 느끼지도 못하고 또 이를 어려워한다. 많은 교회가 교인 출석률과 재정과 같은 아주 기본적인 통계만을 측정해 오고 있는 실정이다… 하지만 이런 자료들만으로는 충분하지 않다. 회중 전체가 공유하는 비전을 확정하고 이를 달성하는데 적합한 표준이 확립되면, 이를 계기로 학습을 위한 원동력이 형성된다.[25]

팀은 소규모임에도 불구하고 구성원의 높은 헌신도 때문에, 예상할 수 있는 목표치를 정하고 이를 위하여 노력함에 있어서 다른 조직에 비해서 특히 유리하다.

(1) 모든 설교가 중요하다

겉으로 보기에는 팀 학습은 설교자/지도자와는 별로 관련이 없는 기술처럼 보인다. 대부분의 설교자는 설교 작업을 그저 설교자 혼자 감당해야 하는 개인의 과제로 간주하고 다른 이들은 그저 회중석에 조용히 앉아 있으면 그만이라 생각한다.

그래서 아쉽게도 다수의 설교자는 팀으로 이루어 놓은 업적이 전무한 편이다. 앞에서 언급한 통계조사에 의하면 71%의 목회자들이 자신을 팀 플레이어로 여기는 반면에 회중은 48%만이 이 입장에 동의하는 것으로 나타났다. 다수의 목회자는 오늘날 팀의 중요성이 너무 과대평가되고 있으며 팀 학습에 많은 노력을 쏟을 필요가 없다고 생각하는 것 같다. 앞에서 우리는 리더십이 없는 무력한 설교는 팀 학습에 거부반응을 보이며, 시간과 노력을 요하고 심지어 불화가 일어날 수도 있는 사람과의 만남이나 그들의 의견청취보다는, 책 속에 파묻혀 그 속에서 추상적 개념과 씨름하기를 더 좋아한다는 것을 살펴보았다. 그러한 설교는 "그리스도의 몸"(고전 12장)을 이론적으로 다룰 뿐이고 함께 협력하는 사람들 사이의 활발한 역동성을 애써 피하려고만 한다. 그러다보면 이런 설교는 회중으로 하여금 기도 가운데 교회를 향한 "그리스도의 마음"(고전 2:16)을 분별할 수 있도록 인도하시는 성령의 능력을 놓치고 만다.

따라서 설교자/지도자는 팀 학습의 기술이 제대로 효과를 발휘할 수 있도록 노력해야 한다. 이를 위해서 첫째로 이들은 교회 내에서 영향력을 발휘하는 리더십 팀에서 중요한 역할을 감당해야 한다. 또 이들은 행동을 통해서 대화에 대한 개방성과 책임 있는 자세를 보여주어야 하며, 다음과 같은 비판적인 질문에 대해서도 응답할 수 있어야 한다: 설교자가 팀에 관여할 때 팀은 어느 한 사람이 전권을 행사하지 못하도록 개개인의 입장의 중요성을 어떻게 보장할 수 있는가? 설교자는 다른 사람의 의견을 잘 듣고 또 자신과 일치하지 않거나 이의를 제기할 때 올바로 반응하는 방법을 적극적으로 배우고 따를 의지가 있는가? "권위의 인물"(authority figures)이 더 나은 결과를 위하여 자신과 다른 견해에 대해서도 개방적인 자세를 유지할 수 있는가?

둘째로, 설교자/지도자는 그룹과의 공동의 대화 시간이 어떤 식으로든 다음 설교 메시지에 어떤 영향을 끼치는지를 파악해야 한다. 신앙 공동체 내에서 설교 사역은 교회 전체 구조 속에 포함되어 있으며 교회의 여러 지도자가 관여하는 모든 일이나 사역과 연관되어 있다. 또 설교는 교회 생활의 모든 의미 있는 사역을 더욱 강화시켜야 하는 책임을 지고 있다. 티모시 펙(Timothy Peck)은 설교자들에게 이렇게 질문한다. "교회 내 지도자들(또는 평신도 지도자들)이 설교단에서 자신들이 진행하고 있는 사역을 지원해달라고 여러분을 압박하고 있습니까?"[26] 펙은 설교자들에게 충고하기를, 설교단의 리더십을 통해서 설교자는 교회의 여러 사역에 대해서 주도적인 역할을 감당해야 한다고 한다. 설교자는 설교 메시지의 적용점을 제시할 때 공허한 교훈에 머무를 것이 아니라 소그룹을 활성화시키거나, 선교에 대한 우선순위의 문제나 청지기 직분에 대한 전략, 그리고 예배 활성화와 같은 실제적인 문제를 다루면서 리더십을 발휘해야 한다. 이와 관련하여 설교자/지도자는 하나님의 말씀은 그저 몇몇 경건한 영역의 문제만 관여하는 것이 아니라 공동체 전체의 모든 문제에 관여한다는 확신을 가지고서 거룩한 것과 속된 것을 구분하는 이분법의 논리를 극복해야 한다.

셋째로, 설교자/지도자는 설교 사역과 관련해서도 팀 사고(team thinking)를 계발해야 한다. 예를 들어 어떤 설교자는 설교 준비와 평가에 도움을 받고자 공식적으로 팀을 조직해 둔 경우도 있다. 앞에서 나는 설교와 리더십이 함께 결합된 존 맥클루어(John Mcclure)의 "원탁의 설교단"(roundtable pulpit)에 대해서 언급한 적이 있다.[27] 맥클루어는 이전의 목회 경험에 근거하여 이전 설교를 평가하고 다음 설교를 함께 준비하는 모임을 조직하였는데 이 과정에서 대략 10명의 사람이 일주일에 한 번씩 모여 대략 한 시간 반 정도에 걸쳐서 이전 설교에 대한 피드백과 피드포워드(feedforward, 실행 전에 결함을 미리 예측해서 행하는 피드백 과정 제어-역주, 10분 정도 소요)와 성경 본문에 대한 토의(20분 소요), 그리고 설교에 대한 서로의 의견 교환(60분 소요)의 시간을 갖는다.

한 그룹이 몇 개월의 정해진 기간 동안 설교 사역에 동참하고 해산되면 이어서 다른 그룹이 이어서 참여한다. 그래서 몇 년이 지난 후에는 교회 회중 대부분이 원탁의 설교 사역에 동참할 수 있었고, 자신들의 견해와 의견을 설교 준비 과정에 포함시키는 방법을 배우면서 결국 최종의 설교 사역에 모든 성도가 함께 동참하는 것을 확인할 수 있었다. 맥클루어에 의하면 이런 전략은 목회에 대한 회중의 참여적인 리더십을 더욱 강화해 주는 좋은 계기가 되었다.

이보다는 덜 공식적이긴 하지만 나 역시 교회 내 평신도 지도자들과 정기적으로 모임을 갖고 (설교가 포함된) 예배를 미리 계획해오고 있다. 그래서 어떤 그룹의 지도자들은 나를 도와서 3년에 접어든 소그룹 모임을 위한 축하 예배를 성공적으로 준비할 수 있었다. 사도행전 20:20을 참고하여 "20/20 비전"이라고 이름붙인 예배에서 그들은 매우 유익한 통찰과 에너지를 동원하여 예배가 성공적으로 진행될 수 있도록 해 주었다. 어떤 신자는 베드로전서 1장에 근거하여 "주여 우리를 하나로 묶으소서!"라는 제목의 드라마 대본을 작성하기도 하였고, 또 다른 이들은 특별 음악 연주단을 준비하기도 하였는데, 그 중에 가장 뜻 깊은 것은, 이런 활동을 계기로 신자들끼리 연대감을 나누는 가족 모임이 얼마나 소중한 것이며 그들의 비전이 목회자의 설교에 많은 영향을 준다는 것을 깨달을 수 있었다는 점이다. 이들은 골로새서 4:15와, 빌레몬서 1:2, 고린도전서 16:19와 같이 가족 모임에 관한 신약성경의 구절들을 연구하면서 함께 토론하였고 이런 가족 모임에 대한 토론은 자연스럽게 나의 설교 메시지로 이어졌다.

> 이런 모임은 그저 가벼운 샌드위치나 나누면서 "홍차에 우유 좀 타시겠어요?"(영국에서는 홍차에 우유를 약간 섞어 마시기도 한다-역주)라고 묻는 수준의 모임이 아닙니다. 그들은 함께 배우고 함께 토론하는 사람들이었으며, 배우는 일에 헌신적이었습니다. 어떤 감독이 이렇게 말한 적이 있습니다. "사도 바울이 방문한 곳마다 그곳에 혁명이 일어났지만, 왜 제가 방문하는 교회마다 저에게 차를 대접하고 마는지 정말 이상합니다." 이들은 계속해서 성장하기를 원했던 남자와 여자들입니다. 솔직히 말하자면 학습을 통해서 여러분이 배우고 성장하는 가장 비효과적인 방법은, 혼자 서재로 들어가서 몇 시간이고 공부한 다음에 이 앞에 나와서 한 20분간 떠들면서 사람들이 무언가를 배울 수 있기를 기대하는 것입니다. 가르침과 반응, 그리고 성숙이 일어나는 곳은 바로 가정입니다. 가정이 아니라면 여러분은 어디로 가서 여러분이 지금 자신에 대해서 그리고 하나님의 말씀 앞에 얼마나 당혹스럽고 힘든지 털어 놓고 이야기를 나눌 수 있겠습니까?[28]

나는 평신도 지도자들과 함께 준비한 덕분에 설교뿐만 아니라 예배 전체를 통해서 소그룹 사역에 대한 신자들의 헌신과 재헌신을 이끌어 낼 수 있었다. 『전방위 설교』(*360-Degree Preaching*)에서 나는 설교자가 공동체를 위한 하나님의 말씀을 해석하는 과정의 일부분으로서 다른 이들의 의견을 듣는 기술이 얼마나 중요한 것인지를 강조하였다.[29] 이는 설교자/지도자에게는 결코 간과해서는 안 되는 부분이다.

결론적으로, 팀 학습의 기술을 발전시키기 위해서는 '모든 설교자/지도자는,'

- 교회 사역 속에서 팀 학습에 개인적으로 헌신해야 하며,
- 교회의 모든 사역들과 다음 설교 메시지와의 긴밀한 연관성을 파악해야 하며,
- 설교 사역을 다른 지도자들과 함께 진행하는 팀 사고(team thinking)를 계발해야 한다.

4) 시스템 사고를 실행하기

네 가지 학습 훈련 중에서 마지막 분야인 시스템 사고의 기술은 교회 전체에 대한 지도자의 접근 자세와 관련이 있다. 과거의 리더십 연구에서는 조직체 전체와 조직체 내의 다양한 요소를 서로 분리하여 분석하는 방법을 활용하곤 하였다. 그렇게 해서 비효율적이거나 이익을 가져다 주지 못하는 부분은 제거하고 생산적인 부분은 자원을 더욱 보강하는 방법을 택했다. 하지만 오늘날의 리더십 연구에서는 조직체 내의 다양한 요소와 이 요소 간의 복잡한 상호 작용이 서로 결합하여 하나를 이루고 있는 것으로 간주하는 통전적인 접근 방법인, '시스템 사고'(system thinking)를 강조한다. 알리스테어 만트(Alastair Mant)는 조직체에 대한 두 가지 접근 방법을 자전거와 개구리의 차이에 비유한다.

> 똑똑한 지도자라면 조직체의 복잡한 시스템은 자전거보다는 개구리에 더 흡사하다는 점을 잘 알 것이다. 자전거는 완전히 분해해서 모든 부속품들을 깨끗이 닦고 기름을 바른 다음에, 예전처럼 잘 굴러갈 것으로 확신하면서 다시 조립할 수 있다. 하지만 개구리는 그렇게 다룰 수 없다. 일부분이라도 자르는 순간 나머지 모든 부분의 작동이 즉각 멈춰진다… 오늘날 상당수의 관리 컨설턴트들은 복잡한 조직체의 시스템을 마치 자전거 다루듯이 다룰 수 있다고 생각한다. 조직체를 구성하는 부분을 그저 계속 모으고 집합시키기만 하면 전체 시스템에 대한 실제적인 그림을 얻을 수 있다고 생각하는 것이다. 이들은 사악한 자들이 아니라 그저 우둔할 뿐이다.[30]

교회와 가정 모임에 관한 신약 성경 구절들을 자세히 살펴본 사람들이라면, 그리스도의 몸으로 불리는 가장 중요한 회중 모델의 복합적인 시스템에 대해서 결코 무지할 수 없을 것이다(고전 12:21-26; 롬 12:4-5). 그리스도의 몸된 교회에서 모든 부분은 서로를 필요로 할 뿐만 아니라, 그 교회의 머리되신 그리스도 안에서 통일성과 조화를 발견한다. 유기체적인 그리스도의 몸으로서의 교회는 하나님의 기관인 동시에 인간의 기관이다. 이와 관련하여 헤링턴과 보넴, 그리고 푸르는 다음과 같이 주장한다.

> 기독교 공동체는 이 땅에 존재해 온 인간의 조직체 중에서 가장 복잡한 조직체이다. 이 조직체 속에는 하나님과 인간이 함께 만나고 있으며, 수 세기를 넘어 이어져 오는 전통, 그리고 수많은 조직체의 크기와 처한 상황, 믿는 신앙, 추구하는 가치, 그리고 실제 사역의 다양성 때문에 이 조직체는 놀랄 정도로 복잡하다.[31]

위의 세 저자는 교회 지도자에 대한 적절한 유비로 의사를 든다. 의사 중에서도 특히 치유와 건강에 대한 통전적인 관점을 가지고 인체가 복합적인 유기체로 어떻게 작용하는지를 이해하려고 노력하는 자연 요법 의사(naturopathic physician)가 교회 지도자에게 더 적절한 유비라는 것이다. 이들은, 전통적인 서양 의학의 가르침을 따라 훈련된 수많은 의사가 "알약과 메스"라는 전형적인 방법을 사용하는 것과는 달리, 건강이나 질병의 어느 한 요소가 신체 전체에 미치는 민감한 파장과 여러 상호 작용을 중요시한다. 이와 마찬가지로 설교자/지도자도 회중의 유기체 전체가 어떻게 상호작용하는지에 대한 통전적인 관점을 계발시켜야 한다.

시스템 사고에 대한 자세한 내용은 매우 복잡하기 때문에 여기에서는 다만 간략하게 다루고자 한다. 조직체 내의 여러 요소가 상호 작용하는 시스템 속에는 몇 가지 단계(several levels)가 지속적인 변화와 성장을 위해서 복잡하게 서로 작용하고 있기 때문에, 지도자들은 서로 다른 단계가 어떻게 함께 작용하는지를 잘 이해할 수 있는 기술이 필요하다. 기독교의 신앙 공동체는 그 안에서 모든 요소가 서로에게 영향을 주면서 하나님께 열려 있기 때문에 '개방형 시스템'(open system)이라고 할 수 있다. 개방형 시스템은 표면적인 문제들로부터 시작하여 점점 안으로 들어갈수록 매우 복잡해진다. 먼저 표면적인 문제들로서 쉽게 분별할 수 있는 요소로는, 회중의 활동과 일상적인 업무와 관련된 '행사들'(events)이 있다. 한 단계 좀 더 깊이 들어가서 살펴보면 회중 전체나 일부분이 따르고 있는 방향이나 지침을 반영하는 '트렌드'(trends)를 찾아낼 수 있는데 이는 어느 정도 시간을 요한다.

조금 더 깊이 탐색하면 회중의 마음속에 있는 인간 상호 관계에 대한 패턴을 보여주는 '구조'(structure)가 나타나는데, 이 구조는 "우리가 이 일을 이렇게 처리하는 이유이자 방식이다"는 말로 잘 요약된다. 이러한 구조는 그룹 구성원의 의식 저변에서 행동의 동기나 이유로 작용한다. 그리고 이 구조보다 더 아래의 가장 깊은 단계에 '정신 모델'(mental model)이 자리하고 있다. 이 정신 모델은 회중이 복음의 본질과 사명, 이웃 간의 연대감, 그리고 의사 결정과 관계된 여러 문제를 이해하는 방식이다. 정신 모델에 대해서는 이미 앞에서 살펴보았으며, 정신 모델이 특히 조직체의 작동 시스템의 핵심을 이루고 있음을 언급하였다.[32]

시스템 사고를 실행한다는 의미는 이러한 다양한 레벨 간의 복잡한 상호 관계를 세심하게 고려한다는 뜻이다. 예를 들어서 '행사'의 단계에서 비교적 쉽게 얻어지는 변화는, 그 보다 더 깊은 단계인 회중의 '트렌드'의 변화에까지 영향을 미치기가 쉽지 않으며 보다 더 깊은 '구조'와 '정신 모델' 단계의 변화까지 끌어내기는 더더욱 어렵다. 독자들은 아마도 단순하게 그저 좀 더 많은 변화를 얻어내는 것이 중요하다고 생각할는지 모른다. 하지만 여기에서 제시하는 사례는 그저 수많은 사례 중에 간단한 한 가지 사례에 불과하고 각각의 조직체의 역사와 개성, 죄와 은혜가 서로 강력하게 결합하면서 수 많은 가능성이 나타날 수 있다. 그래서 회중의 유기체 속에서 일어나는 복잡한 시스템들의 상호 작용에 대해서 좀 더 자세하게 파헤친다는 것은 이번 장의 한계를 넘어서는 것이다. 하지만 그 중에 몇 가지 양상에 대해서는, 다음 두 장에서 변화의 과정 속에서 고려해야 할 영적 및 관계적 활력의 역할과 선교와 비전의 자리에 대해서 다룰 때 좀 더 다뤄질 것이다.

(1) 모든 설교가 중요하다

자연요법을 중시하는 의사처럼 설교자/지도자는 유기체의 건강과 질병의 어느 한 요소가 교회 생활 전체에 어떻게 영향을 끼치는지에 대해서 잘 파악해야 한다. 그리고 설교 메시지의 모든 적용점은 회중 전체의 신앙생활에 해를 끼치기 보다는 오히려 영적 건강을 통전적으로 증진시킬 수 있도록 고안해서 제시해야 한다.

앞에서 소개한 짐 니코뎀 목사는 설교/지도 사역의 핵심은 '진단'(*diagnosing*)에 있다고 확신한다. 그는 이렇게 말한다. "설교자들은 의사처럼 교회의 건강을 위협하는 문제들을 찾아내서 이를 설교로 다뤄야 한다." 예를 들어 교회 내에 비판적인 생각을 가진 사람들이 나타나서 교회 전체의 건강을 위협할 수 있다. 이런 경우에 설교자는 흠 잡기를 좋아하고 비판하는 사람들에 대처했던 느헤미야(느 4:1ff)에 대해서 설교함으로써 신앙 공동체의 기독교적 특징에 대해서 실제적으로 설교하면서 이 문제에 공동체적으로 대처할 수 있다. 니코뎀이 지적한 것처럼, "설교단에서 무조건 소리를 지를 것이 아니라 사람들이 직면한 실제적인 문제를 다뤄야 한다." 설교자/지도자는 그리스도의 몸된 교회를 위하여, 앞에서도 언급한 바와 같이, 단순히 행사와 트렌드의 단계보다 더 깊은 차원의 구조와 정신 모델의 단계에서 하나님의 말씀을 선포하여 변화를 이끌어내야 할 책임이 있다.

기독교 조직체와 시스템은 가장 강력한 능력의 원천인 하나님께 열려 있다. 하나님께서는 어느 때이든 누구와도 함께 일하시기로 선택하여 부르실 수 있다. 누가복음 5장에서 엄청나게 많은 고기 앞에 압도된 제자들은 두려움과 기대감으로 예수 아래 엎드려 이사야 6:5의 탄식을 쏟아냈다. "주여 나를 떠나소서 나는 죄인이로소이다"(눅 5:8). 이 고백은 눈앞에 벌어진 일이 인간의 힘으로는 절대로 불가능하며 오직 하나님만이 설교자/지도자에게 베풀어 줄 수 있을 뿐이라는 사실을 확증한다. 누가복음 5장에서 하나님은 깊은 데로 나아가서 그물을 내리고, 엄청난 고기잡이의 기적과 거룩함으로의 초대, 그리고 제자로의 부르심의 모든 과정에 함께 하신다. 그래서 회중의 온전한 영적 변화의 중심에는 하나님과의 만남의 사건이 자리하고 있다. 설교/지도라는 영적 결과는 전적으로 하나님의 은혜에 달려 있다. 하나님은, 그 분의 뜻을 믿으며 위기를 하나님과 함께 기꺼이 감당하고자 할 때 그들 가운데 새 일을 행하시겠다고 약속하셨다.

결론적으로 시스템 사고의 기술을 숙달하기 위해서 '모든 설교자/지도자는,'

- 회중이 복잡한 시스템 속에서 어떻게 작용하는지를 이해해야 하며,
- 영적인 민감성을 가지고 회중의 건강과 질병을 진단해야 하고,
- 변화를 가져오는 하나님의 능력에 대해서 열려 있어야 한다.

2. 무력한 설교로부터 해방되기

설교자들이 이상의 네 가지 학습 훈련을 설교 사역에 접목시키면, 개인주의적인 교훈만을 가르치면서도 그 어떤 변화도 일어날 것으로 기대하지 못했던 무력한 설교의 사슬로부터 벗어날 수 있다. 먼저 '창조적인 긴장감을 조성하고 유지하는 방법'을 통해서 설교자는 설교에 긴급성을 강화할 수 있다. 그리고 '정신 모델의 힘을 활용하여' 설교와 리더십의 현장에서 모든 초점을 하나님 나라에 맞춤으로써 개인주의와 왜곡된 인간적인 계획을 극복할 수 있다. 또 '팀 학습'은 교회가 그리스도의 몸을 이루는 유기체로서 모두가 함께 동역할 수 있는 실제적 방안들을 제공한다. 마지막으로 '시스템 사고'는 교회를 통하여 자신의 구원 계획을 이뤄가고 계시는 하나님께 다차원적으로 반응할 수 있도록 유도한다. 이러한 네 가지 학습 훈련은 설교를 준비하고 전달하는 전체 과정뿐만 아니라, 설교자가 교회 내 다른 평신도 지도자들과 관계하는 모든 인간관계, 그리고 교회 주변의 지역 사회를 위하여 설교가 회중에게 미치는 영향을 포함하여 광범위한 영향을 미친다.

리더십이 배제된 무력한 설교는 이러한 다차원적인 리더십의 요청에 대해서 난색을 표하면서 "좋은 설교였습니다. 목사님!"과 같은 내실 없는 순응에 만족할 뿐이다. 하지만 리더십을 적극 발휘하는 활력 있는 설교자/지도자는 설교 결과에 대한 저조한 기대감을 떨쳐버리고, 하나님의 변화시키는 말씀(사 55:11)을 위하여, 부여된 책임을 위하여 최선을 다한다. 무엇보다도 활력 있는 설교는 온 세상을 위하여 온 교회에 속한 모든 백성을 위한 하나님의 비전을 선포하는 설교이다. 그리고 이들은 하나님의 능력으로 이 일이 일어나도록 할 것이다.

제 7 장
성숙한 인격

하나님의 말씀을 너희에게 이르고 너희를 인도하던 자들을 생각하며 저희 행실의 종말을 주의하여 보고 저희 믿음을 본받으라 예수 그리스도는 어제나 오늘이나 영원토록 동일하시니라(히 13:7-8).

뉴욕시장 루돌프 줄리아니(Rudolph Giuliani)는 2001년 9월 11일 테러가 발생했을 당시 "모든 일을 자신의 눈으로 직접 확인하는 것과 모범을 보이는 것"의 두 가지 중요한 리더십의 원칙을 따랐다.[1] 줄리아니는 이러한 리더십 원칙을 1992년 뉴욕에 위치한 '세인트 아그네스 교회'(St. Agnes Church, 1992년에 화재로 전소되었고 1998년에 동일한 자리에 다시 세워짐-역주)에 발생한 화재 사건에 대한 자신의 대응 사례를 통해서 미리 훈련할 수 있었다. 당시 변호사로 활동하던 줄리아니는 자신의 사무실로 가는 도중에 이 유명한 교회 건물에서 연기가 새어나오는 것을 발견한다. 그 즉시 건물로 뛰어든 그는 모든 사람에게 빨리 밖으로 대피하여 소방대를 기다릴 것을 지시한 다음에, 혹시나 모를 방화범을 찾아 불이 번지고 있는 건물 안쪽으로 들어갔다. 잠시 후 자기 사무실로 돌아온 줄리아니는 그제야 비로소 자기가 입고 있던 코트가 불길에 검게 그을렸음을 알게 되었다. "그 코트는 완전히 새카맣게 변해버렸고 숯검댕으로 얼룩 저버렸더군요. 그래서 수선을 하려고 후에 세탁소에 보냈지만 쭈글해진 체로 되돌아왔습니다. 하지만 이날까지도 그 코트를 내버리지 않고 있습니다. 그 날 있었던 저의 조치에 감사하는 뜻으로 소방본부에서 저에게 메달을 하나 보내 왔는데, 저는 그 날의 일을 기억하고자 검게 그을린 제 코트에 메달을 함께 걸어서 소중히 간직하고 있습니다."[2] 줄리아니는 그런 경험을 통해서 그 다음 테러 사건에 대처할 수 있는 리더십을 연마할 수 있었다.

리더십의 중심에는 리더의 인격이 자리하고 있다. 줄리아니의 경우에는 "모든 일을 자신의 눈으로 직접 확인하는 것과 모범을 보이는 것"이다. 흥미롭게도, 영국의 유명한 코미디언 릭키 제바이스(Ricky Gervais)가 실패한 리더십에 대해서 이렇게 말했다. "인격의 부족이야말로 리더십에서 최대의 실패 요인이다. 그런 자들은 결국은 파멸에 이르고 말 것이다."[3]

설득을 위한 연설에 관한 최초의 조직적이고 철학적인 저서인 『수사학』(Rhetoric)에서 아리스토텔레스(Aristoteles, 384-322 BC)는 "청중에게 메시지의 진실을 확신시키려면 어떤 종류의 증거가 필요합니까?"라는 질문을 받았다. 그는 시간이 흐르면서 더욱 분명해진 다음 세 가지 해답을 제시했다. 첫째는 로고스(logos), 또는 이성이나 내용이 청중의 마음에 확신을 주며, 둘째는 파토스(pathos)에 의해서 청중의 정서가 움직임으로써 진실을 확신하게 되며, 마지막 에토스(ethos)는 연설자의 인격에 의해서 청중이 설득되는 것을 말한다. 이 셋 중에서 아리스토텔레스는 "연설자가 전하는 메시지에 설득당할 수 있는 가장 중요한 요소로서 연설자의 인격적 신실성을 강조하였다."[4]

참된 성경적 설교를 위해서는 하나님과의 긴밀한 영적 관계와, 신실함, 겸손함, 용기, 영적 성숙, 그리고 진실된 인간관계를 가지고 타인의 목소리를 경청하는 자세와 같은 인격적인 자질을 나타내는 성숙한 인격이 필요하다.[5] 지도자로서 부름 받은 설교자인 경우에는 인격의 요소가 더욱 중요하다. 왜냐하면 하나님의 부름 받은 백성으로서 영적 지도자의 인격은 리더십이 발휘되는 전체 공동체에 상당한 영향을 미치기 때문이다.

리더를 처음 만난 몇 초 이내에 대부분의 사람들은 그 리더의 진실성에 대해서 각자 마음속으로 판단을 내리는 것이 사실이라면, 장기간에 걸쳐 하나님의 말씀을 선포하는 설교자의 인격은 그 얼마나 중요하겠는가?

> 청중이 설교자의 에토스를 평가할 때, 청중은 주로 설교자의 도덕적, 지성적, 영적, 정서적, 및 개인적인 습관들에 대해서 그 전부터 알고 있던 것들이 설교 행위 그 자체 속에서 어떻게 전달되고 표현되는지를 파악함으로써 설교자의 에토스를 평가한다.[6]

간단히 말하자면 경건한 리더십은 경건한 에토스가 없이는 결코 발휘될 수 없다. 또 경건한 설교/지도를 위해서는 경건한 설교자/지도자가 필요하다. 종종 우리는 교회 공동체의 에토스가 어떻게 성장하고 영향을 미치는지에 대해서 이야기하곤 한다. 신학교에 가면 다음과 같은 충심어린 조언을 들을 수 있다. "젊은이들이여, 목회 사역에 신중을 기하라. 여러분이 섬길 교회는 여러분 자신을 닮아갈 것이다. 여러분이 섬길 교회의 신자들 중에 여러분 이상으로 성숙한 자리로 나아갈 사람은 아무도 없을 것이다. 천박한 목회자는 천박한 교회를 세울 것이고 깊이 있는 목회자는 깊이 있는 교회를 세울 것이다." (그런데 앞에서 살펴본 바와 같이 교회 회중의 시스템은 하나님과 인간이 상호 결합된 복잡한 혼합체이기 때문에) 이러한 주장들은 교회 내의 여러 관계를 지나치게 단순화하고 있지만 그래도 여기에는 중요한 교훈도 들어 있다. 한 마디로 말해서 공동체는 지도자를 닮아 성장하는 경향이 있다. 그래서 최근의 수사학에서도 이런 맥락에서 연사의 '인격에' 대해서 강조한다.

설교자가 성경 본문을 깊이 묵상하고 성령과 함께 동행하면, 지적인 정보를 제공하는 데 만족하는 무력한 설교가 하나님의 은혜로 말미암아 하나님의 '성품을 중재하는' 활력 있는 설교로 바뀔 수 있다. 설교자는 말 뿐이 아니라 전체 삶으로 다른 이들을 인도해야 한다. 이들은 그리스도를 대신하는 대사로 부름을 받았으며, 말뿐만 아니라 인격과 존재함 그 자체로 그리스도를 나타내야 한다(고후 6:18). 마틴 루터(Martin Luther)의 표현을 빌리자면 설교자들은 "작은 예수"가 되어야 한다. 그래서 설교자가 예수를 전하고 예수를 설교한다는 의미는, 단순히 예수에 관한 메시지를 설교하는 것 뿐만 아니라 예수와 함께 예수를 위하여 설교한다는 뜻이다.

이 땅에는 경건한 설교자를 통해서 전달되는 하나님의 기름부음을 받은 설교에 비교할 수 있는 다른 그 어떤 의사소통의 형태는 없다. 그래서 설교에 대한 예전의 책들을 살펴보면 설교의 특권과 영광을 강조한다. 예를 들어 필립 브룩스(Phillips Brooks)에 의하면,

> 인격을 통하여 전달되는 진리가 참된 설교에 대한 바람직한 정의이다. 진리는 단지 설교자의 입술에서 나와서 청중의 머리로만 전달되는 것이 아니라, 설교자의 인격을 통해서 전달되어야 한다… 진리는 설교자의 성품과 감정과 그의 모든 지성적이고 도덕적인 존재를 통해서 전달되어야 한다.

계속해서 브룩스는 두 종류의 설교자를 대조한다. "한쪽은 설교자의 '표면적이고 피상적인' 성격만 묻어나는 메시지가 전달되어 오면서 설교자의 인색함만이 느껴지는 반면에, 다른 한쪽에서는 복음이 설교자의 인격을 '관통하여' 전달되면서 회중은 설교자 마음 속에 들어 있는 복음에 대한 열정과 정신력의 모든 것들을 함께 느낄 수 있다."⁷⁾ 설교자/지도자는 인색함을 전하는 자들이 아니라 하나님의 변화를 가져오는 자이며, 공동체를 위하여 지칠 줄 모르고 믿는 것과 경험한 것, 그리고 삶으로 증명할 수 있는 것을 선포하는 자이다.

1. 영적 및 관계적 활력

회중의 변화 모델의 두 번째 요소인 영적 및 관계적 활력은 설교자/지도자의 인격과 직접 관련이 있다. 영적 및 관계적 활력은 "하나님의 신실한 백성이 자신들의 인생을 향한 하나님의 비전을 열정적으로 추구할 때 함께 경험하

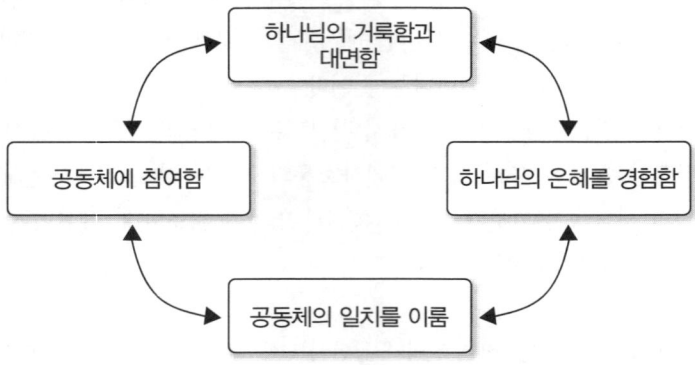

〈그림 6〉 영적 및 관계적 활력의 요소들. Taken from Jim Herrington, Mike Bonem, and James H. Furr, Leading Congregational Change ⓒ 2000. Reprinted with permission of John Wiley & Sons, Inc.

는, 생명을 주는 능력"을 말한다.[8]

헤링턴과 보넴, 그리고 푸르는, 백여 개의 교회 현장에서 회중의 변화에 관여하면서 경험하였던 영적 및 관계적 활력의 네 단계를 소개하고 있다. 이 단계는 "하나님의 백성은 사도행전 2:42-47에 묘사된 신약성경의 참되고 순수한 신앙 공동체로서 살아가야 한다는 근본적 전제 위에 고안된 것들이다."[9] 영적 및 관계적 활력의 네 단계는 '하나님의 거룩하심과 대면함'과 '하나님의 은혜를 경험함,' '공동체의 일치를 이룸,' '공동체에 참여함'의 순서로 시계방향으로 진행된다(흥미롭게도 본인이 제안한 설교/지도의 전방위 모델 역시 설교자와 청중 모두에게 개입하여 능력을 공급하시는 하나님의 역사로 말미암은 설교와 청취, 그리고 삶의 순서로 시계방향으로 진행되는 하나님의 역동성을 잘 나타내고 있다).

영적 및 관계적 활력의 시계 방향 움직임은, 하나님의 거룩하심에 대한 영적 대면과 아울러 공동체의 일치와 참여를 향한 하나님의 은혜를 경험함으로 진행된다. 그리고 이상의 네 가지 요소 사이의 쌍방향 화살표는 "공동체 내의 하나님의 임재로 말미암아 구성원 사이에 어떻게 일체감이 형성되며, 구원의 은혜와 하나님을 향한 열망의 정신이 고양되는지"를 보여준다.[10] 즉 공동체의 영적 활력은 구성원으로 하여금 개인주의적인 구원에 만족하지 않고 서로 화해를 추구하게 만들며 일체감을 향한 열망이 고조되며 공동체를 세우도록 자극을 준다는 것이다.

설교자/지도자에게 이상의 영적 및 관계적 활력의 네 가지 요소는 다음 두 가지 면에 있어서 매우 중요한 에토스의 문제를 제기한다. 첫째로, 이상의 네 가지 요소는, 이러한 네 가지 단계를 밟아가면서 공동체 내에 영적 및 관계적 활력을 이끌어 낼 수 있는 사람이 과연 누구인가 하는 질문을 제기한다. 둘째로, 각각의 단계마다 여기에 적절하게 부응하는 설교 메시지와 전달을 요구한다.

2. 개인적인 에토스에 대한 질문들

앞에서 나는 적절한 리더십의 기술이 없는 설교는 그저 무력한 메아리에 불과하다는 점을 계속 지적하였다. 이와 마찬가지로 설교자/지도자가 앞에서 소개한 영적 및 관계적 활력의 네 가지 요소에 헌신하지 않으면 활력 있는 설교에 필수적인 에토스를 담아내기 어렵다. 아래의 몇몇 질문에 대해서는 분명하게 대답해야 한다. 나 역시 개인적으로 아래의 질문들을 가지고 깊이 고민했기 때문에 그대로 1인칭으로 질문을 작성하였다.

1) 나는 하나님과의 영적인 대면의 단계를 넘어서 공동체의 일치와 하나 됨에 대해서까지 기꺼이 설교할 의지가 있는가?

'거룩하신 하나님과의 대면'과 '하나님의 은혜를 경험하기'와 같은 두 가지 요소는 설교에서도 매우 중요한 주제이지만, 만일 이런 주제만 제한적으로 다룬다면, 결국 하나님에 대한 신앙적인 반응에서 지나치게 개인주의적인 입장만을 강조하면서 공동체적인 반응의 책임을 소홀히 할 우려가 있다. 즉 하나님에 대한 사랑만을 강조하고 이웃에 대한 사랑을 무시하는 것은 하나님과 이웃을 동시에 사랑하라는 그리스도의 이중 계명(마 22:37-40)을 무시하는 것이다. 또 용서와 화해, 그리고 하나님의 백성과 함께 세우는 공동체와 같은 무거운 주제들을 덮어버리고 개인주의적인 교훈만을 안전하게 되뇌이는 것은 복음에 합당한 자세가 아니다. 앞의 1 단계(거룩하신 하나님과의 대면)와 2 단계(하나님의 은혜를 경험하기)에만 머무르려는 심리도 이해 못할 것은 아니다. 메시지에 대한 회중의 저항과 갈등의 가능성을 회피하려는 것이다. 하지만 공동체의 일치와 참여에 대한 하나님의 요청을 설교하지 않고 외면하는 것은 한 마디로 비겁한 설교이다.

하나님과 이웃에 대한 사랑을 기꺼이 함께 설교하려는 설교자에게는, 가장 최고의 윤리와 가장 폭 넓은 행동 그리고 가장 깊은 차원의 헌신이 요구되며, 이를 위해서는 성령의 인도하심과 능력을 주시리라는 하나님의 약속을 꼭 신뢰해야 한다. 이들은 또 자신의 모든 것을 담대하게 하나님께로 활짝 열어 놓고, 하나님에 대해서 경험하고 알게 된 것은 그 분의 은혜로 말미암아 모두가 다 참된 것임을 확신해야 한다. 그럴 때 하나님의 은혜에 대한 체험의 깊이는 더욱 깊어질 것이다. 이와 동시에 다른 이들과의 관계는 앞으로도 더욱 넓어지고 깊어져야 함을 겸손하게 인정하면서, 공동체를 통한 하나님의 영적 및 관계적 활력을 담대하게 증언해야 한다.

2) 하나님께서 직접 나를 인도하시도록 할 것인가?

지도자들은 스스로의 영적 성장을 위하여 투자하는 시간과 노력을 결코 소홀히 하지 말아야 한다. 빌 하이벨스(Bill Hybels)도 디 혹(Dee Hock)의 견해를 인용하면서 자기관리가 리더십에서 가장 중요한 과제 중의 하나임을 강조한다. "시간의 50%와 최대의 노력을 자기 관리에 쏟아 부어야 하며, 자기 관리를 그렇게 하고자 할 때 윤리적이고 도덕적이며 영적인 요소는 필연적일 수 밖에 없다."[11] 어떤 이들은 이 과정을 가리켜서 "자기 관리"(self-management)나, "자기 지도"(self-leading), 또는 "영적 상태 점검하기"나, "영적 훈련 관리하기"라고도 부른다.

우리를 위해서 이 일을 대신해 줄 수 있는 사람은 아무도 없다. 모든 지도자는 이 일을 혼자서 감당해야 하며, 이 일은 결코 쉽지 않다… 이 일이 참으로 힘든 까닭에 대부분의 지도자는 이 일을 회피한다. 우리는 다른 이들에게 감동을 불어넣으려고 애쓰거나 다른 이들의 행동을 통제하려고 노력하지만 자신에 대한 성찰과 내면의 성장을 위한 힘든 수고는 애써 외면하려고 한다.[12]

다음과 같은 자기 성찰을 위한 힘든 질문들을 스스로에게 정기적으로 물어보아야 한다. 나의 소명은 확실한가? 나의 비전은 분명한가? 나의 열정은 뜨거운가? 나는 꾸준히 은사를 계발하는가? 나의 성품은 그리스도께 복종되어 있는가? 내 자만심은 진압되어 있는가? 나는 두려움을 극복하였는가? 내면의 문제들이 나의 리더십을 침해하고 있지 않는가? 나의 진보는 계속 유지되고 있는가? 내 속에 하나님과 사람들을 향한 사랑은 계속 자라고 있는가?[13] 이런 주제들에 대한 정직한 질문과 답변을 통해서 설교자/지도자는 지속적으로 하나님만을 의지할 수 있다.

3) 나는 더 많은 영적 지혜와 용기를 구하는가?

해리 에머슨 포스딕(Harry Emerson Fosdick)은 기도하는 심정으로 이렇게 노래했다.

> 우리에게 지혜를 베푸소서
> 이 시대와 맞설 수 있도록
> 우리에게 용기를 주소서[14]

지혜와 용기는 얼마나 중요한 결합인가? 첫째로, 중요한 것이 지혜이다. 당연히 리더십에는 지혜가 필요하다. 알리스테어 만트(Alastair Mant)는 리더십에 대한 자신의 책 이름을 『현명한 리더십』(*Intelligent Leadership*)으로 지었다. 누군가는 이렇게 말했다. "그리스도인이 되는 데는 위대한 두뇌가 필요하지는 않지만, 리더십을 위해서는 당신이 가진 모든 지력이 필요하다." 그리스도인 지도자들은 다음 세 종류의 지성을 활용해야 한다. 첫번째 지능지수(IQ)는, 인간관계를 다룸에 있어서 자기인식(self-awareness)과 자제심과 관련되며 이 지능은 다시 공감능력과 함께 정서를 활용하는 능력을 나타내는 감성지능(혹은 감성지수, Emotional Intelligence)에 의해서 보완되어야 한다. 마지막으로 가장 중요한 것은 영적 지혜(SW, spiritual wisdom)이다. 교회에 똑똑한 천재들은 그리 많지 않지만(고전 1:26), 영적인 지혜는 하나님과 관계를 맺고 있는 신자들에게 은사로 주어진 것으로서, "오직 하나님이 성령으로 이것을 우리에게 보이셨다"(고전 2:10).

지능지수와 감성지능은 개인과 개개인의 능력에 초점을 맞춘 반면에 영적 지혜는 역설적으로 십자가에 달리시고 부활하신 예수 그리스도께 집중한다. 복음은 세상의 눈에는 참으로 불합리하게 보이지만 십자가에 달리신 그리스도 안에서만이 올바로 이해될 수 있다.

이와 마찬가지로 지능지수와 감성지능은 개개인의 유전과 양육에 따라 주어지는 은사이지만, 영적 지혜는 오직 성령으로 자신을 드러내시는 하나님께만 전적으로 의지해야만 얻을 수 있다. "우리가 이것을 말하거니와 사람의 지혜의 가르친 말로 아니하고 오직 성령의 가르치신 것으로 하니 신령한 일은 신령한 것으로 분별하느니라"(고전 2:13). 간혹 사람들은 성령의 역할을 그저 예배 시간에 (기타나 드럼 소리를 크게 높이면서) 예배의 분위기를 고조시키는 것에 국한시키는 것 같다. 물론 예배도 살아계신 하나님의 역동성을 나타내는 표지이지만, 성령께서 우리 가운데 역사하시는 가장 심오한 증거는, 평범한 남자와 여자 신자들이 하나님과 그의 하시는 일에 대해서 지혜로워질 때 나타난다. 왜냐하면 바로 그 때 성령께서 우리에게 다가오사 진리를 확신시키며 우리를 정결케 하시며 거룩하게 하시고 또 모든 진리를 깨우쳐 알게 하시고 그 진리로 인도하시기 때문이다.

지능지수와 감성지능은 공동체가 아니라 개개인의 지능을 평가하는 지표이다. 이것은 한 마디로 '내' 개인의 지능지수이다. 하지만 영적 지혜는 공동의 인간관계 속에서 발견된다. "누가 주의 마음을 알아서 주를 가르치겠느냐 그러나 우리가 그리스도의 마음을 가졌느니라"(16절). 즉 영적 지혜는 '우리 모두의' 것이다. 따라서 설교자/지도자는 개개인뿐만 아니라 신앙 공동체 안에서 역사하시는 그리스도의 영에 더욱 철저하게 의지해야 한다. 그렇지 않고서는 다른 이들을 영적 및 관계적 활력의 네 가지 요소를 경험하도록 인도하는 것은 전혀 불가능하다.

설교자/지도자에게는 용기 역시 중요하다. 그래서 하이벨스는 자신의 책 제목을 『용기 있는 리더십』(Courageous Leadership)으로 정했다. 리더십 연구에서는 항상 용기라는 자질을 매우 중요시해왔다. 왜냐하면 리더는 항상 다른 이들 앞에 노출되어 있으며 그래서 상처 입기 쉽기 때문이다. 리더의 용기가 때로는 앞에서 소개한 줄리아니의 경우처럼 대중적인 영웅에 대한 찬사로 이어질 때도 있다. 하지만 그렇게 눈에 잘 띄지 않지만, 사람들의 반대에 직면해서도 계속 사랑을 베푼다거나 또는 다른 이들의 자만심 앞에서도 겸손한 자세를 잃지 않는 매일 매일의 도덕적 용기도 리더에게 꼭 필요한 용기이다.

> 매일 결정을 앞두거나, 사람들과의 만남을 앞두고 있을 때, 그리고 상실과 고통의 위험이 도사리고 있는 도전에 직면할 때마다 진실한 리더에게는 용기가 꼭 필요하다… 열의가 없는 구성원에게 비전을 이야기하고 헌신을 이끌어내며 비판적인 의견들에 응답하고 진행 중인 사역의 과정을 평가하면서, 우리는 매일 수 십, 수백 번의 용기 있는 행동과 조치를 통해서 리더로서 우리에게 부과된 책임을 계속 수행한다. 이 모든 과정은 용기 있는 리더십을 요청하는 중요한 순간들이다.[15]

성경은 도처에서 "두려워 말라. 겁내지 말라"고 명령하고 있다. 따라서 설교자/지도자는 여호수아 1:1-9과 같이 용기를 주는 본문들을 다른 사람들이 아니라 먼저 자기 스스로에게 종종 설교할 필요가 있다. "두려워 말고 담대하라!"는 말씀은 우리를 과거에서 미래로 이끌어간다. 여호수아 역시 과거에만 머물러 있다면, "내 종 모세가 죽었다"(수 1:2)는 충격적인 소식에서 헤어날 수 없었을 것이다. 하지만 용기는 하나님의 백성을 과거의 향수로부터 미래의 비전으로 인도한다. 또 진정한 용기는, 그리스도인들이 예배 형태나 프로그램과 같은 고유한 교회 문화를 하나님 나라와 혼동할 때 빚어지는 불필요한 논쟁과 갈등을 극복할 수 있게 한다. 리더십에 필요한 용기의 위력은 세속적인 리더십 이론 속에서도 발견된다. 마가렛 위틀리(Margaret Wheatley)는 이렇게 단언한다.

> 책임 있는 지도자가 되기 위해서는 예전의 세상은 과감히 떠나 보낼 수 있으며, 그동안 소중히 여겼던 모든 것을 포기할 수 있으며, 어떤 것이 효과적이며 어떤 것이 그렇지 않은지에 관한 기존의 사고방식을 내던질 수 있는, 용기가 필요하다.[16]

바람직한 용기는 변화가 일어날 미래를 '내다보는' 용기이다. 그래서 신앙의 언어는 미래적인 언어이다. "내 종 모세가 죽었으니 이제 너는 이 모든 백성으로 더불어 일어나 이 요단을 건너 내가 그들 곧 이스라엘 자손에게 주는 땅으로 가라. 내가 모세에게 말한 바와 같이 무릇 너희 발바닥으로 밟는 곳을 내가 다 너희에게 주었노라"(수 1:2-3). 레잇 앤더슨(Leith Anderson)은 회중의 변화에 대한 워샵을 진행하는 도중에 참가자들에게 교회 생활 중에서 가장 최고의 해를 언제로 생각하고 있는지를 적어보라고 했다. 그랬더니 대부분의 사람은 과거의 좋았던 시절을 떠올렸지만, 앤더슨이 그보다 훨씬 중요하게 여겼던 것은 그 중에 많은 수는 아니지만 몇몇 사람들은 앞으로 2010년이나 심지어 2025년의 미래를 미리 바라보더라는 것이다.

바람직한 용기는 또한 지금 '현재' 역사하시는 하나님을 신뢰하는 용기이다. 낙심은 항상 지나친 걱정 때문에 더 가중되기 마련이다. 또 열 개 중에 아홉 가지 장점이 있더라도 한 가지 단점이 나머지 아홉을 압도하고 만다. 하지만 하나님의 약속의 말씀은 지금 이 순간의 현재를 살리는 말씀이다. "내가 모세와 함께 있던 것 같이 너와 함께 있을 것임이라 내가 너를 떠나지 아니하며 버리지 아니하리라"(수 1:5). 성경에 근거하여 매일 하나님과 관계를 지속함으로써 영적인 지도자는 늘 온전히 제 자리를 지킬 수 있다(수 1:8).

박사과정을 밟는 한 학생이 "설교에서 다루기 힘든 주제"에 대한 자신의 생각을 나에게 솔직하게 털어 놓았다.

> 그런 주제들에 대해서 설교하는 것이 두려운 것이 아니라, 설교가 회중을 인도하도록 하나님께서 나에게 맡기신 엄청난 기회라는 사실을 올바로 이해하지 못했던 것이 정말 아쉽습니다… 그동안 저는 사람들을 기쁘게 했던 사람이었습니다. 이제는 위험과 갈등을 회피하는 거래적인 리더(transactional leader)가 아니라, 삶을 변화시키는 리더십을 발휘하는 자의 자리에 서 있는 변혁적인 리더다운 소질을 계발하는데 헌신하고 있습니다.

설교자/지도자가 앞에서 제시한 질문들에 예라고 대답할 수 있을 때, 비로소 회중을 영적 및 관계적 활력 속으로 인도하는 것이 가능할 것이다.

3. 네 요소를 설교하고 실행하기

마하트마 간디는 "천 마디의 설교보다 한 번의 실천이 더 가치 있다"는 유명한 말을 남겼다. 그렇다면 다음 네 가지 요소를 통한 단 한 번의 설교자의 실천보다, 회중을 더 깊은 영적 및 관계적 활력으로 인도할 수 있는 것은 아무 것도 없다. 회중을 영적 및 관계적 활력 속으로 인도하는 것이야말로 기독교 리더십의 심장의 맥박과 같다. 영적 활력과 관련하여 이런 질문을 던져볼 수 있다. "우리 교회의 공동체적인 영성은 활력 있게 차고 넘치는가 아니면 조용히 숨어 있는가? 경건한 성품들이 우리의 모든 태도와 행동 속에 스며들어 있는가? 이러한 성품들은 일상적인 동시에 혁명적인가?"[17] 이런 질문에 대해서 설교자/지도자는 현재 자신들이 알고 실제로 행하고 있는 그대로 솔직히 대답할 수 있어야 한다.

1) 하나님의 거룩하심과 대면하기

누가복음 5:8-9에서 예수에 대한 시몬의 관계는 피상적인 존경과 칭찬, 그리고 복종의 자세에서 하나님의 임재에 완전히 압도된 자로 극적으로 변화한다. "주여 나를 떠나소서, 나는 죄인이로소이다. 주님의 거룩하심을 감당할 수 없사오니 나를 떠나소서!"

변혁적인 리더십은 리더가 하나님의 거룩하심 앞에서 자신의 연약함과 죄성을 깊이 깨달을 때 비로소 시작될 수 있다. 기독교 리더십이 세속적인 리더십의 원리와 확연히 분리되는 경계선이 바로 이곳이다. "회중의 변화를 이끌어 내는 유능한 리더는 계속해서 다른 사람들이 하나님의 거룩하심과 대면할 수 있도록 돕는 촉매 역할을 한다."[18] 경건한 에토스(성품)이 없이는 경건한 리더십을 발휘할 수 없으며, 여기서 경건한 에토스란 인격적인 성결을 의미한다.

엔론(Enron, 미국의 대표적 에너지 기업이며 회계부정으로 2001년 12월 2일 미국 역사상 가장 큰 규모의 파산을 이룸-편집주)와 월드컴(Worldcom, 미국의 대표적 장거리 전화업체이며 자산규모가 1070억 달러였으나 주가조작, 횡령, 뇌물 수수 등 회계조작으로 2002년 7월 파산함-편집주)의 회계 부정 사건과 마사 스튜어트(Martha Stewart, '가사의 여왕'으로 불리는 미국의 대표적 가정생활 물품 판매기업으로 2001년 분식회계로 큰 타격을 입음-편집주)의 분식회계 사건이 연이어 터지면서 세속적인 리더십 연구에서도 비즈니스 분야의 윤리와 도덕의 중요성을 새롭게 강조하고 있다. 정직이란 남을 속이지 않고 장부를 조작하지 않는 것을 의미한다.

하지만 기독교 지도자들은 그저 정직한 자로만 부름 받은 것이 아니라 거룩한 자로도 부름 받았다. 거룩이란 하나님만의 독특한 속성으로서, 도덕적인 완전함에 의해서 그는 세상과 완전히 구별된다. 거룩에 대한 구약성경의 정결 규례들은 (삼하 6:7의 웃사의 급작스런 죽음을 보더라도) 하나님의 거룩성을 엄격하게 보호하는데 집중된 반면에, 신약성경의 복음에서는 "하나님의 뜻을 좇아 그리스도의 몸을 단번에 드리심으로 말미암아 우리가 거룩함을 얻었노라"고 선언한다(히 10:10). 신약에서 교회는 "성도", 즉 문자적으로 "거룩한 무리"(고전 1:2)로 불린다. 한 때는 거룩하신 예수 앞에 온전히 설 수 조차 없었던 시몬 베드로는 성령의 감동을 받아 이렇게 명령한다. "오직 너희를 부르신 거룩한 자처럼 너희도 모든 행실에 거룩한 자가 되라 기록하였으되 내가 거룩하니 너희도 거룩할지어다 하셨느니라"(벧전 1:15-16).

따라서 설교자/지도자는 진심어린 경배의 자세로 드리는 개인적인 경건생활과 예배 속에서 영적으로 성장해야 하며, 상한 심령으로 자신의 죄를 겸손하게 고백할 줄 알아야 하고, 청결하고 정직한 마음을 유지해야 한다. 또 하나님의 압도적인 초월성과 자비로운 내재성의 신비를 느끼며 그의 거룩하심과 대면하는 시간을 가져야 한다. 내 학생 중 한 분은 최근 수업 중에 "우리는 '두렵고 떨리는 신비감'(*Mysterium tremendum*)이 필요합니다"라고 말하자 모든 사람들이 동의하며 박수를 쳤다. 설교자가 성령의 감동하심과 책망하심, 죄악을 드러내심과 치유를 기다리며 전심을 다하고 마음을 열어 하나님의 신비를 신중하게 대할 때, 새로운 차원의 영적 리더십이 가능해진다. "만일 리더가 기도와 성경 공부, 묵상, 고독의 시간, 그리고 금식과 같은 개인 경건의 시간을 통해서 하나님의 인도하심을 구하는 중요한 시간을 계속해서 보내지 않는다면, 의미 있고 지속적인 변화가 일어나는 것은 거의 불가능하다."[19] 개인 경건의 시간을 갖지 않는 것보다 영적 리더십을 더 심각하게 방해하는 것은 아무것도 없다.

설교자/지도자은 하나님에 대한 이러한 개인적인 경험과 확신의 시간을 통해서 회중의 영적 및 관계적 활력을 위한 촉매 역할을 감당할 수 있으며 공적인 예배를 인도할 힘을 얻는다. 요즈음 많은 교회에서 별도의 "예배 인도자"를 세우고 있기 때문에, 설교자/지도자들이 주일 예배의 세부사항들에 대해서 모두 책임을 질 필요까지는 없을 때도 있다. 하지만 회중의 변화를 '이끌어내는' 주역이 바로 예배라는 사실을 꼭 기억해야 한다. 교회 구성원들이 예배 시간에 함께 하나님을 만나며 반응하는 모습은 그 교회의 목적을 가장 생생하게 보여준다. 사람들이 경외감과 순종의 마음, 고백, 신뢰, 온화함, 그리고 기쁨의 찬양으로 예배드리는 대로, 그 예배는 사람들을 감동시키고 그 방향으로 사람들을 이끌어간다. 그리고 그러한 예배를 통해서 그들은 경외감에 가득 차며 하나님께 순종적이고 고백적이며 신뢰하고 온화하며 찬양하는 사람으로 변화해 갈 것이다. 그래서 설교자/지도자는 자기 개인의 에토스를 통해서 예배의 질에 막대한 영향을 미치는 책임을 지고 있음을 명심해야 한다.

누가 예배의 세부 순서나 요소를 조직하고 구성하든 관계없이, 설교자/지도자는 회중의 변화를 주도하고 지속시키는 영적 자질을 의미 있는 공동체 예배와 결합시킬 수 있어야 한다. 설교 역시 회중의 영성과 영적 변화의 원동력이랄 수 있는 공동체 예배의 일부분이다. 따라서 설교자/지도자는 이처럼 중요한 요소에 대한 책임을 무시하거나 다른 사람에게 미루지 말아야 한다. 왜냐하면 사람들로 하여금 좀 더 하나님과 만날 수 있도록 하려는 의도를 담은 예배를 계획함에 있어서 이보다 더 많은 정성과 기술, 그리고 헌신이 요구되는 것도 없기 때문이다. 아무리 선한 의도가 있다고 하더라도 하나님의 영광을 위한 예배의 중요성을 퇴색시키는 것이라면, 그 어떤 프로그램이나 계획도 재고되어야 한다. 이 점에 대해서 헤링턴과 보넴, 그리고 푸르는 다음과 같이 경고한다.

> 교회는 너무나도 자주 하나님의 일을 잘 감당할 준비가 다 되어 있다고 착각하곤 한다. 이럴 경우 계획은 우리가 먼저 세우고, 하나님께서 그 계획에 무조건 복 내려 달라고 강요할 수 있다… 하지만 계획을 세우는 마음의 중심에 먼저 예배가 자리할 때, 비로소 우리는 개인적이든 공적이든 우리의 모든 삶의 초점을, 우리 가운데 일하시는 하나님의 지속적인 활동에 맞출 수 있다.[20]

오늘날 교회의 이러한 오류와 위험에 대해서 경고하는 또 다른 사람이 있다. 예를 들어 아투로 아줄디아(Arturo Azurdia)는 "이 시대 복음의 진보를 방해하는 가장 큰 장애물은 하나님의 일을 하면서도 이 일을 성령의 진리와 능력과 무관하게 하려는 교회의 시도"라고 비판한다.[21] 오늘날 참으로 당혹스러운 점은 무능력한 교회 때문이 아니라 "목회 사역을 위한 가장 대중적인 인기를 모으고 있고 효과적인 방법에서는 하나님의 진리와 능력을 전혀 필요하지 않기" 때문이다.[22] 하지만 설교자/지도자는 오랫동안 지속될 변화의 원동력은 오직 참 능력의 하나님과의 만남에 있다는 사실을 명심해야 한다.

본인이 제안한 '전방위 리더십 모델'은 참된 하나님과 그 분의 구원에 집중하는 예배를 위하여 설교자/지도자 이상으로 중요한 사람이 없다는 점을 강조한다. 이들은 최선을 다하여 예배가 단지 대중이 원하는 좀 더 효과적인 프로그램에 비하여 부차적인 활동으로 전락되지 않도록 해야 하며, 스스로를 알리실 뿐만 아니라 우리를 불러 초대하시는 하나님과의 만남의 시간이 되도록 해야 한다. 예배에서, 예를 들어 순서나 상징물을 바꾸는 것을 포함하여, 여러 예배에 관련된 순서나 요소들을 선택하는 문제는 항상 회중의 갈등을 동반하기 마련이므로, 설교자/지도자는 예배의 개선에 대해서 영적인 지혜와 용기를 가지고 항상 창조적인 긴장감을 유지할 수 있어야 한다. 그렇게 함으로써 예배가 사람들을 감동시키며 하나로 결합하고 하나님을 향한 열정을 불러일으키며 고조시켜, 결국 하나님을 위한 자신들의 임무를 감당하도록 인도해야 한다. 행동주의자나 실용주의자는 촉박한 시간 안에 실용적이고 실천지향적인 행동을 재촉하는 경향이 강하겠지만, 설교자/지도자는 하나님께서는 신령과 진정으로 자신을 예배하는 자들을 먼저 찾으신다는 점을 명심해야 한다(요 4:24). 신앙 공동체 안에서 하나님을 향한 예배가 그 밖의 모든 것을 지시해야 하며, 올바른 예배를 위해서 충분한 시간과 헌신을 쏟아 부어야 한다.

 달라스에 위치한 어떤 교회에 새로 부임한 한 목회자의 이야기가 이 점의 중요성을 잘 보여준다. 새로 부임한 그 목회자는 교회가 쇠퇴하여 교인들의 사기가 많이 저하되어 있음을 발견하고서는 처음부터 다음과 같은 설교로 교인들을 도전하였다. "만일 우리가 예수님 한 분만을 구한다면, 우리가 염려하는 것과 우리 앞에 놓여 있는 문제들을 모두 극복할 수 있을 것입니다."[23] 부임 후 2년이 지났을 무렵 그는 교회에 낙심한 지도자들과 함께 2일간의 수련회를 가지면서 다른 프로그램이 없이 개인 경건의 시간과 전체 예배에 집중하였다. 수련회가 끝나갈 무렵에 그는 이런 메시지를 선포했다.

  지금 이 순간 제가 강조하고자 하는 과제는 우리 모두가 다 함께 하나님의 임재 안으로 들어가야 한다는 것입니다. 제 말을 오해하지 마시기 바랍니다. 하나님께서는 우리 모두를 위한 계획을 분명 가지고 계심을 저는 믿습니다. 하지만 우리가 헌신해야 할 그 계획은 우리 것이 아니라 하나님 것임을 명심하시기 바랍니다. 주께서 그 계획을 언제 그리고 어떻게 우리에게 보여주실지 저는 잘 모릅니다. 하지만 주께서 우리에게 그 계획을 분명히 알리실 때까지, 먼저 여러분은 교회 지도자들로서 저를 도와서 나머지 주님의 몸된 성도 모두가 처음 사랑을 회복할 수 있도록 하는데 함께 최선을 다해 주시기 바랍니다.[24]

그 교회는 이 수련회를 계기로 전체 교회를 위한 영적 활력을 회복하고 변화의 실마리를 마련할 수 있었다.

공동체 구성원들이 하나님의 거룩하심과 만날 수 있도록 하려면 설교자/지도자는 성결과 사랑, 희생, 봉사, 그리고 화해와 같은 중요한 주제를 설교해야 한다. 이런 설교를 통해서 사람들이 전심을 다하여 하나님을 만나며 그 분과의 만남을 통해서 어떤 사람으로 변화될 수 있는지를 깨닫도록 해야 한다. 이러한 주제에 어울리는 중요한 성경 구절로는 이사야 6:1-13, 사도행전 2:43-47, 로마서 11:33-12:2, 골로새서 1:13-22, 히브리서 12:18-24, 그리고 베드로전서 2:4-10이 있다. 올바른 기독교 리더십을 위해서는 사람에 대해서가 아니라 하나님을 계속 설교해야 한다. 참된 설교는 하나님을 믿는 신자의 위대한 믿음을 고조시키는 비결에 대해서가 아니라, 위대한 하나님을 믿는 겸손한 신앙에 대해서 선포하는 것이다. 공동체가 하나님의 거룩하심과 더 깊이 만나고 대면할수록, 예배하는 분을 더 깊이 알고 더 많이 사랑하면서 회중의 변화도 더 많이 경험할 수 있다. 그리고 설교자/지도자가 이런 중요한 주제들을 직접 확신하고 실천할 때 회중에게도 더욱 설득력 있게 선포되며 실제 의도한 변화를 가져올 수 있다.

2) 하나님의 은혜를 경험하기

사람들이 하나님의 거룩하심과 대면할 때 그 안에서 용서하시는 하나님의 은혜도 경험하게 된다. 그런데 "회중의 변화를 이끌어내는 유능한 지도자들은 하나님의 은혜를 경험한 개인의 경험을 계기로 다른 모든 이들과의 바람직한 관계의 개선을 이끌어 낼 수 있도록 안내해 준다."[25] 온전한 사랑 안에서 부어지는 하나님의 은혜는 모든 장벽을 허문다(사 6:5; 요 3:16; 엡 3:2; 요일 1:9). 그래서 설교자/지도자가 함께 하나님의 은혜를 경험하고 그 은혜를 다른 이들과의 관계 개선으로 발전시키도록 도울 때, 공동체 내에 영적 및 관계적 활력이 더욱 깊은 차원으로 활성화된다.

리더십을 배제시킨 무력한 설교는 "하나님은 죄인인 '나를' 사랑하신다"고 하면서 개인주의적인 은혜만을 강조한다. 반면에 활력 있는 설교를 위해서는 하나님에 대한 인격적인 신앙의 반응과 동시에, 수직적인 차원과 수평적인 차원에서 용서를 베풀고 화목을 추구하는 관계 개선의 영적 반응이 필요하다. "하나님은 죄인인 '우리를' 사랑하신다." 다른 이들을 하나님과의 만남으로 인도하려면 설교자/지도자가 먼저 하나님과의 개인적인 관계 개선을 선행해야 한다. 이와 마찬가지로 공동체 전체의 화목과 관계 개선을 위해서는 설교자/지도자가 먼저 하나님의 은혜를 실천해 보이는 것이 중요하다. 그래서 설교자/지도자는 매일의 인간관계 속에서 적극적으로 용서를 실천함으로서 공동체 구성원의 은혜의 지평을 더욱 확장시켜가야 한다. 오직 그러한 헌신적 사랑과 열정적 화해, 그리고 회복을 위한 치유의 사역을 통해서만 설교자/지도자는 진정 하나님의 성품을 반영하는 '에토스 수여자'(ethos giver)가 될 수 있다. 그리고 하나님의 은혜를 보여주는 모델이야말로 설교자/지도자가 감당해야 할 가장 중요한 책임 중의 하나이다. 그리스도의 사랑은 이 세상에서 가장 위대한 능력이지만, 혼란스럽고 복잡한 가족과 교회 내의 여러 인간관계 속으로 끌어와 그 속에 꽃피우도록 하기에는 가장 힘든 능력이기도 하다. 부르클린성막교회(Brooklyn Tabernacle Church)의 짐 심발라(Jim Cymbala) 목사는 최전방에서 교회 공동체의 신실성을 보호해야 하는 설교자/지도자의 역할이 얼마나 중요한지를 잘 보여준다. 심발라 목사는 새 신자들에게 전하는 메시지에서 솔직한 심정으로 이렇게 촉구하고 있다.

> 이 교회의 목회자로서 제가 여러분에게 분명히 말씀드립니다만, 만일 교회에서 누군가가 불친절한 말을 입에 담거나 또는 저나 다른 목회자나, 교회 안

내인, 혹은 성가대원이나 누구에 대해서 험담하는 말을 듣게 되면 여러분은 즉시로 그 말을 가로막고 그 분께 이렇게 조언해야 할 책임이 있습니다. "실례지만 당신을 언짢게 한 사람은 누구입니까? 누가 당신을 무시하던가요? 심발라 목사님 때문입니까? 그렇다면 지금 당장 그 분을 찾아갑시다. 그 사람은 당장 당신 앞에서 무릎을 꿇고 사과해야 합니다. 그리고 우리 모두 하나님께 함께 기도하면, 주께서는 분명 우리 안에 평안을 다시금 회복시켜 주실 것입니다. 하지만 잘못에 대해서 변명하지 않고 용서를 구하는 사람들에 대해서는 절대로 비판해서는 안 됩니다." 새신자 여러분! 저에게는 이 문제가 아주 중요하다는 점을 이해해 주시기 바랍니다. 이런 문제가 발생할 때는 지체함이 없이 속히 해결할 수 있도록 도와주시기 바랍니다.[26]

에토스 수여자는 항상 말싸움을 진정시키려고 노력해야 한다(마 5:23-24). 매일의 가정생활 속에서든 교회의 공동체 활동 속에서든, 아플 때나 건강할 때, 그리고 친구들과 낯선 사람 모두에게 항상 은혜를 베풀라고 말하는 것보다는 실제 행동으로 실천하는 것이 훨씬 어렵다. 흔히 하는 말처럼, 한 번의 행동이 백 마디 말보다 더 가치 있다.

그래서 설교자/지도자는 사랑이나 용서, 그리고 화해와 같은 기독교의 위대한 주제를 지속적으로 설교할 뿐만 아니라, 이런 주제를 구체적인 공동체의 상황 속에서 사람들과 함께 실제로 적용하는데 많은 노력을 기울여야 한다. 예를 들어 고린도전서 13장도 아주 엄격하게 설교해야 한다. 영적인 은사는 풍성하지만 사랑을 잃어버린 교회를 향하여 기록된 이 본문 각각의 구절은, 지금도 사랑을 등한시하는 공동체에게 창조적 긴장감을 조성하며, 여러 인간관계와 봉사 그리고 복음전도의 현장에서 사랑을 직접 실천할 것을 도전한다. 본인도 효과적인 설교 사역을 위하여, 기독교적 사랑을 실천할 것을 지속적으로 강조하는 연속 설교를 준비하여 선포한 적이 있었다. 그 중에 한 가지 연속 설교 시리즈의 제목은 "사랑은 하나님 나라를 성숙시킨다"는 것으로, 여기에는 다음과 같은 몇몇 설교가 포함된다.

"근본적인 질문"(요 21:15-25)

"사랑의 증거"(요일 4:7-21)

"세 가지 사랑"(눅 10:25-37)

"살며 사랑할 하나님의 능력"(요 14:15-21; 행 2:1-4; 고전 12:31-13:3)

"몇 가지 열매"(갈 5:16-26)

"더 많은 열매"(갈 5:22-6:10)

"삶을 뒷받침하는 사랑"(요 15:12-27)

"율법을 완성하는 사랑"(롬 13:8-14)

"사랑은 모든 문제의 해답인가?"(고전 12:31-13:13)

아직은 충분히 사랑하지 못함을 확인하고 또 지속적인 사랑의 실천을 위하여 이상의 본문과 다른 본문도 계속 설교하였다.

회중 가운데 용서를 실천하도록 하려면, 용서에 대한 민감한 자세와 아울러 용기를 북돋아주는 설교도 필요하다. 이러한 주제를 위해서는 골로새서 3:13과 에베소서 4:32뿐만 아니라 마태복음 6:14-15와 18:21-35에 대한 설교도 필요하다. 또 화해를 위해서는 로마서 5:10-11과 고린도후서 5:18-20, 골로새서 1:20-22, 그리고 에베소서 2:16도 적절하다.

존 어데어(John Adair)는 리더십에 대한 자신의 책에서 예수께서 제자들의 발을 직접 씻기심으로 보여주신 섬김의 리더십 스타일을 가리켜서, 리더십의 세계에서 볼 때 가장 비범한 리더십이 발휘되는 장면이라고 주장한다. 따라서 신앙 공동체에서 올바른 영적 리더십을 발휘하려는 모든 설교자/지도자는, 예수께서 다른 이들을 섬기면서 보여주신 리더십의 모델뿐만 아니라, 특히 다락방에서 제자들의 발을 씻겨주신 사건 속에 담긴 의미를 올바로 이해하고 실천하도록 노력해야 한다.

그 사건의 의미를 올바로 표현하려고 노력하는 설교자/지도자를 통해서 선포되는 하나님의 사랑에 관한 지속적인 설교는 공동체의 삶에 엄청난 파장을 가져온다. 그리고 궁극적으로는 이런 사랑을 온 몸으로 구현하는 삶은, "그 중에 제일은 사랑"(고전 13:13)임을 가장 잘 증명하는 동시에 하나님의 나라를 위한 가장 분명한 증거를 보여주는 것이다. 존 킬링거(John Killinger)는 이렇게 말한다. "따라서 설교자의 가장 최우선의 소명은 사랑하는 것이다… 사람을 사랑하고 공동체에 대한 하나님의 비전을 사랑하는 사람만이 비로소 하나님의 말씀을 설교할 수 있다."[27]

3) 공동체의 일치를 이루기

회중의 영적 및 관계적 활력을 이끌어내기 위한 셋째 단계는 하나님의 은혜와 용서, 사랑, 그리고 섬김에 관한 복음의 진리를 전체 회중에게 적용시켜서 공동체 안에 일치를 이루는 것이다. "변화를 이끌어내는 유능한 지도자는, 공동체의 일치를 이루는 토대이자 전략으로서 교회의 사명과 목적을 계속 강조한다… 하나님의 임무에 지속적으로 초점을 맞추다보면, 회중은 자신들이 가진 다양성과 창조적인 능력을 온전히 활용해야겠다는 자극과 도전을 받게 된다."[28]

공동체의 일치를 위해서는 설교자/지도자는 무엇보다도 흔들림이 없는 평화 중재자가 되어야 한다. 화해에 대해서 설교하고 그 모델을 직접 보여줌에 있어서 설교자/지도자 이상으로 영향력 있는 자리에 있는 사람도 없다. "평안의 매는 줄로 성령의 하나 되게 하신 것을 힘써 지키라 몸이 하나이요 성령이 하나이니 이와 같이 너희가 부르심의 한 소망 안에서 부르심을 입었느니라"(엡 4:3-4). 이 구절에서 "힘써 지키는 것"과 "성령의 하나 되게 하신 것" 사이의 상호 관계에 주목하라. 성부 하나님은 그리스도의 대속적인 희생을 통해서 우리와의 평화와 일치를 이루셨다. "그는 우리의 화평이신지라 둘로 하나를 만드사 중간에 막힌 담을 허시고"(엡 2:14). 하지만 이 평화를 완성하기 위해서는 신자들은 서로 간에 평화를 실천하기 위하여 최선의 노력을 기울여야 한다. 이 평화는 아무런 갈등도 없고 불화나 논쟁도 없이 자동적으로 얻어지지 않는다. 오히려 이 평화를 위해서는 전쟁 이상의 격렬한 헌신과 댓가가 지불되어야 하며, 그럴 때 비로소 공동체 내의 다양한 사람들이 함께 더 깊은 이해심을 가지고 함께 성장할 수 있다. 평화를 달성하는 것은 때로는 전쟁을 벌이는 것보다 더 어려우며 특히 지역 교회 내에서 평화를 달성해야 할 필요는 결코 끝이 없다.

주님의 몸된 교회의 일치를 구하는 예수의 간절한 기도는, 아직도 하늘에서 성부 하나님께 메아리치고 있다. "내가 비옵는 것은 이 사람들만 위함이 아니요 또 저희 말을 인하여 나를 믿는 사람들도 위함이니 아버지께서 내 안에, 내가 아버지 안에 있는 것같이 저희도 다 하나가 되어 우리 안에 있게 하사 세상으로 아버지께서 나를 보내신 것을 믿게 하옵소서"(요 17:20-21). 또한 설교자/지도자는 에베소서 4:1-3의 말씀을 따라 에토스 수여자가 되도록 노력해야 한다. "그러므로 주 안에서 갇힌 내가 너희를 권하노니 너희가 부르심을 입은 부름에 합당하게 행하여 모든 겸손과 온유로 행하고 오래 참음으로 사랑 가운데서 서로 용납하고 평안의 매는 줄로 성령의 하나 되게 하신 것을 힘써 지키라"(엡 4:1-3). 기독교 지도자들이 자신의 소명을 망각하고 자만하게 행동하며 가혹함과 조급함, 그리고 다른 이들의 연약함을 용납하지 않을 때, 공동체의 불화는 불 보듯 자명하다.

어떤 설교자/지도자는 문제가 자명해 보이는 교회에 부임할 때도 있다. 지금으로부터 대략 8년 전 아프리카계 미국인 에드 브라운(Ed Brown)이 시카고의 스코키(Skokie)에 위치한 커다란 백인 교회의 담임 목회자로 부임하게 되었을 때 주변의 많은 사람들은 깜짝 놀랐다. 아프리카의 문화적 배경을 가진 목회자가 스웨덴의 백인 이민자에 의해서 세워진 52년 역사를 자랑하는 도시 교회에 담임 목사로 부임한 것이다. 이런 교회에서 흑인 설교자가 무슨 일을 할 수 있을까? 브라운은 이렇게 말한다. "과거의 목회 사역을 떠올려 볼 때 항상 설교가 사역의 심장이고 핵심이었다고 확신한다. 새신자들에게 우리 교회를 선택한 이유는 무엇이고 지금도 계속 이 교회를 고집한 이유가 무엇인지를 물으면, 그들은 설교 때문이라고 대답한다."[29]

교회에 부임한 이후 처음 드렸던 기도는 이러했다. "주님은 제가 이 교회에서 무엇을 하기를 원하시나요? 저를 이전의 편안한 자리에서 꺼내어 이곳으로 오게 한 이는 바로 주님이십니다. 주님은 왜 저를 이 백인 교회로 데려오셨는지요?" 이런 질문에 대한 하나님의 대답으로서 그는 하나님께서는 이 교회가 지역 사회에 변화를 주도하는 변화 촉진자가 되도록 교회를 인도하라는 비전을 자신에게 맡기셨음을 믿게 되었다. 이후 그는 이 비전을 교회의 평신도 지도자들과 함께 공유하며 이 비전을 위해서 수련회와 전체 회중 모임을 갖고 또 강력한 비전 선언문도 채택하였다.

뿐만 아니라 교회가 지역 사회 속에서 변화 촉진자가 되어야 한다는 주제에 대한 연속 설교를 선포하였으며, 복음전도(마 28:20)와 제자훈련(엡 4장), 그리고 타 문화권 선교(행 1:8)를 위한 헌신을 촉구하는 메시지를 계속 선포하였다. 또 변화 촉진자가 되는 비전에 대한 세부적인 요소를 연속적으로 설교하면서, 공동체가 단순히 사교 클럽으로 부름 받은 것이 아니라 지역 공동체를 위한 변화 촉진자로 부름 받았음을 깨달을 것을 도전하였다.

한편 교회 주변의 지역 사회 역시 빠른 속도로 변화가 진행되고 있었다. 그런 상황에서 교회 역시 전통적인 백인 중심의 교회에서 이제는 주변의 지역 공동체의 문화적 다양성에 대해서 개방적인 자세를 갖는 교회로 탈바꿈해야만 했다. 그리고 무엇보다도 브라운 자신이 이 교회 안에서 아프리카계 미국인으로 용납되고 인정받는 것이 중요하다고 생각했다. 그래서 부임 후 처음 4, 5년 동안은 목회 리더십에 대해서 교인들이 기대하고 요청하는 내용을 들어주면서 온화한 성품의 모범을 보여주려고 노력하였다. "사람들은 제가 그들을 돌보는 목회자라는 것을 잘 알아야 합니다. 그렇지 않으면 그들과 올바른 관계를 맺을 수 없습니다. 그래서 저는 그저 말만 앞세우는 목회자가 아니라 일관성과 정직한 자세로 행동을 앞세우는 목회자임을 보여줘야 합니다. 제가 결혼이나 자녀 양육에 대해서 설교할 때면 회중은 제 아내의 표정을 함께 살피면서 제 설교에 아내도 동의하고 있는지를 확인하려고 합니다. 그리고 그들의 살아가는 현실을 이해하려고 하고 또 성경 본문을 다룰 때에도 그 속에서 회중의 고민도 함께 존중해 주려고 노력합니다."

이런 자세로 계속 목회 사역을 진행하자 점차 회중의 문화적 다양성도 증가하여 아프리카계 미국인뿐만 아니라 자메이카 이주민, 아이티 이주민, 그리고 독일계 이주민도 함께 예배에 참석하기 시작하였다. 편안한 자리를 떠나온 목회자 때문에 이제는 백인 교인들이 예전의 편안한 자리로부터 밀려나기 시작했고, 갈등도 발생하였다. 그 중에 문화적 기호가 서로 달라서 예배 시간에 복음성가를 부르기를 원하는 이들과 전통적인 찬송가나 심지어 로큰롤을 원하는 사람들 사이에 불쾌한 갈등의 문제가 일어나기 시작했다. 이러한 갈등을 계기로 사람들끼리 반목하고 대립하자 브라운은 전체 모임을 소집하여 갈등을 해결하고자 노력했다. 이런 힘든 시기를 보내는 동안에 브라운은 "사람들을 꾸짖거나 어느 한 쪽을 지지하는 설교" 대신에 갈등 해결에 관한 연속 설교를 계속 전했다. 그 결과 교회는 갈등과 화해에 관한 정책을 계발하고 함께 채택하는 성과를 거두었다. 물론 그 과정에서 예배 인도자 두 명을 포함하여 일부 교인이 교회를 떠나기도 하였다. 이런 과정 속에서 교회가 갈등을 극복하고 변화의 실마리를 마련하기까지 대략 4년 반이 걸렸다.

    내가 확신하기로는 설교가 가장 중요한 역할을 감당했다고 생각한다. 소란스런 투쟁의 한 가운데에서도 나는 주일 아침에 모든 것을 집중하고 설교단 아래 회중석에 앉아 있는 사람들을 바라보면서 하나님의 치유와 화해를 가져다주기 위하여 성경책을 높이 들어야만 했다. 솔직히 말하자면 많은 부분에서 사실 우리는 성공을 거두지 못했다. 어떤 이들은 내 메시지에 기꺼이 따랐지만 또 어떤 이들은 아주 냉담했다. 하지만 그런 과정을 거쳐서 결국 우리 교회는 이전보다 더 강한 교회로 변화했다.

브라운은 처음부터 끝까지 교회 내에서 설교자/지도자로서의 자신의 역할은 매우 전략적이라는 점을 잘 알고 있었다.

    갈등이 진행되고 있는 상황에서 사람들은 내 메시지가 옳은지를 확인하기 위해서 먼저 나를 바라보고 있었다. 사람들은 문제가 발생하면 지도자가 그 문제에 대하여 어떻게 반응하는지를 보기 위해서 예전보다 더 집중해서 리더들을 살핀다. 갈등에 직면했을 때 리더는 기독교적인 신앙의 자세를 가지고 성경적으로 반응하는가, 아니면 비기독교적인 방식으로 어느 한 편을 들거나 사람들을 공격하는가? 나는 갈등을 좋아하지 않지만 이를 계기로 나도 성장할 수 있었고 교회도 성장했다. 그래서 이제 나는 갈등을 예전과 다른 입장에서 바라볼 수 있게 되었다. 그리고 사람들도 열린 마음으로 친교를 나누며 예전과 다른 자세로 하나님의 말씀에 귀를 기울이게 되었다. 갈등은 삶의 일부분이며 목회 사역의 일부분이다. 그것을 회피하려하지 말고 받아들이라. 갈등이 없이는 결코 여러분은 성장할 수 없다. 모든 갈등이 다 나쁜 것은 아니다. 갈등 때문에 때로는 친구를 잃을 수도 있다. 하지만 끝까지 하나님을 향한 믿음을 포기하지 않는다면, 이를 계기로 진정한 우정이 싹트고 공동체가 성장할 수 있다. 갈등이 없었더라면 전혀 기대할 수 없었던 좋은 일들이 교회 안에 일어났다.

이런 결과야말로 설교자/지도자가 하나님의 은혜를 끝까지 붙잡고 그 은혜를 삶으로 구현하는, 활력 있는 설교로부터 얻어지는 것들이다.

4) 공동체에 참여하기

회중의 영적 및 관계적 활력을 이끌어내는 넷째 단계는 이전의 셋째 단계인 공동체의 일치를 이루기와 밀접하게 연관되어 있다. "만일 하나님의 사람들이 이 세상에 지속적인 영향력을 행사하기를 원한다면 그 이전에 먼저 공동체 전체에 일체감과 하나됨이 형성되어야 한다."[30] 그리고 이러한 일체감 속에서 형성된 영적 및 관계적 활력이 다른 이들과 세상을 섬기는 선교로 확장되어야 한다.

대부분의 복음주의적 설교자들은 복음전도의 중요성을 잘 알고 있기 때문에 이 점에 대해서 별도로 설득할 필요가 없을 것이다. 이들은 릭 워렌(Rick Warren) 목사가 복음전도에 헌신하면서 캘리포니아에 새들백교회를 개척하던 이야기에 쉽게 공감한다. 워렌 목사는 6개월 동안의 집중적인 성경공부를 통해서 성경은 교회에 대해서 무엇을 가르치는지를 함께 연구하였으며, 이어서 이 주제에 대한 연속설교를 전했다. 그는 또 마태복음 한 권에서만 하더라도 마태복음 5:13-16, 9:35, 11:28-30, 16:15-19, 18:19-20, 22:36-40, 24:14, 25:34-40, 그리고 28:18-20을 집중적으로 연구하였다. 이 구절들을 연구하면서 그는 예수께서 하신 말씀의 모든 교훈들이 마태복음 22:37-40

과 28:18-20에 잘 요약되어 있는 것으로 결론 내렸다. "나는 모든 교회는 그들이 무엇에 헌신되어 있는가에 의해서 정의된다고 믿는다. 그래서 나는 다음과 같은 표어를 만들게 되었다. '위대한 계명(마 22:37-40)과 위대한 위임명령(마 28:18-20)에 대한 위대한 헌신은 위대한 교회를 만든다.'"[31] 그는 이 모토가 모든 교회 활동과 프로그램을 통제한다고 주장한다.

하지만 앞에서도 살펴본 바와 같이 무력한 설교에서는 리더십을 발휘하더라도 주로 미시적인 수준에 머물러 있으며, 선교에 대해서 도전하는 메시지의 반응 역시 주로 '개인적인' 차원에만 집중한다. 그러나 영적 및 관계적 활력이 고조될 때 공동체의 리더십은 이보다 더 높은 중간 수준 이상으로 확장되면서, 신자들이 그리스도 안에서 발견되는 새로운 삶의 결과를 '함께' 구현하게 된다. 예를 들어 선교학적 모델의 관점에서 볼 때(**〈그림 1〉** 참고), 교회 공동체는 두 축에 관여하고 있는데, 먼저 지역 교회는 복음과 교회 사이의 '호혜적인 관계의 축'을 따라서 복음을 공적으로 구현해야 하는 공동체적인 책임의식을 계발함과 동시에, 교회와 주변 문화 사이의 '선교적인 대화의 축'을 따라서 선교적 책임을 감당해야 한다. 영적 및 관계적 활력이 고취됨으로써 공동체 구성원이 함께 공동체에 관여한다는 것은, 회중 모두가 때로는 이질적이고 적대적인 것처럼 보이는 주변 문화 속으로 들어가서 그 속에서 하나님의 진리를 구현하는 선교적 책임을 기꺼이 함께 감당한다는 의미이다.

이러한 과제에 대해서 성찰한 어떤 목회자가 새로운 헌신과 사명의식을 담아서 나에게 편지를 보내왔다.

> 제가 섬기는 교회는 개인주의에 경도된 오늘날의 사회의 영향력 때문에 눈이 멀었습니다. 교회에서는 앞으로의 사역 방향에 대해서 계획하고 일정을 세웠지만 이 모든 것들이 교회의 개개인 신자의 개인적인 욕구에 부합하는 것일 뿐입니다. 우리는 개인주의적인 소비자들의 필요를 충족시키기 위해서 마음에 드는 목회 스타일과 시간, 그리고 목회적 초점을 선택할 수 있는 권리를 허락해 주고 있습니다… 그리스도의 몸은 무시한 채로 개개인의 욕구만을 충족시키고 있습니다. 하지만 우리 교회 구성원은 공동체로 발전되는 일

치를 경험해보아야 합니다. 이를 위해서 저는 "그리스도의 몸"에 대한 설교에 헌신하려고 합니다. 그런데 가장 최우선이면서도 가장 힘든 단계는 아마도 이들이 공동체를 위한 하나님의 비전과 현재의 실체 사이의 차이점을 알아볼 수 있도록 하는 것입니다. 이들은 1세기의 초대교회가 경험했던 것과 같은 공동체에 대한 이해와 경험이 전혀 없습니다. 그래서 이들에게 이런 경험을 제공하기 위한 여정에는 몇 가지 교육도 필요하겠지만, 그러나 이 여정이 성공하기 위해서는 설교를 통한 바람직한 리더십의 발휘가 가장 중요합니다. 그들은 먼저 그리스도의 몸으로 하나된 교회가 무엇인지를 이해하고 경험해야 할 뿐만 아니라, 이를 우리의 새로운 세상에 "적용해야" 합니다.

교회가 일치를 이루지 못하고 신자들이 공동체 사역에 함께 동참하지 않고서는, 교회는 주변 문화에 동화되어 하나님의 이름으로 아무런 영향력을 행사하지 못하는 개개인 신자들의 집합체에 불과할 뿐이다. 왜냐하면 그런 교회는 주변 문화에 대한 분명한 차이점을 보여주지 못하기 때문이다. 따라서 설교자/지도자는 의도적으로 회중의 영적 및 관계적 활력을 증진시키는 방향으로 사역하여, 공동체 구성원 모두가 하나님의 은혜를 경험함과 — "우리가 다 하나님의 아들을 믿는 것과 아는 일에 하나가 되어 온전한 사람을 이루어 그리스도의 장성한 분량이 충만한데까지 이르리니"(엡 4:13) — 동시에 그 하나님의 은혜를 위대한 계명(마 22:37-40)과 위대한 위임명령(마 28:19-20)을 통해서 표출할 수 있도록 유도해야 한다. 회중을 변화시키는 하나님의 궁극적인 목적은 그들을 통해서 세상을 변화시키기 위함이다.

4. 핵심 가치에 따라 사고하기

영적 및 관계적 활력을 증진시키기 위해서 일부 설교자/지도자는 먼저 교회가 가장 중요하게 여기는 가치와 신앙을 분명히 정립하려는 목적으로 "핵심 가치"(core values)를 활용한다.

오브리 맬퍼스(Aubrey Malphurs) 역시 비즈니스 전문가들로부터 통찰을 빌려와 그러한 "가치 주도적 리더십"을 주장한다.

> 사역의 핵심 가치나 신념은 조직 전체를 이끌어가는 원동력이며, 태도를 결정하고 행동에 영향을 준다. 또 조직에 관한 모든 것, 즉 결정을 내리며, 목표를 정하고, 우선순위를 확정하고, 문제를 해결하며 갈등을 해소하는 등등의 모든 과정에까지 영향을 끼친다.[32]

핵심 가치는 (미래의 "무엇에" 관하여 언급하는) "비전"과 다르다. 그 이유는 핵심 가치는 "왜"라는 질문에 대답하며 ("어떻게"라는 질문에 답하는) 전략이나 교리적인 진술문과 구분되기 때문이다. 또 핵심 가치는 성경에 근거하며, 목회 사역을 통제하는 영적 및 관계적 확신을 집약해 놓은 것이다. 맬퍼스는 교회가 어떤 사역을 시작하던 그 전에 먼저 핵심 가치부터 결정하라고 충고한다. 이 점에 대해서는 라일 쉘러(Lyle Schaller)도 동의한다. "어떤 조직이나 회중, 혹은 교단에서든 가장 중요한 요소는 가치 체계(the value system)이다."[33] 따라서 하나님의 에토스 수여자인 설교자/지도자는 공동체 내에서 자신뿐만 아니라 공동체 전체의 핵심 가치를 결정함에 있어서 매우 중요한 역할을 감당해야 한다. 또 이들은 책임을 지고 회중과 함께 "핵심 가치를 발견하고 이를 모두에게 분명하게 이해시키며 모든 의사 결정 과정이 핵심 가치에 입각하여 진행되도록 해야 한다."[34]

중요한 가치를 평가하고 공동체의 핵심 가치를 결정하는 과정에 대한 실제적인 문제점을 자세히 다루는 것은 이 책의 범위를 넘어가는 것이지만, 공동체의 영적 및 관계적 활력을 증진시키는 한 가지 방법으로서 이 과정을 소개하고자 한다.

맬퍼스는 "가치 평가"(values audit)를 실행하는 여러 방법을 소개하면서 개인과 단체의 핵심 가치를 찾아내는 일련의 질문을 제시한다. 개인의 핵심 가치에 관한 29개 항목들 중에서 가장 중요하다고 여겨지는 12개 항목을 선택해서 우선순위에 따라 순차적으로 정리해 보라. 그가 제시하는 가치들은 아래와 같다.

1. 경건한 종의 리더십
2. 잘 조직된 평신도 사역
3. 성경 중심의 설교/교육
4. 청빈과 초연함
5. 창조성과 혁신
6. 세계 선교
7. 하나님과의 만남
8. 훌륭한 복지시설
9. 재정 능력
10. 현 상태 유지하기
11. 방문객 접대
12. 문화적 상관성
13. 중보기도
14. 지속적인 탁월성/품질
15. 친교/공동체
16. 복음전도
17. 건강한 가정생활
18. 은혜 지향적인 삶
19. 찬양과 예배
20. 그리스도인다운 자기 이미지
21. 사회 정의
22. 헌신된 그리스도인(제자도)
23. 구제와 베풂
24. 상담
25. 시민 운동
26. 기독교 교육(모든 연령층의)
27. 성만찬과 예식
28. 평등권
29. 기타[35]

　공동체의 핵심 가치가 성경적인 토대 위에 마련되도록 하기 위해서는, 이 중에 선택된 가치를 성경적인 관점에 비추어 점검해 보아야 한다. 예를 들어 오브리 맬퍼스는 위 목록 중에 다섯째 가치인 "창조성과 혁신"의 성경적 근거를 창세기 1장과 2장에서 발견되는 하나님의 창조성에서 찾는다.
　핵심 가치와 관련하여 맬퍼스는 설교자에 대해서 간략하게 언급하고 있지만, 그 역시 공동체의 핵심 가치를 평가하고 그 내용을 구성원에게 소통함에 있어서 설교자가 가장 결정적 역할을 감당함을 분명히 인정한다. 그리고 핵심 가치를 구성원에게 이해시키고 분발시킴에 있어서, 다른 의사소통 수단들 역시 함께 사용되어야 하겠지만 그 중에 설교가 가장 중요한 위치를 차지하고 있음을 잘 알고 있다. 그래서 맬퍼스는 목회 사역의 새로운 패러다임으로서 "전문적인 목회자가 교회 위원회의 밑바닥이 아니라 목회 사역의 수장'의 책임을 감당해야 할 것을 주장한다."[36] 그리고 설교자/지도자가 올바른 리더십을 위하여 시간과 노력을 쏟을 때 교회 전체가 함께 공유할 핵심 가치뿐만 아니라 개인적인 핵심 가치를 발견하고 정립하는 것에도 많은 노력을 기울여야 한다.

설교자/지도자 자신의 개인과 공동체 전체의 핵심 가치를 발견하고 확립하는 과정에서는, 공동체 내에 영적 및 관계적 활력이 활성화되어야 할 뿐만 아니라 상당한 영적 지혜와 용기도 필요하다. E. K. 베일리(E. K. Bailey)는 자신의 지난 경험을 아쉬운 마음으로 이렇게 회고한다.

> 회중의 핵심 가치를 바꾸기 위해서는 오랜 시간과 아울러 인내력이 요구된다. 처음에 공동체의 핵심 가치를 제시한 사람들과 기존의 입장을 뒤흔드는 사람들을 찾아내서, 개별적으로든 아니면 소그룹 모임을 통해서든 매 주일 그들을 계속 만나곤 했다. 그리고 하나님께서 성경을 통해서 말씀하신 사명을 성취하기 위하여 교회가 먼저 바꾸어야 할 핵심 가치에 대해서 그들과 이야기를 나누곤 했다… 하지만 교회 내에 어떤 중요한 진전이 있기 전에 먼저 하나님께서 이들 중 일부를 하늘로 데려가실 때도 있다.[37]

맬퍼스는 자신의 책 부록에서 교회나 선교단체, 그리고 기업체가 채택하고 있는 몇 가지 신조(credos)를 소개하고 있다. 이 신조들을 살펴보면 서로 다른 조직체임에도 불구하고 균형과 기도, 사랑, 공동체, 그리고 평신도 사역과 같은 공통의 가치에 대해서 이들이 어떤 입장을 취하고 있는지를 알 수 있다.

> '균형 잡힌 기독교'. 의미 있는 예배와 삶과 관련된 성경 공부, 다른 그리스도인과들의 의미 있는 인간관계, 그리고 각자 받은 은사와 재능과 관심에 따라 다른 이들을 섬기는 봉사의 삶을 포함한 균형 잡힌 그리스도인의 경험이 필요하다.[38]

> '헌신적인 기도 생활'. 우리는 하나님께서 자기 백성이 기도하기를 원하시며 그 분은 우리의 기도를 듣고 응답하신다고 확신한다(마 7:7-11; 약 5:13-18). 따라서 교회의 목회 사역과 활동은 계획을 세우고 실행하는 전 과정에서 철저히 기도에 의존해야 한다.[39]

'예수 그리스도에 대한 사랑'. 우리 대신 하나님을 사랑해 줄 수 있는 사람은 아무도 없다. 우리 각자는 개별적으로 그리스도와 관계를 맺고 하나님과의 지속적인 관계를 유지해야 한다(요 15장). 하나님의 말씀과 기도, 개인 경건 생활, 그리고 말씀에 대한 순종을 통해서, 우리는 몸과 마음과 전심을 다하여 하나님을 사랑한다.[40]

'소그룹을 통한 관계 맺기'. 공동체 내의 여러 그룹을 통해서 신자는 서로를 돌보는 인간관계를 발전시킬 수 있다. 우리는 소그룹을 통해서 사람들을 알아갈 수 있으며, 서로에 대해서 책임을 질 수 있으며, 새신자들에게는 신앙이 성장할 수 있는 토양을 제공할 수 있다.[41]

'불신자와의 우정 쌓기'. 우리는 그리스도가 없는 비극적인 세상의 가장자리에서 방황하는 사람들에게 그리스도의 사랑으로 다가갈 수 있는 길과 방법을 항상 모색해야 한다. 우리는 불신자들과 인간관계를 통해서 예수 그리스도를 통한 구원이라는 생명을 살리는 메시지를 소통할 수 있다.[42]

'평신도 사역에 대한 헌신'. 우리는 교회 내의 목회자와 교사들의 가장 중요한 책임은 '하나님의 백성으로 하여금 봉사의 일을 하도록 준비시키는 것'(엡 4:12)이라고 믿는다. 따라서 우리 교회의 목회 사역은 가능한 최대한대로 평신도 사역자들에게 집중될 것이다. 이를 위해서 평신도 사역자들을 훈련시키며 교회 내의 다양한 사역 현장에서 평신도들의 자발적인 참여와 평신도 리더십, 그리고 평신도의 책임과 권위를 권장하는 사역들에 목회 역량이 집중될 것이다.[43]

'우리의 신앙'. 우리는 교회 생활의 모든 국면 속에 사랑의 관계가 충만히 스며들어야 한다고 믿는다.[44]

각자 다양한 교회는 각자의 신앙과 핵심 가치를 다양한 방식으로 표현해야 할 것이다. 하지만 모든 교회가 공통적으로 명심할 점은, 핵심 가치를 확정하고 분명하게 진술함으로써 공동체의 영적 및 관계적 활력이 단지 경건하면서도 모호한 소망으로 사라지지 않고 정직하고도 구체적 실천사항으로 결실을 맺도록 해야 한다는 것이다.

5. 변화의 과정을 서두르지 말라.

이번 7장의 결론을 내리기 위해서 영국 뉴버리(Newbury)에 위치한 침례교회 목사인 존 스타나드(Jon Stannard)의 이야기를 소개한다. 기반이 잘 갖추어진 교회에 새로 부임하여 2년 정도가 지날 무렵 스타나드 목사는 2003년에 교회의 장기적인 비전을 위한 첫째 단계로 공동체 전체의 핵심 가치를 제시하였다. 또 교회의 핵심 가치와 관련된 여러 문제를 찾아내고 해결책을 모색하기 위하여 교회를 대표하는 여섯 명의 대표자로 팀을 조직하였다. 그 중에 한 명만 신학훈련을 받은 적이 있고 또 두 명은 20세 미만의 청년이었다. 이 팀과 함께 수 많은 회의와 다른 자료에 대한 연구, 그리고 기도 끝에 존은 교회 지도자들에게 소개하여 전체 교회가 공식적인 문구로 채택하기 이전 단계의 핵심 가치 초안을 작성하였다. 그 과정에서 존은 또 다른 한편으로 핵심 가치를 확정하고 비전을 향하여 변화해가는 과정의 중요성에 대해서 계속 설교하였다. 핵심 가치가 점차 여섯 개의 문장으로 정리되자, 스타나드는 매주일 하나씩 꾸준히 설교하고, 또 성경 공부에서 각각의 핵심 가치를 다루고 2005년 부활절에 종료되는 50일간의 성경 본문 읽기 프로그램 속에서도 핵심 가치를 성경 본문에 비추어 지속적으로 묵상할 수 있도록 배려하였다. 그리고 마침내 2005년 성령강림절 주일에 전체 교회 앞에서 여섯 개의 핵심 가치를 공표하고 확정하였다.

그와 동시에 전체 교회를 초기에는 대략 14명 정도로 구성된 소그룹으로 나누고, 그 모임 속에서 친교뿐만 아니라 목회상담과 봉사, 선교, 그리고 중보기도가 이뤄질 수 있도록 조직하였다. 그리고 각 팀의 리더를 뽑아서 소그룹을 인도하도록 하고, 이후에도 계속해서 새로운 리더를 발굴할 수 있는 훈련 프로그램을 가동하였다. 핵심 가치가 어느 정도 전체 교회에게 알려진 이후에도 스타나드는 매년마다 핵심 가치에 대해서 다시 설교할 계획이며, 각각의 소그룹이 그 핵심 가치에 따라 운영되도록 도전하면서 결국 모든 그룹의 구성원이 그 가치들을 각자의 삶 속에서까지 확대하여 실행할 수 있도록 할 작정이다. "제가 기도하는 것은 이런 과정을 통해서 신자들이 핵심 가치를 그저 노트에 적어두거나 혹은 무시하는 것이 아니라 그대로 '삶' 속에서 실천할 수 있도록 하는 것입니다." 그는 자신의 목회 경험을 이렇게 회상한다.

제가 추측하기에 교인들에게 핵심 가치를 소통하는 가장 주된 방법은 설교와 제 자신의 인격이었던 것 같습니다. 우리 교회가 누릴 수 있는 미래의 비전에 대해서 말하다보면 어쨌든 사람들이 조금 더 감동을 받는 것 같습니다. 하지만 제가 확신하는 것은 사람들에게 동기를 부여하고 새로운 자리로 인도하는 과정의 중심에는 분명 설교가 자리하고 있었습니다. 우리는 핵심 가치를 계속해서 반복하고 또 반복해야 합니다. 그리고 최소한 일 년에 한 번 이상 그 가치에 대해서 계속 설교해야 합니다.

핵심 가치에 대해서 그동안 제가 배운 가장 중요한 교훈은, 그 변화 과정을 서두르는 것이 아니라 회중에게 그 가치를 계속 알리고, 또 앞에서 몇 사람이 주도하기보다는 교회 전체가 이 과정에 동참해야 한다는 점을 확신시키는 것입니다. 설교와 성경 공부, 그리고 매일 성경 읽기 프로그램은 이 과정에 뒤따라오는 것이 아니라 시작 단계에서부터 주도적인 역할을 감당해야 합니다. 핵심 가치를 발견하고 정리하기까지 어느 정도 시간이 걸렸지만, 이를 공식적으로 확정짓는 시점에서는 모든 교회가 함께 동참하게 되었습니다. 그래서 변화를 위한 핵심 가치를 모색할 때부터 교회 전체 신자들과 함께 시작하기까지 채 일 년도 걸리지 않았습니다.

그렇게 작성된 핵심 가치에 대한 질술문은 다음과 같다.

1) NBC의 핵심 가치

다양한 연령층과 문화적 배경을 가지고 있는 우리 뉴버리침례교회(NBC, Newbury Baptist Church)는 성부와 성자, 성령 **하나님**, 그리고 **서로**에 대한 우리의 **사랑**을 창조적으로 펼쳐 보이기 위하여 다음의 사항들에 최선을 다할 것이다.

'예배' – 우리의 존재와 행위의 모든 것으로 하나님의 뜻에 애정을 가지고 순종하는 가운데 하나님을 예배하고 찬양한다.
'성장' – 신실한 기도와 성경 공부를 통해서 하나님에 대한 우리의 사랑과 이해가 자라감으로써 생각과 말과 행동의 모든 영역에서 좀 더 그리스도를 닮아가도록 한다.
'관계' – 주일 예배와 소그룹 모임에서 정기적으로 친교를 나눔으로서 서로에 대한 관계를 더욱 심화시킨다.
'친교' – 구성원 상호간에 격려와 환대, 용서, 그리고 목회적 상담을 주고 받음으로써 서로가 서로를 지원한다.
'섬김' – 구체적으로 우리의 시간과 에너지와 은사, 그리고 재물을 바침으로써 다른 그리스도인과 서로 하나 된 일치 속에서 교회 안에서와 세상 속에서 봉사한다.
'증거' – 우리의 합당한 자세와 태도, 그리고 행동을 통해서 적절한 복음전도와 선교사역 속에서 낯선 이들을 환영하며 불의에 항거하면서 예수의 복음을 증거한다.[45]

교회 안에서 핵심 가치가 활용되든 그렇지 않든 관계없이, 영적 및 관계적 활력을 구성하는 네 가지 요소는 모든 교회 회중들의 변화를 이끌어내는 영적 진원지 역할을 한다. 그리고 그 중심에 서 있는 사람이 바로 설교자/지도자이다. 이들은 변화의 과정 과정마다 설교한 것을 직접 이행해야 하며 또 현재 이행하고 있는 것을 그대로 설교해야 한다. 즉 회중의 변화를 위하여 영적 지혜를 발휘하고 그 영적 지혜에 대해서 설교하며, 용기를 발휘하고 또 그 용기에 대해서 설교하며, 거룩을 따라 리더십을 발휘하며 또 그 거룩을 설교하며, 변화를 위하여 직접 기도하고 또 그 기도에 대해서 설교하며, 사랑과 용서를 베풀고 또 그 사랑과 용서에 대해서 설교하며, 갈등을 해결하는 평화의 사역자로 활동하며, 그 갈등을 해결하는 평화의 사역자에 대해서 설교하며, 대위임명령(The Great Commission)을 실행하며 그 대위임명령(The Great Commission)에 대해서 설교해야 한다. 그래서 설교자/지도자를 대신하여 하나님의 공동체를 위한 그리스도의 에토스 수여자로 하나님의 말씀을 실천하고 설교할 수 있는 사람은 아무도 없다.

제 8 장
변화의 과정

> 그날 내 영웅들 중에는 미지의 탐험대원인 다니엘 보니(Daniel Boone)가 있었다. 켄터키 강 너머 지도에도 없는 깊은 숲 속에서 길을 찾아 가까스로 빠져 나왔을 때 그 엄마는 그를 아주 잃어버리는 줄 알았노라고 걱정스럽게 말했다. 그러자 그는 이렇게 대답했다. "엄마 제가 3일 동안 길을 잃었다기보다는 어디로 가야할지 잠깐 당혹감에 빠졌을 뿐이예요." 우리는 앞으로 나아갈 길을 찾기 전에 먼저 일종의 서막으로서 어디로 가야할지 잠깐 당혹감에 빠질 필요가 있다.
>
> 존 어데어, 『창조적인 교회 리더십』(Creative Church Leadership)[1)]

린 체니(Lynn Cheyney)가 나에게 보니에 대한 이야기를 들려주었다. 체니는 2000년에 시카고 남부에 위치한 큰 교회의 담임목회자가 되기 위하여 교회 위원회와 면접을 보는 중에 면접 위원들을 그만 깜짝 놀라게 만들었다. 그녀는 "우리 교회에 대한 목사님의 비전은 무엇입니까?"라는 질문에 이렇게 대답했다. "저는 아직 이 교회에 대한 비전이 없습니다. 또 아직 여러분에 대해서도 잘 모릅니다. 이 교회를 위한 비전을 분별하는 일은 앞으로 제가 여러분과 함께 해야 할 과제입니다. 그 전에 우리는 서로에 대해서 잘 알아야 하고 또 함께 하나님을 사랑하는 법을 배워야 합니다. 그런 다음에 비로소 우리는 하나님께서 우리에게 말씀하시는 것을 올바로 들을 수 있을 것입니다."[2] 그녀는 장로들과의 인터뷰 자리에서 "이것이 바로 우리의 비전입니다"라고 명확하게 대답하면서 관련 프로그램을 제시하지 않았던 최초의 담임목사 후보자였다. 물론 린 체니는, 하나님과 이웃을 사랑하며 그리스도의 대위임명령 속에서 다른 신자들과 함께 그 사랑을 공유하려는 거대한 비전에 대한 헌신과 열망으로 가득 차 있다. 그러나 아직 그녀도 알 수 없는 것은 그 특정 교회를 향한 하나님의 좀 더 구체적인 비전이다. 그녀가 말한 것처럼, "비전을 분명하게 확정하는 것이 매우 중요하다. 하지만 그 비전을 구체적으로 펼쳐가는 과정은 각기 다른 교회 상황 속에서 매우 다양하게 나타날 수 밖에 없다." 전통적인 컨트리클럽(country club, 테니스, 골프 따위의 설비를 갖춘 교외의 사교 클럽-역주)과 같은 교회로서 1990년대를 거치면서 목회 리더십의 위기와 분열의 아픔을 경험한 교회에 부임한 린 체니는 부임 당시 상황을 이렇게 말한다. "부임 후 첫 2년 동안 제 업무 중에 중요한 일은 이 독특한 교회를 지배하는 이야기와 언어들을 익히는 것이었다. 내가 이곳에 부임해 왔을 당시 내가 사용하는 언어는 이 신앙 공동체가 사용하는 언어가 아니었다. 하나님과 자신들의 신앙에 관한 그들의 이야기는 매우 복잡했지만 그 속에는 자기들 나름대로 소중하다는 생각과 아픔이 깔려 있었다. 그래서 부임 초기에 만일에 '이것이 우리가 가야 할 길입니다'라고 선포하면서 성도들을 끌어가려고 했더라면 분명 실패했을 것이다. 그보다는 첫째로, 내가 그들의 독특성을 경험해보고 또 그들을 사랑할 수 있어야만 했다. 둘째로, 그들도 나를 사랑해주기를 바라며 함께 그리스도에 대한 사랑에 흠뻑 빠지기를 바랐다." 그리고 4년이 흐른 후에 교회가 놀라운 치유의 은혜를 경험하고 주목할 만한 성장을 이루었지만, 아직도 자기 교회를 향한 하나님의 구체적인 비전을 분명하게 확정할 수 있는 단계까지는 도달하지 못했다. "아마도 2년이 더 지났지만 이제 겨우 윤곽을 드러내기 시작할 뿐이다. 나는 이 비전이 먼저 성도의 마음 속에서 자라나기를 기대하며, 내가 성도들 뒤에서 닥달거리거나 앞에서 재촉해서 만들어내지 않기를 바란다."

체니는 설교/지도에 관하여 다음과 같은 확신을 가지고 있다. 첫째, 리더십을 발휘함에 있어서 설교가 가장 중요하다는 점이다. "설교 없이 무언가를 성취한다는 것은 생각조차 할 수 없다. 설교는 변화를 위한 촉매제다." 다른 많은 전통적인 교회처럼 이 교회에서도 전통적인 예배를 혼합형 예배(blended worship, 전통적인 예배 양식과 현대적인 예배 양식이 조화를 이룬 예배-역주)로 바꿀 때에도 여러 가지 저항에 직면하였다. 하지만 "예배에 관한 설교를 통해서 참된 예배는 우리가 아니라 하나님이 중요하다는 점을 강조하였고 이를 계기로 변화의 과정이 시작될 수 있었다." 예배의 개혁과 마찬가지로 구제 사역의 개혁에서도, 그동안 교회에는 몇몇 소수의 헌신적인 후원자만 개별적으로 활동하고 있을 뿐 별도의 구제헌금을 거둬야 할 필요성을 느끼지 못했기 때문에 신자의 청지기직에 대한 중요한 교훈들을 새롭게 가르쳐야만 했다. 그래서 그녀는 부임 첫해에 재물에 대한 청지기직에 관한 내용으로 한 달 정도 설교하였으며, 그 결과로 구제헌금이 확연히 증가하게 되었고 이후로 매년 그렇게 해 오고 있다. 그녀는 교회의 사역과 임무의 방향을 정하고 이를 추진하는 원동력으로는 설교에 필적할만한 것은 아무것도 없다고 주장한다. 이후로 교회가 계속해서 그녀의 시간과 에너지를 더 많이 요구하고 개인 기도와 연구, 그리고 준비 시간을 빼앗아 가더라도 그녀는 "내가 할 수 있는 가장 중요한 일이 바로 설교이기 때문에 다른 것은 제쳐 두더라도 설교에 자신의 모든 것을 헌신해야 한다는 점을 교회 전체에 분명히 이해시키는 것'을 잊지 않고 있다."

둘째로, 체니는 설교자의 인격이 결정적으로 중요하다고 믿는다. 그녀는 이전의 경험을 통해서 신자들이 새로 부임한 자신을 인격적으로 신뢰할 수 있어야 한다는 점을 아주 일찍부터 배웠다. 이전에 세 교회에서 목회하는 동안에 그녀는 신실성과 영성과 같은 특정한 성품은, 설교자/지도자가 교인들에게 먼저 본을 보여야 한다는 것을 깨닫게 되었다. 셋째로, 그녀는 상호관계적인 리더십의 중요성을 믿는다. 비전을 포함하여 모든 가치 있는 것은 사람들과의 인간관계로부터 자라난다는 것을 믿는다. 그녀는 개인이든 교회 전체이든 그들의 이야기를 듣고 배움으로써 사람들과 함께 관계를 맺고 서로 알아가는 것이 매우 중요하다는 것을 알았다. 그리고 또 체니는 사람들을 사랑하는 것이 결정적으로 중요하다고 확신한다. "만약 사람들이 당신을 중요하게 여긴다면 그것은 당신이 그들을 진정 사랑으로 돌보기 때문이고 또 당신이 그들과 함께 지내기를 원한다는 사실을 그들도 잘 알기 때문이다. 바로 그런 인간관계를 지속하면서 그 속에서 신자들을 지도하는 것이 매우 중요하다. 이것이 목회의 성패를 판가름한다."

신자들과의 목회적인 인간관계의 중요성에 대한 체니의 통찰은, 설교자/지도자의 기술(6장)과 영적 및 관계적 활력을 증진시키는 원동력이 되는 설교자의 인격(7장)을 회중의 변화 과정 속으로 결합하는 문제를 다루고 있는 이번 마지막 8장의 핵심으로 이어진다. 우리의 관심과 관련하여 그녀의 목회 경험은 네 가지 이슈를 강조한다. 첫째, 그녀의 목회 경험은 각기 다른 회중의 이야기의 독특성을 보여준다. 그녀는 그 어떤 포괄적이고 만병통치약과 같은 프로그램이더라도 자신이 섬기던 특정 교회 회중에게 만족스럽게 적용할 수 없다는 사실을 잘 알고 있었다. 특정 회중 스스로가 먼저 하나님 앞에서와 서로에 대해서 올바로 세워지지 않고서는 그 속에서는 어떤 영적 가치도 찾을 수 없고 그 어떤 비전도 일어날 수 없다. 회중이 자신과 하나님을 올바로 이해하고 또 자신의 미래를 위한 하나님의 뜻을 이해할 수 있도록 인도하는 과정에서 그녀는 사랑과 신실성을 겸비한 설교자/지도자로서의 자신의 역할이 가장 중요하다고 확신하였다.

둘째로, 그리고 개 교회가 처한 독특한 상황 때문에, 어느 교회에서든 변화의 과정은 좀처럼 일직선의 패턴을 따라 진행될 수 없다는 점을 체니는 잘 알고 있었다. 그녀가 부임한 이후 처음 4년 동안은 그 교회를 위한 구체적인 비전이 무엇인지 분명하지 않았지만, 그녀는 이미 기존의 예배에 혼합형 예배 스타일을 성공적으로 도입하였으며, 재물에 대한 청지기직의 중요성에 대해서 효과적으로 도전하며 올바른 헌신을 이끌어 냈음을 주목하라. 이런 이슈들은 영적 및 관계적 활력이 서서히 고조되던 처음 몇 개월 내에 부각되었고 교회 전체의 비전이나 핵심 가치를 정립하기 이전에 먼저 해결되었다. 다른 교회에서도 예배나 청지기 직분에 관한 이슈는 좀 더 구체적인 교회 전체의 특정 비전을 분간하는 더 오랜 기간을 통해 다뤄질 수도 있다. 언제 어떻게 리더십의 문제가 부각되는지에 대한 확정된 규칙이란 존재하지 않는다.

셋째로, 체니는 교회 내에서 그동안 여성들이 생각해왔던 성 역할의 문제를 지적한다. 교회 내 여성들이 점차로 남성들과 함께 영적인 리더십을 발휘하며 또 각자의 리더십에 대해서 성찰할 때 인간관계의 중요성은 특히나 강조된다. 앞에서 소개한 앨리스 매튜스(Alice Mathews)는 한 편으로는 전통적인 방식의 판에 박힌 고정된 성 역할에 대해서 경고하면서도, 또 다른 한편으로 주장하기를 대부분의 여성 지도자는 남성에 비해서 덜 독재적이고 좀 더 단체 지향적인 리더십을 발휘한다고 한다. 여성 설교자이기도 한 매튜스는 여성 리더십을 가리켜서 '중간에서 발휘되는 리더십'이라고 설명한다. 즉 여성 지도자들은 문제에 직면하여 조직 구성원을 문제와 해결의 중간 지점으로 인도하는 리더십을 발휘한다는 것이다. 그녀가 보기에 설교/지도는 사람들이 현재 머물러 있는 현실과 그들이 채택한 바람직한 가치 사이의 간격을 극복하는 것을 의미한다. "여성이 사람들을 지도할 때 리더십의 초점은 문제를 이해하기 위하여 사람들의 이야기를 듣고 상황을 변화시킬 방법을 교육하는데 집중된다."[3]

넷째로, 그리고 앞의 관계 지향적인 리더십과 밀접하게 결부되어 있는 것은, 변화의 과정에서 요구되는 많은 시간에 대한 인내의 필요성이다. 방금 앞에서 소개한 체니의 인터뷰는 어떻게 보면 매우 실망스럽게 느껴질 수 있다. 그녀는 눈 앞에 분명한 비전을 바라보고 있는 것 같지도 않고 교회가 정해진 시간표를 따라서 당장 이행할 계획을 갖고 있지도 않은 것처럼 보인다. 하지만 사실 그녀는 하나님의 정해진 시간표를 따라서 회중의 영적 및 관계적 활력의 불꽃을 일으키려는 데 헌신된 설교자/지도자였다. 하나님의 보폭보다 더 빠르게 변화의 일정을 억지로 집행하려고 안달난 지도자보다 더 빨리 교회를 파멸로 이끄는 것도 없다. 성령의 열매는 오래 참음과 온유와 절제와 같이 오랜 시간을 요하는 것들이다(갈 5:22-23).

1. 변화 과정

회중의 변화를 위한 리더십 모델을 구성하는 세번째 부분은 설교자/지도자가 앞에 다가오는 많은 과제를 순차적으로 통합하고 정돈하는 여덟 단계로 구성된다. 이 여덟 단계는 만병통치약처럼 모든 상황에 그대로 적용될 수는 없겠지만 회중의 일반적인 변화 과정을 안내하며, 설교자/지도자의 리더십 행위가 일련의 목표와 의도를 가지고 발휘되어야 한다는 점을 강조한다. 회중의 변화는 그저 막연한 희망어린 생각으로는 얻어질 수 없다. 각각의 회중은 모두가 다 독특하기 때문에, 변화의 과정에 대한 이야기도 자기만의 독특한 용어를 사용하여 서로 다른 방식으로 진술할 것이다. 하지만 본서에서 소개하는 변화의 여덟 단계 과정은 그 변화 과정에서 반드시 해결해야 할 문제에 대한 개략적 지침을 제공한다. 이 지침은 마치 급류 래프팅에 필요한 강의 지도와 같다.

1단계 : 개인의 준비
2단계 : 긴박감 조성하기
3단계 : 비전 공동체를 조직하기
4단계 : 비전을 분별하고 비전성취의 지침을 정하기
5단계 : 비전을 소통하기
6단계 : 변화 선봉장에게 자격을 부여하기
7단계 : 비전을 실행하기
8단계 : 협력을 통한 추진력 강화하기

앞의 5장에서는 변화를 위한 1단계, 2단계, 그리고 5단계를 매주의 설교 사역에 적용시키는 방법에 대해서 간략하게 살펴보았다. 이제는 여덟 단계를 모두 한꺼번에 다루면서 회중의 영적 및 관계적 활력의 여러 요소와 다양한 리더십 기술이 어떻게 하나의 과정 속으로 통합되는지를 살펴보도록 하자. 짐 헤링턴(Jim Herrington)과 마이크 보넴(Mike bonem), 그리고 제임스 푸르(James H. Furr)는 여덟 단계들을 함께 연결시키면서 1단계부터 3단계까지는 '변화를 위한 토대를 마련하기'에 포함시키고, 4단계와 5단계는 '비전을 분별하고 소통하기'에, 그리고 6단계부터 8단계까지는 '비전을 성취하고 광범위한 영향력을 유지하기'에 포함시킨다.

2. 변화를 위한 토대를 마련하기

처음 세 단계는 이후의 단계에 비하여 덜 분명해 보이지만 모두가 공동체 전체의 변화를 위한 일종의 준비 단계로서 회중 개개인의 "내면적인 삶"을 계발하는 데 집중된다. 앞의 린 체니의 이야기는 교회 전체의 변화 이전에 먼저 그 교회의 이야기와 언어를 먼저 이해함으로써 앞으로의 변화를 위한 튼튼한 기반을 마련하려고 했던 그녀의 의도를 잘 보여준다. 오랜 전통을 가지고 있으며 든든한 토대 위에 세워졌으나 교회에(근래에 침체하는) 시급한 조치들을 밟아가려는 경우는, 스스로를 위기 상태에 있다고 진단하는 개척 교회들이나 또는 새로 조직된 교회들보다 더 많은 인내력이 필요하다.

1단계: 개인의 준비

'개인의 준비 단계'에서는 "리더 개인의 사역과 교회 전체를 위한 하나님의 음성과 방향을 분별하기 위한 충분한 시간과 장소를 확보하는 것과 아울러 하나님의 음성으로 인한 영적 긴장감을 가지고 살아가는 삶의 자세가 필요하다"[46] 효과적인 설교/지도의 원동력은 항상 적절한 준비에 달려 있다. 개인 경건의 시간과 자기 분별, 책임, 그리고 용기가 갖추어질 때 설교자는 비로소 올바른 리더십을 발휘할 수 있다.

설교/지도를 위한 선결조건의 하나로서 '개인 경건의 삶'에 대해서는 앞에서 충분히 강조하였다(눅 4:42). 릭 워렌은 기억에 남는 파도타기의 이미지를 사용하여 개인 경건의 삶에 의한 영적 역동성을 효과적으로 설명한다. 파도타기를 즐기는 사람은 충분히 탈 수 있는 파도를 식별하고 또 그 위에 올라 파도를 "타다가" 넘어지지 않고 내려오는 방법에 대해서 많은 것을 배우더라도 직접 파도를 만들어 낼 수는 없다.

> 오직 하나님만이 파도를 만들어 내실 수 있다. 부흥의 파도와 교회 성장의 파도, 그리고 복음에 수용적인 태도의 파도는 오직 하나님만이 만들어 내실 수 있다. 교회 지도자로서 우리의 역할은 마치 능숙한 파도타기 선수처럼 성령의 파도를 분별하고 그것을 타는 것이다. 우리의 책임은 파도를 만들어내는 것이 아니라, 하나님이 이 세계에서 어떻게 일하고 계신가를 살펴보고 그 역사에 동참하는 것이다.[5]

워렌에게 있어서 이 말의 의미는 매일 기도에 헌신하는 것이다. "아버지, 저는 오늘도 당신의 세계에서 놀라운 일을 행하실 것을 압니다. 저에게 아버지께서 하시는 일의 한 부분에 동참할 수 있는 특권을 주십시오."[6] 지도자들은 자신이 하고 있는 일에 하나님께서 축복해달라고 요청하는 것을 멈추고 하나님께서 축복하시는 것을 실행하는데 헌신해야 한다.

사실 설교자/지도자는, 자기 백성을 인도하시는 하나님에 관한 성경의 위대한 구절들을 개인적으로 깊이 묵상함으로써 "하나님께서 행하시는 일의 일부에 동참"할 수 있다. 예를 들어 출애굽기에 소개되는 모세의 리더십에 관한 구절에 대해서 묵상하거나, 에스라의 개혁과 느헤미야의 성전 건축에 관한 구절, 예수께서 하나님 나라를 위하여 제자들을 부르시는 구절, 예수에 대한 사도들의 담대한 설교 메시지에 관한 구절, 그리고 사도행전에 언급된 초대교회의 확장에 관한 구절을 묵상함으로써 이러한 이야기들 속에 담긴 하나님의 영적 파도를 맛볼 수 있다. 물론 느헤미야에 관한 구절을 펫 프로젝트(pet project, 고위층의 입장이나 자신의 개인적인 관심을 위하여 만들어낸 프로젝트-역주)를 위한 모범 사례로 조작하는 경우처럼, 설교자 역시 이기적인 목적을 위하여 성경의 이야기를 조작할 수 있다. 하지만 설교자/지도자가 하나님의 구원사에 관한 이야기에 올바로 감동을 받아서 이를 다시 제대로 선포한다면, 사람들은 그 이야기를 통해서 "하나님의 파도를 다시 경험할 수 있다." 설교자/

지도자가 성경의 이야기를 읽고 또 기도 가운데 그 이야기의 실현에 대한 기대감을 가지고 살아가면서 그 이야기에 따라 자신의 고유한 적성과 기술을 발휘할 때, 그들은 오늘도 계속되는 하나님의 거대한 이야기 속에 동참하는 것이다. 이것이야말로 설교의 가장 위대한 특권이자 기회이다.

성경의 위대한 이야기를 오늘의 현장 속에서 다시 구현하기 위해서는 성경뿐만 아니라 위대한 인물들의 전기를 읽는 것도 많은 도움이 된다. 크라이스트 커뮤니티 교회(Christ Community Church)의 담임 목사인 짐 니코뎀(Jim Nicodem)은 설교자/지도자에게 "훌륭한 지도자들의 학교"[7]에 가서 배우라고 충고한다. 그런데 그는 리더십에 관한 책들을 읽는 것보다는 유명한 지도자들의 전기를 읽어볼 것을 권한다. 그 역시 최근에 아브라함 링컨(Abraham Lincon)과 앤드류 카네기(Andrew Carnegie), 그리고 마틴 루터 킹(Martin Luther King)에 관한 전기를 읽었다고 한다.

설교자/지도자의 개인적인 준비를 위해서는 '성숙한 자기 노출'(mature self-disclosure)의 자세 역시 중요하다. 왜냐하면 하나님의 에토스 수여자로 부름 받은 자는 가능한 자신에 대해서 잘 알아야 하기 때문이다. 그들은 다른 사람들과 달리 늘 타인의 평가에 노출될 수 밖에 없기 때문에 스스로 자신이 누구인지를 잘 알아야만 한다. 이기적인 목적 때문에 느헤미야에 관한 성경 본문을 조작했거나 또는 현재의 실체에 대한 부정확한 오해의 늪에 빠졌는지, 혹은 갈등을 긍정적으로 다루는데 실패했는지를 확인하려면 먼저 자기인식(self-awareness) 능력을 지속적으로 개발해야 한다. 이 과정에서 영적 자질을 평가하는 다양한 형태의 설문지들로부터 유용한 도움을 받을 수 있다. 예를 들어 이전의 7장에서는 개인과 단체의 "핵심 가치"를 찾아내는데 도움이 되는 "가치 평가"(values audit) 실행 방법을 잠깐 소개하였다.

자기 이해를 계발하는 데는 '상호책임'(accountability)의 관계 역시 중요하다. 한 사람의 지도자가 리더십에 필요한 모든 자질과 기술을 다 갖출 수 없기 때문에, 지도자는 자신의 강점과 한계를 잘 인식해야 할 뿐만 아니라, 공동체 전체 앞에서나 동료 그룹, 또는 신뢰하는 멘토와의 관계 속에서 상호책임의 관계를 발전시키면서, 그러한 관계를 통해서 자신의 강점과 한계를 적절히 조정해 나아가야 한다. 니코뎀은 목회 리더십에서 이 점을 매우 중요하게 여긴다. 그래서 그는 자신이 담임하고 있는 교회와 비슷한 교회에서 목회하는 담임 목회자서 너 명으로 구성된 모임에 참여하면서, 서로가 거의 비슷하게 느끼는 문제점과 압력, 그리고 기쁨을 함께 공유해오고 있다. 이들은 정기적으로 함께 모여서 예배하고 기도하며 이야기하고 또 가능한 솔직하고도 투명하게 갖고 있는 생각을 함께 공유한다. "동료들은 내 개인의 경건 생활이나 또는 변덕스런 생활의 어떤 것에 대해서든 나에게 자극을 준다. 또 그들은 내가 느끼는 유혹이나 필요가 무엇인지를 잘 이해한다. 그래서 우리는 정말로 하나될 수 있다."

지도자의 정직한 자기노출과 상호책임의 관계를 위해서는 '용기'도 필요하다. 설교자/지도자 개인의 삶 속에서 내면의 상처와 낙심, 그리고 숨기고 싶은 마음들이 적절하게 다뤄지지 않으면, 이런 문제들은 상처를 더욱 심화시키면서 결국 공동체 변화를 위한 희망의 불씨마저 꺼뜨려버릴 수 있다. 그래서 영적인 지도자는, 스스로를 노출할 수 있도록 용기를 주시며 소명과 은사의 진정성을 보장하고 사랑과 기쁨, 평화, 인내, 자비, 양선, 충성, 온유, 절제와 같은 열매(갈 5:22-23)를 허락하시는 성령 하나님께 마음을 열고 그 분의 음성을 따름으로써 자신에게 다가오는 영적인 파도를 분별하여 탈 수 있는 파도에 오를 수 있다.

2단계: 긴박감 조성하기

'긴박감을 조성한다'는 것은 "변화를 위한 에너지를 조성하는 것으로 하나님께서 바라시는 이상과 대조적인 현재 실체에 관하여 분명하고도 솔직해지는 것"을 말한다.[8] 긴박감(urgency, 또는 긴급성-역주)은 리더십에서 자주 다루는 주제이지만, 이 책에서는 설교자/지도자의 개인적인 준비 다음 단계에서 다뤄진다. 설교자/지도자 편에서 긴박감은 성경에서 하나님은 지도자와 그 백성이 어떤 존재가 되기를 원하시는지에 대한 하나님의 비전을 깨달을 때 형성된다. 하지만 이러한 긴박감은 현재의 모든 상태에 대한 정직하고도 숨김없는 인식에 근거해야 한다.

때로는 설교자들이 맨 처음부터 회중 가운데 긴박감을 조성하면서 사역을 시작하는 경우도 있다. 예를 들어 해링턴과 보넴, 그리고 푸르는 심각한 쇠퇴기를 맞고 있는 교회에 부임한 어떤 목회자에 대해서 소개한다. 그는 부임한 첫 주일에 모든 신자에게 신자 출석률을 나타내는 그래프를 나누어 주고는 이렇게 말했다.

> 우리 교회는 지난 35년 동안 계속 쇠퇴해왔습니다. 우리는 이 현실을 정직하게 직시해야만 합니다. 만일 하나님께서 우리를 이 도시에 희망을 가져오는 도구로 사용하시려는 가능성이 조금이라도 있다면, 우리는 지금 우리가 처한 현실을 분명히 깨달아야 합니다.[9]

그 교회는 새 목회자가 부임한 첫 주부터 180도 선회하여 그동안 아무런 문제가 없었던 것처럼 처신하는 것을 멈추고 하나님의 소명을 성취하기 위한 시급한 방안들을 모색하기 시작하였다.

그런데 위의 사례와 달리 대부분의 교회에서는 현재 상황을 솔직하고도 분명하게 파악하기 위하여 더 많은 자료를 모으고 그 내용을 충분히 의사소통하기 위해서는 이보다 더 많은 시간이 필요하다. 또 다양한 통계 조사와 심층면접과 여기에서 얻어진 여러 자료와 피드백 과정도 필요하다. 회중 전체에 대한 통계 조사를 위해서는 적절한 질문 문항을 만들고 그 질문에 대한 응답 결과를 객관적으로 계량화하는데 세심한 주의가 요구될 뿐만 아니라, 피드백을 통해서 응답자 개개인의 관심사를 적절히 수용하는 것을 보장하는 문제 역시 중요하다. 현 상황 이해를 위한 조사는 많은 유익만큼이나 자칫 공동체를 위험에 빠뜨릴 수도 있다. 종종 지도자는 현실 이해를 위한 조사 과정에서 구성원 모두가 조사의 의도나 의미를 즉시로 잘 이해할 것이라 생각하고는, 세부사항을 충분히 반복해서 설명해주지 않거나 또는 책임 있게 납득시키는데 많은 노력을 기울이려 하지 않는다. 그래서는 결코 안 된다. 설교자/지도자는 이런 조사를 통해서 회중에게 현실을 분명히 이해시킴과 동시에, 하나님의 사명과 이에 대한 위임명령에 관한 성경의 여러 이야기를 지속적으로 들려줌으로써 회중 자신이 처한 현재 실체와 하나님의 바람직한 미래의 이상 사이의 깊은 간격을 점점 인식하고, 이로 말미암아 변화를 위한 창조적인 긴장감을 조성하고 이 긴장감을 지속적으로 유지해가야 한다.

과장되지도 않고 의도적으로 왜곡되지도 않은 현실에 대한 분명한 모습은, 지속적인 설교 메시지의 일부분으로 자리하면서 점차 회중 전체의 변화를 위한 내면의 원동력으로 발전된다. 그리하여 "오직 사랑 안에서 참된 것을 하여 범사에 머리되신 그리스도에게까지 자라가게"된다(엡 4:15).

3단계: 비전 공동체를 조직하기

'비전 공동체를 조직한다'는 것은 "회중이 직면한 도전과 다양성이 진정한 협력과 헌신으로 이어질 수 있도록 하는 환경을 조성하는 것"을 의미한다.[10] 회중의 변화라는 궁극적인 결론에 도달하는 과정에서의 비전 공동체의 중요성을 결코 간과해서는 안 된다. 중국 속담에 이런 말이 있다. "가는 방향을 바꾸지 않으면, 결국 가는 방향대로 도달하기 마련이다" 그렇다면 교회는 정확히 어떤 방법으로 비전을 발견하고 이를 성취할 수 있을까?

물론 교회마다 조직의 형태나 구성 방법이 모두 다르기 때문에 비전을 달성하는 방법도 모두 일치할 수 없다. 하지만 변화를 위한 한 가지 가능한 모델로서의 비전 공동체는 전체 회중을 대표하는 핵심 구성원으로 조직된 모임이다. 교회 전체 출석자의 대략 10% 비율 내에서 최대 25명을 넘지 않는 범위 내에서 구성된 비전 공동체(vision community)는 회중 전체의 변화 과정에서 중요한 역할을 맡는다. 이들은 공동체 전체를 위한 하나님의 뜻을 추구하는 데 열정을 지녀야 하며 이 뜻을 성취해가는 과정에서 하나님과 그리고 구성원 간의 진지한 대화를 지속적으로 개발시켜야 한다.

이 과정은 설교자/지도자에게 많은 것을 요구한다. 이런 모임을 꾸려가는 것 그 자체가 지도자에게는 중요한 리더십의 과제 중의 하나이기 때문이다. 이러한 비전 공동체가 전체 교회 구조 속에 어떻게 자리매김 할 것인지는 개 교회의 상황에 따라 다르겠지만, 대부분의 경우에 비전 공동체의 리더는 담임 목회자가 맡는다. 비전 공동체의 구성원은 항상 좋은 평판을 유지해야 하며 영적으로도 성숙한 사람이어야 하고 이견을 가진 사람들과 대화할 수 있는 능력을 지녀야 하며 적절한 변화에 대해서 개방적 자세를 취할 수 있어야 한다. 또한 이들은 연령이나 성, 그리고 인종과 문화에 있어서 교회 전체 회중의 다양성을 대표하면서도, 설교자의 인도를 따라 하나의 단결된 팀으로 성장하는 법을 배워야 한다. 이를 위해서는 앞의 6장에서 논의된 팀 학습 방법을 활용하는 것이 중요하다. 또 교회 전체는 비전 공동체가 성장하는데 필요한 적절한 시간과 장소를 제공해야 하며 비전 공동체가 교회 전체를 위하여 수고하고 있음을 인정하고 이들을 신뢰할 수 있어야 한다.

물론 비전을 발전시키는데 또 다른 방법도 있다. 예를 들어 빌 하이벨스(Bill Hybels)는 전 세계 수백여 개의 교회에서 효과적인 것으로 입증된 비전 계발 과정 하나를 소개한다. 이 모델에 따르면 먼저 지도자는 평신도 지도자들이나 장로, 집사, 그리고 교회의 핵심 멤버로 구성된 리더십 팀을 구성해야 한다. 그리고 지도자는 이 팀의 구성원에게 교회를 위한 하나님의 비전을 분명하게 파악하도록 도전하면서 다음 주 토요일 아침 여덟시에 함께 만날 것을 요청한다.

> 그리고 성령의 인도하심 아래 하나님께서는 우리 교회를 어디로 인도하기를 원하시는지 함께 알아보자고 제안한다. 처음에는 사도행전 2장을 함께 연구하면서 우리 교회를 위한 하나님의 비전을 담은 그림이나 생각, 혹은 단어를 알려달라고 하나님께 기도하는 것부터 시작한다. 그렇게 해서 비전이 확인되고 그 내용을 전체 회중에게 제시할 때가 되면, 우리는 모두가 한 마음과 한 생각으로 하나가 될 것이고 그 다음에는 나머지 모든 회중도 그 비전을 자신의 비전으로 만들 것이다.[11]

하이벨스는 이 과정을 위해서는 지도자에게 많은 시간과 노력이 요구될 뿐만 아니라 전체 리더십의 핵심은 일관성 있고 분명한 비전을 수립하는 것임을 강조한다.

어떤 교회에서는 중요한 의사 결정을 위하여 정기적인 회중 전체의 모임을 소집하기도 한다. 이런 전체 모임을 통해서 비전에 관한 특별한 목적을 가진 별도의 작은 그룹을 조직하여 이들과 함께 사역을 공유하기도 한다. 나의 경우에는 주중의 기도 모임이 일종의 비전 공동체 모임과 흡사하며, 이 기도 모임을 통해서 회중 전체의 변화 과정을 이끌어낼 수 있다. 하지만 회중이 어떤 방식으로 비전을 이해하든 관계없이 설교자/지도자는 그 변화의 중심에 자리하고 있어야 한다. 왜냐하면 회중 전체를 위한 하나님의 말씀을 듣는 일 뿐만 아니라 회중을 향한 하나님의 목적을 이해하고 그 목적을 위한 회중의 합당한 반응을 이끌어내는 일에 대한 일차적 책임을 지는 사람은 바로 설교자/지도자이기 때문이다.

3. 비전을 분별하고 이를 소통시키기

회중의 변화를 위한 전체 과정에서 앞부분은 회중의 내면적인 삶을 구비하는데 집중되며 그 다음 단계는 회중의 외면적인 삶, 즉 공적인 삶으로 확장된다.

4단계: 비전을 분별하고 비전의 방침을 정하기

'비전을 분별하고 비전성취의 지침을 정한다'는 것은 "하나님께서 원하시는 미래에 대한 진술문을 작성하는 것으로서 그 미래의 방향은 광범위하고도 흥미를 불러일으키지만 동시에 그 상세한 내용은 분명하고 명확하게 작성하는 것"을 의미한다.[12]

모든 교회에게 주어진 포괄적인 위임 명령으로서의 '사명'(mission)과, 하나님께서 특정한 교회에게 주신, 분명하고 모두가 함께 공유하며 동기를 부여하는 그림으로서의 '비전'(vision), 그리고 이 비전 성취를 위한 시급한 과제로서의 '비전의 방침'(visionpath)의 차이에 대해서는 앞에서 살펴보았다. 사명에서 비전의 방침으로 발전하면서 그 모습은 점차 구체적이며 자세하게 드러난다.

예를 들어 사명의 단계에서 하나님의 위대한 목적은 "그리스도를 알며 그분을 알리기"라는 식의 포괄적인 언어로 표현된다. 하지만 비전의 단계로 발전하면 포괄적이고 개략적인 사명 선언문은 다음과 같이 좀 더 독특한 형태로 정리된다. "당신을 향한 하나님의 비전은 지문(指紋, fingerprint)처럼 이 세상에 오직 하나 뿐이다."[13] 사명 선언문은 서너 개의 문장으로 표현될 수 있지만, 비전의 방침을 정하는 데는 몇 페이지가 필요하다.

사명과 비전, 그리고 비전의 방침 세 가지 모두 유사한 과정의 리더십이 필요하다. 비전 공동체의 일차 과제는 '관련 정보를 수집하는 것'으로서, 비전 공동체 구성원은 다른 구성원과 회중 전체로부터 비전에 관한 의견을 들어야 한다. 교회를 향한 하나님의 뜻을 분별함에 있어서는 물론 기도가 가장 중요하기 때문에 설교자는 이 단계에서 회중 전체가 비전을 위한 중보 기도에 동참하도록 독려해야 한다. 그 다음은 비전에 대한 '첫번째 초안 작성 단계'로서 대체적으로 설교자/지도자가 책임을 지고 작성해야 할 것이다. 이 초안은 이전에 제기된 여러 견해를 세심하게 살핀 다음에 정리된 것으로서 이후의 비전 확립을 위한 출발점 역할을 한다. 그 다음에는 '초안에 대한 개인적인 반응을 조사'하는 것으로서, 이를 통해서 설교자/지도자는 비전 수립에 대한 다른 사람들의 솔직한 의견과 도움을 받을 수 있으며, 설교자/지도자가 비전 선언문을 작성해 본 경험이 적은 경우에는 초안에 대한 피드백을 통해서 리더의 신뢰성과 책임을 보호할 수 있다. 그 다음 '초안 수정 단계'를 통해서 설교자/지도자는 이전보다 더욱 개선된 초안을 마련할 수 있다. 다음에는 그렇게 개선된 초안에 대한 '공적인 피드백'을 수집하는데 이를 위해서 먼저 비전 공동체 안에서의 집중적인 토론을 거치고 그 다음에 전체 회중 앞에 제시하여 이들로부터 또 피드백을 받는다. 마지막으로 '비전에 대한 공감대를 발전시키는 단계'는, 이전 단계를 거치면서 진술문의 형태로 정리된 비전을 회중 전체가 열정과 기대감을 가지고 수용하는 단계이다.

이 과정에서 설교자/지도자는 자신들에게 맡겨진 엄청난 책임을 회피해서는 안 된다. 설교자/지도자는 기도와 말씀 가운데 회중을 위한 하나님의 비전을 분별하는 과정에 필연적으로 개입할 수 밖에 없으며, 따라서 그 전체 과정에 세심한 노력과 주의를 기울여야 한다. 상황적인 지도자들(situational leaders)이라면 공동체를 위한 새로운 사명과 비전, 그리고 비전 방침을 계발하고 진행하는 세부적인 과정에 대해서 마치 "물을 떠난 물고기"처럼 불편한 느낌을 가질 수도 있다. 그러나 설교자/지도자로서 이들이 받은 소명을 위해서는 앞의 5-6장에서 살펴본 바와 같은 철저한 사전 조사와 팀 학습 훈련 기술을 최대한 발휘해야 한다.

물론 이 과정을 위해서는 많은 시간과 노력이 요구되며 영적으로도 고갈되는 느낌을 맛볼 수도 있다. 하나님의 이름으로 다른 사람들을 만나고 초안을 작성하며 피드백을 듣고 그에 따라 초안을 다시 수정하는 모든 과정을 위해서는 설교자/지도자에게 많은 것이 요구된다. 이런 요구사항은 예전처럼 전통적인 방식으로 설교를 준비하는 과정에서는 전혀 필요 없던 것이다. 예를 들어 특정한 회중을 향한 하나님의 구체적인 비전을 잘 담고 있는 사명 선언문을 작성하는 일만으로도 매우 힘든 작업이며, 이것을 쉽게 처리할만한 사람도 그리 많지 않다. 그렇다고 다른 교회에서 만든 사명 선언문을 아무런 생각 없이 그대로 차용할 수도 없는 노릇이다. 또 좀 더 포괄적인 사명 선언문과 이보다는 좀 더 구체적인 비전과의 차이점도 잘 분간이 되지 않을 수도 있으며, 비전과 목표의 차이점도 잘 구분되지 않을 수도 있다. 조지 바나는 "온 세상에 복음을 전하기"는 불완전한 사명 선언문이며, "2010년까지 5천명 규모의 교회를 세우기"는 목표 진술문이라고 한다.[14] 또 때로는 비전과 "핵심 가치"(core values)가 서로 혼동되기도 한다.

그리고 이러한 모든 잠재적인 혼란에 덧붙여 그 과정 역시 마음 편하게 진행되는 법이 없다. 어떤 목회자는 자기가 생각한 비전을 회중과 함께 공유하는 과정을 마치 "사람들이 가득한 방에서 아이를 낳은 다음에 사람들이 아이를 싫어한다고 걱정하면서도 할 수 없이 그들의 보호 아래 아이를 맡기는 것 같다"고 한다.[15]

하지만 이러한 모든 어려움에도 불구하고 하나님의 뜻은 이 과정을 통해서 분별되고 점점 더 분명하게 드러난다. 그리고 설교자는 의도적으로 시간을 내어 성경을 연구하고 매 주일 그 메시지로 청중을 도전하는 자리에 있는 까닭에, 모든 사람들 중에서 특히 설교자는 회중을 위한 하나님의 뜻을 분별하고 선포하는 데 세심한 주의를 기울여야 한다. 이들은 무엇보다도 이 일에 헌신해야 한다. 이 일은 마지못해 감당하는 별도의 허드렛일로 취급되어서는 안 되며, 설교를 통한 회중의 인도에 대한 최우선의 중요성을 의식하는 가운데 감당해야 한다. 이 과정을 통해서 사람들은 하나님 앞에서 함께 어떤 사람들이 되어야 하고 그 분을 위하여 어떻게 행동해야 하는지에 대한 하나님의 비전을 향하여 점진적으로 자라가기 때문이다.

하이벨스는 비전 진술문(vision statement)을 가리켜서 "중요한 일"(main thing)이라고 부를 뿐만 아니라, 마치 티셔츠의 앞면에 간결하게 적어 넣을 수 있어야 하고 기억하기 쉬워야 한다고 주장한다. 27년 전에 하이벨스 목사는 윌로우크릭 교회의 비전 진술문은 다음과 같은 아홉 단어로 정리하였다. "비신자들을 그리스도께 온전히 헌신된 신자들로 바꾸는 것"[16] 그에 의하면 이처럼 간단히 표현된 비전은 비전에 대한 초점을 제공하며 이를 성취할 원동력을 고취시켜주고 리더십이 발휘되는 과정을 매끄럽게 해 준다고 한다. "비전은 지도자의 무기창고에서 가장 효과적인 무기이다. 교회의 힘을 제대로 발휘하도록 해 주는 무기가 바로 비전이다."[17]

앞에서(3장) 본인은 설교에는 리더십에 대한 통찰이 얼마나 많이 필요한지에 대해서 지적하였다. 그러한 통찰에 속한 변화의 넷째 단계(비전을 분별하고 비전의 방침을 정하기) 역시, 설교자가 설교를 통해서 의도하는 목표를 달성하려고 할 때 리더십의 기술을 함께 활용해야 한다는 점을 잘 보여준다.

리더십을 발휘하는 활력 있는 설교는, 공동체에 대한 비전과는 무관한 개인주의적이고 보편적인 진리를 과시하는데 집착하는 무력한 설교와 달리, 설교자와 청중 모두가 하나님을 위한 구체적인 행동에 헌신하도록 한다. 아무리 경건한 진리를 담고 있더라도 리더십이 배제된 설교로는 회중을 인도할 수 없다. 하지만 공동체를 향한 하나님의 비전을 분별하고 이를 선포하는 설교자들은 그 사역 속에 내포된 리더십의 활동을 통해서 회중을 인도할 수 있다.

5단계: 비전을 소통하기

'비전을 소통하기'는 "전체 회중이 미래를 위한 하나님의 비전과 그 비전이 함축하는 바를 온전히 이해할 수 있도록 하는 창조적인 방법을 찾아내는 것"을 의미한다.[18] 비전 성취와 회중의 변화에 관한 여덟 단계 중에서 이번 다섯째 단계는 설교자의 공식적인 역할과 밀접한 관련이 있다. 기도와 대화 과정을 거치면서 비전 공동체와 회중 전체로부터 비전이 명확하게 드러나면 이제 설교자/지도자는 그 비전을 지속적으로 설교하여 모든 회중이 이를 잘 이해할 수 있도록 안내해야 한다. 오늘날 커뮤니케이터들은 효과적인 의사소통을 위하여 편지와 문서, 소그룹 토의, 시청각 자료, 드라마, 음악, 특별 행사와 같은 다양한 매체를 활용한다. 하지만 하나님의 기름부음 받은 설교자/지도자의 설교를 통해서 소통되는 것은 그 무엇과도 비교할 수 없다. 하나님께서 지금까지 사용하신 도구 중에서 설교야말로 가장 용이하면서도 효과적인 의사소통의 도구이다.

5단계에서는 설명과 동기부여, 그리고 피드백이 수반된다. 이는 전방위 설교/지도 모델의 작용 방식과 유사하다(**그림 2** 참고). 설교자와 회중 모두가 더 강력한 영적 및 관계적 활력을 경험하여 하나님의 뜻에 합당하게 행동할 수 있도록 동기를 부여받고자 하나님의 비전에 관한 말씀에 귀를 기울이면, 그렇게 한 번 선포된 이 말씀은 헛되이 사라지지 않고 반드시 결실을 맺음으로써 하나님께로 다시 되돌아간다(사 55:11). 이 과정에서 회중은 그 어떤 조작이나 협박과 관계없이 다만 세심하게 준비된 말씀을 통해서 자발적인 결단과 실천의 자리로 나아가야 한다. 물론 설교자/지도자는 하나님의 비전을 회중에게 선포하고 나누는 과정에서 말씀뿐만 아니라 비전 공동체 구성원의 도움도 받을 수도 있다. 비전 공동체 구성원은 설교자/지도자가 다음의 질문들에 대한 해답을 찾는데 도움을 제공할 수 있다. 회중을 변화의 자리로 나아가도록 도전할 수 있는 창조적인 긴장을 어떻게 조성할 수 있을까? 회중의 변화를 위하여 무슨 이야기를 나눠야 할까? 변화 과정 중에 어디에서 저항이 일어날 것이며 그 문제는 어떻게 성숙한 자세로 다룰 수 있을까? 이 공동체의 비전과 그 함축적인 의미를 가장 잘 집약시킨 정신 모델은 무엇인가? "새들백 교회의 샘"과 "비신자인 해리와 매리"처럼 우리 교회의 특정한 상황을 선명하게 보여 주는 용어나 구절, 혹은 유비는 무엇이 있을까?

비전을 소통하는 단계(5단계)에서는 비전은 매 주일 설교의 핵심적인 메시지로 선포되어야 한다. 일부 저명한 지도자들은 이에 관한 몇 가지 규칙을 마련해 놓고 있다. 예를 들어 릭 워렌은 교회가 비전 성취를 향하여 올바른 궤도를 밟아가도록 하기 위하여 매달 간격으로 새들백 교회의 비전과 목표를 다시 작성한다고 한다.[19] 빌 하이벨스 역시 가장 헌신적인 신자들이라도 가끔 비전을 잃어버릴 수 있다고 경고하면서 중간에 멈추지 않고 지속적으로 비전을 상기시켜 줄 것을 주장한다. 하지만 그는 같은 내용을 똑같이 반복하는 것이 아니라 매년 9월 초순에 신자들과 함께 비전토크(Vision Talk, 비전을 나누는 시간-역주)을 통해서 새로운 목회사역을 시작하며 그 다음 1월에 새해를 위한 또 다른 비전토크 시간을 갖는다. 그러한 사례 중의 하나가 "윌로우 크릭의 정신"(The Soul of Willow Creek)이다.

> 나는 주말 예배 시간에 이 비전을 모두에게 공표하였다. 왜냐하면 구도자들을 포함한 모두는 우리가 누구이며 하나님이 우리를 어디로 인도하시는 지를 알아야 한다고 생각했기 때문이다. 나는 그들에게 윌로우 크릭의 정신을 조금이라도 나눠주고 싶었다. 그런데 정말로 사람들은 그것을 좋아했다. 그로부터 2주 후 주중 예배시간에 우리는 공식적인 비전의 밤 헌신 예배를 드렸고, 이 때 나는 사람들에게 비전에 대한 좀 더 자세한 내용들을 소개하였다.[20]

니코뎀도 설교 시간을 통해서 신자들에게 교회의 '비전을 제시한다.' 앞에서 우리는 "그리스도를 아는 것과 그리스도를 알리는 것!"이란 그 교회의 사명은 소속감과 신앙성숙, 은사활동, 선교 사역의 네 가지 비전으로 구체화되는 것을 살펴보았다. 니코뎀 목사는 계절별로 네 가지 비전의 주제를 따라서 연속 설교를 준비하며, 각각의 주제가 몇 개월간의 교회 활동 속에서 최고의 관심사로 선명하게 부각되도록 한다. 예를 들어서 신앙의 성숙을 촉진시키기 위해서는 제자도와 청지기 직분과 같은 주제가 강조된다. 또 은사를 통한 섬김의 사역을 강조함으로써 목회자는 신자들에게 구체적인 도전을 제시한다. 그는 최근의 연속 설교에서도 헌신에 관하여 이렇게 설교하였다. "교회는 가만히 앉아 구경만 하는 관람석 밖으로 뛰어 나갈 길을 찾아야 한다… 세상을 이기기 위해서는 팀이 필요하다."[21] 그의 연속 설교는 팀을 세우는데 필요한 여섯 가지 영적인 은사들을 차례대로 소개하고 있다.

크든 작든 어느 교회에서든 설교자/지도자는 매 주일의 설교에 구체적인 의도가 내포된 리더십을 결합시켜야 한다. 나는 빅 고든 박사(Vic Gordon)와 대화하는 중에 이에 관한 탁월한 사례 하나를 발견하였다.

자신들의 잠재력에 무관심한 교회

현재 켈리포니아의 헌팅턴 비치/파운틴 벨리에 위치한 제일침례교회(First Baptist Church) 담임목사인 고든은 리더십에서 설교가 차지하는 막중한 역할을 누구 못지 않게 강조한다.

> 목회자에게 설교는 리더십을 발휘하는 가장 중요한 임무이다. 매 주일 강단에서 설교할 때마다 나는 그 설교를 리더십의 행위, 즉 사람들에게 하나님께서는 우리가 어떤 사람이 되기를 원하시고 무엇을 하기를 원하시는지를 알리고 인도하는 행위로 생각한다. 매 주일 강단에서 설교할 때마다 나는 교회를 향한 하나님의 비전을 주장하는 사람이다. 그래서 나는 그 어떤 것보다 설교에서 더 많은 리더십의 영향력을 발휘한다.[22]

고든은 2000년에 남부 켈리포니아에 위치한 헌팅턴 비치 교회(Huntington Beach Church)에 부임하였을 당시 "교회는 견실하지만 하나님을 위한 자신들의 잠재력에는 거의 무관심한 상태"였다. 교회가 위치한 도시 외곽의 해안 지역을 가리켜서 고든은 "쾌락적이고 물질주의적이며 살기에는 아주 근사한 곳에 있었지만 어떤 식으로든 그리스도를 따르기에는 참으로 어려운 곳"으로 묘사한다.

부임 후 2개월부터 고든은 교회의 비전을 성경적인 관점에서 이해하는 것의 중요성에 관하여 설교하기 시작하였다. "주님은 우리가 어떤 사람이 되며 무엇을 하기를 원하시는지에 대한 주님의 말씀"을 선포하기 시작했다. 그는 몇 사람이 의견을 발표함으로써나 또는 여러 생각들을 정리하는 과정이 아니라 신앙 '공동체' 전체가 하나님의 말씀을 듣는 가운데 비전이 세워진다는 것을 사람들에게 올바로 가르치는 것이 매우 중요하다고 믿었다. 그는 교회가 하나님의 비전을 올바로 분별하는 과정을 세심하게 안내하는 교회 신학을 신자들과 함께 발전시키고 싶었다. 이를 위해서 그는 "자기 교회를 위한 그리스도의 비전을 보고 듣기"라는 제목으로 연속 설교를 전했다.

"가장 위대한 명령: 예배"(마 22:34-40)
"왜 우리는 비전을 따르는 교회가 되어야 하는가?"(마 22:34-40)
"새로운 명령: 공동체"(마 22:34-40)
"대위임명령: 선교"(마 28:16-20)
"지금 세상이 필요한 것"(마 28:16-20)
"예수의 모범을 따르는 선교"(요 17:15-18)
"비전 분별하기"(마 22:34-40; 요 13:34-35; 마 28:18-20; 요 17장)
"그리스도의 궁극적인 관심사"(요 17장)
"비전을 분별하기 위하여 필요한 것"(빌 1:27-2:11)
"해변으로의 부르심"(눅 12:1-3)
"비전에 집중하기"(롬 12:1-3)
"온 몸의 개념"(고전 12:1-27)
"복음의 기초"(고전 15:1-11)
"마지막 주간"(막 14:43-52; 막 11:1-11; 요 20:19-29)

각각의 설교가 선포된 다음에 매주 수요일 밤에 교인들은 함께 모여서 대략 한 시간 반 정도 고든과 함께 대화를 나누면서 설교에서 제기된 이슈들을 이행할 방안을 모색하였다. 이 그룹은 회중 전체를 대신하여 하나님께서 이 신앙 공동체에게 무엇을 말씀하시는지를 분별하는 책임을 졌고, 이런 책임을 헌신적으로 감당함으로써 공동체 전체가 하나님의 뜻을 향하여 함께 성장할 수 있었다. 그로부터 3-4개월 후에 좀 더 작은 그룹이 조직되었고 이 그룹에게는 그간의 설교와 토론, 그리고 중보기도를 통해서 드러난 중요한 이슈들을 정리하는 책임이 주어졌다. 이 과정에서 고든은 자신의 설교 메시지 속에 교회의 비전에 대한 회중의 반응과 피드백을 유도하는 의도적인 틀을 결합시킴으로써 설교자/지도자다운 리더십의 기술을 발휘하였다.

이후로 3, 4 개월의 대화와 토론이 더 진행된 이후에 한 페이지 분량의 비전이 기도문의 형태로 정리되었다. "최고를 향한 하나님의 지도"라는 제목의 비전 선언문은 다음과 같은 목적 진술문(purpose statement)으로 시작된다. "하나님을 사랑하고 서로 사랑하며 세상을 사랑하는 예수 그리스도의 참된 제자가 되기." 이 교회의 비전 진술문은 다음과 같다. 그 내용을 간추려보면 다음과 같이 매번 같은 구절로 시작되는 몇 개의 문단으로 표현된다.

우리를 향한 주님의 소명은 다음과 같다.
- 주님의 진실한 백성이 되어 성경 지식과 복음의 진리를 뛰어 넘어 그 지식과 진리를 삶 속에서 그대로 실천하는 참된 제자로의 소명.
- 전심을 다하여 주님을 사랑하며, 개인의 생활 속에서와 신자들의 모임 속에서 주님을 향한 참된 경배로의 소명.
- 예수 그리스도의 희생을 본받아 서로를 헌신적인 사랑으로 사랑하며, 대립을 피하며 교회의 다양성과 각 사람의 독특성을 용납하며 자신보다 더 어리거나 나이든 사람에게 적극적으로 손을 내미는 사랑으로의 소명.
- 그리스도의 복음을 들고 상처난 세상으로 나아가며 그 사람들을 우리 교회의 가족으로 환영하며 평화와 정의를 위하여 헌신하라는 소명.
- 물질주의와 천박함의 이미지를 부추기는, 오렌지카운티와 남부 켈리포니아의 독특한 상황에서 균형 잡힌 그리스도인의 삶을 추구하며,

세속적 이미지에 대항하여 참된 인간관계와 바람직한 섬김의 사역을
촉진시키라는 소명.
- 이 교회 안에서 뿐만 아니라 우리가 가는 세상 어느 곳에서든 이 비전
을 따라 살아가라는 소명.

고든에게 이 과정에서 가장 중요한 관심사는 회중 전체가 이 비전을 한 마음으로 동의하고 공감하는 것이다. 전체 회중이 이 비전에 대해서 만장일치로 동의하기까지 계속해서 설교하고 기도하며 토론하는데 무려 8-10개월이 걸렸지만, 이러한 가시적인 일치는 비전 성취 과정에서 가장 중요하다. 기도문 형태로 된 비전 진술문의 내용은, 하나님께서 자신들을 부르실 때 이러한 사람이 되기를 원하신다고 믿고 그대로 나아가는 공동체의 토대를 제공한다. 그래서 이 진술문 내용에는 이 교회가 추구하는 "핵심 가치"(7장)도 들어 있다.

비전에 대한 전체 회중의 일치된 공감대를 마련하는 과정에서 고든 목사는 저항의 문제도 해결해야만 했다. 그래서 "오직 사랑 안에서 진리를 말하라"는 에베소서 4:15의 말씀이 이 과정에서 또 다른 핵심 이슈가 되었다. 빅 고든은 기독교적 리더십은 사랑과 온유함과 아울러 확신을 가지고 발휘되어야 한다고 믿었다. 그래서 그는 변화에 부정적인 사람들에게 이렇게 응답하였다. "우리는 여러분을 사랑하며 우리와 함께 동행하기를 원합니다. 하지만 우리는 교회의 미래에 대한 열의가 가장 낮은 사람들이 우리가 가는 방향을 결정하게끔 할 수는 없습니다." 예를 들어 회중 가운데 "예수 그리스도의 참된 제자"가 된다는 목표에 담긴 함축적인 의미에 대해서 불만을 가진 몇몇 사람이나, 또는 여성 신자들에게 목회 리더십을 허락하는 것에 대해서 동의하지 않는 몇몇 사람은 교회를 떠났다. 그러나 전체 회중이 하나님의 비전을 분명하게 인식할 수 있도록 안내하는 처음 몇 달간의 설교를 통해서 교회가 계속해서 성장할 수 있는 튼튼한 토대를 마련할 수 있었다.

4. 비전을 성취하고 광범위한 영향력을 유지하기

변화를 위한 8단계 과정 중에서 마지막 세 단계(6-8단계)는 변화를 위한 실제적인 행동을 밟아가는 단계이다. 그러나 공식적이든 혹은 비공식적이든 또는 개략적이든 자세한 것이든, 변화를 진행하는 과정에 개입되는 모든 요소를 서로 긴밀하게 정렬시킬 때, 비로소 비전 성취에 따른 공개적인 영향력이 효과적으로 확보되고 유지될 수 있다.

6단계: 변화 선봉장에게 자격을 부여하기

'변화 선봉장에게 자격을 부여한다는 것'은 "변화를 위하여 헌신한 리더의 폭 넓은 기반을 조성하며 이들이 효과적으로 사역하는데 방해가 되는 장애물을 제거하는 것"을 의미한다.[23] 비전이 실제 교회의 삶 속에서 측정 가능한 변화와 차이를 가져다주는지를 확인하기 위해서는, 지도자는 변화를 위한 리더십을 발휘하는 과정에 다른 이들을 함께 동참시켜서 변화가 교회 전반의 시스템 속으로 깊게 스며들도록 해야 한다.

이에 반하여 리더십을 배제시킨 무력한 설교는 다른 사람들과 분리된 개별적이고 "영적인" 영역에서의 혼자만의 행동을 강조할 뿐만 아니라, 역시 값진 헌신과 희생을 동반하기 보다는 저조한 순응에도 쉽게 만족할 뿐이다. 따라서 회중 전체의 변화를 촉진하려는 설교자/지도자는 변화 선봉장과 관련하여 다음 두 가지 필요를 고려해야 한다.

첫째로, 설교자는 다른 사람들이 가지고 있는 리더십의 은사를 함께 고려해야 한다. 종종 어떤 설교자는 공개적으로 다른 사람들의 은사를 희생시키거나 변화를 위한 대화에서 배제하고 리더십의 책임을 공유하는 것을 꺼리기도 한다. 또 상당수의 설교자도 예비 설교자들을 올바로 안내하고 지원하는데 매우 인색하다. 하지만 설교자/지도자는 다음 세대의 설교자들을 도전하고 영감을 불어넣어주어야 할 뿐만 아니라, 교회 전 영역에서 새로운 지도자들을 발굴하고 양육하는데 최선을 다 해야 하며 이 일에 본을 보여야 한다.[24]

하나님께서는 각각의 교회에서 자신의 뜻을 이루는데 필요한 모든 자원을 골고루 허락하셨으며, 개 교회의 상황에 어울리는 영적인 은사를 가진 일단(一團)의 사람을 함께 불러 모으셨다. 따라서 설교자/지도자는 그리스도의 몸된 교회를 위하여 자신이 가진 은사가 무엇인지를 분별하는 방법들에 대해서 설교해야 하며, 특별한 주의와 돌봄이 필요한 잠재적인 은사를 가진 신자들을 찾아내서, 그들이 교회 전체의 변화에 함께 협력할 수 있도록 격려해야 한다.

둘째로, 설교자/지도자는 변화 선봉장들의 협력을 통하여 교회의 표면적인 변화에 집착할 것이 아니라 교회 시스템의 심층 구조의 변화를 이끌어내야 한다. 특히 완고한 신자들이나 고집불통의 구성원이 많은 곳에서는, 초기 단계의 변화만으로는 바람직한 개혁을 달성했다고 단정하기 어렵다. 이런 경우에 설교자/지도자는 "시스템 사고"의 기술을 활용하여 비전이 공동체의 내부 깊숙한 단계에 어느 정도 영향을 주고 있는지를 분별해야 하며, 변화에 저항하는 갈등의 주요 원인이 무엇인지를 찾아내고, 공동체 내에 변화에 대한 개방성과 상호 책임의 분위기가 형성되도록 해야 한다. 이런 상황에서 만일 설교자/지도자가 변화 선봉장들과 연대하여 현재의 상황을 사실적으로 이해하지 못하고 또 변화의 장애물을 제거하는데 용기를 발휘하지 못하면, 값진 결과는 전혀 기대할 수 없다.

비전을 향한 지속적인 변화의 과정에서 모두에게 힘과 용기와 희망을 주는 원천은, 무엇보다도 하나님께서 허락하시는 영적 및 관계적 활력의 은사이다. 공동체가 더욱 뜨겁게 예배에 헌신하고 서로 화해와 하나됨과 선교에 헌신할 때, 비로소 하나님의 뜻이 구체적으로 드러난다. 그리고 설교자/지도자는 막연한 비전에 집착하는 것이 아니라 구체적인 비전의 방침(visionpath)을 확정하고 그 속에서 우선순위의 과제를 파악하며 한 번에 한 가지 구체적인 목표를 놓고 함께 기도하며 세심하게 추진해야 하며, 그 과정에서 변화 선봉장들이나 비전을 가진 다른 동료를 발견하고 변화를 위한 리더십에 그들을 함께 동참시켜야 한다. 변화를 위한 8단계 과정 중에 이번 6단계는 설교자/지도자에게 많은 희생을 요구할 뿐만 아니라 때로는 고통스럽기까지 하며 그들의 영성의 한계를 시험하는 단계이다.

7단계: 비전을 실행하기

'비전을 실행한다는 것'은 "변화를 위한 여러 자원의 한계와 교인들의 태도, 그리고 긴급성을 고려하면서, 복합적이고 동시에 진행되는 행동에 관한 계획을 상호 조정하며 변화의 전체 과정에 대한 적절한 속도를 조절하는 것"을 의미한다.[25]

회중의 변화를 위한 전체 과정에서 비전이 실제로 실행되는 단계는 상당히 늦어 보인다. 하지만 이를 위한 장기간의 준비 기도와 훈련, 그리고 이전의 기나긴 여섯 단계가 없이는, 실제로 비전을 실행하는 단계에서는 그만 모든 것이 실패로 끝나버리기 마련이다. 또 강력한 영적 및 관계적 활력이 형성되지 않았거나 리더십의 훈련을 실행하는데 헌신된 설교자/지도자가 없이는 변화를 시도하는 회중은 그만 깊은 수렁에 빠져 분열될 수 밖에 없다.

비전이 실행되는 단계에 도달하려면 몇 가지 비전의 방침(visionpath)을 이행하는 과정을 포함한 3-5년의 시간표가 갖추어져야 하며, 이러한 구체적인 비전 방침에는 좀 더 세부적인 1년 단위의 프로젝트가 포함되어야 한다. 또한 비전의 방침을 실행할 때도 이를 통해서 얻어진 결과를 객관적으로 측정하기 위하여 구체적인 행동을 제시하는 '실행 계획'(action plans)이 갖추어져야 한다. 또한 설교자/지도자는 조직체의 복잡한 시스템을 생명 없는 자전거를 분해하고 조립하는 관점이 아니라 개구리와 같은 생명체의 유기적 상호 관계의 관점에서 접근하는 시스템 사고(6장)를 다른 구성원과 함께 공유해야 한다. 이를 통해서 구성원 모두가 각자가 유기적으로 함께 속해 있다는 생각을 가지고, 복잡하고 다양한 "실행 계획"을 효과적이고 조화롭게 감당할 수 있도록 유도해야 한다. 결국 바람직한 결과를 얻어내는 행동들을 실행하는 것이야말로 리더십의 핵심이다.

지도자에게 어떻게 비전의 성취를 계획하고 일의 우선순위를 정할 것인지에 관하여 조언하는 책이 수도 없이 출간되었다. 그 중에는 예를 들어 변화에 대해서 완고하고 적대적인 성격 때문에 변화에 대한 장애에 직면했을 때는, 새롭게 시작하는 사업을 하나의 "실험"이나 파일럿 프로젝트(pilot project, 바람직한 이론이나 모델을 전면적으로 실행하기 전에 실험적인 차원으로나 예비적인 차원에서 진행하는 프로젝트-역주)로 취급하라는 조언이 있다. 이와 관련하여 헤링턴과 보넴, 그리고 푸르는 이렇게 제안한다. "실험은 리더가 현재 진행하는 프로젝트에 대한 모든 해답을 다 확보하고 있어야 할 것을 요구하지 않는다. 실험은 변화에 대한 반발을 최소화하면서 사람들에게 혁신과 학습, 그리고 개선에 대한 더 많은 여지를 제공한다."[26]

비전을 실행하는 모든 단계에서도 설교자/지도자는 성경 말씀에 비추어 볼 때 비전과 비전의 방침들이 어떤 기독교적 근거를 갖고 있으며, 실제적인 적용점은 어떻게 구체적인 행동과 연결되는지를 계속 살펴보아야 한다. 이렇게 할 때 그 설교는 특정 공동체를 향한 하나님의 구체적인 목적에 부응하는 메시지로 활용될 수 있으며, 비전 실행을 위한 "실행 계획" 역시 정당한 근거를 가진 설교의 적용점으로 회중에게 제시될 수 있다. 설교에 개입하는 성령께서 하시는 사역의 하나는, 설교를 듣는 회중의 마음과 영혼 속에서 하나님의 뜻이 구체적인 회중의 반응으로 나타날 수 있도록 감동하는 것이다. 물론 이 과정에서도 목표를 무리하게 달성하기 위하여 부적절하게 청중의 동기를 자극하는 방법이나 도구를 설교에 끌어들이는 위험이 뒤따르기도 한다. 그러한 잘못된 목적을 위해서 분별없이 성경을 조작하는 설교자는, 결국 자신의 신뢰도에 치명적인 해를 끼치는 셈이다. 하나님의 뜻과 말씀을 선포하는 설교가 그 본래의 취지에서 벗어나서 그저 조직체의 동기를 조장하는 시간으로 전락해서 안 된다.

하나님은 올바른 리더십을 발휘하는 활력 있는 설교를 통해서 신앙 공동체 내에 영적 및 관계적 활력을 조성하시며, 이를 통해서 진정한 장기적 변혁이 일어나게 하신다. 교회의 사회 참여와 봉사에 관심이 많던 니코뎀 목사는, 최근에 전한 설교에서 이웃에 대한 사랑의 책임을 강조하면서 구체적인 적용점을 효과적으로 이끌어낸 적이 있었다. 그는 이 설교에서 회중의 "구체적인 실천"을 독려하기 위하여, 그 지역 사회에 활동하고 있는 여러 사회단체를 소개하는 전시대를 교회 로비에 설치해서 나중에 신자들이 동참하고 싶은 구체적인 봉사 활동에 각각 지원할 수 있도록 안내했다. 이를 계기로 많은 신자들이 구체적인 활동에 헌신하게 되었고, 교회의 장기적인 비전을 위한 구체적인 비전의 방침(visionpath)을 좀 더 구체화시킬 수 있었다.

8단계: 협력을 통한 추진력 강화하기

'협력을 통한 추진력 강화하기'는 "하나님의 비전에 대한 구성원들의 헌신이 널리 확산됨으로써 지속적인 변화에 대한 거부감과 두려움을 계속 해소할 수 있는 환경을 조성하는 것"을 의미한다.[27]

설교자/지도자는 하나님의 비전을 실행하는 모든 과정과 절차가 어떻게 함께 적절하고도 효과적으로 작용하는지에 대한 커다란 시각을 결코 놓치지 말아야 한다. 즉 "예배와 소그룹 활동, 여러 목회 사역과 프로그램, 예산, 의사결정, 조직, 그리고 개인 구성원의 태도 등 이 모든 것이 교회의 비전을 잘 반영하고 있는지를 계속 확인해야 한다."[28]

그런데 변화의 과정을 거치는 회중은, 외부의 충격에도 쉽게 무너질 정도로 취약한 상태에 있으며 그 변화의 과정도 금방 흐트러질 수 있다. 헤링턴과 보넴, 그리고 푸르는 이 과정을 방해하는 요소를 가리켜서 "추진력 살인자"(momentum killer)라고 부른다. 예를 들어 사람들이 변화를 그저 단 한 번의 프로그램처럼 취급하거나 단기간의 성과에 만족하려고 하면, 지속적인 변화의 가능성은 그만큼 위축될 수 밖에 없다. 구성원의 피로감 역시 변화의 추진력을 잠식하는 살인자이다. 특히 몇몇 사람만이 변화의 과중한 부담을 짊어지고 이를 다른 회중과 함께 공유하려고 하지 않을 때 그 피로는 더욱 가중된다. 그리고 비전에 대한 저항이나 무관심 역시 지속적인 진보에 심각한 장애가 될 수 있다.

따라서 설교자/지도자는 열정을 가지고 하나님의 나라에 대한 거대한 청사진을 계속해서 청중에게 알려줌으로써 이러한 추진력 살인자에 맞서야 한다. 물론 설교자/지도자 역시 다른 사람들처럼 하나님의 비전과 방향에 대해서 오해할 수 있으며, 그래서 하나님의 계획을 강력하게 추진하는 것처럼 보이는 완고한 고집에 대해서 적절한 통제가 필요하다. 그러나 이들이 계속해서 겸손한 자세로 기도 가운데 하나님이 원하시는 길을 찾는다면, 하나님의 말씀을 선포할 때마다 오직 하나님만이 허락하시는 일치와 하나됨을 성령께서 그 공동체에게 가져다주시며, 이를 계기로 설교자는 모든 성도가 한 마음으로 비전에 헌신하고 "협력"할 수 있도록 할 수 있다. 오직 하나님만이 비전과 공동체를 서로 결합시킬 수 있는 분이며, 행동을 위한 동기부여자이시고 꾸준한 실천을 독려하시며 온전한 은혜를 공급하시는 분이다. 아프리카계 미국인 설교 전통에서 발견할 수 있는 한 가지 중요한 가치는, 설교 메시지를 들은 공동체로 하여금 하나님의 은혜를 찬양하고 기뻐하도록 하는데 최우선의 강조점을 둔다는 점이다. 그러한 찬양으로 마무리되는 설교의 결론은, 설교를 들은 회중으로 하여금 자신이 아니라 하나님께 집중할 수 있도록 해 준다. 변화의 전체 과정 중에 8단계에서는 복잡하고 다양한 리더십의 책무가 동반되며 다양한 비전 방침 속에서 서로 다른 목표를 함께 추구해야 하고, 비전 공동체를 위한 지속적인 역할을 조성하며, 특히 그 과정에서 발생하는 갈등을 긍정적인 방향으로 대처해야 한다. 하지만 설교자/지도자는 전체 공동체가 이 모든 것 중에서 특히 하나님 나라의 목표와 영광에 관한 거대한 청사진을 분명하게 바라볼 수 있도록 계속 격려해야 한다.

앞의 6장에서 나는 소그룹 사역을 시작한 지 3년째 되던 해에 이를 기념하는 모임에서 전했던 설교에 관하여 언급했었다. 소그룹 사역에 대한 비전은 이 날로부터 4년 전에 처음으로 시작되었다. 이후로 나는 점점 성장하는 이 교회에는 가정 모임이 필요하다는 것을 깨닫게 되었다. 이후로 교회에서 열린 주말 집회를 통해서 나는 소그룹 사역에 대한 비전을 열정적으로 제시하였지만 회중 가운데에는 혼란 역시 만만치 않았다. 이후로 과업 그룹(task group, 조직체 내의 특별한 목적을 위하여 임시로 구성된 그룹-역주)이 조직되어 앞에서 발표된 비전의 함축적인 의미들을 모색하기 시작하였고, 이 주제와 관련하여 다른 교회로부터 가능한 많은 것을 배우려고 노력하였다. 이 과정에서 다음의 여러 질문을 제기하였다. 소그룹에는 모두가 다 참여해야 하는가? 이들은 얼마나 자주 모여야 하는가? 이 모임의 가장 중요한 목적은 무엇인가? 성경 공부나 기도, 목회 상담, 혹은 복음 전도가 그 목적인가? 이 모임은 누가 인도하며 그 모임의 인도자는 또 누가 감독하는가? 기존의 교회 신자들은 이 모임에 어떻게 동참할 것이며 새신자들은 어떻게 가입할 것인가?

이런 여러 질문은, 일 년 동안 거의 매주 단위로 이뤄진 개별 모임과 많은 회중이 참여하는 월간 집회, 그리고 이 비전에 대한 동기를 부여하는 여러 차례의 설교 메시지를 통해서 하나씩 해결되었다. 그리고 비전의 성취를 보증하기 위한 구체적인 비전 방침도 확정되었다. 그리고 초기 단계에서는 15개의 그룹이 조직되어 모든 신자가 희망하는 그룹에 가입하였다(또 다른 조사를 통해서 우리는 전체 회중의 60% 정도만이 소그룹에 동참했음을 알게 되었다). 이들 소그룹은 마치 자전거의 바퀴처럼 교회를 중심에 두고 방사선 형태로 확장되게끔 고안되었다. 그래서 교회에 출석하는 모든 신자는 각자가 원하는 "소그룹"에 소속되었고, 여기에는 성과 나이, 그리고 인종의 구분이 없었다. 매주 화요일 밤에 모이는 이 소그룹의 일차적인 목적은 성경 공부와 기도에 집중했다. 그리고 그룹 구성원은 참여할 수 없거나 참여하지 않는 신자들도 함께 돌보았다. 이 모임에서 다루는 성경 공부의 내용은 이전 주일날 설교와 관계되거나 그로부터 제기된 질문을 주보에 담아 제공하였다. 모임의 인도자들은 교회에서 훈련을 받았으며, 이들 인도자와 긴밀한 연락을 유지하면서 기존 회원과 새 회원의 긴밀한 결속을 지원해 주는 지역별 지도자로 활동하는 네 팀의 지도자의 감독까지 받았다.

이렇게 길고도 세부적인 절차가 뒤따르는 과정 속에서 나는 설교를 통해서 소그룹에 대한 비전의 진행상황과 그에 따른 감동을 전체 회중에게 소개하고 이를 함께 공유하였다. 소그룹 사역을 실제로 시작하는 시기는 매우 조심스럽게 계획을 세웠고, 특히 주일 예배 시간에 과업 그룹의 지원을 통해서 공식적으로 제시되었다. 그 결과 무려 전체 회중 중의 50%가 넘는 신자가 각 지역에 맞는 그룹에 지원하였다. 하지만 그 이후에도 나는 교회 생활과 시스템 속에서 소그룹 사역을 위한 추진력을 공급하는데 단 한 번도 마음을 풀고 긴장을 늦춘 적이 없다. 소그룹 사역이 진행되면서 계속해서 갈등과 오해, 균열, 빈약한 소그룹 리더십의 문제가 계속 발생하면서 사역의 흐름을 저해하려고 하였다. 하지만 설교/지도의 사역 속에서 하나님의 비전과 영광에 대한 커다란 청사진을 계속 붙잡음으로써 이를 극복하려고 애썼다.

앞의 6장에서 소개한 설교는 비전이 처음 실행된 이후 3년이 지나서 교회 전체가 앞으로도 계속 집중하기를 원했던 내용의 일부분을 담고 있다. 이로써 소그룹 활동은 우리 교회 생활의 필수적인 부분으로 자리하게 되었고, 주일 예배가 끝난 다음의 신자들 상호간의 친절과 환대 역시 강화되었으며, 더 많은 신자들이 목회와 복음 전도에 대한 책임을 함께 공유할 수 있게 되었다. 또 성탄절이나 그 밖의 다른 중요한 행사가 있을 때 신자들은 그동안 출석하지 못했던 신자들을 방문하며 함께 사랑을 나누며 교회를 처음 방문하는 구도자들과 새 신자들이 모두가 함께 교회에서 어색함을 느끼지 않고 편안함을 맛볼 수 있었다. 이들의 영향력이 그렇게 확대된 것이다. 이후에도 이러한 일치와 협력을 지속하기 위해서 나는 설교/지도의 사역을 통해서 모든 사람들이 변화 과정에 함께 참여하도록 격려하며, 다른 지도자에게 권위를 부여하고, 또 활력을 저해하는 "추진력 살인자"(momentum killer)의 문제에 맞서 이를 해결해야만 했다.

5. 모든 설교가 중요하다.

나는 회중의 모든 변화 과정은 설교 사역과 긴밀하게 관련되어 있다고 믿는다. 긴급성과 핵심 가치, 사명, 비전, 수행, 그리고 협력과 같은 요소는, 설교 준비 과정에서 마치 무슨 불순한 이방인처럼 숨겨두어야 할 것도 아니고, 아무런 성경적 근거도 없는 21세기의 최신 유행처럼 무시되어서도 안 된다. 결코 그래서는 안 된다. 이러한 리더십 개념들은 과거 설교 사역 속에서도 항상 정당한 역할과 가치를 인정받아왔으며, 오늘날의 설교/지도를 위한 활력 있는 설교에서 매우 중요하다. 이런 개념들은 개개의 설교를 준비하거나 연속 설교를 준비하는데 매우 중요한 영향을 끼친다.

『전방위 설교』(*360-Degree Preaching*)에서 나는 설교의 준비와 전달 과정을 설명하는 한 가지 모델로서 "설교의 유영"(preaching swim)을 제안한 적이 있다(《그림 7》 참고). 이 모델은 설교자가 성경해석과 설교 준비, 그리고 설교 전달의 전체 과정에 기름 부어 능력을 공급하시는 성부와 성자, 그리고 성령 하나님의 신비하고도 강력한 영적 원동력 속으로 어떻게 깊이 잠길 수 있는지를 설명한다. 설교자는 설교 전에 먼저 성경 본문이 '말하고 행하는 것'이 무엇인지를 분별하고 여기에 합당하게 반응하면서, 단지 지성을 향하여 '말씀'할 뿐만 아니라 '행동과 삶을 변화시키는 하나님의 말씀과 깊은 관계를 맺어야 한다. 하나님의 말씀은 그 자체가 곧 행동하시는 하나님이다(창 1:3). 설교자가 주해 작업을 통해서 본문이 무엇을 말하고 행하는지 파악하고 그 내용을 다시 현 상황에 부합하게 설교하면, 그들의 설교는 성령 하나님의 능력으로 본문이 말하고 행하는 것을 그대로 말하고 행하게 된다. 이것이 바로 설교/지도의 핵심이다. 즉 설교는 하나님의 말씀을 선포하여 그 말씀이 직접 성령의 능력 안에서 그리스도 안에 있는 새로운 피조물을 창조할 수 있도록 하는 것이다. 설교에서 기대하는 가장 최선의 결과는, 설교자와 회중 모두가 새로운 세계를 여는 성경의 도전 속에 깊이 잠길 때 얻어진다. 설교자가 설교를 통해서 회중이 하나님의 뜻을 경험할 수 있도록 하려고 설교를 준비하는 과정에서 "무슨 말씀인가"와 "그래서 어떻게 하라는 것인가"라는 두 가지 질문에 직면하게 된다. 그리고 리더십에 대한 여러 고전적인 개념들은 이러한 설교 준비와 전달 과정에 대한 통찰을 제시한다.

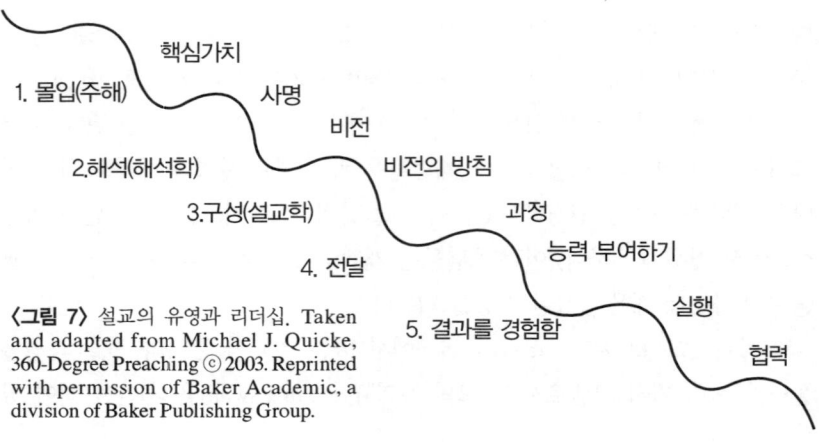

〈그림 7〉 설교의 유영과 리더십. Taken and adapted from Michael J. Quicke, 360-Degree Preaching ⓒ 2003. Reprinted with permission of Baker Academic, a division of Baker Publishing Group.

6. 간략한 개요

1단계: 몰입(주해)

'성경 본문에 대한 주해'를 시작하는 첫번째 방법이 바로 본문에 깊이 몰입하는 것이다. 설교 메시지가 하나님의 권위 있는 말씀의 근거를 확보하기 위해서 설교자는 주해 단계에서 기도 하는 가운데 하나님의 말씀이 원래의 상황에서 무엇을 의미했는지에 주의를 기울인다. 교회 지도자들이 회중의 정체성과 목표를 위하여 "핵심 가치"나 "사명"에 대해서 말하려면, 그 전에 먼저 성경 본문에 대한 세심한 주해를 거쳐서 성경적 근거를 확보해야 한다. 왜냐하면 설교자/지도자와 신자들이 함께 포함된 하나님의 백성의 정체성과 목표에 대해서 성경 이상으로 하나님께서 분명하게 말씀하신 곳도 없기 때문이다. 같은 이유로 오브리 맬퍼스는 초기의 예루살렘 교회 역시 사도적 전통에 근거한 핵심 가치를 붙잡았음을 강조한다. "저희가 사도의 가르침을 받아 서로 교제하며 떡을 떼며 기도하기를 전혀 힘쓰니라"(행 2:42).

> 그들의 핵심 가치는 그 행동을 통해서 분명히 알 수 있다. 당시 사람들은 그들이 행하는 것을 보고서 그 교회가 무엇에 헌신되어 있었는지를 알 수 있었다… 만일 초대 교회가 핵심 가치를 알고서 그 가치에 따라 행동하였다면, 오늘날의 교회 역시 그러한 선례를 따라야만 한다.[29]

설교자/지도자에게는 사람들이 성경적인 주해에 근거하여 핵심 가치를 올바로 분별하고 정립할 수 있도록 안내해야 하는 막중한 책임이 있다.

이와 마찬가지로 기독교 지도자가 '사명'(mission)이란 용어를 동원하면서 하나님께서 사람을 불러 어떤 존재가 되기를 원하시며 무엇을 행하기를 원하시는지에 대한 거대한 청사진을 제시하려고 한다면 먼저 그에 대한 성경적 근거가 확보되어야 한다. 하나님과 이웃을 사랑하며 모든 사람을 제자 삼으라는 하나님의 명령(마 22:34-40; 28:16-20)은, 교회의 사명이 막연한 의무에서 머무르지 않고 좀 더 구체적인 비전과 비전의 방침으로 확장될 수 있는 토대와 동력을 제공한다. 이렇게 설교자/지도자는 성경 말씀에 세밀하게 반응함으로써 교회가 자신에게 부여된 사명을 – 복음과 문화 사이, 복음과 교회 사이, 그리고 교회와 문화 사이의 축을 따라 – 세 가지 방향 속에서 올바로 구현할 수 있도록 안내해야 한다(**〈그림 1〉** 참고). 리더십을 가리켜서 "사람들을 움직여 하나님의 일을 하게 하는 것"으로 압축하는 블랙커비의 설명에 의하면, 설교자/지도자는 기도하는 가운데 성경 말씀을 해석하여 들음으로써 먼저 하나님의 일을 올바로 분별해야 한다. 이것이 바로 하나님의 비전과 방향의 원천이며 그 내용이 담인 설교를 통해서 회중은 그리스도 안에 있는 새로운 피조물에 관한 하나님의 대안적인 이야기를 삶으로 구현하는 하나님 나라의 백성이 될 수 있다.

2단계: 성경해석

'오늘을 위한 성경해석 과정'에는 고대에 기록된 본문을 신실하게 듣는 문제와 관련된 여러 해석학적인 원리가 동반된다. 각각의 설교자가 성경으로부터 하나님의 말씀을 듣고자 할 때, 여러 다른 "목소리"가 이 과정에 개입되면서 하나님께서 말씀하시는 것과 갈등을 일으키거나 함께 공명하기도 한다. 즉 성경의 "목소리"뿐만 아니라 설교자의 "음성"과 문화와 회중, 그리고 예배 상황으로부터 비롯되는 음성과 같은 모든 것이, 하나님의 말씀이 오늘의 현 상황에 들려오는 과정에 영향을 준다. 오늘 이 시대의 언어를 통해서 말하고자 하는 본문의 '초점'(*focus*)에는, 오늘 이 시대의 방법과 수단을 통해서 본문이 행하려고 하는 본문의 '기능'(*function*)을 함께 동반한다. 따라서 설교자가 주의를 기울이는 본문의 "음성"은 특정한 말과 행동으로 구체화되어야 한다. 본문 해석 과정에서는 본문의 '초점과 기능'을 파악하는 것이 관건이며, 이것을 확보할 때 비로소 설교는 하나님께서 오늘 이 시대를 향하여 말씀하시며 행하시는 것을 그대로 재현할 수 있다. 성경은 결코 상황과 무관한 중립적인 음성을 발하지 않으며, 항상 독자와 청중으로부터 어떤 구체적인 반응을 기대한다. 그래서 본문 해석과 설교 준비에서 가장 중요한 점, 그리고 설교/지도에서도 가장 중요한 점은, 설교의 일차적인 영향력(impact)을 확인하는 것이다. "과연 이 설교를 통해서 하나님은 무엇을 말씀하시며 행하시려는가?"

본문을 해석하는 2단계에는 비전을 구체화하는 것도 포함된다. "교회에 하나님을 영화롭게 하며 그 나라를 진척시키고 회중의 마음을 울리는 비전이 필요할 때면 그 교회 지도자를 찾아보라… 비전은 열정을 만들어내는 미래의 청사진이다."[30] 그런데 이 비전을 어디에서 찾을 것인가? 설교자/지도자는 오직 성경 본문을 해석함으로써 특정 교회 회중을 위한 하나님의 비전을 분별할 수 있다. 개인과 공동체가 나아갈 구체적인 방향과 지침을 위해서는 무엇보다도 성경에 대한 올바른 해석에 근거해야 한다. 그리고 커다란 비전에 대한 좀 더 구체적이고 직접적인 함축적 의미를 제시하는 비전의 방침(visionpath)은, 그 교회의 설교자/지도자가 제시하는 설교의 적용점과 긴밀하게 관련되어야 한다. 각각의 설교에서 설교자는 분명한 적용점들을 제시해야 하며, 그래서 회중은 하나님의 사명과 비전에 대한 열정을 구체적인 행동으로 옮길 수 있도록 해야 한다.

3단계: 설교의 구성(설교학)

'설교를 구성하는 단계'에서는 설교 메시지에 명료함과 일치감을 부여하기 위한 일련의 또 다른 기술이 필요하다. 모든 설교는 "무슨 말인가"와 "그래서 어떻게"라는 두 가지 질문에 대답해야 한다. 리더십을 배제시킨 무력한 설교자는 이런 질문을 회피하며 청중 개개인의 심령을 뒤흔들지 않고 그저 몇 가지 정보를 개별적으로 제공하는데 집중하는 설교를 만들려 한다. 앞의 〈그림 3〉은 성경 본문의 장르와 설교자의 개성, 그리고 설교의 상황에 따라 사자형 설교자로부터 교사형 설교자와 귀납적인 설교자, 그리고 내러티브 설교자의 여러 유형을 소개하였다. 각각의 설교 형태는 설교 현장에서 성경 본문의 핵심적인 영향력을 다양한 방식으로 재현한다. 그러나 설교 형태와 방법이 아무리 다르더라도, 설교자/지도자는 하나님을 영화롭게 하며 신자들에게 교회의 사명과 비전을 향한 헌신의 반응을 이끌어냄에 있어서 무엇보다도 성령과 협력하는 것이 가장 중요하다는 점을 명심해야 한다.

4단계: 전달

'설교 메시지를 전달하는 단계'는 성경 본문에서 확인된 하나님의 메시지와 사명, 비전, 그리고 목표를 회중에게 공식적으로 명확하게 선포하는 매우 중요한 단계이다. 이 단계에서 명심할 점은, 회중으로 하여금 설교 메시지에 확신하도록 하고 새롭게 헌신하도록 하는 분은 오직 성령이시지만, 설교 전달의 수준과 자질 역시 성령의 역사하심에 상당한 도움이 되거나 반대로 이를 방해할 수 있다는 사실이다. 모든 설교 행위는 거짓된 설득력을 발휘하거나 반대로 어리석은 행위로 배척받을 위험이 있다. 하지만 하나님은 설교의 가치를 이렇게 인정하신다. "우리가 이 보배를 질그릇에 가졌으니 이는 능력의 심히 큰 것이 하나님께 있고 우리에게 있지 아니함을 알게 하려 함이라"(고후 4:7). 하나님 앞에서의 신실성만이 위선을 방지할 수 있으며 하나님의 백성들에 대한 섣부른 조작을 피할 수 있다. 그리고 설교자가 먼저 하나님의 음성을 들을 때 비로소 설교에 대한 청중의 지루함을 방지할 수 있다. 따라서 다른 사람들에게 영적인 능력을 공급하며 변화의 과정을 수행하는 모든 문제는, 무엇보다도 설교자/지도자가 하나님의 음성을 듣고 선포하는 방법에 따라 결정된다.

5단계: 결과를 경험함

'결과를 경험하는 단계'는 설교/지도의 마지막 단계이다. "설교의 유영"(preaching swim) 모델에서 나는 회중을 "하나님의 말씀과 뜻 속으로 첨벙 뛰어들게 하는" 영적인 입영(入泳)을 소개하였다. 하나님의 말씀을 설교하는 것은 항상 분명한 차이를 가져와야 한다. 설교 행위 '다음에는' 그 이전에 비하여 무언가 분명히 다른 행동이 나와야 한다. 설교는 사람을 인도하는 그 어떤 방법 이상으로 강력하고도 항구적으로 개인과 공동체를 하나님의 뜻에 따라 움직일 수 있도록 하는 하나님의 도구이다. 따라서 먼저 성경에 몰입하여 자신과 공동체를 위한 하나님의 비전과 사명을 깨달은 설교자는, 성령의 능력으로 그 말씀을 설교하여 회중 역시 이 비전과 사명에 함께 헌신할 수 있도록 해야 한다. 그리고 변화를 위한 구체적인 적용점이 함께 제시됨으로써, 사람들이 하나님의 사명과 비전, 비전의 방침, 그리고 핵심 가치에 담긴 실제적인 행동을 이행할 수 있도록 격려해야 한다. 이렇게 설교자/지도자가 성경의 권위에 근거하여 말씀을 선포하며 특정한 공동체의 상황 속에서 그 말씀의 영향력을 온 몸으로 구현할 때, 비로소 하나님께서 친히 개입하시는 전방위 리더십이 실제 회중의 변화를 가져올 수 있다.

7. 후기

종종 나는 인터뷰에 응해준 동료뿐만 아니라 널리 알려진 설교자/지도자의 여러 경험에 대해서 깊이 생각해 보았다. 하지만 설교를 통한 리더십에 관한 전체 프로젝트에 대한 구상과 저술의 일차적인 동기는 내 자신의 과거 목회 경험 때문이었다. 1장에서 언급한 바와 같이, 처음 목회 사역을 시작할 당시의 심정과 각오는 『목회에서 설교의 중심성』(The Centrality of Preaching in the Total Task of Ministry)이라는 존 킬링거(John Killinger)의 저서 제목에 잘 요약되어 있다. 이후 21년의 목회 사역은 이 원칙이 여전함을 잘 보여준다. 특히 케임브리지에서의 목회를 떠올려보면 "회중의 변화 모델" 이상으로 효과를 발휘했던 많은 것이 발견된다. 또 조금 앞에서 나는 소그룹 사역을 실행하는 과정에 대해서도 잠깐 소개하였다.

1장에서 나는 1980년에 케임브리지에 위치한 성앤드류침례교회(St. Andrew's Street Baptist Church)에 부임할 때 상당히 주저했다는 이야기를 했다. 도착해 보니 당시 그 교회는 심각할 정도로 침체하고 있었다. 당장 눈 앞에 닥친 현실은 그렇게 크게 문제가 되지 않았지만, 걱정스러운 점은 앞으로의 비전을 전혀 찾아볼 수 없었다는 것이다. 당시 나는 이 책에서 지금 소개하는 리더십 모델에 대해서 전혀 아는 바가 없었지만 최소한 하나님의 일이 일어나기 위해서는 영적 및 관계적 활력이 매우 중요하다는 것 정도는 알고 있었다. 그래서 부임 직후부터 나는 설교와 기도라는 두 가지 우선순위에 매달렸다. 그리고 성경 본문을 자세히 연구하면서 우리를 향한 하나님의 약속의 원대함과 그 나라의 방대함을 맛보며 나와 우리 교회 신자들을 케임브리지의 중심부로 부르신 하나님의 소명의 함축적인 의미를 찾아보았다. 그 과정에서 나는 이 책에 언급한 다른 이들처럼 다음의 질문을 계속 던졌다. 우리를 부르신 하나님께서는 우리와 함께 이곳에서 무엇을 하시려는가? 그리고 가능한 그리스도와 함께 동행 하려는 노력 속에서 무엇보다도 기도생활에 집중하였다.

흥미롭게 나는 새로운 목회지에서 교회를 섬기던 처음 몇 개월간 핵심 가치와 기도, 그리고 비전에 관한 이슈들을 신자들에게 제시함에 있어서 설교의 역할이 매우 중요하다고 생각했었다. 부임한 첫째 주일에 나는 "십자가 속의 영광"(고전 2;1-5; 갈 6:11-16)이란 제목의 설교를 전심으로 전했다. 이 설교에서 나는 우리를 위한 하나님의 가장 위대한 행동인 십자가를 향하여 나와 함께 나아가자고 도전하였다. 또 다른 이들을 중보기도의 삶에 함께 동참시키는 것도 매우 중요하다고 생각해서, 신자들에게 화요일 기도 모임에 함께 참여하라고 간청했다. 그런데 놀랍게도 당시 70명의 회중 가운데 무려 50명이 첫번째 기도 모임에 참석했다. 밤 중에 이웃이 찾아와서 먹을 것을 구하는데도 침대에 누워서 응답하기를 거부한 한 남자에 관한 누가복음 11:5-13의 예수의 이야기는 우리 자신의 테마 스토리(theme story)가 되었다. 그 이웃이 계속 문을 두드리고 끈질기게 간청했기에 결국 원했던 결과를 얻을 수 있었지 않았는가? 이 이야기는 끈질긴 기도의 중요성을 상기시켜 준다. 이 메시지를 통해서 나는 공동체 전체에게 기도 생활의 중요성을 강조하였으며, 매일 기도와 개인기도, 그리고 공동체의 기도 시간에 함께 기도할 기도 제목을 정하였다. 또 특별히 공동체가 함께 기도할 기도 제목을 정하고, 이를 두꺼운 노트에 적어서 하나님께서 어떻게 응답하셨는지에 관한 기록을 오랫동안 보관하였다. 이 노트는 비록 헤어지고 모서리가 닳아 없어졌고 손으로 갈겨쓴 경우도 있지만 1980년대의 우리 교회 생활에 관한 가장 중요한 기록물의 하나로 남아 있다. 당시 우리 교회의 거의 모든 중요하거나 획기적인 사건이 여기에 실려 있으며 그 속에서 함께 기도하고 그렇게 받은 하나님의 응답을 함께 기뻐하였다. 그리고 당시 우리가 하나님 앞에서 기대했던 모든 희망과 절망, 재정적인 문제, 회의 결과, 등등의 중요한 내용들이 모두 여기에 기록되어 있다.

당시 나는 신자들에게 기도의 중요성을 강조함과 동시에, 교회력의 리듬을 따라서 복음의 진리로 말미암은 기쁨에 관한 연속 설교를 전했다.

"위대한 기쁨"(눅 15:1-7; 요 15:5-11)
"위대한 보상"(막 10:28-31; 눅 17:7-10)
"위대한 확신"(행 2:38-42; 3:1-8)
"위대한 사랑"(요일 4:7-21)
"위대한 자유"(요 8:31-40; 롬 6:15-18)
"위대한 삶"(요 10:7-16)

이런 설교를 통해서 나는 우리에게 위대한 약속을 베푸신 위대한 하나님에 집중하면서, 하나님께서 은혜로 우리에게 맡기신 이러한 "핵심 가치"에 대한 공동의 책임을 강조하였다. 예를 들어 "위대한 사랑"이란 설교에서 나는 하나님으로부터 나에게로 연결되고, 나에게서 내 형제들에게로 연결되고, 또 하나님에게서 내 형제들로 연결되는 세 변의 삼각형 이미지를 사용하면서 이렇게 설교하였다.

> 이미 하나님은 내 형제와 이웃을 사랑하십니다. 우리와 이웃을 모두 사랑하시는 하나님께서는 이제 우리를 부르셔서 삼각형의 셋째 변을 연결시켜서 주님의 사랑이 이 땅에 더욱 분명하게 드러나게 하라고 말씀하십니다. 이 도시 이곳에 우리 주변에 있는 저 사람들이야말로 이 사랑을 받아야 할 첫번째 수혜자들입니다.

또 연합 기도의 중요성을 강조할 때는 '예수님과 함께 기도 학교에서'라는 제목이 달린 여덟 편의 연속 설교를 전했다. 그 당시 우리의 기도 수첩에서는 특별한 기도 제목을 놓고 집중적으로 기도하고 있었다. 그 첫번째 목록의 넷째 항목에는 이렇게 적혀 있다. '이 지역 사회를 향한, 그리고 특히 우리 교회 시설물의 용도에 대한 하나님의 분명한 비전을 허락해 주시도록 기도합시다.' 나는 이 기도를 계기로 우리 교회를 향한 하나님의 분명한 비전이 더욱 구체적으로 드러났다고 믿는다. 그 즈음 어느 평일에 나는 교회를 방문할 어떤 사람과의 약속 때문에 교회 앞마당 밖으로 나가서 그를 기다렸다. 그가 누구였는지 잘 기억나지 않지만 아무튼 그 사람은 약속 장소에 나오지 않았다. 그런데 잠깐 교회 밖에 서 있는 동안 나는 갑자기 얼마나 많은 사람이 교회 앞을 지나가는지를 깨닫게 되었다. 교회 근처에 있는 대형 슈퍼마켓에서 잔뜩 물건을 사가지고 돌아오는 사람들, 말쑥하게 정장을 차려 입은 회사원들, 목에 카메라를 둘러매고 가는 일단의 관광객들, 빌린 자전거를 위험할 정도로 흔들거리면서 타고 가는 외국인 학생들, 시끄럽게 떠들면서 지나가는 근처의 학생들, 유모차를 끌고 가는 젊은 엄마들, 심심해 보이는 젊은이들, 배고파 보이는 집 없는 사람들 등등 수많은 사람이 교회 앞을 지나가고 있었다. 그날 나는 우리 교회 앞이 주중에 얼마나 많은 사람으로 붐비는지를 처음으로 깨닫게 되었다.

그 전까지는 내가 교회 시설물을 이용하는 경우는 그저 주일 예배와 수요일 저녁 예배와 부정기적인 사업가 모임과 여신도들의 모임 뿐이었다. 그러다 보니 나는 주변 상가가 조용한 시간에만 교회에 머물다보니 얼마나 많은 사람이 교회 앞을 지나가는지를 잘 몰랐던 것이다. 이 얼마나 아이러니한 일인가! 교회가 문을 여는 시간에는 주변의 다운타운은 문을 닫는다(그래서 우리가 주차하기는 편하지만 말이다). 반대로 주변의 다운타운이 활기 넘치게 돌아가는 시간에는 우리가 문을 닫는다. 그래서 우리는 11만이 살고 있는 이 다운타운 속에서 스스로를 보이지 않는 사람들처럼 그동안 은밀히 숨겨왔던 것이다. 그 순간 나는 갑자기 우리 교회를 향한 하나님의 비전에 압도되었다. 이 도시의 심장에 하나님의 사명을 실행하기 위하여 교회 문을 24/7(아침 7시부터 밤 24

시까지) 개방하는 것이다. 나는 이런 생각을 가지고 집으로 돌아 왔다. 이것이 그동안 우리가 교회 시설물의 용도를 놓고 기도해온 것에 대한 하나님의 응답일까?

그리고 이후 몇 개월 동안 나는 하나님의 사명과 비전에 관하여 집중적으로 설교하였다. 예를 들어 그해 여름에는 "연결고리 만들기"(마 28:16-20)라는 제목으로 설교하였다. 교회 신자들의 모든 가족이 함께 참석한 예배 시간에 우리는 밝은 색의 커다란 리본들을 사용하여, 예수와 제자들 간의 첫째 연결고리와 그 다음 교회 가족들에게로 이어지고, 다시 '우리를' 통해서 새로운 제자들에게로 확장되는 장면을 시각적으로 보여주고 싶었다. 어린이들이 나와서 이 리본 띠로 전체 회중 가운데를 이리 저리 돌아다니면서 둥그렇게 하나로 둘러 감았다. 그리고 나는 이 리본 띠를 가리켜서 그리스도의 제자들을 그 분과 연결시키는 하나님의 생명선이라고 불렀다. 사람들이 리본 띠를 각자 붙잡고 있는 동안, 나는 우리 모두가 예수께 속해 있으며 이제 우리 교회 근처에서 살아가는 불신자에게 이 생명선을 연결시켜 주어야 한다고 도전하였다. 그리고 교회 문이 활짝 열려서 이 리본 띠가 교회 밖 지역 사회 속으로 계속 이어져야 할 것을 강조했다.

이렇게 기도 운동이 교회의 비전과 연결되면서 나는 설교를 통해서 하나님의 좀 더 원대한 사명에 대한 신자들의 창조적인 긴장감을 조성하고 이 긴장감을 계속 유지했다. 그 후 얼마 되지 않아서, 교회는 근처에 관리인의 집이 딸린 조그만 가게 하나를 인수해서 불신자를 향한 전도의 목적으로 커피숍을 오픈하게 되었다. 아주 작은 가게에 불과했지만 이 가게는 교회의 복음전도 사역이 확장되는 창조적인 기회를 제공하였다. 어떤 신자들은 하나님께서 그간의 기도에 응답하시는 것 같다고 기뻐했다. 그러나 교회 공동 위원회는 그런 열정적인 반응 대신 교회를 향한 하나님의 비전을 좀 더 분명하게 점검할 팀을 조직하기로 합의하였다. 그리고 이 비전 팀과 전체 회중 앞에 다음과 같은 질문들이 제기되었다. 우리 교회가 다가가려는 사람들은 누구인가? 이런 사람들의 관심을 끌만한 것은 무엇인가? 앞으로 우리가 무슨 일을 하던 지금보다 더 많은 사람들과 더 많은 자금이 필요할 텐데, 그렇다면 동원 가능한 자원들은 어디에서 어떻게 확보할 것인가?

　이 비전 팀은 앞에서 우리가 살펴보았던 비전 공동체(vision community)와 비슷한 모임이다. 내가 그 모임을 소집하고 인도하지는 않더라도 나도 매번 그 모임에 참석했다. 그리고 앞의 질문과 고민들에 대한 해답을 모색하면서 점차로 변화의 과정을 시작하였고, 이 과정은 이후로 10여 년간의 여러 계획과 사역으로 이어졌다. 팀 미팅과 전체 회중 집회, 교회 수련회, 매일 기도, 그리고 매주의 설교 메시지를 통해서 점차 회중 가운데 기대감과 혼란스러움이 교차되면서 회중의 변화 모델의 여러 양상들이 전개되기 시작하였다. 당시 나는 유능한 설교자/지도자로서의 자질이 부족했음에도 불구하고 하나님은 목회자와 격려자로서 내가 맡은 역할 속에서 은밀하게 역사하시면서, 회중 가운데 창조적인 긴장감을 조성하고 유지하는 방법이라든가 정신 모델, 팀 학습, 그리고 시스템 사고 방법을 진행하는 방법들을 계발시켜 주셨다. 당시 내가 전했던 설교 중에 어떤 것이라도 다시 꺼내 살펴보면 하나같이 회중의 변화 과정 속에서 영적 및 관계적 활력을 강화함으로써 결국 하나님의 비전을 실행할 수 있도록 하려는 리더십의 의도가 깔려 있음을 알 수 있다.

　이 교회 회중의 변화 과정에서 주목할 점은 변화가 시작되면서 좋은 것이든 나쁜 것이든 모든 것이 성장했다는 것이다. 성장하는 기도 생활, 성장하는 비전, 성장하는 설교, 성장하는 논쟁, 성장하는 사람들, 성장하는 믿음, 성장하는 베풂, 그리고 성장하는 고통. 그간의 과정에서 배운 것이 무엇이냐고 묻는다면 내가 가장 감당하기 힘들었던 교훈 중의 하나는 우리가 진행하던 절차와 변화 과정에 동의하지 않은 사람들이 쏟아놓은 적개심과 그로 말미암은 상처들이다. 비교적 적은 숫자이긴 하지만 이들의 거친 폭언들과, 비판적이고 파괴적인 편지들, 그리고 체념하는 모습들 때문에 교회 내에 변화를 거부하고 반대하는 강한 기류가 형성되기도 하였다. 일을 하다보면 때로는 실수할 때도 있다. 이런 경우에 어떤 이들은 이런 실수를 놓고 하나님께서 우리가 믿음으로 극복하기를 원하셔서 앞에 두신 장애물이라고 해석하기도 한다. 반대로 어떤 이들은 우리의 불순종에 대한 하나님의 심판의 표시로 해석하기도 한다. 이런 갈등이 실제로 일어날 당시에는 '생명을 주는 갈등'(life-giving conflict)에 관한 이야기는 그저 희망사항처럼 들리고 현실은 참으로 고통스러웠다. 하지만 이제 되돌아보면 그 과정에서 우리 교회의 모든 신자들의 믿음이 더욱 성장하였고, 그렇게 해서 얻어진 결과를 통해서 하나님께 더욱 영광을 돌리게 되었다.

그 교회의 변화에 관한 최후의 결론은 아직 내려지지 않았다. 왜냐하면 이전에 기껏 몇 십 명이 모이던 교회에서 이후로 수백 명이 모이는 교회로, 주중에 정문을 굳게 닫던 교회에서 이제 일주일 내내 활기차게 움직이는 교회로, 한 명의 목회자가 사역하던 교회에서 14명의 전임 사역자를 갖춘 교회로, 전통적인 내부 지향적인 교회 구조로부터 외부의 선교 지향적이 교회로 그렇게 계속 탈바꿈했기 때문이다. 뿐만 아니라 교회 본당 옆에 선교 센터를 오픈하기 위하여 거의 2백만 달러를 모금하였으며, 교회를 둘러싼 벽을 허물고 주일 예배 중심의 교회 사역을 주중에도 지역 사회에 헌신하는 구조로 확장시켰다. 이전 같으면 주중에 예배당은 굳게 닫혔을 것이지만 이제 일반인들을 대상으로 활짝 열린 레스토랑을 통해서 교회는 매주 수천 명에게 다가갈 수 있으며, 도움이 필요한 개인이나 가정에게 상담 서비스를 제공하며 실직자에게 직업을 알선해 주고 있다. 그 결과 집 없는 사람들이 겨울 몇 달간 교회에서 지내기도 하고 젊은이는 선교 센터의 맨 윗층으로 찾아와 함께 시간을 보내며, 많은 신자들 역시 교회에서 진행된 다양한 사역을 통해서 하나님 나라의 복음을 삶으로 구현하는데 헌신하고 있다.

원대한 믿음의 프로젝트가 무엇인지에 대한 질문을 들을 때마다 나는 항상 이렇게 대답한다.

- 주께서 분명한 확신을 주시기 전까지 아무 일도 하지 말라.
- 모든 일은 그 분의 영광에 대한 분명한 비전으로부터 시작해야 한다.
- 주님의 인도하심을 위해서 계속 기도하라.
- 지역 공동체의 필요에 부응하는 교회를 향한 하나님의 독특하고도 분명한 계획을 구하라.
- 교회의 사명과 비전에 관하여 계속 설교하고 이를 온 회중 가운데 소통하라.

- 모든 절차는 성경적인 근거를 가져야 하며 온 회중과 함께 공유해야 한다.
- 반대를 예상하라.
- 하나님을 위한 일일지라도 매번 반격에 직면할 것이다.
- 비용의 증가를 예상하라.
- 모든 프로젝트마다 처음 계획보다 최소한 두 배 정도 증가한다.
- 하나님을 위해서 위대한 일을 시도하고, 하나님으로부터 위대한 응답을 기대하라.

이제 여러분은 내가 왜 설교를 통한 리더십을 확신하는지 알 수 있을 것이다. 올바른 리더십이 발휘되는 설교를 통해서 하나님은 자기 백성을 회복시키시며 구원을 베푸시고, 비전을 보여주시고, 힘과 믿음을 공급하시며, 감동 있는 예배와 하나님의 영광을 위한 더 위대한 사명을 향한 변화의 자리로 인도하신다. 주께서 새로운 세대의 설교자/지도자를 일으키고 이들을 감동하사 성령 하나님의 인도를 따라 각자 부름 받은 자리에서 주님의 영광을 위하여 놀라운 회중의 변화를 이끌어내실 수 있기를 간절히 소원하나이다.

부 록

A. 사례 설교문 – 리더십 101
B. 리더십에 대한 다양한 정의들
C. 리더 설교자에 관한 신조

부록 A
리더십 101

- 사례 설교문 -

2005년 5월 29일 일리노이스의 제일침례교회에서
마이클 퀵이 누가복음 4:22-5:11에 근거하여 설교했던 설교문 초안

    21세기 세계 교회는 매우 격렬하게 요동치는 시대 속에 놓여 있습니다. 교회가 이처럼 빨리 성장한 적도 없었습니다. 통계학자들은 전 세계적으로 매 시간마다 무려 3천명의 새 신자들이 중생하여 하나님의 나라 백성으로 새롭게 태어나는 것으로 추정하고 있습니다. 매 시간마다 오순절의 회심 사건이 계속 재현되고 있는 것입니다. 하지만 이러한 비약적인 성장은 대부분이 남미나 아프리카, 그리고 아시아처럼 남반구의 교회에서 진행되고 있을 뿐입니다. 며칠 전 저는 로잔 언약(Lausanne Covenant)을 주도한 루이스 부쉬(Luis Bush) 목사님과 점심식사를 같이 했습니다. 저는 그에게 이렇게 물었죠? "최근에 목사님께서 참가하신 가장 감동적인 영적 사건은 무엇이었습니까?" 그는 잠시 멈추고는 이렇게 대답했습니다. "인도네시아 집회에서 무려 1백만의 사람이 함께 모여 기도하고 또 계속 기도했던 집회였습니다."

    하지만 우리가 살고 있는 이곳 북반구에 북유럽이나 북미권에서는 매 시간마다 교회가 쇠퇴하고 있습니다. 토마스 리브스(Tomas Reeves) 교수의 연구에 의하면, 북미권의 일곱 개 주류 교단 소속 교회들 모두가 1960년 이래로 계속 5분의 1에서 최대 3분의 1정도 교인 수가 감소하였다고 합니다. 1995년 감리교의 조사 결과에 따르면, 지난 30년 동안 매 주일 평균 약 천 명의 교인들이 계속 줄어들었다고 합니다.

남반구 교회에서 확인할 수 있는 놀라운 모습 중의 하나는, 감동적인 예배와 헌신적인 신앙생활입니다. 이들에게서는 그리스도의 말씀을 믿고 순종하려는 적극적인 모습을 볼 수 있습니다. 하지만 우리와 같은 북반구 교회에서는, 지난 과거의 화려한 역사와 전통, 그리고 수많은 조직과 기구가 오히려 주님과 교회 사이를 가로 막는 장벽이 되고 있는 것 같습니다. 그래서 우리는 더 이상 예전처럼 그렇게 주님과 깊은 교제를 나누지도 못하고 있습니다.

하지만 오늘밤 이 점을 명심하시기 바랍니다. '예수 그리스도는 이 세상의 유일한 구세주이시며 이 세상에 가장 위대한 지도자시며, 주께서는 바로 여러분과 저를 위해서 모든 것을 베풀고 계시다는 사실입니다.' 주님은 우리 모두를 단 번에 구원해 주셨습니다. 주께서 하신 일에 우리가 무언가를 더 보탤 수도 없고 더 개선시킬 수도 없습니다. 주께서는 우리가 주님께 속하여 계속 자라는데 필요한 모든 것을 다 우리에게 주셨습니다. 주께서 우리의 구원을 위한 공생애 사역을 준비하는데 30년이 걸리셨습니다. 그리고 3년간의 공생애 사역도 인류의 구원이라는 분명한 목적 아래 이뤄졌습니다. 그 분을 "주님"이라고 부르는 것은 그 분께 모든 것을 내어 맡긴다는 뜻입니다. 그리고 그 분과 함께 매 순간 순간 동행하는 것입니다.

신약성경의 말씀 중에 리더십과 관련하여 저에게 깊은 영향을 주었던 말씀이 누가복음에 기록되어 있습니다. 바로 예수께서 처음으로 제자들을 부르신 장면입니다(눅 4:42-5:11). 본문을 자세히 살펴보면 예수님의 리더십의 맥박과 리듬을 느낄 수 있습니다. 그 역동적인 현장 속으로 함께 들어가 봅시다.

첫번째 - 기도

예수님의 리더십은 이른 새벽 한적한 곳의 기도로부터 시작됩니다. 오늘날

개인 경건의 시간을 "고요한 시간"(Quiet Time)이라고 부르는 것은 결코 우연이 아닙니다. 기독교의 사건은 항상 기도로부터 시작합니다.

> 소란스런 행동 이전에 고요한 기도를 선행해야 합니다.
> 공적인 기도 이전에 먼저 개인 기도를 선행해야 합니다.
> 다른 사람들과의 공적인 인간관계 이전에 먼저 하나님과의 개인적인 관계를 선행해야 합니다.
> 하나님의 말씀이 선포되기 이전에 먼저 하나님께 드리는 말씀을 선행해야 합니다.
> 하나님을 위해 일하기 이전에 먼저 하나님과 함께 보내는 시간을 선행해야 합니다.

내 삶의 은밀한 시간에 하나님 앞에 선 내 모습이야말로 진실을 검증하는 시금석입니다. 이 세상에 가장 엄청난 거짓말 중에 하나는, 기도가 매우 중요하지만 그러나 우리의 계획과 행동이 그보다 더 중요하다는 것입니다. 우리의 자만심은 참으로 강해서 우리 힘으로 무언가를 할 수 있다고 믿고 싶어 합니다. 업무를 위한 모임에서 한 두 마디 잠깐 주님께 도움을 구하는 기도를 드리지만, 속으로는 우리 힘으로 해 낼 수 있다고 생각합니다. 그러나 만일 우리가 먼저 기도하고 계속 주님의 도우심을 구했더라면 응당 성취했을 더 많은 것들을 실상은 잃어버리고 있음을 명심해야 합니다.

제 아버님은 2년 전 88세의 나이로 주님의 부름을 받아 눈을 감으셨습니다. 목회자이셨던 선친께서는 은퇴 이후 재산과 소지품을 다 처분하시고 최소한의 수준으로 줄이셨습니다. 하지만 평소에 늘 앉아계시곤 하던 의자 옆에 가죽으로 된 가방 속에서 여러권의 기도 수첩을 발견했던 날은 결코 잊지 못할 것입니다. 그 기도 수첩에는 개인적인 기도 제목과 교회와 여러 단체를 위한 중보기도 제목이 가득 적혀 있었습니다. 그리고 그 기도 목록은 아버님께서 병원에 가시던 날 아침까지 계속 이어지고 있었습니다. 아버지께서는 병원에 계시는 동안에도 주님과의 개인 경건의 시간을 방해받는다는 이유로 텔레 비전을 싫어하셨습니다. 나중에 저는 아버지의 여러권의 기도 노트와 기도 일기를 발견하였는데, 그 작은 기도실에서 아버지는 얼마나 많은 일을 이루어내셨는지 정말 깜짝 놀랬습니다. 그리고 언젠가 제 아이들도 제가 평생에 주님과 나눈 깊은 교제의 시간들을 발견할 수 있기를 기대해 봅니다.

하나님께서는 기도 없이 이뤄진 것은 그 어느 것 하나 값진 것이 없습니다. "나를 떠나서는 너희가 아무 것도 할 수 없음이라"(요 15:5). 앤드류 머레이(Andrew Murray)는 하나님은 오직 그의 영광을 위한 기도만이 응답하신다고 단호하게 주장하였습니다. 주께 기도하며 간구할 때, 우리는 주께서 가르치신 대로 기도해야 합니다. "주님의 나라가 임하옵시며, 뜻이 하늘에서 이룬 것 같이 땅에서도 이루어지이다… 나라와 권세와 영광이 아버지께 영원히 있사옵나이다"라고 기도해야 합니다. 그리고 모든 설교자/지도자마다 그리고 그들의 말을 듣는 자 모두의 마음 중심에는 항상 기도소리가 울려 나와야 합니다.

둘째 - 설교

사람들은 예수께서 그저 가만히 옆에 있어 주기를 원하지만, 주님의 사명은 하나님 나라를 설교하는 것입니다. 설교는 참으로 강력한 언어입니다. 예수께서는 '내가 다른 동네에서도 하나님의 나라 복음을 전하여야 하리니 나는 이 일로 보내심을 입었노라'고 말씀하십니다(눅 4:43). 그리고는 갈릴리 여러 회당에서 '복음을 전하셨습니다'(44절). 그래서 예수님의 리더십의 중심에는 이렇게 항상 설교가 자리하고 있었음을 결코 잊지 말아야 합니다. 예수님의 마음속에는 사랑하고 구원해야 할 세상이 자리하고 있었습니다. 그리고 주님은 십자가와 그 죽음 너머까지 계속해서 설교/지도의 사역으로 이 일을 감당하셨습니다. 이것이야말로 주님이 가장 좋아하신 방법입니다. 그렇습니다. 근래 실용주의자들은 리더십으로 모든 것들 다 해결하려고 하면서 설교는 한 쪽으로 밀쳐 두려고 합니다. 시중에는 그런 책들도 많이 나와 있습니다. 『반박할 수 없는 21가지 리더십의 법칙』(*21 Irrefutable Laws of*

Leadership)이란 책을 그대로 따라하면 사람들이 여러분을 따를 것이라고 합니다. 또 『성공적인 교회를 위한 12 단계』(12 Steps to a Successful Church)라는 책이나 『매우 성공적인 교회로 가는 10 단계』(10 Steps to a Very Successful Church)라는 책은 또 어떨까요?

하지만 예수님은 이런 방법들이 아니라 오직 한 가지 하나님의 말씀을 선포하심으로 자신의 사역을 감당하셨습니다. 하지만 예수님은 설교만 하신 것이 아니라 이 설교 사역으로 또 백성을 인도하시기도 하였습니다. 이 점을 명심하시기 바랍니다.

리더십에 관한 책을 보면 지도자는 "창조적인 긴장감을 조성하고 유지해야" 한다는 말이 있습니다. 그런데 곰곰히 생각해 보면 예수 그리스도는 창조적인 긴장감을 조성하고 유지하는데 최고의 대가이셨습니다. 그 분의 메시지를 요약하자면 이렇습니다. "나는 하나님 나라의 복음을 전하여야 하리라"(43절). 그 분은 항상 눈에 보이는 것 너머의 새로운 생명의 길을 바라보고 계셨습니다. 이미 이 땅에 임하였지만 아직 완전히 실현되지 않은 하나님의 나라를 바라보신 것입니다. 현재와 미래를 함께 보신 것입니다. 그래서 예수님은 처음부터 눈에 보이는 것 너머의 더 깊은 목표를 바라보며 더 위대한 생명의 길을 따라가셨습니다. 그리고 그 분의 제자가 된 우리는 지금 두 가지 신분증을 지니고 있습니다. 한 쪽 신분증에는 나라의 시민권을 증명하는 도장과 멋있어 보이는 사진과 출생일, 신장, 눈 색깔, 그리고 신분증 만기일이 적혀 있습니다. 하나님 나라 백성으로서 우리가 지니고 있는 또 다른 신분증에는 지극히 높으신 분의 아들과 딸임을 증명하는 성령의 도장이 찍혀 있습니다. 그리고 주님을 믿는 모든 이들, 왕 같은 제사장에게 주님은 하나님의 자녀가 되는 권세를 주셨습니다. 이들은 혈통으로나 육정으로나 사람의 뜻으로 나지 아니하고 오직 하나님께로서 난 자들입니다(요 1:12-13). 이 신분증은 만기일이 없습니다. 예수께서는 "내가 곧 길이요 진리요 생명이니"라고 말씀하십니다(요 14:6). 주님은 우리의 여행지이고 목적이고 구세주이십니다. 모든 것이 주님 안에 있습니다. 그러므로 계속 주님을 따르며 지속적으로 성장해야 합니다.

그런데 혹시 여러분은 성경에서 예수님의 설교가 아무런 긴장이나 문제를 초래하지 않은 경우를 혹시 한 번이라도 보신 적이 있습니까? 말씀을 듣고도 그저 편안히 앉아 있도록 내버려 둡니까? 예수의 설교는 현재와 미래 사이의 장벽을 뛰어 넘게 만듭니다. 그래서 항상 긴장감을 조성하고 유지해서 결국 그 장벽을 뛰어 넘어 하나님의 나라로 인도하는 힘이 있습니다. 결코 이 자리에 멈출 수 없고, 결코 이 현실에 만족할 수도 없습니다. 오스왈드 챔버스 목사는 이런 말을 했습니다. "주님은 우리 머리 바로 위에 왕관을 들고서는 우리가 자라서 그 왕관을 직접 쓸 수 있기를 기다리신다." 결코 이 자리에 만족할 수 없으며 결코 편안히 머무를 수 없습니다. 누가복음 4장은 예수께서 스스로 이사야 61장의 예언을 성취하고 계심을 보여주는 예언적인 말씀을 기록하고 있습니다. 그리고 그 이후 기독교의 이야기는 이미 성취된 하나님의 약속과 아직 성취되지 않은 하나님의 약속 사이의 긴장 가운데 살아가는 삶의 이야기입니다.

우리가 현실에 스스로 만족하고 있다면 이는 근시안적인 자기만족 때문입니다. 오늘날 상당수의 교회들이 천박한 대중적인 미끼들 때문에 하나님 나라의 긴장을 잃어버리고 살아가는 것은 참으로 크나큰 비극입니다. 하지만 기독교인의 삶 속에는 그리고 헌신적인 사랑과 선교적 사명 속에는 항상 거대한 긴장이 자리하고 있음을 명심하시기 바랍니다.

설교자/지도자는 지금 현실과 하나님께서 약속하신 미래 사이에 긴장감을 조성하고 이 긴장감을 생생하게 유지할 책임이 있습니다. 그래서 성령께서 주님의 백성과 공동체를 창조적으로 변화시키실 수 있도록 해야 합니다. 이 긴장감은 먼저 설교자 개인의 비전으로부터 시작됩니다. 그리고 매일의 교제 속에서 확인된 하나님의 비전은 이제 매주의 설교를 통해서 그리고 예배를 통해서 교회의 모든 사역과 섬김의 현장으로 확산됩니다. 그래서 우리 모두는 하나님의 비전을 향하여 계속 뻗어가고 있습니다. 이것이 바로 예수님의 방법입니다. 주님은 우리를 부르셔서 하나님 나라의 복음을 설교하여, 그 백성들이 믿음 안에서 그 나라의 가능성을 실제로 구현하도록 하십니다.

셋째 – 나아가기

예수께서 발휘하시는 리더십의 맥박 속에서 설교 다음은 무슨 일이 일어날까요? 본문에 보면 예수께서는 계속 설교하시는 중에 근처에 어부들이 배에서 나와 그물을 '씻고' 있는 것을 보십니다. 이 어부들은 밤새도록 물고기 한 마리 잡지 못하고서 아침이 되어 이렇게 그물을 씻고 있습니다. 고기 한 마리 잡지 못한 그물을 다시 펴서 구멍 난 부분을 꿰매고 씻는 일은 참으로 쓸쓸할 따름입니다.

그런데 예수께서는 시몬의 배 한 척을 선택합니다. 이 배 옆에는 갈릴리의 선박 등록번호가 달려 있었을까요? 예수께서는 시몬더러 그 배를 해변가에 대서 사람들이 자기 설교를 들을 수 있도록 하라고 합니다. 그리고 그 배 위에서 설교하신 후에(눅 5:3) '말씀이 끝나자,' 시몬에게 이렇게 요청합니다. "깊은 데로 가서 그물을 내려 고기를 잡으라." 이 말씀은 소위 행위 비유(acted parable)입니다. 이제 말씀을 듣는 시간은 끝났습니다. 그 다음은 순종입니다. 하지만 이 말씀에 대한 시몬의 대답 속에서 우리는 시몬의 거부감을 읽어내기란 그리 어렵지 않습니다. "선생이여 우리들이 밤이 맞도록 수고를 하였으되 얻은 것이 없습니다."

어떻게 보면 시몬의 반응은 오히려 당연해 보입니다. 하나님 나라의 복음이 선포되고 있지만 이들은 자기 실력을 믿고 배를 타고 고기를 잡으러 나갔습니다. 그런데 문제는 지난 밤 고기를 잡으려 할 때는 그 실력이 제대로 효과를 나타내지 못했습니다. 하지만 이제 예수께서는 이 어부들을 이끌고 깊은 바다로 나아가서 그 바다 한 가운데에서 자신을 믿도록 하고 계십니다. 이들은 방금 전에 고기 한 마리 잡지 못한 그물을 씻으며 수리하고 있었습니다. 하지만 예수는 "깊은 데로 가라"고 명령하시며 이들을 믿음의 자리로 인도하십니다. 그 명령 앞에 시몬은 "주께서 말씀하시니 내가 그리 하겠나이다"라고 대답합니다. 따라서 우리 역시 주님의 명령 앞에 처음부터 끝까지 항상 이렇게 대답해야 합니다.

저는 지금 너무 피곤하고 지겹습니다. '하지만 주께서 그리 말씀하시니 내가 순종하겠나이다.'

저는 현실주의자이고 그렇게 해 봤자 잘 되지도 않습니다. '하지만 주께서 그리 말씀하시니 내가 순종하겠나이다.'

이런 상황에서 이런 사람들에게 그 말씀이 어떻게 좋은 결과를 가져올지 잘 모르겠습니다. '하지만 주께서 그리 말씀하시니 내가 순종하겠나이다.'

이 교회에서 이들에게 저의 최선을 다 바쳤지만 아무 일도 일어나지 않은 것 같습니다. '하지만 주께서 그리 말씀하시니 내가 순종하겠나이다.'

모든 기독교 신앙 공동체는 다음 두 가지 원동력에 따라 살아갑니다.

첫째는 **가만히 머무는 것입니다.** 지금 내가 여기 있는 곳에 편안한 자리에 그대로 머무는 것입니다. 누가복음 5장의 표현을 사용하자면 해변가에 그대로 가만히 머무는 것입니다. 피차간에 편안한 쪽을 택하고 불편한 쪽은 피하는 것이 거래적인 리더(transactional leader)의 특징입니다. 값진 희생을 피하고 새롭고 급진적인 변화의 위협을 거부하는 것입니다. 이들의 슬로건은 '우리가 그것을 편하게 생각하니' 입니다. 오늘날 상당수의 교회들 역시 이런 슬로건에 따라 신앙생활하고 있습니다. 누군가는 이것을 가리켜서 사해신드롬(dead-sea syndrome)이라고 부릅니다. 모든 것이 안으로 흘러들어오지만 밖으로 흘러 나가는 것은 하나도 없습니다.

기독교 공동체의 또 다른 동력은 **앞으로 나아가는 것입니다.** 새로운 미지의 장소에 우리를 기다리시는 주님을 신뢰하십시오. 주께서 그리 말씀하시니 "안락의자"를 내던져 버리고 밖으로 나가십시오. 불편한 곳으로 나가십시오. 그리고 말씀하시는 주님의 명령을 신뢰하십시오. 주님과 함께 위험을 각오하고 '앞으로 나아가는' 자만이 진정 주님이 누구이신지를 깨달을 수 있습니다. 그 위험을 기꺼이 무릅쓰고 나아갈 때 비로소 하나님은 우리를 위하여 새 일을 행하시며 다른 사람들 역시 은혜를 함께 누릴 수 있습니다. 누가복음의 고기잡이는 주님의 사명을 위한 참된 패러다임입니다. 이 말씀을 통해서 예수께서는 행동하는 믿음으로 우리를 인도하고 계십니다.

넷째 – 순종 속의 능력

제자들이 배를 띄워 깊은 데로 나아가서 그물을 내리자 비로소 하나님의 기적이 일어났습니다. 예수께서는 제자들도 각자 자신의 역할을 감당하기를 원하십니다. 고기들이 저절로 배 안으로 뛰어 오르게 하시지 않습니다. 해변에 가만히 앉아서, 마치 귀여운 웃음 가득한 얼굴로 톡톡 튀어다니는 니모(Nemos, 겁 많고 소심한 아빠 물고기가 열대어 수집이 취미인 치과의사에게 납치된 아들 니모를 찾기 위해 바다 밖 모험을 감행하는 내용의 에니메이션 영화 〈니모를 찾아서〉에 등장하는 물고기-역주)처럼 물고기들이 물 밖으로 뛰어나오기를 기다려서는 안 됩니다. 직접 움직여야만 합니다. 피곤하고 또 암담한 과거의 경험에도 불구하고 말씀대로 직접 움직여 그물을 내렸을 때, 비로소 그들은 배 안 가득히 고기를 잡을 수 있었고, 여기저기에 뛰어 오르며 팔 사이로 주르르 미끄러지는 고기들로 가득 채울 수 있었습니다. 정신없이 고기를 끌어올리던 제자들은 너무 많은 고기 때문에 '배가 막 가라앉을 지경에' 이른 것을 깨닫게 되었습니다. 지난밤에는 단 한 마리라도 잡지 못했습니다. 하지만 이제 고기가 너무 많아 배가 막 가라앉을 지경입니다.

고기잡이는 하나님의 사명에 대한 패러다임을 보여줍니다. 하나님께서 하시는 일은 항상 놀랍다는 것입니다. 주께서 하시는 일은 결코 예상할 수도 없고 우리의 평범한 예상을 압도해버립니다. 이것이 바로 하나님 나라의 표시입니다. 이 사건을 계기로 제자들은 하나님 나라의 놀라움에 사로잡히게 되었고 이후 예수님의 치유 사건과 산상변모 사건의 기적에 압도되면서 결국 성령 강림의 능력 속에서 교회가 태어났습니다. 주님은 이 이야기 속에 역사하셨을 뿐만 아니라 오늘도 우리 이야기 속에 역사하고 계십니다. 그리고 주께서 그 이야기의 대본을 직접 쓰고 계심을 결코 잊지 마시기 바랍니다.

오늘날의 용어를 빌리자면 주님은 선교사역을 하고 계십니다. 각자에게 주어진 사명을 새롭게 깨닫도록 하시며 그 사명을 위하여 주께서 주시는 능력을 바라볼 수 있도록 하십니다.

그리고 또 주목할 점은 예수께서 제자들의 배에 동행하시면서 그들로 하여금 해야 할 일을 깨닫게 하시는데, 이 때 제자들의 반응입니다. 주님의 기적에 압도된 제자들은 다른 배에 있는 동무를 손짓하여 와서 도와 달라 하니 저희가 와서 함께 협력합니다(7절). 리더십에 관한 연구에서는 이구동성으로 팀의 중요성을 강조합니다. 어느 조직이든 유능하고 효과적인 조직이 되려면 팀을 이뤄야 한다는 것은 너무나도 자명한 이치입니다. 예수께서도 제자들을 부르시는 맨 처음 순간부터 다른 이들과 함께 협력하는 것이 주님의 사역에 참으로 중요하다는 점을 분명히 보여주십니다.

다섯째 – 하나님의 임재

많은 고기를 잡게 된 시몬은 자기 앞에 계신 이 예수란 인물을 제대로 감당할 수 없음을 깨달았습니다. 그래서 이렇게 고백합니다. "주여 나를 떠나소서 나는 죄인이로소이다"(8절). 참된 하나님을 만나기 전까지 우리는 그 분이 얼마나 거룩하신 분인지 결코 알 수 없습니다. 사실 우리는 얼마나 속된지 얼마나 하나님과 거리가 먼지 알 수 없습니다. 주님 앞에서 자신의 자격 없음에 대한 철저한 깨달음이야말로 기독교 리더십과 기독교 사역의 기초입니다. 시몬은 경외감과 두렵고 떨리는 마음으로 주님께 나왔습니다. 이렇게 큰 권능에 압도되어 예수를 만났다는 것은 주님의 거룩하심에 압도된 예배를 의미합니다. 오늘 우리는 주님을 향한 최선의 경배를 표현하기 위하여 이 예배의 자리로 나왔습니다. 하지만 우리가 주님의 능력에 압도될 때 비로소 그 예배는 참된 예배가 될 수 있습니다. 이 예배 시간에 우리는 결코 거만해서도 안 되고 무관심하거나 늘 길들여진 것처럼 예배를 드려서도 안 됩니다. 거룩하시고 경외스러운 하나님에 대한 인식이 처음부터 끝까지 우리 심령을 사로잡아야 합니다. 하나님의 기적이 바로 이 자리에서 우리 가운데 일어날 수 있다는 두려운 기대감에 사로잡힐 때 비로소 주님은 우리에게 능력을 공급하사 그 일을 하실 수 있도록 인도하실 것입니다.

여섯째 – 초청의 말씀

기적의 사건 다음에 예수께서는 시몬과 다른 제자들을 사람 낚는 어부로 부르십니다. 예수 옆에 가까이 지내며 기도와 설교 말씀을 통해서 믿음이 자라나고 복음의 말씀에 담대하게 순종하며 그 속에서 하나님의 놀라운 기적을 체험하자, 드디어 주님의 사명을 향한 소명의 말씀이 주어집니다. "무서워 말라 이제 후로는 네가 사람을 취하리라"(10절).

시몬은 예수님 앞에서 당연히 두렵습니다. 하나님이 얼마나 위대하시고 거룩하시며 능력이 무한하신지를 분명히 보았기 때문입니다. 하지만 이 소명의 말씀은 사람들이 들었던 하나님의 소명 중에 가장 위대한 소명의 말씀입니다. 그 어떤 것과 비교할 수 없습니다. 그래서 제자들은 모든 것을 내버려 두고 주님을 따랐습니다.

오늘날 기독교 공동체는 그리스도의 명령에 담긴 진동과 리듬을 느낄 수 있어야 합니다. 제가 이 점을 특히 강조하는 이유는 설교를 통한 리더십의 발휘에 대한 저 개인의 체험 때문입니다. 이 리더십은 저 개인에 관한 것인 동시에 여러분의 협력이 필요합니다.

저는 1980년대와 1990년대 케임브리지의 도심지에서 교회를 섬겼습니다. 그 교회는 자랑스러운 역사와 전통을 가지고 있었고 큰 건물도 소유하고 있었습니다. 하지만 제가 부임할 당시 나이든 신자들로 구성된 이 교회의 출석률은 주일 아침 70명에, 저녁 예배에는 20명 정도였습니다. 예배 시간에 강단에서 내려다보면 자욱한 안개에 게다가 이 분들은 회중석 저 멀리 뒤에 앉아 계신 까닭에 도무지 이 분들의 얼굴도 잘 보이지 않았습니다. 하지만 그럼에도 불구하고 예수와 깊이 교제하기를 원하는 몇몇의 기도의 용사들이 계셨습니다. 솔직히 말하자면 그 때 교회는 서서히 죽어가는 것 같았습니다. 그 때 생각으로는 장례식이 앞으로 저의 핵심 사역이 될 것 같았습니다. 누군가는 저에게 이런 말을 했습니다. "이미 케임브리지에는 우리 교회가 아니더라도 일할 만한 교회가 많이 있습니다."

부임 후 몇 달이 지났을 때 저는 주중에 교회 앞에서 누군가와 만나기로 약속했습니다. 그 날이 언제였고 또 그 사람이 누군지 기억나지 않습니다. 하지만 교회 앞에 잠깐 서 있는 동안에 저는 얼마나 많은 사람이 교회 정문 앞을 지나가는지를 처음 깨닫게 되었습니다. 시장을 보는 사람들, 관광객, 대학생들, 유모차를 끌고 지나가는 엄마들, 회사원들, 그리고 몇몇 집 없는 사람들이 교회 앞을 지나가고 있었습니다. 그 날 저는 주중에 우리 교회 앞길이 얼마나 많은 사람으로 분주한지, 그리고 우리 교회는 얼마나 철저하게 이 사람들을 외면하고 있는지를 깨달았습니다. 우리는 도시가 조용하고 한적한 시간만 골라서 서로 만났던 것입니다. 물론 주차하기는 편했겠죠. 그 날 저는 비록 우리는 힘이 없지만 주께서 우리를 깊은 바다로 부르고 계시는 것을 깨달았습니다. 교회 문을 열고 세상 밖으로 나가도록 부르고 계신 것입니다.

당시 우리는 중요한 기도 제목들을 정해서 함께 기도하고 있었습니다. 그래서 교회 신자들 모두가 매일 동일한 기도 제목을 놓고 기도하고 또 함께 중보기도에 동참할 수 있도록 했습니다. 또 기도 노트를 마련해서 기도 제목과 함께 하나님의 응답도 계속 기록하였습니다. 당시 우리 교회는 교회 시설물의 용도를 위해서, 그리고 교회 재정과 선교사들과 비전을 위해서 기도하고 있었습니다.

그 과정에서 물론 실망도 겪어야 했습니다. 한 두가지 기대했던 결과들이 일어나지 않는 경우도 있었습니다. 하지만 계속 기도했습니다. 그런데 전체 모임에서 어떤 신자가 왜 교회 문을 지금 당장 개방하지 않느냐고 말했습니다. 다가오는 성탄절에 즉시 개방하자는 것입니다. 그 날 교회 밖에 나아가 캐롤을 부르고 또 지나가는 사람들에게 커피와 쿠키를 제공하며 간단한 성탄절 메시지를 들려주자는 것입니다. 그러자 어떤 사람들은 이렇게 걱정했습니다. 사람들이 교회 건물에 음료수를 흘리고 과자 부스러기를 떨어뜨리면 어떻게 하냐는 것입니다. 하지만 하나님께서 우리를 위하여 무언가를 하시지 않으면, 결국 이 교회 건물을 사용하는 사람은 한 사람도 남지 않을 것이라는 생각이 들었습니다.

행사 당일이 되자 걱정과 근심이 더욱 증폭되었습니다. 정말 누가 교회로 오기나 할까? 전혀 낯선 사람이 찾아오면 이들을 어떻게 맞이해야 하나? 그런데 그 날 교회에 몇 사람이나 찾아오신 줄 압니까? 오후 네 시 즈음에 무려 5백명의 사람들이 성탄절의 피곤한 쇼핑 바구니를 내려 놓고 진짜 성탄절다운 무언가를 맛보기 위해서 교회로 몰려 왔습니다. 그날 사람들이 이런 말을 했습니다. "나는 수 년 동안 이곳을 지나다녔지만 여러분이 여기에 있다는 것을 전혀 몰랐습니다." 또 어떤 사람은 다음 예배에 꼭 참석하고 싶다고도 했습니다.

그 날 밤 케임브리지에서 공연이 예정되어 있던 완다 잭슨(Wanda Jackson)이란 유명한 가수도 수행원과 함께 교회를 찾아 왔습니다. 그리고는 이런 부탁을 했습니다. "누군가 저를 위해서도 기도해 주시겠어요? 오늘 문을 연 교회를 발견할 수 있기를 얼마나 간절히 바랬는지 모릅니다." 그 날 그렇게 많은 사람이 그렇게 많은 필요를 안고서 교회를 찾아올 줄 우리는 미처 꿈도 꾸지 못했습니다. 하나님께서는 우리처럼 무기력한 자들을 통해서도 무슨 일을 하실 수 있는지를 그날 우리에게 똑똑히 보여 주셨습니다. 그리고 그 날의 사건을 계기로 교회는 문을 열고 깊은 바다로 나아가서 주일뿐만 아니라 일주일 내내 주님을 증거하는 공동체로 변화되었습니다.

여러분도 주님과 함께 동행하며 놀라운 비전을 향한 순례 여정에 함께 동참하기를 원하십니까? (간략한 초청의 메시지는 생략함)

부록 B
리더십에 대한 다양한 정의들

리더는 주어진 상황에 적합하며 일정한 기술적인 지식과 경험을 통해서
뒷받침되는 특정한 개성과 성품의 자질을 구비하고 있는 사람으로서,
미래 목표의 실현을 향하여 한 그룹을 인도하는데 필요한 기능들을
제공할 수 있어야 하며, 조직 구성원이 적절한 비율에 맞게 각자 팀을 위하여
헌신할 수 있도록 하면서 팀의 일치를 조성하고 유지할 수 있어야 한다.

John Adair, *Action-Centered Leadership*
(London: McGraw-Hill, 1973), 15.

리더십은 단기간이든 장기간이든 관계없이 삶의 한 영역에서 나아갈 길을
제시하는 한 사람이나 그룹 또는 조직체를 동반하며,
그렇게 함으로써 그 영역에 바람직한 변화를 가져오도록 사람들에게
영향력을 행사하며 힘을 공급하는 것이다.
기독교적 관점에서 볼 때 리더십의 방향과 방법이 하나님의 목적과 성품과
작용 방식에 일치할 때 비로소 경건한 리더십이 발휘된다.

Robert Banks and Bernice M. Ldebetter, *Reviewing Leadership*
(Grand Rapids: Baker, 2004), 16-17.

기독교 지도자란 어떤 단체가 공동으로 채택한 하나님의 비전을
달성하기 위하여 사람들에게 효과적으로 동기를 부여하며
활용 가능한 자원을 동원하여 사람들을 비전으로 인도하도록
하나님으로부터 소명을 받았으며 훌륭한 인품을 겸비한 자이다.

George Barna, *The Second Coming of the Church*
(Nashville: Word, 1998), 107.

리더십이란 다음 단계에 무엇을 할지, 그리고 왜 그것이 중요하며
그 문제를 해결하는데 필요한 적절한 자원을 가져오는 방법을 아는 것이다.

Bobb Biehl, *Increasing Your Leadership Confidence*
(Sister, OR: Questar, 1989), 13.

관리자는 전형적인 유능한 군사라면 리더는 자기 자신이다.
관리자는 일을 잘 하도록 하게 하는 사람이라면,
리더는 올바른 일을 하는 사람이다.

Warren Bennis, *On Becoming a Leader*
(Reading, MA: Addison-Wesley, 1989), 45.

영적인 리더십은 사람들을 움직여 하나님의 일을 하게 하는 것이다.

Henry Blackaby and Richard Blackaby, *Spiritual Leadership*
(Nashville: Broadman & Holman, 2001), 20.

인간에 대한 리더십은 분명한 동기와 목적을 가진 사람들이
다른 사람들과의 경쟁이나 갈등 관계에서 제도적, 정치적, 심리적,
혹은 다른 자원들을 사용하여 추종자들의 동기를 불러일으키고
참여하게 하며 만족시키는 활동을 의미한다.

James MacGregor Burns, *Leadership*
(New York: Harper & Row, 1987), 17.

리더십은 하나님으로부터 부여된 능력을 지닌 어떤 남자나 여자가
특정한 하나님의 백성 공동체를 향한 하나님의 목표를 향하여
그 공동체에게 영향력을 행사하는 역동적인 과정이다.

J. Robert Clinton, *The Making of a Leader*
(Colorado: NavPress, 1988), 14.

리더십은 지도자(혹은 리더십 팀)가 한 집단에게 동기를 부여하여
자신이 가지고 있거나 또는 구성원들과 함께 공유하는 특정한 목표를
추구하도록 설득하고 본을 보이는 과정이다.

John W. Gardner, *On Leadership*
(New York: The Free Press, 1990), 1.

진정 위대한 지도자는 처음에는 종처럼 보이지만,
이 간단한 사실이 그 지도자의 위대함의 핵심이다.

Robert K. Greenleaf, *Servant Leadership*
(New York: Paulist, 1977), 7.

리더십은 '누가', '무엇을', '어떻게', '왜'에 대한 네 가지 요소 사이의
상관관계를 확립하고 조화시키는 것과 긴밀히 관련된다.

너는 누구인가? – 정체성
이 단체는 무엇을 달성하고 싶어하는가? – 전략적인 비전
이들은 이 비전을 어떻게 달성하려고 하는가? – 단체의 전술
이 단체의 구성원들이 이렇게 정체성을 확립하고, 전략적인 비전을 추구하며,
단체의 전술을 채택하는 이유는 무엇인가? – 설득력 있는 의사소통

Keith Grint, *The Arts of Leadership*
(Oxford: Oxford University Press, 2000), 27.

리더십은 사람들에게 또는 그들의 생각에 방향을 제시하며
목표를 달성하도록 동기를 부여하는 과정이다.
복잡한 조직체 안에서의 리더십은, 나아갈 방향을 정하고
사람들을 적절히 배치하며 동기를 부여하는
세 가지 하위과정을 통해서 이뤄진다.

John P. Kotter, *A Force for Change*
(New York: Free Press, 1990), 5.

지도자들로 하여금 비범한 일을 성취할 수 있도록 한 것은 무엇인가?
그들은,
1. 성취 과정을 독려하였고,
2. 공유된 비전에 대해서 계속 동기를 부여하였으며,
3. 다른 이들도 함께 행동할 수 있도록 하였고,
4. 올바른 모범을 제시하였으며
6. 끊임없이 격려하였다.

James M. Kouzes and Barry Z. Posner, *The Leadership Challenge*
(San Francisco: Jossey-Bass, 1987), 8.

리더십은, 사람들을 자신의 문제와 대면하여 이를 해결하는 지점으로 데려가는 과정이다. 그리고 이것이 바로 설교의 역할이기도 하다.

Alice Mathews, *Preaching That Speaks to Women*
(Grand Rapids: Baker, 2003), 132.

리더십은 영향력이다.

John C. Maxwell, *Developing the leader within You*
(Nashville: Thomas Nelson, 1993), 1.

리더십은, 당신이 마땅히 해야 된다고 확신하는 어떤 중요한 일을
그대로 하고 싶어 하는 또 다른 사람을 얻는 예술이다.

Vance Packard, quoted in Kouzes and Posner.
The Leadership Challenge, 1.

과거나 현재나 강력한 지도자들은 꿈을 꾸는 자이며
비전을 가진 자들이었다.
이들은 자신의 지위나 조직의 전통적인 경계선을 초월하며
시간과 공간의 한계 너머를 바라보던 자들이었다.

John R. Roueche, George A. Baker III, and Robert R. Rose,
Shared Vision: Transformational Leadership in American Community Colleges
(Washington, DC: Community College Press, 1989), 109.

리더십은 영향력이다.
즉 한 사람이 다른 사람에게 영향을 미치는 능력을 말한다.

J. Oswald Sanders, *Spiritual Leadership*
(1967; repr. Chicago: Moody, 1994), 31.

리더가 하는 일 중에서 참으로 중요한 한 가지는
효과적인 문화를 창조하고 관리하는 일이다.
…리더에게 가장 중요한 재능 가운데 하나는
그 문화를 만들어낼 수 있는 능력이다.

E. H. Schein, *Leadership and Organizational Culture*
(San Francisco: Jossey-Bass, 1985), 5.

리더는 앞서 걸어가는 사람들이다.
이들은 자신과 조직체의 강력한 변화에 헌신한 사람들로서
새로운 기술과 능력, 그리고 이해를 계발시켜서 사람들을 변화로 인도한다.

Peter Senge, quoted in Frances Hsselbein, Marshall Goldsmith,
and Richard Beckhard, eds., *The Leader of the Future*
(San Francisco: Jossey Bass, 1996), 45.

기독교 지도자는 온유하고 자비로우며 신실한 사람으로서,
희망과 기쁨을 전하고 사람들의 이야기를 경청하고
그들과 함께 새로운 비전을 창조하며 기독교 공동체의 필요와
특히 차별당하고 소외된 자들의 필요에 응답하며
도움이 필요한 자들에 대해서 다른 이들과 협력하여
그 필요에 함께 응답하며, 목회 사역의 개념을 확장하고,
평신도의 은사와 사역을 지원하는 사람이다.

Loughlan Sofield, *The Collaborative Leader*
(Notre Dame, IN: Ave Maria, 1995), 40.

리더십이란 하나님 나라의 비전을 파악하고 이를 명료하게 정립하고
그 나라의 성육신을 효과적으로 정의하고 회중에게 소통하며
그리스도의 섬김의 모범을 따르는 것이다.

Benjamin Williams and Michael McKibben,
Oriented Leadership: Why All Christian Need It
(Wayne, NJ: Orthodox Christian Publications Center, 1994), 22-23.

리더십은 인간관계이다. 즉 한 사람이 다른 사람의 생각과 행동, 믿음
또는 가치에 영향을 끼치려고 노력하는 인간관계이다.

Walter C. Wright Jr., *Relational Leadership*
(Carlisler, UK: Paternoster, 2000), 2.

부록 C
리더로서의 설교자에 대한 나의 신조

"나는 설교자는 지도자라고 믿는다."

─────୨୧─────

'하나님께서는 설교에 능력을 공급하시기 때문에 나는 설교가 개인과 공동체를 변화시키기 위한 하나님의 가장 중요한 방법이라고 믿는다.' 초대 교회 이래 2천년의 교회 역사를 살펴보면 모든 영적 격동의 사건은 항상 하나님의 임재와 행동 때문에 가능했다. 린더 켁(Leander Keck)은 "기독교의 모든 갱신(Renewal, 혹은 부흥)은 항상 설교의 갱신을 통해서 일어났고, 모든 설교의 갱신은 성경적 설교의 재발견으로부터 가능했다"고 한다. 예수님의 사역에 비추어 보더라도 이것이 바로 하나님께서 가장 좋아하시는 방법임을 알 수 있다(막 1:14). 사람의 설교가 어떤 이들에게는 어리석어보일지라도 하나님은 그 어리석어 보이는 설교를 사용하기를 좋아하신다. 사도행전에 나타나는 매번의 중요한 전환점마다 그 자리에 항상 설교자가 서 있다. 설교는 하나님께서 사람들에게 진리와 구원과 갱신을 베푸시는 가장 결정적인 방편이다.

'나는 기독교의 모든 이야기 속에 나타나는 획기적인 도약의 순간에 설교자는 항상 지도자의 역할을 감당했다고 믿는다.' 교회 역사상 가장 위대한 사상가들과 지도자들은 설교를 통해서 그들의 사상을 펼치고 리더십을 발휘했다. 그런데 오늘날의 설교자들은 이들의 리더십을 간과한 채, 오리겐(주해와 설교를 결합한 인물)과 어거스틴(주해와 설교에 수사학을 도입한 인물), 그리고 루터(단순성과 교리적 진리에 대한 열정을 가지고 성경 본문의 한 구절 한 구절에 집중한 인물)와 같은 설교의 거성들의 연구에만 매달린다. 그러나 스펄전이 설교 사역을 시작했을 때 겨우 16세였다. 그의 나이 57세에 사망할 때까지 198개의 교회를 세웠으며 신학교와 고아원을 설립하고 엄청난 분량의 저서를 유산으로 남겼다. 그는 하나님의 영원한 진리를 그 시대 속에 구현했던 지도자였다.

'나는 지도자로서의 설교자는 하나님의 소명과 은사를 따라 세워진다고 믿는다.' 오리겐과 어거스틴, 루터, 그리고 스펄전을 세우신 분은 하나님이시다. 하나님은 각 시대에 맞게 이들을 불러 세우셨다. 때로는 아무 일도 일어나지 않는 것처럼 보일 때도 있다. "그 때 여호와의 말씀이 희귀하여 이상이 흔히 보이지 않았더라"(삼상 3:1), "묵시(vision)가 없으면 백성은 멸망한다"(잠 29:18). 하지만 그런 암흑 속에서도 하나님은 새로운 설교자를 세우시며 그들의 심령과 영혼과 마음을 단련하시고 주님을 위하여 말씀을 선포하고 백성을 인도하도록 하신다. 그래서 하나님 앞에는 항상 설교자와 지도자가 있다.

'나는 오늘날 설교가 예언자적인 음성을 재발견해야 한다고 믿는다.' 그리고 거룩한 용기와 담대함, 통찰, 그리고 열정으로 새로워져야 한다고 믿는다. '예언자적인 설교'(*prophetic preaching*)라는 용어는 특별한 열정을 가지고 있는 설교자나 사회정의를 다루는 설교를 연상시키는 것처럼 부정확하고 엉뚱하게 쓰이곤 한다. 어떤 이는 예언자적인 설교의 두 가지 특징은 땀과 소음이라는 말을 했다. 그러나 '예언자적인'(*prophetic*)이란 단어는 누가복음 4:21에 소개된 예수의 설교에서 찾아볼 수 있는 오늘의 현재를 강조하며, 오늘 지금 이 자리에서 역사하시는 성령의 역사와 밀접하게 연관되어 있고(눅 4:14, 18), 하나님의 현실에 주목하는 공동체를 향한 설교를 말한다(살전 1:5).

'나는 설교란 하나님의 비전을 보고 그 분의 사명에 대한 말씀을 들을 수 있도록 모든 교회를 하나님 앞으로 데려가는 것이라고 믿는다.' 오순절 날의 성령 강림으로 교회가 태어날 때 베드로는 요엘 선지자의 예언이 성취된 것을 깨달았다. "말세에 내가 내 영으로 모든 육체에게 부어 주리니 너희의 자녀들은 예언할 것이요 너희의 젊은이들은 환상을 보고 너희의 늙은이들은 꿈을 꾸리라 그 때에 내가 내 영으로 내 남종과 여종들에게 부어 주리니 저희가 예언할 것이요"(행 2:17-18). 이 말씀에는 세 가지 비전이 들어 있다. 첫째는 예수 그리스도 안에서 바라본 하나님의 영광에 대한 비전이다. 둘째는 계급과 인종과 성의 모든 장벽들이 무너지고 새로 창조된 세상에 동참할 수 있게 된 자신들에 대한 비전이다. 셋째는 세상을 위한 비전으로서 삶과 그 미래를 완전히 새롭게 바라볼 수 있도록 하는 비전이다. 하나님의 백성들에 비전은 필수적이다. 그런데 만일 설교가 없다면 어떻게 하나님의 비전을 소통할 수 있겠는가?

'나는 오늘날 설교자는 기도와 겸손, 활력, 그리고 협동의 자세로 설교/지도의 임무를 다시 회복해야 한다고 믿는다.' 21세기 설교자는 여러 자질을 갖추어야 한다. 설교자는 기도를 통해서 하나님의 은혜에 철저히 의지해야 하며, 겸손한 자세로 하나님에 대한 신뢰를 나타내야 한다. 그리고 하나님의 말씀의 능력에 대한 깊은 확신을 가지고 소명을 감당하는데 최선을 다해야 한다. 또한 청중 역시 하나님의 비전이 이끄는 새로운 삶의 방식을 따라 살아가야 한다. 오늘 이 시대는 하나님의 영광을 위하여 그리고 그의 교회를 위하여 헌신한 새로운 설교자/지도자가 필요하다.

미 주
Notes

서론

1) Michael J. Quicke, "Preaching with Purpose: The Pulpit Is More Than Something to Lean on," *Spotlight on Northern* (2003): 8-9.
2) Michael J. Quicke, *360-Degree Preaching: Hearing, Speaking, and Living with the Word* (Grand Rapids: Baker, 2003), 27.
3) James Black, *The Mystery of Preaching* (London: Marshall, Morgan & Scott, 1977), 38.

1장 심각한 분열

1) Quicke, *360-Degree Preaching*, 36.
2) Cinthia Richie, "Why Men Hate Going to Church," *Chicago Tribune*, April 24, 2005.
3) George Barna, *The Second Coming of the Church* (Nashville: Word, 1998), 107.
4) Bill Hybels, "Creating a Leadership Revolution" (address at Leader's Gathering, Willow Creek Community Church, South Barrington, Illinois), May 27, 2004.
5) Christopher Idle, "Who's Who in the Forest: New Perspectives," *Baptism Times* (September-November 1999).
6) John Killinger, *The Centrality of Preaching in the Total Task of the Ministry* (Waco, TX: Word, 1969).
7) Walter Brueggemann, *Texts under Negotiation: The Bible and Postmodern Imagination* (Minneapolis: Fortress, 1993), 25.
8) Erick Reed and Colin Hansen, "How Pastors Rate as Leaders," *Leadership* 24, no. 4 (Fall 2003): 30-34.
9) Thomas G. Bandy, *Coaching Change: Breaking Down Resistance, Building Up Home* (Nashville: Abingdon, 2000), 148-153.
10) Kennon L. Callahan, *Twelve Keys to an Effective Church* (New York: Jossey-Bass, 1983), 29.
11) Christian A. Schwarz, *Natural Church Development: A Guide to Eight Essential Qualities of Healthy Churches* (Carol Stream, IL: ChurchSmart Resources, 1996), 30-31.

12) Leith Anderson, "Iron Sharpens Iron - Cultures, Church and Leadership" (seminar, Northern Seminary, Lombad, Illinois), September 24, 2003.
13) Henry Blackaby and Richard Blackaby, *Spiritual Leadership: Moving People on to God's Agenda* (Nashville: Broadman & Holman, 2001).
14) Rick Warren, *The Purpose Driven Church: Growth without Compromising Your Message and Vision* (Grand Rapids: Zondervan, 1995).
15) Jim Herrington, Mike Bonem, and James H. Furr, *Leading Congregational Change: A Practical Guide for the Transformational Journey* (San Francisco: Jossey-Bass, 2000).
16) Aubrey Malphurs, *Values-Driven Leadership: Discovering and Developing Your Core Values for Ministry* (Grand Rapids: Baker, 1996), 111. 이 책에서는 1996년 판을 인용함.
17) Interview with Bishop Vaughn McLaughlin, "The Wizard of Odds," *Leadership* 24, no. 2 (Spring 2003): 24-29.
18) John Maxwell, "Thinking, Leading, and Preaching," in *Preaching* 19, no 4. (January/February 2004): 19.
19) John McClure, *The Roundtable Pulpit: Where Leadership and Preaching Meet* (Nashville: Abingdon, 1995), 50.
20) John P. Kotter, *Leading Change* (Boston: Harvard Business School Press, 1996).
21) Andy Stanley, *Visioneering* (Sister, OR: Multnomah, 1999).
22) 문화적 변화에 대한 좀 더 자세한 논의를 위해서는 다음을 참고하라. Quicke, *360-Degree Preaching*, 36-54.
23) 다음을 참고하라. Lesslie Newbigin, *Foolishness to the Greeks: The Gospel and Western Culture* (Grand Rapids: Eerdmans, 1986). 또한 다음과 같은 웹사이트도 참고하라. 'The Gospel and Our Culture', http://gospel-culture.org.uk/, 'The Gospel and Our Culture Network', http://www.gocn.org/.
24) George R. Hunsberger, "The Newbigin Gauntlet: Developing a Domestic Missiology for North America," in George R. Hunsberger and Craig Van Gelder, eds. *The Church between Gospel and Culture: The Emerging Mission in North America* (Grand Rapids; Eerdmans, 1996), 6-7.
25) 시아보(Schiavo)는 그녀에게 영양을 공급하는 튜브를 제거할 권리가 남편에 있는지 없는지에 대한 논쟁으로 전국적인 관심의 대상이 되었다.
26) 예를 들어 윌로우 크릭 교회는 가르침을 첫번째 핵심 가치로 선택하였다. 워렌(Warren) 역시 영혼을 구원하기 위한 가르침과 교육의 중요성을 강조한다.
27) 이 개념은 칼라한(Callahan)이 제안한 것으로 알려져 있다.

28) Kennon L. Callahan, *Effective Church Leadership: Building on the Twelve Keys* (San Francisco: Jossey-Bass, 1990), 23-26.
29) Blackaby, *Spiritual Leadership*, 10.
30) Geoorge Barna, *A Fish Out of Water: 9 Strategies to Maximize Your God-Given Leadership Potential* (Nashville: Integrity, 2002), 5-6.
31) Lee G. Bolman and Terrence E. Deal, *Leading with Soul: An Uncommon Journey of Spirit*, new and rev. ed. (1995; repr., San Francisco: Jossey-Bass, 2001).
32) Russ S. Moxley, *Leadership and Spirit: Breathing New Vitality and Energy into Individuals and Organizations* (San Francisco: Jossey-Bass, 1989).
33) Peter B Vaill, *Spirited Leading and Learning: Process Wisdom for a New Age* (San Francisco: Jossey-Bass, 1998).
34) Robert Banks and Bernice M. Ledbetter, *Reviewing Leadership: A Christian Evaluation of Current Approaches* (Grand Rapids: Baker, 2004), 58-60.
35) Stephen Pattison, "Recognizing Leader's Hidden Beliefs," in *Faith and Leadership: How Leaders Live Out Their Faith in Their Work and Why It Matters*, ed., Robert Banks and Kim Powell (San Francisco: Jossey-Bass, 2000), 169-181.
36) Stephen R. Covey, *The Seven Habits of Highly Effective People: Restoring the Character Ethic* (New York: Simon & Schuster, 1989).
37) Banks and Ledbetter, *Reviewing Leadership*, 63.
38) Robert E. Quinn, *Deep Change: Discovering the Leader Within* (San Francisco: Jossey-Bass, 1996), xii.
39) Malphurs, *Values-Driven Leadership*, 101.
40) Tim Stafford, "The Third Coming of Geore Barna," *Christianity Today*, August 5, 2002, 33-38.
41) Reed and Hansen, "How Pastor Rate as Leader," 30-34.
42) Ibid., 32.
43) E. K. Bailey and Warren W. Wiersby, *Preaching in Black and White: What We Can Learn from Each Other* (Grand Rapids: Zondervan, 2003), 55.
44) Ibid.
45) Alice P. Mathews, *Preaching That Speaks to Women* (Grand Rapids: Baker, 2003), 131.
46) Ibid., 132.
47) Ibid., 133.
48) Peter Senge, *The Fifth Discipline: The Art and Practice of the Learning Organization* (New York: Doubleday/Currency, 1990), 219-220.

49) Hunsberger, "The Newbigin Gauntlet," 9.
50) Ibid.
51) Ibid., 10.
52) Walter C. Hobbs, "Faith Twisted by Culture: Syncretism in North American Christianity," in Craig Van Gelder, ed., *Confident Witness-Changing World: Rediscovering the Gospel in North America* (Grand Rapids: Eerdmans, 1999), 96-97.
53) Stanley Hauerwas and William H. Willimon, *Resident Aliens; Life in the Christian Colony* (Nashville; Abingdon, 1989), 41.
54) Lesslie Newbigin, quoted in Hunsberger, "The Newbigin Gauntlet," 15.
55) Eddie Gibbs, *ChurchNext Quantum Changes in How We Do Ministry* (Downers' Grove, IL: InterVarsity, 2000), 52.
56) Ibid., 64.
57) 미간행 목회학박사학위 논문을 참고할 수 있도록 배려해준 윌리암스(Craig Williams)의 도움에 깊이 감사한다. Craig Williams, "The Impact of Preaching on Developing the Character of a New Church Development," (D. Min., Columbia Theological Seminary, 2003).
58) Ibid.

2장 성경적 근거

1) Vic Gordon (pastor, First Baptist Church on Huntington Beach/Fountain Valley in California), in interview with the author, May 27, 2004.
2) Ralph Earle, *1 Timothy*, ed. Frank E. Gaebelein (Expositor's Bible Commentary 11: London: Pickering and Inglis, 1978), 380.
3) Leighton Ford, *Transforming Leadership: Jesus' Way of Creating Vision, Shaping Values, and Empowering Change* (Downers Grove, IL: InterVarsity, 1991).
4) David Baron, with Lynette Padwa, *Moses on Management: 50 Leadership Lessons from the Greatest Manager of All Time* (New York: Pocket Books, 1999).
5) Laura Beth Jones, *Jesus CEO: Using Ancient Wisdom for Visionary Leadership* (New York: Hyperion, 1995).
6) Warren Bennis and Burt Nanus, *Leaders: Strategies for Taking Charge* (New York: HarperCollins, 1997), 4.
7) James MacGregor Burns, *Leadership* (New York: Harper & Row, 1978), 2.
8) Blackaby, *Spiritual Leadership*, 21.

9) Warren Wilhelm, "Learning from Past Leaders," in Frances Hesselbein, Marshall Goldsmith, and Richard Beckhard, eds., *The Leader of the Future: New Visions, Strategies, and Practices for the Next Ear* (San Francisco: Jossey-Bass, 1996), 226.
10) Blackaby, *Spiritual Leadership*, xi.
11) John Adair, *Great Leaders* (Guildford, Surrey, UK: Talbot Adair, 1989), 16.
12) Ibid., 47.
13) Blackaby, *Spiritual Leadership*, 24.
14) Banks and Ledbetter, *Reviewing Leadership*, 35.
15) Quicke, *360-Degree Preaching*, 48.
16) Ibid., 27.
17) Barna, *A Fish Out of Water*, 7.
18) Banks and Ledbetter, *Reviewing Leadership*, 75-83.
19) Sidney Greidanus, *The Modern Preacher and the Ancient Text: Interpreting and Preaching Biblical Literature* (Grand Rapids; Eerdmans, 1988), 8.
20) Walter Brueggemann, "Prophets, Old Testament," in William H. Willimon and Richard Lischer, eds., *Concise Encyclopedia of Preaching* (Louisville: Westminster John Knox, 1995), 389.
21) Richard J. Skylba, quoted in Stephen Vincent DeLees, "Sunday Prophecy," in *Papers of the Annual Meeting of the Academy of Homiletics* (San Antonio, TX; Academy of Homiletics, 2004), 106.
22) John Stott, *Basic Christian Leadership: Biblical Models of Church, Gospel, and Ministry* (Downers Grove, IL: InterVarsity, 2002), 36.
23) Hudson Taylor, *China's Millions* 1, no. 5 (1875): 55.
24) Stott, *Basic Christian Leadership*, 49.
25) Ibid., 63.
26) Ibid., 68.
27) Ibid., 69.
28) Quicke, *360-Degree Preaching*, 59.
29) See ibid., 29-32.

3장 설교와 리더십의 상호 의존성

1) Dietrich Bonhoeffer, *Life Together* (London: SCM, 1954), 17-18.
2) Stott, *Basic Christian Leadership*, 113.

3) Alvin Toffler, *Future Shock* (Toronto: Bantam Books, 1970).
4) Leonard Sweet, *Soul Tsunami: Sink or Swim in New Millennium Culture* (Grand Rapids: Zondervan, 2003).
5) Herrington, Bonem, and Furr, *Leading Congregational Change*, 10.
6) Quinn, *Deep Change*, xiii.
7) Herrington, Bonem, and Furr, *Leading Congregational Change*, 95.
8) Ibid., ix.
9) Ibid., 8.
10) Lyle, E. Schaller, T*he Change Agent: The Strategy of Innovative Leadership* (Nashville: Abingdon, 1972), 23.
11) Herrington, Bonem, and Furr, *Leading Congregational Change*, 3.
12) Paul Borden, "Leading and Preaching," *Preaching Today* audiotape 183 (Carol Stream, IL: Christianity Today International, 2001).
13) Herrington, Bonem, and Furr, *Leading Congregational Change*, 3.
14) Gibbs, *ChurchNext*, 16.
15) Ibid., 11.
16) Malphurs, *Values-Driven Leadership*, 10.
17) Ibid., 34.
18) Ibid., 42.
19) Herrington, Bonem, and Furr, *Leading Congregational Change*, 50.
20) Ibid.
21) Wilhelm, "Learning from Past Leaders," 223.
22) James MacGreger Burns, *Leadership* (New York: Harper & Row, 1978).
23) 매슬로우(Maslow)는 인간의 필요에 관한 위계질서(hierarchy, 또는 피라미드)를 제안하였다. 그에 따르면 맨 아래에는 음식과 건강, 그리고 생존과 같은 육체적인 욕구가 자리하며, 그 위에 개인적인 안전에 관한 욕구가 자리하고, 그 다음 세번째는 특정 그룹에 속하여 누리는 사랑의 욕구와, 넷째 타인으로부터 인정과 존경을 받는 자기 존중의 욕구와, 맨 위에 자아실현의 욕구가 자리한다.
24) Herrington, Bonem, and Furr, *Leading Congregational Change*, 96.
25) Warren Bennis and Burt Nanus, *Leaders: The Strategies for Taking Charge* (New York: HarperCollins, 1985), 21, quoted in ibid., 11.
26) Herrington, Bonem, and Furr, *Leading Congregational Change*, 11.
27) Bill Hybels, *Courageous Leadership* (Grand Rapids: Zondervan, 2002), 67.
28) Borden, "Leading and Preaching," *Preaching Today* audiotape.
29) Ibid.

30) Jim Nicodem, "Preaching with a Leader's Heart," *Preaching Today* audiotape 228 (Carol Stream, IL: Christianity Today International, 2001).
32) Ibid.

4장 소명을 실현하기

1) Malphurs, *Values-Driven Leadership*, 111.
2) Barna, *A Fish Out of Water*, xv.
3) Thomas J. Peters and Robert H. Waterman Jr., *In Search of Excellence: Lessons from America's Best-Run Companies* (New York: Harper&Row, 1982).
4) William Diehl, *In Search of Faithfulness: Lessons form the Christian Community* (Philadelphia: Fortress, 1987), quoted in Banks and Ledbetter, *Reviewing Leadership*, 92.
5) Banks and Ledbetter, *Reviewing Leadership*, 92.
6) Schaller, *The Change Agent*.
7) Ibid., 12-13.
8) Quicke, *360-Degree Preaching*, 97-104. 나는 "목회자적인 설교자'(pastor preacher) 유형을 '귀납적인 설교자'에 포함시켜서 귀납적인 설교의 범위를 좀 더 넓게 확장하였다. 다음 자료도 함께 참고하라. Michael Quicke, "Preaching in History : Assessing Today's Preaching in Light of History," in Haddon Robinson and Craig Brian Larson, eds., *The Art and Craft of Preaching: A Comprehensive Resource for Today's Communicators* (Grand Rapids: Zondervan, 2005), 64-69. in figure 3. 이 그림에서는 설교의 유형과 리더십의 유형을 서로 유사하게 연결시키기 위해서 사자형 설교자를 맨 왼쪽에 위치시켰다.
9) Barna, *A Fish Out of Water*, 23.
10) Ibid., 41.
11) Ibid., 43.
12) Ibid., 45.
13) Ibid., 48.
14) Ibid., 49.
15) Ibid., 42.
16) Ibid., 58.
17) Ibid., 28.
18) Ibid., 139.

19) Peter F. Drucker, quoted in *The Leader of the Future*, xiii-xiv.
20) T. R. Glover, *The Jesus of History* (London: Student Christian Movement, 1917), 213.

5장 모델 계발하기

1) Jim Herrington, Mike Bonem, and James H. Furr, *Leading Congregational Change: A Practical Guide for the Transformational Journey* (San Francisco: Jossey-Bass, 2000).
2) Ibid., 1.
3) Henry T. Blackaby and Claude V. King, *Experiencing God: Knowing and Doing the Will of God* (Nashville: Broadman & Holman, 1990).
4) Ibid., 8.
5) Herrington, Bonem, and Furr, *Leading Congregational Change*, 2.
6) Ibid., 12.
7) Ibid., 5.
8) Ibid., 34.
9) Ibid., 7.
10) Ibid., 16.
11) Ibid., 10.
12) Ibid., 11.

6장 리더십 기술 익히기

1) Herrington, Bonem, and Furr, *Leading Congregational Change*, 160-161.
2) Rick Warren, *The Purpose Driven Church: Growth without Compromising Your Message and Vision* (Grand Rapids: Zondervan, 1995), 57, 60.
3) Ibid., 60.
4) Herrington, Bonem, and Furr, *Leading Congregational Change*, 100.
5) 예를 들어 칼라한의 『성장하는 교회의 열두 가지 비결』(*Twelve Keys to an Effective Church*)에 소개된 분석 방법과 Schwarz의 책을 참고하라. *Natural Church Development: A Guide to Eight Essential Qualities of Healthy Churches* (Carol Stream, IL: ChurchSmart Resources, 1996).
6) Herrington, Bonem, and Furr, *Leading Congregational Change*, 50
7) Barna, *A Fish Out of Water*, 71.

8) Ibid.
9) Covey, *The Seven Habids fo Highly Effective People*, 66-94.
10) Barna, *A Fish Out of Water*, 67-92.
11) Ibid., 139.
12) Ibid., 143.
13) Speed B. Leas, *Discover Your Conflict Management Style* (Bethesda, MD: Alban Institute, 1997).
14) Quicke, *360-Degree Preaching*, 92-93.
15) Eugene L. Lowry, *How to Preach a Parable; Designs for Narrative Sermons* (Nashvillee: Abingdon, 1989), 32-33.
16) Paul Scott Wilson, *The Four Pages of the Sermon: A Guide to Biblical Preaching* (Nashville: Abingdon, 1999), 74.
17) Herrington, Bonem, and Furr, *Leading Congregational Change*, 113.
18) Ibid., 118.
19) Ibid., 116.
20) Ibid.
21) Ibid., 118.
22) John Adair and John Nelson, eds., *Creative Church Leadership* (Norwich, UK: Canterbury, 2004), 8.
23) Vic Gordon, "The New Testament in the New Millennium," in Scott M. Gibson, ed., *Preaching to a Shifting Culture: 12 Perspectives on Communicating That Connects* (Grand Rapids: Baker, 2004), 45.
24) Michael Slaughter, *Out of the Edge : A Wake-Up Call for Church Leaders on the Edge of the Media Reformation* (Nashville: Broadman and Holman, 2000), 128.
25) Herrington, Bonem, and Furr, *Leading Congregational Change*, 139.
26) Timothy Peck, "Pressured to Promote," *Preaching Today* audiotape for January-March 2003, (Carol Stream, IL: Christianity Today International, 2003).
27) McClure, *The Roundtable Pulpit*.
28) 1986년 5월 18일에 영국의 케임브리지에 소재한 성앤드류침례교회에서 전한 설교.
29) Quicke, *360-Degree Preaching*, 160-161.
30) Alastair Mant, *Intelligent Leadership* (St. Leonard, NSW, Australia: Allen & Unwin, 1997), 54.
31) Herrington, Bonem, and Furr, *Leading Congregational Change*, 145.
32) Ibid., 143-157.

7장 성숙한 인격

1) Rudolph W. Giuliani, *Leadership* (New York: Hyperion, 2002), xiv.
2) Ibid., xvi.
3) Ricky Gervais, quoted in Brian Appleyard, "The Maverick Art of Leadership," *The Sunday Times*, January 9, 2005, news review, 3.
4) David M. Brow, *Transformational Preaching; Theory and practice* (College Station, TX: Virtualbookworm.com, 2003), 242.
5) Quicke, *360-Degree Preaching*, 93-95.
6) Paul Scott Wilson, *The Practice of Preaching* (Nashville: Abingdon, 1995), 30.
7) Phillips Brooks, *Lectures on Preaching* (New York: E. P. Dutton & Co., 1987), 8.
8) Herrington, Bonem, and Furr, *Leading Congregational Change*, 16.
9) Ibid., 18.
10) Ibid.
11) Dee Hock, "The Art of Chaordic Leadership," *Leader to Leader* (Winter, 2000), 22.
12) Hybels, *Courageous Leadership*, 184.
13) Ibid., 182-197.
14) Refrain of Harry E. Fosdick's hymn "God of Grace and God of Glory," (1930): "God of Grace and God of glory, on Thy peopole pour Thy power,"
15) Craig Brian Larson in David Goetz et al., eds., *Leadership Devotions: Cultivating a Leader's Heart* (Wheaton: Thydale, 2001), 39.
16) Margaret J. Wheatley, *Leadership and the New Science: Discovering Order in a Chaotic World*, 2nd ed. (San Fraancisco: Berrett-Koehler, 1999), 6.
17) Herrington, Bonem, and Furr, *Leading Congregational Change*, 18.
18) Ibid., 19.
19) Ibid., 31.
20) Ibid., 20.
21) Arturo G. Azurdia III. *Spirit Empowered Preaching: Involving the Holy Spirit in Your Ministry* (Fearn, Scotland: Christian Focus, 1998), 29.
22) Herrington, Bonem, and Furr, *Leading Congregational Change*, 30.
23) Ibid., 21.
24) Ibid.
25) Ibid., 22.
26) Jim Cymbala, *Fresh Wind, Fresh Fire; What Happens When God's Spirit Invades the Heart of His People* (Grand Rapids: Zondervan, 2003), 160.

27) John Killinger, *Fundamentals of Preaching* (London: SCM, 1985), 164.
28) Herrington, Bonem, and Furr, *Leading Congregational Change*, 24-25.
29) Ed Brown (senior pastor, Skokie Valley Baptist Church), 2004년 6월 15일 저자와의 인터뷰. 다음의 인용 내용 역시 이 인터뷰를 참고함.
30) Herrington, Bonem, and Furr, *Leading Congregational Change*, 25.
31) Warren, *The Purpose Driven Church*, 103.
32) Malphurs, *Values-Driven Leadership*, 20-21.
33) Lyle Schaller, *Getting Things Done* (Nashville: Abingdon, 1986), 152.
34) Malphurs, *Values-Driven Leadership*, 60.
35) Ibid., 185-186.
36) Ibid., 102.
37) Bailey and Wiersbe, *Preaching in Black and White*, 43.
38) Fellowship Bible Church of Dalas, Texas, in Malphurs, *Values-Driven Leadership*, 167.
39) Lakeview Community Church, Cedar Hill, Texas, in ibid., 170.
40) Carroll Community Church, Westminster, Maryland, in ibid., 165.
41) Ibid.
42) Ibid.
43) Lakeview Community Church, Cedar Hill, Texas, in ibid., 170.
44) Willow Creek Community Church, South Barrington, Illinois, in ibid., 174.
45) Core Values, Newbury Baptist Church, http://newburybaptist,org.uk/core.htm (accessed April 5, 2006).

8장 변화의 과정

1) Adair and Nelson, *Creative Church Leadership*, 214.
2) Lynn Cheyney (senior pastor, Flossmoor Community Church) 2004년 6월 15일 저자와 인터뷰. 다음의 인용 내용은 이 인터뷰를 참고함.
3) Mathews, *Preaching That Speaks to Women*, 133.
4) Herrington, Bonem, and Furr, *Leading Congregational Change*, 34.
5) Warren, *The Purpose Driven Church*, 14.
6) Ibid., 15.
7) Jim Nicodem (pastor, Christ Community Church, St. Carles, Illinois), 2004년 6월 1일 저자와 인터뷰.

8) Herrington, Bonem, and Furr, *Leading Congregational Change*, 40.
9) Ibid., 37.
10) Ibid., 48.
11) Hybels, *Courageous Leadership*, 42.
12) Herrington, Bonem, and Furr, *Leading Congregational Change*, 61.
13) Barna, *A Fish Out of Water*, 74.
14) Ibid., 72-78.
15) Herrington, Bonem, and Furr, *Leading Congregational Change*, 57.
16) Hybels, *Courageous Leadership*, 45.
17) Ibid., 50.
18) Herrington, Bonem, and Furr, *Leading Congregational Change*, 68.
19) Warren, *The Purpose Driven Church*, 111, quoted in ibid., 62.
20) Hybels, *Courageous Leadership*, 44.
21) Nicodem, 인터뷰.
22) Gordon, 인터뷰. 아래의 인용은 이 인터뷰를 참고함. 2장의 1번 각주 참고.
23) Herrington, Bonem, and Furr, *Leading Congregational Change*, 77.
24) 예를 들어 다음을 보라. Bandy, *Coaching Change*.
25) Herrington, Bonem, and Furr, *Leading Congregational Change*, 84.
26) Ibid., 82.
27) Ibid., 94.
28) Ibid., 87.
29) Malphurs, *Values-Driven Leadership*, 63.
30) Hybels, *Courageous Leadership*, 31-32.

전방위 리더십
360-degree leadership

2009년 1월 10일 초판 발행

지은이 | 마이클 퀵
옮긴이 | 이 승 진

펴낸곳 | 사) 기독교문서선교회
등록 | 제16~25호(1980. 1. 18)
주소 | 서울시 서초구 방배동 983-2
전화 | 02) 586-8761~3(본사) 031) 923-8762~3(영업부)
팩스 | 02) 523-0131(본사) 031) 923-8761(영업부)
홈페이지 | www.clcbook.com
이메일 | clckor@gmail.com
온라인 | 기업은행 073-000308-04-020, 국민은행 043-01-0379-646
　　　　　예금주: 사)기독교문서선교회

ISBN 978-89-341-1024-8(93230)

* 낙장·파본은 교환해 드립니다.